Droemer
Knaur

Sylvia
Lichem von Löwenbourg

Das neue Buch der Etikette

Mit 310 meist
farbigen Abbildungen

Droemer Knaur

CIP-Kurztitelaufnahme der Deutschen Bibliothek

Lichem von Löwenbourg, Sylvia:
Das neue Buch der Etikette / Sylvia Lichem von
Löwenbourg. – München : Droemer Knaur, 1987.
ISBN 3-426-26266-5

© Droemersche Verlagsanstalt Th. Knaur Nachf., München 1987
Das Werk einschließlich aller seiner Teile ist urheberrechtlich geschützt.
Jede Verwertung außerhalb der engen Grenzen des Urheberrechtsgesetzes
ist ohne Zustimmung des Verlags unzulässig und strafbar.
Das gilt insbesondere für Vervielfältigungen, Übersetzungen, Mikroverfilmungen
und die Einspeicherung und Verarbeitung in elektronischen Systemen.
Gestaltung und Herstellung: von Delbrück, München
Umschlaggestaltung: Graupner + Partner, München
Reproduktion: Fotolitho Longo, Bozen
Satz und Druck: Appl, Wemding
Aufbindung: Großbuchbinderei Sigloch, Künzelsau
Printed in Germany
ISBN 3-426-26266-5

6 5 4 3 2

VORWORT

Vor einigen Jahren begegnete ich anläßlich einer gesellschaftlichen Veranstaltung einer jungen Frau, die so tadellose Manieren besaß, daß mir angesichts ihrer Perfektion eigentlich erst bewußt wurde, wie nachlässig sich die meisten Menschen benehmen. Allerdings: Die kleinen Fehler machen ja mitunter die besondere Liebenswürdigkeit einer Person aus – besagte Dame war zwar perfekt, aber auch anstrengend. Ständig mußte man vor sich selbst auf der Hut sein, den ganzen Abend lang, jede falsche Bewegung wurde mit unerbittlicher Strenge registriert. Natürlich machte sie niemanden auf seine Fehler aufmerksam, ein guter Beobachter jedoch konnte nicht übersehen, daß sie schon beim geringsten Versehen leicht zusammenzuckte. Es darf wohl als glücklicher Umstand für diese Dame gewertet werden, daß auf dieser Gesellschaft außergewöhnlich viele gut erzogene Leute anwesend waren – sie hätte sonst möglicherweise ein Beruhigungsmittel gebraucht.

Ganz so streng wie von dieser Perfektionistin sollten die guten Manieren natürlich nicht unbedingt beurteilt werden. Für ständiges Danebenbenehmen gibt es jedoch ebensowenig eine Entschuldigung: Ob arm oder reich, gutes Benehmen ist heute keine Frage des Standes mehr, jeder kann gute Umgangsformen lernen. Ob dies nun eine Gouvernante oder ein Buch besorgt, macht keinen Unterschied. War die Etikette der Vorkriegszeit von Steifheit, Prüderie und dem absoluten Wissen geprägt, daß Tüchtigkeit allein nie zum Ziele führen könne, so hat man inzwischen sehr wohl erkannt, wie erfolgversprechend vor allem letztgenannte Eigenschaft sein kann. Doch wer beruflich und gesellschaftlich vorwärtskommen will, für den wird gutes Benehmen unerläßlich sein. So kommt es nicht von ungefähr, daß gerade in jüngerer Zeit wieder großer Wert auf gute Umgangsformen gelegt wird.

Um jeden, dem daran gelegen ist, vor dem unschönen Gefühl einer Blamage zu bewahren, habe ich dieses Buch geschrieben in dem Bestreben, das richtige Gespür für verschiedene Menschen und Situationen zu vermitteln, grundlegende menschliche Verhaltensmuster wie Rücksicht, Höflichkeit, Takt und Toleranz wieder aufleben zu lassen, einige Uraltzöpfe abzuschneiden und zeitgemäße Tips guten Benehmens zu geben.

Danken möchte ich an dieser Stelle all meinen Lieben, die mit viel Geduld das Werden dieses Buches ermöglicht haben. Mein besonderer Dank gilt auch der Kermeß-Hotelfachschule für die großzügige Unterstützung beim Zustandekommen der Fotos.

Abendessen

Die Einladung zum Abendessen, noch bis weit über die Mitte unseres Jahrhunderts eine meist feierlich-steife Angelegenheit, ist uns heute längst zur lieben Alltagsgewohnheit geworden. Und dementsprechend formlos kann auch die Einladung dazu mündlich oder telefonisch erfolgen. Gründe für ein Abendessen mit Freunden gibt es genügend, so z. B. ein neues Rezept, dessen kulinarischem Genuß man sich gerne im Kreis von Freunden erfreuen möchte. Wer seine Freunde allerdings erst am selben Vormittag zu einem gemütlichen Abendessen einladen will, sollte über Absagen auch nicht enttäuscht sein. Da es heute durchaus üblich ist, daß beide Ehepartner berufstätig sind, können bestimmte Abende bereits für Arbeiten im Haushalt usw. verplant sein.

Ein Abendessen im »kleinen Kreis« beschränkt sich auf vier bis acht Personen und kann eine warme oder kalte Mahlzeit bieten. Unsere hektische Zeit hat auch bereits mit der lange verbreiteten Sitte aufgeräumt, bei warmen Mahlzeiten unbedingt noch eine Vor- oder Nachspeise anzubieten. Man muß bedenken, daß die moderne Hausfrau – wenngleich sie in der Küche über alle erdenklichen Elektrogeräte verfügt – fast immer selbst kochen und servieren muß, und wie sollte da noch Zeit für die oft langwierig vorzubereitenden Vor- und Nachspeisen bleiben? Außerdem gehören sie zu den Dickmachern! Glücklich derjenige, der Kalorientabellen nur vom Hörensagen kennt!

Trotz aller Zwanglosigkeit, jede Gastgeberin wird sich freuen, wenn die Gäste an ein kleines Geschenk gedacht haben. Ob es nun eine beson-

Besonders festlich gedeckter Tisch für die große **Abendeinladung**, *die Hochzeits- oder Familienfeier.*

ders gute Flasche Wein, eine neue exotische Frucht oder der winzige Veilchenstrauch ist, spielt dabei keine Rolle. Es geht hier nur um die Aufmerksamkeit der Hausfrau gegenüber, die sich die Mühe gemacht hat, all das herzurichten, was in meist wenigen Minuten aufgegessen sein wird.

Beliebt sind heute aber auch Verabredungen zum Abendessen beim nächsten Italiener, Griechen oder Türken, um nur einige der zahlreichen ausländischen Restaurants zu erwähnen. Dabei sollte vorher allerdings geklärt werden, ob man im Sinne des Wortes eingeladen ist, oder ob es sich um ein Treffen mit Freunden handelt, bei dem jeder seine Rechnung selbst begleicht. Es gibt nichts Degoutanteres, als die Feilscherei an einem Restauranttisch, wer nun was bezahlt! Wenn Sie dieser absolut unwürdigen Art, einen netten Abend zu beenden, aus dem Wege gehen wollen, dann bezahlen Sie unter Umständen Ihre Rechnung unbemerkt, indem Sie z.B. einen Toilettengang vorschützen.

Doch kehren wir zurück zum Abendessen und wenden uns von der gemütlichen Einladung im Freundeskreis der hochoffiziellen festlichen Einladung zu. Anlaß dazu ist meist ein Jubiläum oder eine Feier, die den Rahmen des Alltäglichen sprengt. Da unsere – vom Raumangebot her meist durchschnittlich großen – Wohnungen die Zahl der zu erwartenden Gäste nur selten aufnehmen können, werden diese Einladungen fast immer ins Restaurant verlegt. Wer jedoch auf die gemütliche häusliche Atmosphäre keinesfalls verzichten möchte, wird sich von einem der zahlreichen Partyservices ein kaltes Buffet anliefern lassen. Überlegen Sie bitte vorher auch genau, ob genügend Geschirr usw. in Ihrem Haushalt vorhanden ist. Partyservices bieten meist auch Geschirr und Gläser sowie Besteck in ausreichender Menge für wenig Geld an. Eine Investition, die durchaus sinnvoll sein kann, denn wer am Ende eines Abends die Scherben des ererbten Meißner Porzellans aufsammeln muß, wird seine Uneinsichtigkeit verwünschen. Und auch der vorsichtigste Gast kann einmal einen schwarzen Tag haben!

Die Einladung zu einem feierlichen Abendessen kann sowohl mündlich als auch schriftlich erfolgen. Bei der schriftlichen Einladung sollte neben Ort und Zeit auch die erbetene Kleidung vermerkt sein. Für ein Zuspätkommen gibt es, mit Ausnahme höherer Gewalt, überhaupt keine Entschuldigung, und ein chronischer Bummler darf sich nicht wundern, wenn er nur selten zu feierlichen Anlässen gebeten wird. Unter Umständen ist es fairer, die Gastgeber auf das eigene Unvermögen, pünktlich zu sein, aufmerksam zu machen; in diesem Falle sind sie vorgewarnt und werden den Abend zu einem Zeitpunkt eröffnen, der ihnen angebracht erscheint.

Über →Tischordnung, →Toasts und →Tischsitten lesen Sie bitte unter dem jeweiligen Stichwort nach.

Ehe wir dieses Kapitel abschließen, sollten wir noch kurz beim Dank verweilen. Egal, ob es sich nun um ein Abendessen im kleinen Kreis oder um eine offizielle Feier zu einem bestimmten Anlaß handelte, ein Dankeschön sollte immer sein. Während man im ersten Fall diesen Dank telefonisch am nächsten Tag nochmals wiederholt (man hat sich ja bereits beim Verabschieden für den netten Abend bedankt), ist der schriftliche Dank bei einem feierlichen Anlaß ein Muß. Es darf allerdings nicht unerwähnt bleiben, daß die Eingeladenen dies häufig vergessen! Tradition und nie verkehrt ist ein Blumenstrauß mit beigefügter Karte, auf der man sein Dankeschön ausdrückt. Wer der Gastgeberin bereits am Abend vorher ein aufwendiges Bukett als Geschenk mitgebracht hat, darf es nun natürlich bei der Karte belassen.

Ganz zum Schluß ein Wort zur Kleidung: »Kleider machen Leute«, besagt ein Sprichwort; es gibt aber auch Leute, die mit absoluter Sicherheit immer die falsche Kleidung zum falschen Anlaß tragen: Zum Abendessen mit Freunden erscheinen sie in aufwendiger Abendgarderobe und zum feierlichen Anlaß in Blue jeans und Pullover!

Nun, versuchen Sie erst gar nicht, diese Zeitgenossen auf den richtigen Trip zu bringen, Sie haben keine Chance! Wenn es wirkliche liebe Freunde sind, wird man darüber hinwegsehen; und Gelegenheitsbekannte muß man ja ein zweites Mal nicht mehr einladen. Doch ganz abgesehen von der Tatsache, daß die falsche Garderobe zum falschen Anlaß peinlich sein kann: Ist es wirklich so wichtig, wer was wann trägt? Sicher, es gibt nun mal bestimmte Regeln, die man aus mancherlei Gründen nicht außer acht lassen kann, aber im persönlich-privaten Kreis sollte man dies nicht zu eng sehen. Ein gutes Gespräch mit einem nicht ganz korrekt gekleideten Gast kann lohnender sein als langweiliger und ermüdender Smalltalk mit korrekt gekleideten Nullen!

Abendgesellschaft

Große gesellschaftliche Ereignisse pflegen ihre Schatten vorauszuwerfen. Während man als Normalbürger in der Großstadt höchstens aus den Klatschspalten der Boulevardzeitungen davon erfährt, vielleicht manchmal davon träumt, einmal im Leben zu jenen zu gehören, über die man sonst nur liest, bieten die Abendgesellschaften der »oberen Zehntausend« einer Kleinstadt fast immer lohnenden Gesprächsstoff. Ob man nun durch Geburt (was ja kein Verdienst ist) dazugehört, oder ob man sich mühsam von unten nach oben geschuftet hat, gewisse Regeln zum Thema Abendgesellschaft sollten wir jederzeit abrufbereit haben.

Zur Abendgesellschaft wird grundsätzlich zwei bis drei Wochen vorher, und zwar schriftlich, eingeladen. Neben Ort und Datum beinhaltet die Einladung auch (meist links unten) einen Garderobenhinweis bzw. eine Kleidervorschrift. Mit der Abendgarderobe befassen wir uns eingehend im Kapitel →Abendkleidung.

In vielen Fällen wird der Einladung eine bereits vorgedruckte Antwortkarte beiliegen, die man zwecks Übersichtlichkeit auch dann zurücksenden sollte, wenn – vielleicht anläßlich eines Geschäftsgespräches – bereits eine mündliche Zusage gegeben wurde. Jeder von uns hat schon einmal etwas vergessen. Liegt keine Rückantwortkarte bei, so findet man, häufig mit Angabe eines Datums, die abgekürzte Bitte: »U.A.w.g.« (Um Antwort wird gebeten). D.h., der Gastgeber erwartet Ihre Zu- oder Absage spätestens an diesem Tag! Ist kein Datum vermerkt, sollte man seine Zu- oder Absage umgehend, spätestens aber eine Woche vor dem Ereignis geben. Wer die Zusage versäumt oder sie aus sonstigen Gründen nicht aussprechen konnte, muß auf diese Abendgesellschaft verzichten. Läßt er sich trotzdem dazu verleiten, einfach hinzugehen, in der Hoffnung, man werde ihn schon nicht abweisen, darf er sich nicht wundern, wenn er vom Personal gar nicht erst vorgelassen wird ...

Unabdingbare Voraussetzung für eine gelungene Abendgesellschaft sind großzügig bemessene Räumlichkeiten sowie gut geschultes und ausreichendes Personal – vor allem bei einem geplanten Essen. Wichtigster Punkt ist jedoch die Zusammenstellung der Gästeliste, die durchaus Kopfzerbrechen bereiten kann. Stadtbekannte Rivalen darf man aus gegebenen Gründen zwar zusammen einladen, nebeneinandersetzen darf man sie jedoch keinesfalls! Die jeweiligen Tischnachbarn müssen in diesem Fall mit besonderer Sorgfalt ausgewählt werden. Ist dieses Problem erst einmal gelöst, kann man sich getrost der Frage zuwenden, wem die Ehrenplätze, links und rechts neben der Hausfrau und dem Hausherrn, zustehen. Eine diffizile Frage, vor allem wenn mehrere gleichrangige und gleichaltrige Ehepaare eingeladen sind. Hier kann es sehr leicht zu Mißstimmigkeiten oder zu einem Gefühl des Zurückgesetztseins kommen! Schnell geklärt ist dieses Problem natürlich dann, wenn ein Ehrengast aus Politik, Wirtschaft, Kunst etc. eingeladen wurde. Zusammen mit dem gesellschaftlich ranghöchsten Ehepaar gebührt ihm und seiner Begleitung der Ehrenplatz. Unter dem Stichwort →Tischordnung finden Sie dazu Beispiele.

Normalerweise liegt der Beginn einer Abendgesellschaft zwischen 19.30 Uhr und 20.30 Uhr. Da die eintreffenden Gäste von den Gastgebern begrüßt und vom Personal mit Aperitifs bewirtet werden, ist eine Verspätung von maximal fünfzehn Minuten noch zu tolerieren. Etwa eine halbe Stunde nach dem offiziellen Beginn wird zu Tisch gebeten, oder der Hausherr eröffnet, meist mittels einer launigen Rede, das kalte Buffet. Bei einem warmen Abendessen meldet der ranghöchste Lohndiener – ohne gut geschultes Personal sollte man gar nicht erst versuchen, eine Abendgesellschaft zu arrangieren –, daß angerichtet sei. Nun führt der Hausherr zusammen mit seiner Tischdame die vollzählige Gästeschar zu Tisch. Aufgehoben wird die Tafel von der Hausfrau, die sich zuvor mit einem prüfenden Blick davon überzeugt hat, daß alle geladenen Gäste das Essen beendet haben.

Das →kalte Buffet, →Tischordnung, →Tischsitten usw. sind ausführlich in eigenen Kapiteln behandelt. Und nun noch ein Wort an alle diejenigen, die zum ersten Mal an einer Abendgesellschaft teilnehmen müssen oder dürfen. Möglicherweise ist gerade dieser Abend beruflich oder auch privat von großer Wichtigkeit. Wohl jeder Mensch verfügt über ein natürliches, angeborenes Taktgefühl, und wer seiner inneren Stimme an einem solchen Abend vertraut, der wird kaum etwas absolut Verkehrtes tun. Niemand ist perfekt, und man sollte dies auch nicht von anderen verlangen. Je krampfhafter man versucht, alles richtig zu machen, desto größer wird das Risiko, ein Mißgeschick zu begehen!

Abendkleidung
Fast immer enthalten Einladungen zu einem gesellschaftlichen Ereignis auch eine Kleidervorschrift. Sie befindet sich links unten auf der Einladungskarte und sollte von jedem Gast beachtet werden.

Während den Damen je nach Modebewußtsein, Jahreszeit und Geldbeutel bei der Auswahl des Abendkleides keinerlei Grenzen gesetzt werden und man allenfalls über die Frage, ob das Kleid lang oder kurz sein sollte, diskutieren kann – beides ist übrigens erlaubt –, gestaltet sich die Sache bei den Männern schon wesentlich schwieriger. Der beliebteste Garderobehinweis lautet »Abendanzug«, worunter sowohl der Smoking als auch der dunkle Anzug verstanden werden darf. Natürlich kann damit auch der Frack gemeint

1 *Der stets elegante Doppelreiher, dessen Farbe als* **Abendanzug** *vom Mitternachtsblau bis zum feierlichen Schwarz variieren kann.*

2 *Ob lang oder kurz, ob konservativ oder extrem modern, für die Dame ist fast alles als* **Abendkleid** *erlaubt.*

sein; man muß also unter Umständen nachfragen. Allerdings: Ich kenne keinen Herrn, der freiwillig und ohne zwingenden Grund einen Frack anlegt! Von ganz wenigen Ausnahmen abgesehen, zwingt man die Herren der Schöpfung heute nicht mehr zu dieser Tortur. Alles Wissenswerte über →Frack, →Cut und →Smoking findet sich unter dem jeweiligen Stichwort.
Wer Zweifel über die gewünschte Garderobe hat, darf ruhigen Gewissens die Gastgeber telefonisch um Rat bitten oder sollte sich, wenn er diese, aus welchen Gründen auch immer, nicht persönlich ansprechen möchte, von gesellschaftlich versierten Freunden beraten lassen. Es gibt nichts Schlimmeres, als unpassend angezogen auf einer Abendgesellschaft zu erscheinen. Dies gilt aber nicht nur für den Mann, sondern auch für die verehrten Damen. Es ist nicht immer ein Vorteil, wenn man auffällt ...

Aberglaube
Gehören Sie auch zu jenen Menschen, die an einem Freitag, den 13., am liebsten das Haus, oder noch besser das Bett nicht verlassen, es sei denn, dies läßt sich absolut nicht umgehen? Nein, diese Datumskombination hat für Sie keinerlei Bedeutung? Seien Sie glücklich darüber, aber bitte auch all jenen Mitmenschen gegenüber tolerant, die an solchen Tagen ziemlich verstört oder extrem vorsichtig durch die Gegend marschieren. Sie alle leiden nämlich an derselben Krankheit: am Aberglauben! Statistische Umfragen haben ergeben, daß mehr als die Hälfte aller erwachsenen Bundesbürger in irgendeiner Form abergläubisch ist, wobei natürlich Aberglaube nicht gleich Aberglaube ist. Während die einen nur bei ganz bestimmten persönlichen Gegebenheiten vom Aberglauben geplagt werden, kann er bei anderen Mitmenschen derart ausgeprägt sein, daß der Umgang mit ihnen ein gewisses Fingerspitzengefühl verlangt.
Bereits seit Urzeiten ist der Glaube daran, daß bestimmte Dinge Glück und andere wieder Unglück bringen, fest in uns Menschen verwurzelt, und an dieser Tatsache hat sich leider auch in unserem hochtechnisierten Computerzeitalter nichts geändert. Immer wieder wird man – sowohl im beruflichen als auch im privaten Bereich – feststellen können, daß selbst nüchterne Zeitgenossen bei bestimmten Anlässen dem Aberglauben verfallen. Während die einen offen und ungezwungen mit ihren Mitmenschen darüber sprechen und auch tolerieren, daß man sie belächelt, versuchen andere diese Urangst, und nichts anderes ist der Aberglaube, um jeden Preis zu verbergen, sind peinlich berührt, wenn das Thema darauf kommt, und reiben ihre Hasenpfote nur im stillen Kämmerlein.

Über die Frage, wo der Glaube aufhört und der Aberglaube anfängt, haben sich schon zahlreiche Experten die Köpfe heiß geredet, ohne eine befriedigende Antwort zu finden. Hier muß wohl jeder nach seiner eigenen Fasson selig werden. Trotzdem sollte man sowohl am Arbeitsplatz als auch im Bekanntenkreis den Aberglauben nicht vorschnell als lächerliche Kinderei abtun, denn wie leicht könnte es doch sein, daß unser Gegenüber …!

Aberglaube hat aber nichts mit Vorurteilen zu tun, die selbst in unserer aufgeklärten Welt noch reihenweise durch die Köpfe unserer Mitmenschen spuken. Weder sind alle Dicken gemütlich noch alle Hageren ständig schlecht gelaunt, spitze Knie weisen auch nicht unbedingt darauf hin, daß sein Besitzer es mit der Treue nicht so genau nimmt, und rothaarige Frauen sind keine Hexen! Diese Liste ließe sich beliebig fortsetzen. Für vieles, was als Aberglaube bezeichnet wird, gibt es eine oder mehrere plausible Erklärungen, andere Dinge wiederum lassen keinen vernünftigen Grund erkennen, warum gerade sie mit dem Aberglauben in Verbindung gebracht werden. Oder wissen Sie etwa, warum Perlen Unglück bringen, warum gerade die Zahl Dreizehn als Unglückszahl gilt, die Sieben hingegen für das Glück steht? Warum ausgerechnet die Spinne am Morgen Kummer und Sorgen mit sich bringt, oder die berühmte schwarze Katze, die einem von links über den Weg läuft; wer vermag diese Fragen schon plausibel zu beantworten? Wohl niemand! Wir werden also weiterhin mit dem Aberglauben leben müssen und sollten aber vor allem lernen, ihn zu akzeptieren! Wer an das Magische und Mystische glauben will, sollte dies getrost tun; wer nicht dazu bereit ist, der wird sich auch von niemandem und durch nichts dazu bekehren lassen.

Absage

Durch eine Krankheit, einen Todes- oder Unglücksfall oder durch andere unerwartet auftretende Ereignisse kann es notwendig werden, eine bereits gegebene Zusage rückgängig zu machen. Eine schriftlich ergangene Einladung sollte umgehend mit einer Zu- oder Absage beantwortet werden, denn nichts ist für die Gastgeberin schlimmer, als tagelang darüber im unklaren zu sein, wer nun kommt und wer nicht. Gerade in letzter Zeit bürgert es sich immer mehr ein, auf Einladungen mit: »Ich weiß noch nicht genau …« zu antworten. Dies ist nicht nur unhöflich, auch dem besten Freund gegenüber, sondern kann, vor allem bei konsequenten Gastgebern, zur Folge haben, daß man nie wieder eingeladen wird. Einzige Ausnahme hierbei ist die Einladung zur Party unter Jugendlichen. Erstens spielt es hier selten eine Rolle, ob eine Person mehr oder eine weniger kommt, und zweitens nehmen Jugendliche ein Nichterscheinen weit weniger krumm als Erwachsene! Aber wie gesagt, dies gilt wirklich nur für die Spontanpartys unserer jungen Mitmenschen!

Schriftliche oder mündliche Absage?

Haben wir eine Einladung angenommen und müssen nun aus dem einen oder anderen Grund tatsächlich absagen, so kann dies, vor allem wenn bis zur Einladung nur noch eine kurze Zeitspanne verbleibt, mündlich bzw. heute wohl meist telefonisch erfolgen. Im Bekanntenkreis genügt diese mündliche Absage durchaus, bei offiziellen Einladungen hingegen wird man um den Entschuldigungsbrief nicht herumkommen. Er sollte die Gastgeber spätestens am Tag vor der Einladung erreichen. Ausgesucht höfliche Herren werden der Gastgeberin zusammen mit dem Absagebrief einen Blumenstrauß zukommen lassen.

Erhält man als Gastgeberin eine Absage unerwartet kurzfristig und steht nun vor dem Problem, einen Herren oder eine Dame zuwenig an der Tafel zu haben, so kann man ohne weiteres einen guten Freund bitten, einzuspringen. Ist die fehlende Person trotz aller Bemühungen nicht zu ersetzen, so wird man den Gästen das Mißgeschick eben erklären; und wohl kaum einer der Eingeladenen wird dafür kein Verständnis ha-

> Sehr verehrte gnädige Frau,
> sehr geehrter Herr Dr. Weiß!
>
> Vielen herzlichen Dank für die Einladung zum Hausball bei Ihnen. Leider sind wir aus familiären Gründen an der Teilnahme verhindert, was Sie bitte entschuldigen wollen.
> Wir wünschen einen guten Verlauf der Fête und grüßen herzlich
>
> Ihre Familie
> Franz und Sophie Geiger

ben, zumal schließlich jeder einmal in diese Verlegenheit geraten kann. Doch gilt dies alles, wie bereits erwähnt, nur bei ganz offiziellen Einladungen. Im Freundes- und Bekanntenkreis wird man weder eine schriftliche Absage noch einen Blumenstrauß erwarten. Eines ist jedoch für beide Fälle verbindlich: Eine kurzfristige Absage sollte keinesfalls aus einer Laune heraus entspringen, sie bedarf eines wirklich plausiblen Grundes!

Abschiedsbesuch
Abschiedsbesuche sind heute leider vielfach aus der Mode gekommen, da in unserer modernen Zeit nur noch wenig Wert auf wirklich gute Freunde gelegt wird. Nicht selten wechselt man diese fast so schnell wie seine Garderobe, und dies mag wohl mit einer der Gründe dafür sein, warum immer mehr und gerade auch junge Menschen so sehr vereinsamen.
Einem Abschiedsbesuch geht immer die beruflich oder privat bedingte Veränderung der Ortsverhältnisse voraus. Wer nur den Stadtteil wechselt oder von einem Ort in den Nachbarort übersiedelt, der wird kaum einen Abschiedsbesuch bei Freunden abstatten, es sei denn, er will damit unmißverständlich aber höflich kundtun, daß er keinen Wert auf eine weitere Freundschaft legt. Verabschieden sollte man sich allerdings nicht nur von seinen besten Freunden – am zweckmäßigsten in Form einer Abschiedsparty –, sondern auch von all jenen Menschen, mit denen man jahrein, jahraus mehr oder weniger viel zu tun hatte. Schulpflichtige Kinder sollte man darauf aufmerksam machen, sich nicht nur tränenreich von den Busenfreunden zu verabschieden, sondern auch dem gesamten Lehrkörper einen Abschiedsgruß und vielleicht ein Dankeschön zu übermitteln. Das gleiche gilt natürlich auch für den Lehrherrn oder für Universitätsprofessoren. Wenn die Zeit für die persönliche Verabschiedung zu kurz wird, gibt man seine Visitenkarte mit dem Vermerk »p.p.c.« (pour prendre congé = um Abschied zu nehmen) ab. Allerdings, und dies sollte hier angesprochen werden, stellen sich dabei gleich mehrere Fragen auf einmal: Wer besitzt schon eine eigene Visitenkarte (in der Tat nicht jedermann), und wer beherrscht diese französischen Abkürzungen wirklich perfekt oder, aus der anderen Perspektive: Wer kann auf Anhieb sagen, was diese Abkürzungen bedeuten? Möglicherweise bringt man den Empfänger damit in arge Verlegenheit. Einfacher ist es, zum Telefonhörer zu greifen oder ein paar persönliche Worte auf eine Karte zu schreiben. Da man in letzter Zeit jedoch einen geradezu unglaublichen Aufschwung in Sachen »gutes Benehmen« feststellen kann, ist es sicherlich nicht verkehrt, sich auch mit den so antiquiert anmutenden Visitenkartenabkürzungen vertraut zu machen. Genaueres darüber erfahren Sie im Kapitel →Visitenkarte.

Adel
»Adel verpflichtet«, dieses Sprichwort gilt heute nur noch mit Einschränkung. Wurde der Adel

früher als Vorbild angesehen, so scheinen die Mitglieder einiger Adelshäuser heute geradezu darauf versessen, durch schlechte Manieren in der Klatschpresse aufzuscheinen. Nun, jeder wie er mag, nur: das Privileg, etwas Besonderes darzustellen, ist damit verspielt! Und vielleicht ist das gut so! Viel zu lange wurde eine Gesellschaft, die die gleichen Schwächen hat wie jede andere Gesellschaftsschicht auch, auf ein Podest gestellt, von dem aus sie glaubte, auf die Normalbürger herabsehen zu können. Der durch Geburt oder Heirat erworbene Name ist kein Freibrief für ein von Standesdünkeln geprägtes Benehmen. Der einfachste Arbeiter kann über mehr persönlichen Takt verfügen als die vornehmste Herzogin, die ihr Leben nur nach starren Gesellschaftsregeln ausrichtet. Während Deutschland nach dem Ersten Weltkrieg den Adelstitel namensrechtlich beibehielt, wurde in Österreich die Führung von Adelsprädikaten und Titeln schlichtweg verboten. Etwas paradox, vor allem, wenn man bedenkt, daß kein anderes Volk der Welt sich so gerne mit Titeln umgibt.

Adelstitel
Grundsätzlich sei hier vorausgestellt: Die Titulierung »Herr Baron« und »Frau Gräfin« bleibt dem Personal vorbehalten. Und gesellschaftliche Unkenntnis läßt sich durch nichts schneller und eindeutiger dokumentieren als durch diese Anrede, die man höchstens einem sehr jungen Menschen verzeihen wird.
Der norddeutsche Freiherr und der süddeutsche Baron, rangmäßig übrigens das gleiche, werden entweder mit »Herr von X« oder aber mit »Baron X« angesprochen. Die Titulierung »Freiherr X« oder »Freifrau Y« gibt es nicht! Über die korrekte Briefanschrift informiert die Tabelle auf S. 26 ff.
Während dem einstigen Reichs- oder Markgrafen die Bezeichnung »Euer Erlaucht« zusteht, die praktisch heute allerdings nur noch in ganz seltenen Fällen angewandt wird, lautet die korrekte Bezeichnung im Umgang mit Graf oder Gräfin: »Graf X« oder »Gräfin Y«. Im Verlauf einer längeren Unterhaltung kann der Familienname ggf. auch weggelassen werden.
Kompliziert wird die Sache nun bei Fürsten, Herzögen und Prinzen, da hier genau unterschieden werden muß, ob die zu Titulierenden aus einem regierenden oder nicht regierenden Hause stammen. Genaue Auskunft darüber gibt uns das »Genealogische Handbuch des deutschen Adels«, der →»Gotha«. Grundsätzlich kann man sich jedoch an folgende Regel halten: Mitglieder nicht regierender Häuser werden mit »Durchlaucht« angesprochen, regierenden oder ehemals regierenden Häusern bleibt die Anrede »Königliche Hoheit« vorbehalten. Der älteste Enkel des letzten deutschen Kaisers und somit Chef des Hauses Preußen besitzt das Recht auf den Titel »Kaiserliche und Königliche Hoheit«.
Allen übrigen Mitgliedern der Adelsgesellschaft gebührt die Anrede: »Herr« oder »Frau von X«.
Zu guter Letzt noch ein Wort zum so oft zitierten »Gotha«. In diesem Almanach der guten Gesellschaft ist aufgelistet, wer seit wann welchen Titel trägt. Ob diese Auflistung allerdings vollständig ist, sei dahingestellt, da in früherer Zeit die Aufnahme in den »Gotha« nicht kostenlos erfolgte und manche darauf verzichteten.

Alkohol
Daß im Wein die Wahrheit liegt, wußten schon die alten Römer, und über das Stichwort Alkohol ließen sich unschwer ganze Seiten füllen. Wir wollen uns hier auf das Notwendigste beschränken. Die Wirkung des Alkohols ist bei jedem Menschen verschieden. Während der eine bereits nach zwei Gläsern Wein selig einschlummert, kann ein anderer nach zwei Flaschen, ohne zu schwanken, noch jede Diskussion durchstehen. Es kommt nicht nur auf die Menge, sondern vor allem auch auf die Hochkarätigkeit des jeweiligen Getränkes an. Fast immer jedoch neigt der Mensch nach dem Genuß von Alkohol dazu, seine Hemmungen zu verlieren. Der sonst eher stille, zurückhaltende Besucher wird laut, viel-

leicht sogar aggressiv, und die wegen ihres Witzes und ihrer Schlagfertigkeit allseits geschätzte Besucherin hingegen verstummt fast völlig und lächelt nur noch still in sich hinein. Eines gilt jedoch in beiden Fällen: In angeheitertem Zustand verliert sich die Fähigkeit zur Selbstkritik erstaunlich rasch. Jeder Gastgeber fürchtet den angetrunkenen, polternden Gast, der um jeden Preis der Welt die Aufmerksamkeit auf sich zu lenken versucht. Damit es gar nicht erst so weit kommt, hier einige grundsätzliche Regeln. Wer seinen Gästen hochprozentige Getränke vorsetzen will, sollte zuallererst für eine solide Grundlage in Form eines reichhaltigen Essens sorgen. Erwartet man Gäste, deren Schwäche in bezug auf Alkohol man bereits kennt, so muß vorher überlegt werden, welche Getränke man anbieten will. Niemand ist verpflichtet, aus Gründen der Gastfreundschaft eine volle Flasche Schnaps so lange auf dem Tisch zu lassen, bis sie leer ist! Eine gewisse Zurückhaltung im Nachschenken schadet vor allem bei jenen Gästen nicht, die sichtlich »gegen den Durst« trinken. Hier ist es durchaus angebracht, zum alkoholischen Getränk auch ein Glas Wasser zu offerieren.

Alt werden ist keine Leistung, das Beste aus den gelebten Jahren zu machen, jedoch eine Kunst!

Nach einem besonders lustigen Abend kann es natürlich auch vorkommen, daß einige der Gäste angeheitert, um nicht zu sagen, betrunken sind. Und nun beginnen die Schwierigkeiten. Ich selbst kenne eine Reihe von Menschen, die in diesem Zustand vollauf davon überzeugt sind, ihr Auto bestens zu beherrschen. Bestenfalls wollen sie vielleicht einen starken Kaffee zur Ernüchterung akzeptieren. Doch so bitte nicht! Erstens hilft in dieser Situation auch der stärkste Kaffee oder Mokka nicht mehr, im Gegenteil, die Wirkung des Alkohols kann dadurch sogar noch verstärkt werden, zweitens ist es längst eine wissenschaftlich abgesicherte Tatsache, daß bereits bei 0,4 Promille Alkoholgehalt die Reaktionszeit beeinträchtigt ist. Und die wenigsten Gastgeber wissen, daß im Falle eines Falles der Staatsanwalt durchaus auch den Gastgeber vor den Richtertisch zitieren kann. Das »BGB« (Bürgerliche Gesetzbuch) schweigt sich allerdings schamhaft darüber aus, wie man einem beschwipsten Gast die Autoschlüssel entlockt! Eine bewährte Methode ist, so rechtzeitig ein Taxi zu rufen, daß der Gast gar nicht mehr die Möglichkeit hat, in sein eigenes Auto zu steigen. Sofern man über genügend Platz verfügt, kann man den angeheiterten Gästen natürlich auch ein Nachtquartier anbieten. Seit einiger Zeit gibt es auch jene Stäbchen zu kaufen, mit denen die Polizei prüft, ob die Alkoholgrenze überschritten wurde. Für manchen Gast, der jeden Eid schwört, völlig nüchtern zu sein, mitunter ein heilsamer Schock, wenn er erkennen muß, daß dem nicht so ist!
Gastgeber gehen dieser Problematik durch Ignorieren der Tatsachen gerne aus dem Wege. Und solange nichts passiert, mag dies durchaus verständlich erscheinen. Was aber, wenn es um ein unschuldiges Menschenleben geht? Wie erklärt man den Hinterbliebenen eines schuldlosen Unfallopfers sein eigenes Versagen? Darüber sollte man vielleicht einmal in Ruhe nachdenken.

Alter
Marie von Ebner-Eschenbach sagte über das Alter: »Das Alter verklärt oder versteinert«, und wer über einen längeren Zeitraum hinweg einmal bewußt alte Menschen beobachtet hat, wird dieser weisen Schriftstellerin recht geben. Alte Menschen können liebenswürdig, charmant, klug sein und über allen Dingen stehen. Doch wie oft begegnet einem nicht das pure Gegenteil? Griesgrämige, verbitterte, mit sich und der Welt verfeindete und auf die Jugend neidische alte Menschen, von denen man sich nie und nimmer vorstellen kann, daß auch sie einmal jung und lebensfroh waren. Wir lehren der Jugend Toleranz, wir predigen ihr Respekt vor dem Alter, und wie dankt es das Alter? Leider manchmal überhaupt nicht. Es wird nur genörgelt und ständig damit argumentiert, daß man ja den Krieg mitmachen mußte – eine Tatsache, für die wir doch die Jugend nicht bestrafen können! Ich gehöre selbst zur Nachkriegsgeneration, ich kann es nicht mehr hören, auch wenn die Einzelschicksale sicherlich furchtbar waren.
Höflichkeit und Rücksicht älteren Mitmenschen gegenüber kann man nur dann verlangen, wenn auch sie es an Höflichkeit nicht fehlen lassen. Rücksicht erwartet man ohnehin nicht, Verständnis hingegen schon eher. Verständnis dafür, daß auch ein junger Mensch mal müde in einem öffentlichen Verkehrsmittel sitzen kann und schlicht und einfach gar nicht registriert, daß ein alter Mensch nach seinem Sitzplatz schielt. Und dies ist wohl nur das gravierendste aller Beispiele, die ständig aufgezählt werden, wenn alte Menschen der Jugend Unhöflichkeit vorwerfen. Ein bißchen Einsicht und guter Wille auf beiden Seiten – und es wäre so einfach. Vielleicht versucht es jeder einzelne von uns einmal, beim nächsten alten oder jungen Menschen, den er trifft.

Angewohnheiten
Positive oder negative Angewohnheiten – wer von uns hat sie nicht? Während man in der eigenen Familie noch den zaghaften Versuch unternehmen kann, bestimmte Unsitten abzustellen, müssen wir sie bei unseren Mitmenschen mehr

oder weniger akzeptieren. Selbstverständlich gibt es auch hier gewisse Toleranzgrenzen, aber all jene lieben kleinen Unarten, die unsere Nerven allein dadurch strapazieren, daß unsere Mitmenschen sie eben haben, müssen wir einfach hinnehmen. Natürlich kann man versuchen, vielleicht unter tatkräftiger Mithilfe von Freunden, sie dem Kollegen oder Freund abzugewöhnen! Aber bitte hegen Sie keine übergroßen Hoffnungen. Es gelingt nur in den allerseltensten Fällen.

Zu einer der größten Unsitten gehört die Großtuerei. Hand in Hand mit ihr geht fast immer auch das Nicht-ausreden-Lassen. Zahlreiche Mitmenschen versuchen damit bestimmte Schwächen, die vielleicht nur sie selbst sehen, zu überdecken. Andere wieder besitzen einen ausgeprägten, meist in der Jugend anerzogenen Minderwertigkeitskomplex, den sie durch Angabe zu kompensieren versuchen. Bei älteren oder gesellschaftlich höherstehenden Bekannten muß man diese schlechte Angewohnheit schlicht und einfach tolerieren, oder man meidet eben die Gesellschaft jener Mitmenschen. Bei gleichaltrigen oder sogar jüngeren Freunden hingegen ist ein offenes Wort durchaus erlaubt. Man muß allerdings im voraus damit rechnen, daß dies dem oder den Betroffenen in die falsche Kehle gelangt. Aber mit ein bißchen diplomatischem Geschick ist dieser Angewohnheit fast immer beizukommen. Doch wie eingangs schon erwähnt: Wir alle haben Fehler. Wer gerne kritisiert, muß auch einstecken können.

Anklopfen

Es hat in der letzten Zeit des öfteren hitzige Diskussionen über das Pro und Kontra des Anklopfens gegeben. Wer seinen Arbeitsplatz in einem jener sterilen Großraumbüros hat und nur durch eine hölzerne Trennwand vom Nachbarn isoliert ist, wird sich über diese Frage vielleicht wundern. Trotzdem: Wer ein geschlossenes Zimmer betreten will – und dies gilt auch für Familienmitglieder –, sollte sein Kommen durch Anklopfen anmelden. Jeder Mensch hat ein Recht auf seine eigene Intimsphäre. Einzige Ausnahme sind Büros mit viel Parteienverkehr.

Anrede

Die im täglichen Leben und im Umgang mit unseren Mitmenschen wohl gebräuchlichste Anrede ist »Frau X.«, »Herr Y.«, »Fräulein XY.«. Und damit wären wir auch schon beim allerersten Problem: Wie lange ist eine Frau ein Fräulein? Viele Behörden haben dieses Problem dahingehend gelöst, indem sie jeder Volljährigen den Titel »Frau« zuerkennen; dies wiederum ist manchem Fräulein gar nicht so recht. Es ist sicher nicht falsch, bei unverheirateten Damen die Grenze von »Fräulein« zu »Frau« beim dreißigsten Lebensjahr anzusetzen. Ist man sich bezüglich des Alters einer Dame (ein sehr heikles Thema!) nicht sicher, so kann man die fast immer schmeichelhaft aufgefaßte Frage: »Darf man noch Fräulein sagen ...?« einfließen lassen. Mit Nachsicht begegnen sollten wir jenen bereits betagten Damen, die auf der Anrede »Fräulein« geradezu krampfhaft bestehen, da in ihren Jugendjahren die Anrede »Fräulein« unmißverständlich darauf hinwies, daß die Trägerin unverheiratet und daher jeder verheirateten Frau nachzustellen war. Einer jener gesellschaftlichen Zöpfe, die wir mittlerweile Gott sei Dank abgelegt haben! Ich habe manchmal das Gefühl, daß diese »Fräuleins« aus Trotz auf ihren Titel nicht mehr verzichten wollen: So viele Jahre wurden sie mehr oder weniger mitleidig belächelt, jetzt, da sie den Titel »Fräulein« endlich zu akzeptieren gelernt haben, soll er ihnen wieder weggenommen werden! Nein, jetzt ist man ein Fräulein und dabei bleibt es auch! Und wir sollten diesen Wunsch tolerieren.

Gerade in den letzten Jahren erfuhren viele der herkömmlichen Titel eine Verjüngungskur. So wird heute niemand mehr für ungebildet gehalten werden, wenn er den Rektor einer Universität statt mit dem antiquierten Titel »Magnifizenz« schlicht mit »Herr Rektor« oder den Kardinal statt mit »Euer Eminenz« mit »Herr Kardinal« anspricht. Falsch sind deshalb die alten Bezeichnungen noch immer nicht. Träger akademischer Würden werden immer mit ihrem Titel und ihrem Namen angesprochen, also zum Beispiel: »Herr Professor X.«, »Frau Doktor Y.«. Absolut falsch ist jedoch, den Ehepartner mit diesem Titel anzusprechen. Über den Umgang mit Adelstiteln wurde bereits gesprochen. Militärische Rangbezeichnungen werden im Privatleben völlig weggelassen, aus dem Oberst Müller wird schlicht »Herr Müller«.

Die anschließende Liste beinhaltet nicht nur alle gängigen Titel, sondern informiert auch über die mündliche und schriftliche Titulierung ihrer Träger und deren korrekte Briefadresse (→Briefe).

Liste der gebräuchlichen Anreden

Titel, Rang	Briefanschrift	briefliche Anrede	mündliche Anrede
Bundesregierung, Landesregierung usw.			
Bundespräsident	An den Präsidenten der Bundesrepublik Deutschland	Hochverehrter Herr Bundespräsident oder Sehr geehrter Herr Bundespräsident	Herr Bundespräsident
Bundeskanzler	Herrn Bundeskanzler	Hochverehrter Herr Bundeskanzler oder Sehr geehrter Herr Bundeskanzler	Herr Bundeskanzler
Präsident des Deutschen Bundestages, Deutschen Bundesrates, … Landtages	An den Präsidenten des Deutschen Bundestages (Bundesrates usw.) Herrn …	Hochverehrter oder Sehr geehrter Herr Bundestagspräsident (Bundesratspräsident usw.)	Herr Bundestagspräsident (Bundesratspräsident usw.) oder Herr Präsident
Ministerpräsident	An den Ministerpräsidenten des Landes … Herrn …	Herr Ministerpräsident oder Hochverehrter Herr Ministerpräsident	Herr Ministerpräsident

Titel, Rang	Briefanschrift	briefliche Anrede	mündliche Anrede
Bundes-(Staats-, Landes-)Minister	Dem (Staats-) Bundesminister des ... (z.B. Innern), der ... (z.B. Justiz) Herrn ...	Sehr geehrter Herr Ministerpräsident Sehr geehrter Herr Minister	Herr Minister oder Herr Bundesminister
Senator	amtierend: An den Senator für ... (z.B. Inneres, Justiz usw.) Herrn ... privat: Herrn Senator ...	Sehr geehrter Herr Senator	Herr Senator
Staatssekretär, Ministerialdirektor, Ministerialdirigent, Ministerialrat, Oberregierungsrat, Regierungsrat	An den Herrn Staatssekretär (Ministerialdirektor usw.) oder Dem Staatssekretär (Ministerialdirektor usw.) beim Bundesministerium des ... (z.B. Innern) Herrn ...	Sehr geehrter Herr Staatssekretär (Ministerialdirektor usw.)	Herr Staatssekretär (Ministerialdirektor usw.)
Vortragender Legationsrat, Legationsrat I.Kl., Legationsrat	An den Herrn Vortragenden Legationsrat (Legationsrat I.Kl. usw.) ... beim Auswärtigen Amt der Deutschen Bundesrepublik oder Dem Vortragenden Legationsrat (Legationsrat I.Kl. usw.) beim Auswärtigen Amt der Deutschen Bundesrepublik Herrn ...	Sehr geehrter Herr Vortragender Legationsrat oder Sehr geehrter Herr Legationsrat	Herr Legationsrat (Legationssekretär)

Titel, Rang	Briefanschrift	briefliche Anrede	mündliche Anrede
Mitglied des Bundestages, Landtages	An den Abgeordneten des Deutschen Bundestages, des ... Landtages Herrn ... oder Dem Abgeordneten des Deutschen Bundestages, des ... Landtages Herrn ...	Sehr geehrter Herr ... oder Sehr geehrter Herr Bundestagsabgeordneter oder Sehr geehrter Herr Landtagsabgeordneter	Herr Bundestagsabgeordneter Herr Landtagsabgeordneter
(Ober-)Bürgermeister	An den (Ober-)Bürgermeister der Stadt ... Herrn ... oder Dem (Ober-)Bürgermeister der Stadt ... Herrn ...	Sehr geehrter Herr (Ober-)Bürgermeister	Herr (Ober-)Bürgermeister
Landrat	An den Landrat des Kreises ... Herrn ...	Sehr geehrter Herr Landrat	Herr Landrat
(Ober-)Stadtdirektor	An den (Ober-)Stadtdirektor der Stadt ... Herrn ... oder Dem (Ober-)Stadtdirektor der Stadt ... Herrn ...	Sehr geehrter Herr (Ober-)Stadtdirektor	Herr (Ober-)Stadtdirektor
Gerichte Präsident des Bundesgerichtshofes, Bundesverfassungsgerichts, Bundesfinanzhofes usw.	An den Präsidenten des Bundesgerichtshofes Herrn ... oder Dem Präsidenten des Bundesgerichtshofes Herrn ...	Sehr geehrter Herr Präsident	Herr Präsident

Titel, Rang	Briefanschrift	briefliche Anrede	mündliche Anrede
Kammergerichtspräsident (Oberland-), Landgerichtspräsident, Generalbundesanwalt, Generalstaatsanwalt, (Ober-)Landgerichtsrat, Amtsgerichtsrat, (Ober-, Erster) Staatsanwalt, Amtsanwalt	An den Kammergerichtspräsidenten (Oberlandgerichtspräsidenten usw.) Herrn ... Herrn (Ober-)Landgerichtsrat (Amtsgerichtsrat usw.) ...	Sehr geehrter Herr Kammergerichtspräsident (Oberlandgerichtspräsident usw.) oder Sehr geehrter Herr (Ober-)Landgerichtsrat (Amtsgerichtsrat usw.)	Herr Kammergerichtspräsident (Oberlandgerichtspräsident usw.) oder Herr Präsident Herr (Ober-)Landgerichtsrat (Amtsgerichtsrat usw.)
Rechtsanwalt, Rechtsanwalt und Notar	Herrn Rechtsanwalt ... oder Herrn ... – Rechtsanwalt und Notar –	Sehr geehrter Herr ...	Herr ...
Diplomatisches Corps/gemäß Internationalem Protokoll			
Botschafter, Gesandter (Chef der Mission fremder Länder)	Seiner Exzellenz dem Botschafter (Gesandten) der ... des ... (Staatsbezeichnung) Herrn ...	Euere Exzellenz	Exzellenz oder Euere Exzellenz
Botschafter und Frau, Gesandter und Frau (ausländ.)	Ihren Exzellenzen dem Herrn ... (z.B. englischen) Botschafter und Frau ...	Euere Exzellenz Ihre Exzellenz	Exzellenz oder Euere Exzellenz
Apostolischer Nuntius	Seiner Exzellenz dem Apostolischen Nuntius Monsignore ...	Hochwürdigste Exzellenz	Exzellenz oder Euere Exzellenz
Botschaftsrat, Gesandtschaftsrat, Botschaftssekretär, Gesandtschaftssekretär (ausländ.)	Dem Botschaftsrat (Gesandschaftsrat) bei der ... (Staatsbezeichnung) Botschaft (Gesandtschaft) Herrn ...	Sehr geehrter Herr Botschaftsrat (Gesandtschaftsrat usw.)	Herr Botschaftsrat (Gesandtschaftsrat usw.)

Titel, Rang	Briefanschrift	briefliche Anrede	mündliche Anrede
Diplomatisches Corps/Deutschland (BRD)			
Botschafter, Gesandter (Deutschland)	An den Botschafter (Gesandten) der Bundesrepublik Deutschland (in ...) Herrn ...	Sehr geehrter Herr Botschafter (Gesandter)	Herr Botschafter (Gesandter)
Botschaftsrat, Generalkonsul, Gesandtschaftsrat I. Kl., Konsul I. Kl., Gesandtschaftsrat, Konsul, Vizekonsul (Deutschland)	An Herrn Botschaftsrat (Generalkonsul usw.) ... bei der Botschaft (Gesandtschaft; beim Konsulat) der Bundesrepublik Deutschland (in ...) oder Dem Botschaftsrat (usw.)	Sehr geehrter Herr Botschaftsrat (Generalkonsul usw.)	Herr Botschaftsrat (Generalkonsul usw.)
Kirchen und Religionsgemeinschaften/evangelisch-lutherische Kirche			
Landesbischof	Herrn Landesbischof (Dr. oder D.) ...	Sehr geehrter Herr Landesbischof	Herr Landesbischof
Kirchenpräsident, Präses	Herrn Kirchenpräsidenten (Präses) (Dr. oder D.) ...	Sehr geehrter Herr Kirchenpräsident (Präses)	Herr Kirchenpräsident (Präses)
(Kreis-)Dekan (meist Oberkirchenrat)	Herrn (Kreis-)Dekan ... oder ggf. An den Herrn (Kreis-)Dekan Oberkirchenrat (Dr. oder D.) ...	Sehr geehrter Herr Dekan oder ggf. Sehr geehrter Herr Oberkirchenrat	Herr Dekan oder ggf. Herr Oberkirchenrat
(Landes-)Superintendent, Konsistorialrat	Herrn (Landes-)Superintendenten (Konsistorialrat) (Dr. oder D.) ...	Sehr geehrter Herr (Landes-)Superintendent (Konsistorialrat)	Herr (Landes-)Superintendent (Konsistorialrat)

Titel, Rang	Briefanschrift	briefliche Anrede	mündliche Anrede
Propst	Herrn Propst ...	Sehr geehrter Herr Propst	Herr Propst
(Oberlandes-, Landes-, Ober-)Kirchenrat	Herrn (Oberlandes-, Landes-, Ober-)Kirchenrat ...	Sehr geehrter Herr (Oberlandes-, Landes-, Ober-)Kirchenrat	Herr (Oberlandes-, Landes-, Ober-)Kirchenrat
Pfarrer, Pastor, Vikar	Herrn Pfarrer (Pastor usw.)	Sehr geehrter Herr Pfarrer (Pastor usw.)	Herr Pfarrer (Pastor usw.)
Römisch-katholische Kirche Papst	Seiner Heiligkeit Papst ... Vatikanstaat (oder Città del Vaticano)	Euere Heiligkeit oder Heiliger Vater	Euere Heiligkeit oder Heiliger Vater
Kardinal	Seiner Eminenz (Vorname) Kardinal ... (Erzbischof von ...)	Euere Eminenz	Euere Eminenz Herr Kardinal
Bischof, Erzbischof, Weihbischof	Seiner Exzellenz ... Bischof (Erz-, Weih-) von ...	Euere Exzellenz	Euere Exzellenz Herr Bischof
Prälat, Monsignore	Herrn Prälaten ... (Monsignore ...)	Sehr geehrter Herr Prälat; Sehr geehrter Monsignore	Herr Prälat; Monsignore
Abt	Dem Hochwürdigen Abt von ...	Hochwürdiger Herr	Euer Gnaden Hochwürdiger Herr

24 Anrede

Titel, Rang	Briefanschrift	briefliche Anrede	mündliche Anrede
Äbtissin	Hochwürdige Frau Äbtissin	Hochwürdige Frau	Hochwürdige Frau
Oberin (Odens-)	Der Ehrwürdigen Mutter …	Ehrw. Mutter	Ehrwürdige Mutter
Domkapitular (Kanonikus), Domvikar, Ordinariatsrat, Dompropst, Domdechant	An das Domkapitel der Kathedralkirche … (bei Erzbistümern: der Metropolitankirche …) Herrn … oder Herrn Domkapitular (Domvikar usw.) … (Dompropst; Domdechant von St. …)	Sehr geehrter Herr Domkapitular (Domvikar usw.)	Herr Domkapitular (Domvikar usw.)
Dekan, Dechant, Geistlicher Rat, Pfarrer, Kaplan, Kooperator, Kurat, Benefiziat, Rektor, Definitor, Erzpriester, Pastor usw.	Herrn Dekan (Dechant usw.) …	Sehr geehrter Herr Dekan (Dechant usw.)	Herr Dekan (Dechant usw.)
Jüdische Gemeinde (Landes-, Ober-)Rabbiner	Herrn (Landes-, Ober-) Rabbiner …	Sehr geehrter Herr (Landes-, Ober-) Rabbiner	Herr (Landes-, Ober-) Rabbiner
Honoratioren Exzellenz	Seiner Exzellenz (z.B. Generalfeldmarschall a.D. …)	Euere Exzellenz	Exzellenz oder Euere Exzellenz
Hof-, Staats-, Geheim-, Justiz-, Kommerzien-, Sanitäts-, Medizinal- und sonstige Räte	Herrn Hofrat …	Sehr geehrter Herr Hofrat (Geheimrat usw.)	Herr Hofrat (Geheimrat usw.)

Titel, Rang	Briefanschrift	briefliche Anrede	mündliche Anrede
Universitäten, Hochschulen			
Rektor	An (Seine Magnifizenz) den Rektor der ... (z.B. Humboldt-, Freien Universität, Technischen Hochschule, Handelshochschule) Herrn Professor Dr. (z.B. jur.; phil.)	Euere Magnifizenz oder Hochverehrter Herr Professor	(Euere) Magnifizenz oder Herr Professor
Hochschulsenat	An den (Hohen) Senat der ... (z.B. Humboldt-, Freien) Universität oder An den (Hohen) Senat der ... (z.B. juristischen) Fakultät an der ... (z.B. Freien) Universität	Sehr geehrte Herren Senatsmitglieder	–
Dekan	An den Dekan der ... (z.B. juristischen) Fakultät an der ... (z.B. Freien) Universität Herrn Professor Dr. (z.B. jur.) ...	(Euere) Spectabilität oder Hochverehrter Herr Professor	(Euere) Spectabilität oder Herr Professor
Professor	Herrn Professor Dr. (z.B. jur.) ...	Sehr geehrter Herr Professor oder Sehr geehrter Herr (Dr.) ...	Herr Professor
Doktor	Herrn Dr. (z.B. jur.) ...	Sehr geehrter Dr. ... oder (prakt. Ärzte) Sehr geehrter Herr Dr. ...	Herr Doktor ... (an praktizierende Ärzte auch) Herr Doktor

Titel, Rang	Briefanschrift	briefliche Anrede	mündliche Anrede
Diplom-Ingenieur, Diplom-Kaufmann, Diplom-Volkswirt usw.	Herrn Dipl.-Ing. (Dipl.-Kfm.) ...	Sehr geehrter Herr ...	Herr ...
Oberstudiendirektor, Rektor, Konrektor, (Ober-)Studienrat	Herrn Oberstudiendirektor (Dr. phil.) (Rektor usw.) ...	Sehr geehrter Herr Oberstudiendirektor (Rektor usw.)	Herr Oberstudiendirektor (Rektor usw.)
Wirtschaft Präsident der Industrie- und Handelskammer	Dem Präsidenten der Industrie- und Handelskammer Herrn ...	Sehr geehrter Herr Präsident oder Sehr geehrter Herr ...	Herr Präsident
Präsident (z. B. Bank, Union)	Dem Präsidenten der ..., des ..., Herrn ...	Sehr geehrter Herr Präsident oder Sehr geehrter Herr ...	Herr Präsident
(General-)Direktor	An den (General-)Direktor der ... (des ...), Herrn ...	Sehr geehrter Herr (General-)Direktor oder Sehr geehrter Herr ...	Herr (General-)Direktor
Adelshäuser: Auf Anreden wie »Königliche Hoheit«, »Durchlaucht« usw. sowie die Anrede in »dritter Person« besteht in Deutschland grundsätzlich kein Anspruch mehr. Adelstitel gelten heute als Teil des Namens. Bei verschiedenen Häusern entfällt das »von«. Beispiel »Freiherr Knigge«			
Prinz (aus regierendem Haus)	An Seine Königliche Hoheit den Prinzen (Vorname) von ...	Königliche Hoheit (dritte Person)	Königliche Hoheit (dritte Person)
Großherzog, Herzog (aus regierendem Haus)	An Seine Königliche Hoheit (Groß-, Erz-)Herzog (Vorname) von ...	Königliche Hoheit (dritte Person)	Königliche Hoheit (dritte Person)

Titel, Rang	Briefanschrift	briefliche Anrede	mündliche Anrede
Prinz (aus herzoglichem Haus)	An Seine Hoheit Prinz (Vorname) von …	Euere Hoheit	Hoheit
Herzog (aus nichtregierendem Haus)	An Seine Durchlaucht den Herzog (Vorname) von …	Euere Durchlaucht	Durchlaucht
Fürst	Seiner Durchlaucht den Fürsten (Vorname) von …	Euere Durchlaucht	Durchlaucht
Prinz (aus fürstlichem oder nichtregierendem Haus)	An Seine Durchlaucht Prinz (Vorname) von …	Euere Durchlaucht	Durchlaucht
Graf, Reichsgraf (aus standesherrlichem Haus)	Seiner Erlaucht dem Grafen (Vorname) von …	Euere Erlaucht	Erlaucht
Graf	Herrn Graf (Vorname) von …	Sehr geehrter Graf …	Graf …
Baron von …	Herrn Baron (Vorname) von …	Sehr geehrter Baron …	Baron …
Freiherr	Herrn (Vorname) Freiherr von …	Sehr geehrter Herr von …	Herr von …

Antrittsbesuch
Wer eine neue Wohnung oder ein neues Haus bezogen hat, sollte sich, sobald die ärgsten Umzugswehen der Vergangenheit angehören, überlegen, ob er sich der Nachbarschaft vorstellen will. Wäre es früher undenkbar gewesen, dies zu unterlassen, so urteilt man heute großzügiger darüber. Letztlich muß jeder für sich selbst entscheiden,

ob er mit seinen Nachbarn Kontakt haben möchte oder nicht. Einige Tatsachen sollte man hierbei allerdings beachten: In den schon äußerlich sehr unpersönlich anmutenden Wohnsilos wird nur von den wenigsten Bewohnern gesteigerter Wert auf Nachbarschaft gelegt. Wer also in eine jener Schlafburgen zieht, sollte sich nicht wundern, wenn er auch nach Jahren seine Nachbarn gar nicht oder nur vom Sehen her kennt. Kleinere Wohnanlagen entwickeln mitunter eine sehr rege Nachbarschaft, die unter Umständen zu einer »Beschlagnahme« des neuen Mitbewohners führen kann, die dieser gar nicht wünscht.

Ein formeller Antrittsbesuch in einer Wohnanlage ist natürlich nicht nötig, ein kurzes Klingeln bei den unmittelbaren Nachbarn, ein höflicher Gruß und ein paar persönliche Worte, mit denen man sich vorstellt, genügen vollauf.

Wer allerdings ein eigenes Haus bezieht, der sollte sich seinen neuen Nachbarn unbedingt vorstellen. Dies kann nun ganz formell geschehen: Noch immer gilt der Sonntag als offizieller Besuchstag, an dem zwischen 12 und 13 oder 17 und 18 Uhr empfangen wird. Diese Anstandsregel wurde zwar bisher noch von niemandem aufgehoben, stillschweigend hat man aber längst akzeptiert, daß die wenigsten Mitmenschen am Sonntag Wert auf Besuch legen. Wer also berufliche oder private Antrittsbesuche zu absolvieren hat, wird gut beraten sein, wenn er seinen Wunsch mittels einer Karte ein oder zwei Tage vorher kundtut. Ist dieser Termin dem zu Besuchenden ungelegen, so wird er dies schriftlich oder mündlich (auch telefonisch) wissen lassen. Während früher in jedem gutbürgerlichen Hause ein Dienstmädchen unerwünschte Gäste abwimmeln konnte, gestaltet sich dies heute weitaus schwieriger, denn wer von uns hat schon ein Dienstmädchen? Trotzdem brauchen wir uns von niemandem nötigen lassen, ihn als Besucher zu empfangen. Mit ein paar höflichen Worten an der Eingangstüre kann man ihm durchaus zu verstehen geben, daß er im Augenblick ungelegen kommt. Sollte tatsächlich ein dienstbarer Geist diese Aufgabe für uns übernehmen, so darf der Abgewiesene, auch wenn er weiß, daß wir selbst zu Hause sind, nicht beleidigt oder gekränkt sein – immer vorausgesetzt natürlich, daß der Besucher nicht angemeldet war. Da die Regeln eines Antrittsbesuches im Ausland teilweise anders gehandhabt werden als bei uns, sollte man sich in diesem Falle vorher genau über die Gepflogenheiten des Gastlandes informieren (→Besuchszeiten).

Arbeitsplatz
Grundsätzlich soll hier gleich zu Beginn bemerkt werden: Anstandsregeln haben nicht nur in der Gesellschaft, sondern auch an der Arbeitsstätte ihre Gültigkeit. Selbstverständlich erwartet niemand von uns, daß wir ihn bei wiederholten Begegnungen im Laufe eines Tages stets aufs neue begrüßen werden; ein Lächeln genügt hier vollauf. Ob der morgendliche Händedruck im engsten Kollegenkreis notwendig ist, darüber mag jeder selbst entscheiden. Ich meine: nein! Selbstverständlich wird auch im Büro angeklopft, wenn man das Zimmer eines Mitarbeiters betritt und ebenso selbstverständlich braucht dieser nicht aufzustehen, wenn wir oder aber sogar der Chef persönlich eintreten. Übrigens grüßt der Eintretende immer zuerst. Ist der Kollege oder die Kollegin gerade intensiv mit einer Arbeit beschäftigt, so darf ohne Umstände darauf hingewiesen werden. Entweder wartet man ein paar Minuten, oder aber man verläßt das Zimmer und kommt zu einem späteren Zeitpunkt zurück. Dies gilt auch für den Fall, daß der Kollege gerade nicht an seinem Schreibtisch ist. Allerdings mit einer Ausnahme: Befinden sich im Zimmer des Kollegen betriebswichtige Akten o.ä., so darf man diese, sofern es für die Arbeit notwendig ist, auch dann einsehen, wenn der Schreibtisch des Zimmerinhabers gerade verwaist ist. Mißverständnisse läßt man am besten gar nicht erst aufkommen. Ein neuer Mitarbeiter sollte sich möglichst sofort über die Handhabung der Akten in einem solchen Fall informieren.

Über die zwischenmenschlichen Beziehungen

am Arbeitsplatz wurden schon einige Bücher geschrieben, und deswegen soll hier nur auf das Allernötigste eingegangen werden. Ob am eigenen Arbeitsplatz ein gutes oder ein schlechtes Betriebsklima herrscht, hängt primär von uns selbst ab. Sehr wichtig ist dabei das Verhalten, das man den Kollegen gegenüber an den Tag legt. Wer schon nach kurzer Firmenzugehörigkeit über Kollegen urteilt und dies auch noch allen anderen lauthals kundtut, der braucht sich nicht zu wundern, wenn seine Beliebtheit dadurch nicht gerade gefördert wird. Mitarbeiter und auch Untergebene sollte man stets so behandeln, wie man selbst gerne behandelt werden möchte! Wird diese goldene Regel am Arbeitsplatz beachtet, dann ist ein gutes Auskommen mit allen sichergestellt. Wer um Rat oder Hilfe bittet, dem wird sie gewährt, ohne daß gleich die gesamte Abteilung davon erfährt. Sucht ein Kollege einmal eine – möglicherweise auch private Sorgen betreffende – Aussprache, so vergibt man sich durchaus nichts, wenn man zuhört. Oft ist das Zuhören allein schon eine große Hilfe!

Klatsch und Tratsch gedeihen wohl nirgends so gut wie gerade am Arbeitsplatz. Damit müssen wir leben, und nur wenn es des Guten wirklich zuviel wird, sollte man eventuell tadelnd eingreifen. Zwischen harmlosem Geklatsche und bösartigem Getratsche ist jedoch ein großer Unterschied.

Nun noch ein Wort zu den in vielen Firmen so beliebten Betriebsfeiern, die nicht selten ganze Abteilungen lahmlegen. Selbstverständlich kann uns niemand verwehren, einen Geburtstag, ein Jubiläum etc. gebührend zu feiern. Ob allerdings der Arbeitsplatz dafür gerade der richtige Ort ist, sei dahingestellt. Jeder Arbeitgeber hat selbstverständlich das Recht, Feiern während der Arbeitszeit zu untersagen.

Abschließend sollen all jene Arbeitsplätze erwähnt werden, die den täglichen Umgang mit fremden Menschen erfordern. Gemeint sind die unzähligen Arbeitsplätze im Verkauf, in Arztpraxen und in Behörden, um nur die wichtigsten hier anzuführen. Ohne Zweifel setzen sie eine große Liebe zum Beruf voraus, und ebenso zweifelsfrei muß sich der Inhaber eines solchen Arbeitsplatzes von vornherein darüber im klaren sein, daß er bessere Nerven benötigt als jemand, der ein eigenes Büro besitzt. Gerade in den letzten Jahren konnte eine zunehmende Unlust bei Angestellten dieser Berufssparten beobachtet werden. Da findet man Verkäuferinnen, die ungehalten die Brauen runzeln, wenn ein Kunde sie beim Schwatz mit den Kollegen stört, die Arzthelferin, die mehr Arroganz ausstrahlt als der Professor und die Beamtin, die ungehindert ihre Macht im Parteienverkehr ausspielt. So bitte nicht! Wer höflich um etwas bittet, hat auch das Recht, eine höfliche Antwort zu erhalten. Ist dies nicht der Fall, dann bleibt nur der Beschwerdeweg. Ob er Erfolg haben wird, möchte ich allerdings dahingestellt sein lassen.

Artischocken
Was sonst streng verboten – hier ist es erlaubt: Artischocken, ein der Distel verwandtes Gemüse, das vornehmlich aus Italien und Frankreich zu uns nach Deutschland kommt, werden mit der Hand gegessen. Die Blätter werden von außen nach innen abgezupft, das fleischige Ende des Blattes in die dazu gereichte Sauce getaucht. Das Artischockenblatt wird dann sozusagen ausgelutscht und der harte Rest des Blattes am Tellerrand abgelegt. Während man das in der Mitte befindliche, langfaserige Heu, das ungenießbar ist, mit der Gabel abhebt, wird der weiche und besonders wohlschmeckende Artischockenboden mit der Gabel zerteilt und gegessen. Wer seinen Gästen Artischocken vorsetzt, sollte die Fingerschalen nicht vergessen!

Aufforderung zum Tanz
Jugend hat eigene Gesetze, und es ist kaum vorstellbar, daß ein Jugendlicher in einer Disco seine Freundin formvollendet zum Tanz auffordert. Meist wird er mit einem locker hingeworfenen: »Hey, wollen wir mal?« die Bitte umschreiben,

vielleicht zieht er sie auch nur am Arm auf die Tanzfläche und setzt ihr Einverständnis einfach voraus. Nun, in der Disco mag das hingehen, und im Fasching oder Karneval wird man es auf Kostümbällen vielleicht tolerieren. Ganz anders sieht die Sache jedoch bei offiziellen Schwarzweißbällen oder beim – in der letzten Zeit wieder sehr beliebt gewordenen – Tanztee aus. Hier erwartet man schlicht und einfach die korrekte Aufforderung zum Tanz, und die lautet: »Darf ich bitten?« oder altmodisch umständlich: »Würden Sie mir die Ehre geben?« Ein freundliches, fragendes Lächeln, verbunden mit einer angedeuteten Verbeugung, genügt natürlich auch, trotzdem finde ich persönlich die ausgesprochene Bitte weit höflicher. Egal, ob man die Bitte nun ausspricht oder nicht, die Verbeugung bzw. die Andeutung derselben durch Kopfnicken ist zwingend. Selbstverständlich hat man dabei weder eine Zigarette noch einen Kaugummi im Mundwinkel, noch fingert man an seiner Krawatte

Die formvollendete **Aufforderung** *zum Tanz (1) gehört immer noch zum guten Ton und ...*

... ebenso selbstverständlich wird der Herr seine Tanzpartnerin (2) an ihren Tisch zurückbegleiten und sich für den Tanz bedanken.

oder Fliege herum, so, als wolle man sich im nächsten Augenblick selbst strangulieren!

Auf öffentlich stattfindenden Tanzveranstaltungen braucht der Herr sich seiner Tanzpartnerin nicht vorzustellen, bei privaten Anlässen besorgt dies meist zu Beginn des Abends der Hausherr. Ist die erwählte Tanzpartnerin nicht allein, sondern in Begleitung, so wird die Bitte korrekterweise auch an diese gerichtet. Aber Vorsicht: Handelt es sich bei der Begleitung ebenfalls um eine Dame, so kann diese die Frage durchaus auch auf sich selbst beziehen, und dann sagen Sie um Himmels willen nicht: »Nein, mit Ihnen wollte ich nicht tanzen, sondern mit Ihrer Begleitung!« Lächeln Sie charmant, auch wenn es vielleicht schwerfällt, und absolvieren Sie diesen Pflichttanz. Ebenso selbstverständlich wie ein Herr eine Dame auffordern darf, kann seine Bitte auch abschlägig mit einem höflichen »Nein, danke« beschieden werden. In diesem Fall nickt man höflich mit dem Kopf und geht wieder.

In den letzten Jahren hat es sich, eine Errungenschaft der Emanzipation, gerade im Bekannten- und Freundeskreis durchgesetzt, daß auch Frauen ungezwungen einen Herrn mit der Frage: »Wollen wir tanzen?« auffordern. Und ebenso wie jede Frau hat nun auch hier der Herr das Recht, abzulehnen.

Aufgebot
Noch immer muß das beim Standesamt bestellte Aufgebot acht volle Tage aushängen. Ob beim Standesamt am Wohnort der Braut oder des Bräutigams, spielt dabei keine Rolle. Während dieser offiziellen Aushängezeit darf jeder, der rechtliche Bedenken gegen diese Eheschließung vorbringen kann, diese dem Standesbeamten zur Kenntnis bringen. Normalerweise wird am Tage, an dem man das Aufgebot bestellt, auch der Hochzeitstag festgelegt.

Ausflüge mit Kindern
sind meist eine recht lebhafte, lustige Sache, an der alle Beteiligten ihren Spaß haben. Eltern, die ihre Sprößlinge jemandem mitgeben oder selbst andere Kinder mitnehmen, sollten folgendes beachten:
- Kinder bekommen Hunger und Durst, und zwar immer auf das, was die anderen Kinder bekommen.
- Auch Kinder kosten Eintritt.
- Bei längeren Fahrten ist es durchaus angebracht, eine Benzingeldbeteiligung vorzuschlagen.
- Kleine Erinnerungsstücke (Anstecknadeln, Aufkleber usw.) kann man nicht nur dem eigenen Kind kaufen – ein gerechter Erzieher wird sie auch den anvertrauten Kindern schenken.
- Kinder dürfen vielleicht zu Hause bestimmte Sachen (ob dies nun Hamburger, Pommes frites oder die so beliebten Gummibärchen sind, spielt nur eine untergeordnete Rolle) aus erzieherischen Gründen nicht essen. Erfahrungsgemäß sind Kinder aber, außerhalb der Reichweite der Eltern, gerade auf diese zu Hause verpönten Speisen ganz scharf. Wie soll sich nun derjenige, dem die Kinder anvertraut wurden, verhalten? Sie einfach zuschauen lassen, während der eigene Sprößling sich genüßlich die Finger abschleckt und die Augen der anderen immer größer werden? Oder ihnen halt die Portion »Ichweißnichtwas« kaufen und damit bewußt gegen die Regeln der elterlichen Erziehung verstoßen? Schwer zu beantworten, und daher meine Bitte an alle Eltern: Klären Sie diese Fragen vorher – auch die Kostenfrage! Man kann von niemandem erwarten, daß er Eintritt, Limonade und Brotzeit für drei, vier, fünf oder mehr Kinder bezahlt, nur weil er sich bereit erklärt hat, sie mitzunehmen. Und ob Kinder den Eltern unbedingt gestehen, was sie während des Ausfluges so alles »genascht« haben, das wage ich wahrhaft zu bezweifeln. Und wer bringt es schon fertig, sie regelrecht zu verpetzen? Darum, liebe Eltern von kleinen oder großen Kindern: Erhaltet Euch die Freundschaft Eurer Bekannten durch Klärung dieser Fragen – sonst gibt's nur dumme Mißverständnisse, und die helfen ja bekanntlich niemandem.

Austern
Für die einen zählen sie zu den besten Delikatessen, die das Meer zu bieten hat, für die anderen sind sie ein Grund zur Absage, falls man frühzeitig erfährt, daß sie als Vorspeise gereicht werden sollen. Nun denn, ob Liebhaber oder nicht, um Austern genießen zu können, bedarf es einiger Tricks, die man sich besser vor dem Verzehr der Muschel aneignet. Seit kurzem findet man, ebenso wie in Frankreich, in jedem besseren Kaufhaus einen Austernstand, an dem man, sozusagen im Vorübergehen, die Meeresfrüchte genießen kann. Wer dem geschickten Personal hier ein wenig über die Schulter blickt, der wird binnen kurzem alles Wissenswerte erfahren haben. Normalerweise wird die Auster roh verzehrt, d.h., sie wird aus der mittels eines Austernbrechers geöffneten Schale geschlürft. Ganz richtig! Geschlürft, und zwar im wahrsten Sinne des Wortes. Austern, aber bitte wirklich nur Austern, darf man schlürfen. Während sie im Restaurant oder Delikatessengeschäft bereits vorbereitet serviert werden, muß man, sofern man seinen Gästen frische Austern anbieten möchte, diese etwas mühselige Arbeit in der Küche vornehmen. Man entfernt nach dem Öffnen den Bart mit der Austerngabel (als Bart werden bei der Auster die Kiemen bezeichnet) sowie den als schwarzen Punkt sicht-

baren Darm (Austernpunkt), der das wohlschmeckende Fleisch an der Muschel festhält. Wer möchte, kann dieses mit Salz, Pfeffer oder Zitrone würzen, manche schwören darauf, daß es »ohne« alle Zutaten am besten schmeckt. Austern werden immer mit dem Saft in der Austernschale serviert, aus der das Fleisch nun mittels der Austerngabel genommen werden kann, oder man schlürft (bitte möglichst geräuschlos) Saft und Fleisch von der Schale direkt in den Mund. Die Schale wird dabei in der linken Hand gehalten.

Auto fahren

Würde man alles, was es über dieses inhaltsreiche Thema zu sagen gibt, hier abhandeln wollen, dann würde dieses Kapitel sicherlich ein Buch für sich werden. Darum sei hier nur auf die allerwichtigsten Verhaltensregeln beim Autofahren hingewiesen. Eines darf allerdings noch vorausgeschickt werden: Am Steuer eines Autos vergessen auch Mitglieder der besten Gesellschaft sehr oft die einfachsten Anstandsregeln, und hierbei gibt es keinerlei Unterschied ob Mann oder Frau. Es ist natürlich längst statistisch erwiesen, daß Frauen die weitaus besseren Autofahrer sind, nur glauben werden es die Herren der Schöpfung natürlich nie. Und dabei wäre doch alles so schrecklich einfach. Man müßte sich ja lediglich an die Paragraphen der Straßenverkehrsordnung halten.

Doch ehe wir uns nun in philosophischen Betrachtungen verlieren, kommen wir lieber zum Kernpunkt des Themas zurück: auf das Verhalten beim Autofahren. Rücksicht und Vorsicht gehen dabei Hand in Hand. Wissen wir denn immer so genau, warum sich unser Vordermann gerade jetzt so und nicht anders verhält? Nein, natürlich nicht, und deshalb sollten wir ihn auch nicht in Bausch und Bogen als unfähigen Fahrer verurteilen. Vielleicht geht es uns morgen schon ganz ähnlich, und dann werden auch wir all jenen im stillen danken, die unsere Fehler nicht mit bösartigem Hupen, Kopfschütteln, Faustzeigen – noch schlimmere Handgebärden wollen wir hier erst gar nicht erwähnen – quittieren, sondern uns vielleicht sogar durch ein Lächeln und ein verständnisvolles Handzeichen zu verstehen geben, daß alles doch gar nicht so tragisch ist. Auch wenn uns der Vorder- oder Hintermann noch so ärgert, theoretisch sollte man über diesen Dingen stehen. Ich betone theoretisch und weiß doch zu gut, daß die Praxis leider ganz anders aussieht. Aber vielleicht hilft es, wenn man ab und an darüber nachdenkt. Jeder Autolenker muß wissen, was er sich zutrauen kann; völlig falsch ist es, sich vom Beifahrer animieren oder ablenken zu lassen. Ein guter Beifahrer wird, vor allem im hektischen Stadtverkehr, möglichst den Mund halten. Nur so ist gewährleistet, daß der Lenker des Fahrzeuges sich voll und ganz auf den Verkehr konzentrieren kann.

Über das Ein- und Aussteigen: Selbstverständlich öffnet der Herr der Dame die Autotüre, aber bitte nicht vom Fahrersitz aus, sondern indem er um das Auto herumgeht. Und ebenso selbstverständlich wartet die Dame mit dem Einsteigen, bis der Herr ihr die Autotüre von außen geöffnet hat. Bleibt der Herr beim Öffnen der Türe sitzen, so darf man getrost annehmen, daß er keine Manieren besitzt! Einzige Ausnahme, sowohl beim Ein- als auch beim Aussteigen: Wer in zweiter Reihe auf einer stark befahrenen Straße halten muß, darf, um die nachfolgenden Autofahrer nicht noch durch zusätzliches Türenaufreißen zu gefährden, die Dame alleine aussteigen lassen. Sofern die Dame nicht von sich aus den Fahrer auffordert, sitzen zu bleiben, sollte er diese Bitte ohne schlechtes Gewissen aussprechen. Befindet sich nun rechts neben der Beifahrerseite ein Radweg, so ist die Warnung vor eventuell unbemerkten Radfahrern angebracht. Ein taktvoller Beifahrer wird sich, sofern ihm das Automodell nicht ohnehin vertraut ist, schon während der Fahrt nach dem Türgriff umgesehen haben. Sollte er diesen trotzdem nicht finden und den Autolenker danach fragen, sollte dieser bitte nicht mit seinem gesamten Lebendgewicht sich nun nach rechts fallen lassen und die Türschnalle aufzie-

Die tiefer gewölbte Schalenseite der gründlich gebürsteten **Auster** *sollte mit der Breitseite (1) an der Handwurzel anliegen, ehe man das Messer ansetzt, das fest angedrückt waagrecht hin und her bewegt (2) wird, damit der Schließmuskel sich löst. Dabei ist größte Vorsicht geboten, damit das in der Auster enthaltene Meerwasser (3) nicht ausläuft, das sich in der nunmehr geöffneten Auster (4) in der tieferliegenden Schalenhälfte sammelt. Man trennt nun die Muschel von ihrem angewachsenen (5) Fuß mit einem Schnitt und kann sie nun aus der Schale herausschlürfen. Austern, die beim Aufbrechen streng riechen, gehören übrigens in den Mülleimer!*

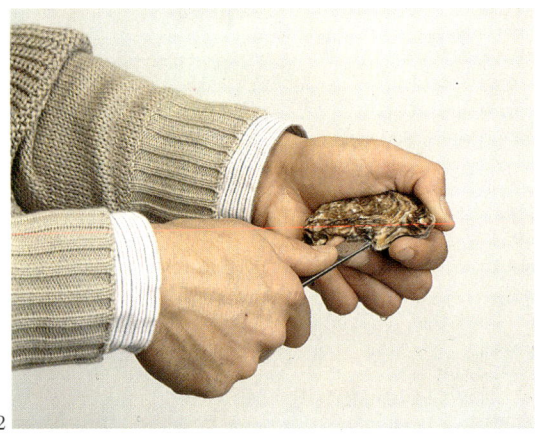

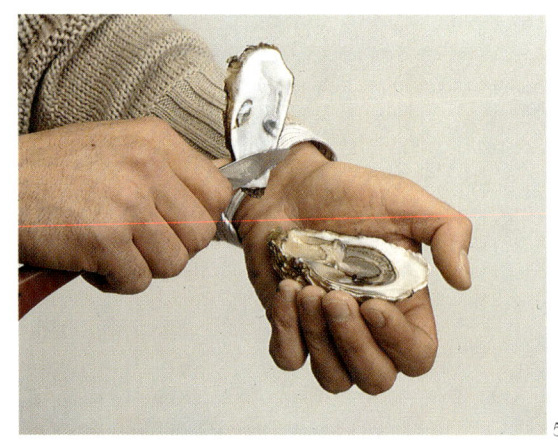

hen. Eine Handbewegung in die entsprechende Richtung mit einigen erklärenden Worten erfüllt sicherlich auch den Zweck.

Mildes Kopfschütteln verursachen manchmal die Verrenkungen der Damen beim Einsteigen. Sehen wir einmal von den immer beliebter werdenden Geländewagen ab – sie zwingen die Dame allein durch den höheren Bodenabstand buchstäblich zum »Steigen«. Elegantes Einsteigen ist wirklich ganz einfach: Mantel oder Kleid werden mit der rechten Hand gehalten, und man nimmt auf dem Autositz Platz, als wäre es der bequemste Wohnzimmersessel. Erst wenn man bereits sitzt, werden die Beine geschlossen nach innen geschwenkt. Das Aussteigen funktioniert in umgekehrter Reihenfolge. Doch besser als alle Worte vermögen dies wohl Bilder zu verdeutlichen; sie zeigen auch die richtige Handstellung

Im Restaurant wird die Auster (1) bereits fertig aufgebrochen serviert.

Ob man sie mit Zitronensaft, Salz oder Pfeffer (2) oder pur genießt, bleibt jedem selbst überlassen.

Wer die Auster nicht aus ihrer Schale schlürfen möchte, kann sie auch mit der Austerngabel (3) herausholen.

Schlürfen (4) ist nicht jedermanns Sache und wirklich nur bei Austern erlaubt.

36 Auto fahren

Auto fahren will gelernt sein, und das Tippen an die *(1)* Stirne kann ein teures Vergnügen werden ...

Selbstverständlich wird ein galanter Begleiter seiner Beifahrerin die Autotür öffnen (2) und ...

... ihr beim Aussteigen (3) helfend die linke Hand reichen.

des Herrn, der einer Dame beim Aussteigen behilflich ist. Häufig zieht der Herr die Dame buchstäblich aus dem Wagen. Der linke Unterarm oder die linke Hand des Herrn sollte aber lediglich als Stütze dienen.

Wer sitzt wo? Grundsätzlich gilt hier, daß die Ehefrau – sofern sie nicht selbst am Steuer sitzt – den Beifahrersitz beanspruchen kann. Nur wenn diese freiwillig auf ihren angestammten Platz verzichtet, darf er von einem anderen Beifahrer eingenommen werden. Die Ausnahme bildet hier natürlich der sehr alte, möglicherweise gehbehinderte Fahrgast, dem man der Bequemlichkeit halber den Beifahrersitz anbieten wird.

Es ist stets das Recht der Ehefrau oder Lebenspartnerin, die Plätze im Auto zu verteilen. Wer allerdings dazu neigt, bei längeren Autofahrten auf dem Rücksitz Brechreiz zu verspüren, der sollte dies vor Antritt der Reise mitteilen und nicht erst dann, wenn das Unglück schon passiert ist!

Bei Taxifahrten zu zweit sollte man grundsätzlich im Fond des Wagens Platz nehmen. Der Herr sitzt rechts oder links neben der Dame und wird ihr, falls dies nicht der Taxilenker besorgt, beim Aussteigen behilflich sein. Natürlich wartet die Dame, bis der Herr die Rechnung beglichen hat – außer man hat vorher vielleicht die Absprache getroffen, die Hinfahrt bezahlt der Herr, die Rückfahrt die Dame oder umgekehrt. Diskussionen im Taxi, wer die Rechnung bezahlt, gehören sich auf keinen Fall.

Abholen mit dem Auto: Will ein junger Mann seine Angebetete von zu Hause mit dem Auto abholen, so sollte er – auch wenn es sich gerade bei sehr jungen Leuten großer Beliebtheit erfreut –

seine Ankunft nicht unbedingt durch ein Hupkonzert bekanntgeben. Wer in einer sehr verkehrsreichen Straße wohnt, in der zudem nur wenige Parkplätze vorhanden sind, sollte sich einige Minuten vor dem verabredeten Zeitpunkt auf die Straße begeben und dort warten. Ein dankbares Lächeln des Autolenkers ist ihm gewiß. Normalerweise wird der Autofahrer jedoch seinen Wagen abstellen, aussteigen und an der Haustüre der Dame seines Herzens klingeln. Wird er nicht ausdrücklich zum Eintreten aufgefordert, so muß er in diesem Fall vor der Türe auf sie warten.

Zum Schluß noch ein paar Worte zum Thema Unfall. In einer solchen Situation heißt die Devise, Ruhe bewahren. Hier hilft weder Schimpfen, Schreien noch Fluchen. Zuerst gilt es festzustellen, ob jemand verletzt wurde. Die Erstversorgung verletzter Personen hat Vorrang vor allem anderen. Erst wenn diese versorgt sind, kann man sich den anderen Problemen zuwenden.

B

Baden und Badezimmer

Da sich Schwimmen größter Beliebtheit erfreut, soll das Baden in öffentlichen Frei- oder Hallenbädern hier nicht außer acht gelassen werden. Egal, ob sommers oder winters, der Besuch einer öffentlichen Badeanstalt erfordert von uns immer ein gewisses Maß an Toleranz und Rücksichtnahme. Kinder und Jugendliche tollen nun einmal gerne herum und übersehen dabei schon einmal den müden Sonnenanbeter, der nichts als seine Ruhe möchte. Vielleicht findet sich ein abseits gelegener Platz, der zwar ein bißchen weiter vom Schwimmbecken entfernt, dafür aber ruhig ist? Umgekehrt gilt aber auch für Jugendliche, daß eben nicht jeder der umliegenden Badegäste den gleichen Musikgeschmack hat. Seit dem Sie-

geszug der Walkmen hat das überlaute Dröhnen von Radio- oder Kassettengeräten ja merklich nachgelassen. Niemand sollte sich daran stören, wenn eine lustige Gesellschaft in einem Freibad einmal ein bißchen lauter ist; ebenfalls nicht stören sollte uns die Tatsache, daß die Liegeabstände in Freibädern mitunter tatsächlich nur handtuchschmal sind. Wer rund um seinen Liegeplatz Freiraum möchte, der muß sich diesen im Wald oder auf einer einsamen Wiese suchen.

Schwimmbecken sollten theoretisch zwar all jenen vorbehalten sein, die wirklich schwimmen wollen, in der Praxis sieht dies allerdings, vor allem im Sommer, anders aus. Meist sorgt ein wachsamer Bademeister dafür, daß die kindlichen Tollereien sich in Grenzen halten. Belehrungen, Beschimpfungen und dergleichen fruchten erfahrungsgemäß nur selten, mitunter erreicht man damit höchstens das Gegenteil, und ehe man sich versieht, ist der schönste Streit im Gange – wo man sich doch eigentlich nur erholen wollte!

Die Badekleidung, ein vor allem bei den Damen heikles Thema! Unerklärlicherweise tragen meist jene Damen die knappesten Bikinis, deren Figur eigentlich ... Dies gilt übrigens auch für das vor allem in städtischen Freibädern immer großzügiger gehandhabte Baden »oben ohne«. Liebe Mit-Evas, ein wirklich kritischer Blick in den häuslichen Spiegel würde uns so manchen Lacher hinter unserem Rücken ersparen. Selbstkritik ist hier die beste Kritik, denn Bademodenverkäufer und Freundinnen dürfen hier nicht immer ernst genommen werden. Doch zurück zum Baden »oben ohne«. Ehe man sich entschließt, das Oberteil fallen zu lassen, sollte man sich vergewissert haben, ob es auch erlaubt ist (→FKK, →Reisen ins Ausland).

Vom Baden in öffentlichen Bädern zum Baden bzw. zum Badezimmer in den eigenen vier Wänden. »In meiner Badewanne bin ich Kapitän ...« pflegen nicht nur viele Männer zu singen, sondern auch sehr wörtlich zu nehmen. Als Kapitän steuern sie zwar das Schiff, für die Reinigung desselben sind sie allerdings nicht zuständig. Und dies ist doch eigentlich sehr unfein, oder? Wer die Badewanne mit einem deutlichen Schmutzrand verlassen hat, der sollte diesen auch unmittelbar nach dem Bad entfernen und nicht mit der Ausrede aufwarten, er hätte es schon noch irgendwann getan ... Bad und Toilette, vielfach ja in ein und demselben Raum untergebracht, gelten als Visitenkarte der Hausfrau. Kein Mensch und vor allem kein Gast wird das spiegelndste Blank aller Zeiten auf unseren Kacheln suchen,

Badezimmer *sehen nur in den seltensten Fällen so prachtvoll und dennoch zweckmäßig aus.*

aber Schmutz- oder Wasserränder müssen auch nicht sein. Unsaubere Toiletten können dem Gast das beste Essen verderben, und Haare im Waschbecken sind sicherlich keine Augenweide. Wer also Gäste erwartet, der prüfe das Badezimmer besonders sorgfältig. Gästehandtuch und eine saubere Seifenschale sind ein absolutes Muß, ihr Fehlen ist mit nichts zu entschuldigen. Gäste, die über Nacht bleiben und am nächsten Morgen mit uns das Badezimmer teilen müssen, werden am Abend darauf hingewiesen, wer morgens als erster das Badezimmer benützt. Normalerweise ist dies der Hausherr oder die Hausfrau. Ist das Bad frei, so kann man die Gäste informieren, indem man kurz an ihre Zimmertüre klopft. So erspart man ihnen das ständige Lauschen, ob im Bad noch jemand ist oder nicht. Von einem Gast darf man in bezug auf Sauberkeit das gleiche erwarten wie von jedem anderen Mitbewohner auch.

Bälle

Ob Hausball, Wohltätigkeitsball oder Kostümball, Bälle gehören vor allem im Winterhalbjahr zu den gesellschaftlichen Ereignissen. Leute, die gerne tanzen, nutzen jede Gelegenheit, einen Ball zu besuchen, andere wieder empfinden den Ball als lästige Pflichtübung, der man aus bestimmten Gründen nicht ausweichen kann. Viel vom Gelingen eines Balles hängt von der Zusammensetzung der Gäste ab; bei öffentlichen Ballveranstaltungen fällt und steht der Abend meist mit den Leuten, die den Tisch mit uns teilen.

Schwarzweißbälle werden all jene Veranstaltungen genannt, die den Damen Gelegenheit geben, in großer Abendrobe mit funkelnden Juwelen aufzutreten, und die Herren stöhnend in den Smoking zwingen. Mit Sicherheit der bekannteste Schwarzweißball ist der noch immer vom Frackzwang diktierte Wiener Opernball, das gesellschaftliche Ballereignis Europas. So hören es zumindest die Wiener gern.

Während auf Schwarzweißbällen die Stimmung der Gäste oft in die Nähe einer wohlgesitteten Beerdigungsgesellschaft gerät, wo jeder darauf bedacht ist, nur ja kein unpassendes Wort fallenzulassen, schlägt sie bei den gerade im Fasching oder Karneval so beliebten Kostümbällen oft erheblich über die Stränge. Manche Menschen verlieren ja hinter einer Maske jedes Maß und leider mitunter auch jedes gute Benehmen. Niemand wird uns verwehren, im Fasching lustig zu sein, aber gewisse Anstandsregeln sollte man auch dann nicht vergessen, wenn man sich unerkannt glaubt.

Bei *Hausbällen* sollte man die Gäste unbedingt vorher darüber informieren, ob Kostümzwang herrscht oder nicht. Lustig ist so ein Abend stets, wenn man ihn unter ein bestimmtes Motto stellt und die Gäste bittet, sich diesem Motto gemäß zu verkleiden. Der Phantasie sind da keinerlei Grenzen gesetzt, und gerade die etwas schwerfälligen ersten zwei Stunden können mit dem Erraten des Kostümträgers unproblematisch über die Runden gebracht werden.

Je höher die Stimmung bei *Kostümbällen* (und vor allem bei Hausbällen) steigt, desto größer

Bälle, ob schwarzweiß oder lustig im Kostüm, gehören zur närrischen Zeit.

werden auch die Gefahren. Sicher sollte man gerade im Fasching oder Karneval manches tolerieren, besser noch ignorieren, was uns im Alltag kränken würde. Aber Vorsicht! Auch hier gibt es Grenzen, und Eifersuchtsszenen in aller Öffentlichkeit gehören zum Häßlichsten, was es gibt. Der Alkohol spielt hierbei eine nicht unbedeutende Rolle; Gastgeber, welche das drohende Unheil aufziehen sehen, können noch versuchen, das Schlimmste zu verhindern, indem sie unauffällig den jeweiligen Partner aufmerksam machen; eine Aufgabe, die allerdings viel diplomatisches Fingerspitzengefühl erfordert. Wer jedoch dazu neigt, wegen jedes harmlosen Kusses rot zu sehen, der sollte jeden Ball meiden oder ohne den Lebenspartner besuchen.

Zum Schluß noch kurz ein Wort zur Garderobe. Erlaubt ist, was gefällt, vor allem bei Kostümbällen. Allerdings sollte man auch hier den kritischen Blick in den Spiegel nicht scheuen. Manche Faschingskostüme geraten hart an den Rand des guten Geschmacks. Und dies gilt auch für die Abendroben mancher Damen. Was eine Zwanzigjährige kleidet, steht nicht unbedingt auch einer Fünfzigjährigen, denn schließlich ist nicht jede von uns eine Joan Collins (→Smoking, →Frack, →Garderobe)!

Bankett
Unter Bankett versteht man das offizielle Essen, zumeist ein Herrenessen (→Herrenessen, →Abendessen). Man lädt allerdings nicht zum Bankett, sondern z.B. zum Brunch, Herrenessen usw.

Beamte und Behörden
Beamtenbeleidigung und Behördenmißbrauch, davon kann man praktisch täglich in der Zeitung lesen. Beamte sind Menschen wie wir alle, ausgestattet mit all den Tugenden und Unarten wie andere Menschen auch. Wer eine Behörde schon mit aggressiven Gefühlen betritt, der sollte sich nicht wundern, wenn der Gang tatsächlich mißlingt. Mit ein bißchen gutem Willen von beiden Seiten müßte es doch möglich sein, diese scheinbar unüberwindbare Kluft zwischen Behörden und den Menschen zu überbrücken. Wer allerdings sein Amt dazu mißbraucht, Antragsteller zu schikanieren, der darf sich nicht wundern, wenn er eines Tages mit einer Dienstaufsichtsbeschwerde konfrontiert wird. Die zwei goldenen Worte im Umgang mit Beamten und Behörden heißen »sachlich und höflich«. Vor allem gegenüber Polizeibeamten sollte man sie nie vergessen.

Begrüßung
Ein netter Gruß hat schon oft wahre Wunder bewirkt, und darum zuerst die Antwort auf die Frage: »Wer grüßt wen?« Der Herr die Dame, der Jüngere den Älteren und – allerdings nur noch bedingt anwendbar – der Untergebene den Vorgesetzten. So weit, so gut. Schwierig wird die Sache erst dann, wenn zwei gleichaltrige Damen oder Herren, die beruflich auch noch gleichrangig sind, aufeinandertreffen. Nun, nur ein Esel wird warten, bis er in diesem Fall zuerst begrüßt wird. Wer genügend Selbstbewußtsein besitzt, der läßt es gar nicht erst darauf ankommen, als Beckmesser hingestellt zu werden. Und dies gilt auch für die Herren der Schöpfung, die uns als Vorgesetzte so gerne ihre Macht demonstrieren und geradezu aufblühen, wenn eine ältere Angestellte sie devot zuerst grüßt. Meine Herren, haben Sie das wirklich nötig …?
Wie man sich begrüßt, hängt von einer ganzen Reihe verschiedener Kriterien ab. Ein Gruß kann so herablassend sein, daß er einer Beleidigung sehr nahe kommt, er kann allerdings auch so überschwenglich ausfallen, daß er bereits wieder lächerlich wirkt. Während sowohl bei der Dame als auch beim Herrn das Kopfnicken als »normal« gilt, setzt sich gerade bei jungen Leuten die lässige Handbewegung mit dem obligaten »Hallo« immer mehr durch. Und wer zur sogenannten Schicki-Micki-Gesellschaft zählen möchte, der muß selbstverständlich dem Gruß die Umar-

mung und die Wangenküsse folgen lassen. Und bitte möglichst so, daß auch bestimmt jeder sieht und vor allem hört, wer hier wen begrüßt. Alles klar? Nein? Sie hätten es lieber ein bißchen weniger auffällig? So, wie es sich halt gehört! Bitte: Dann sollten wir einmal die Sache mit dem Händeschütteln betrachten: Hier gilt im umgekehrten Sinne das schon beim Begrüßen Gesagte: Frauen geben Herren, Ältere den Jüngeren und Ranghöhere den Rangniedrigeren die Hand. Kommt keine dieser hier aufgeführten Möglichkeiten in Betracht, läßt man die eigene Hand tunlichst in der Hosentasche. Wer allerdings eine einmal ausgestreckte Hand übersieht, auch wenn er das Händeschütteln gar nicht vorhatte, der ist nicht nur taktlos, sondern extrem unhöflich – und dies gilt auch für die sogenannten ranghöheren oder vorgesetzten Damen und Herren! Bei der Begegnung von Paaren werden sich immer die beiden Damen zuerst die Hände reichen, in weiterer Folge reichen die Damen nun den Herren die Hand, und erst jetzt geben sich die beiden Herren die Hand. Kompliziert? Nein, man muß es nur einmal mit einem befreundeten Ehepaar durchspielen, dann klappt es garantiert immer! Sollten Sie sich in der Rolle des Gastgebers befinden, dann wird von der Gastgeberin zuerst die Dame und dann der Herr begrüßt, die Wiederholung dieses Zeremoniells vollzieht nun der Gastgeber. Die Gäste untereinander begrüßen sich nun wie zuvor beschrieben. Allerdings ist es kein Beinbruch, wenn im Trubel der eintreffenden Gäste diese Reihenfolge einmal durcheinandergerät. Darüber sollte man – wenn man es überhaupt bemerkt – lächelnd hinwegsehen, denn niemand ist wirklich perfekt, und schon morgen kann uns der gleiche Fehler unterlaufen! Vielleicht registrieren wir es dann auch dankbar, daß es niemand offiziell gesehen hat. Über den so oft totgesagten und doch immer wieder auferstandenen →Handkuß gibt es ein eigenes Kapitel.
Zum Schluß dieses Begrüßungskapitels sollten noch ein paar Uraltzöpfe abgeschnitten werden, welche von unserer aufgeschlossenen Jugend längst ad acta gelegt worden sind: Da ist zuerst einmal die Sache mit dem Hut, den der Herr stets beim Grüßen abzunehmen hat. Gut, im Sommer mag das durchaus angehen, im Winter kann getrost darauf verzichtet werden, vor allem dann, wenn es stürmt oder schneit und der Herr noch beide Hände voll hat. Keine Dame, meine Herren, wird es Ihnen übelnehmen, wenn Sie in Zukunft in diesem Falle Ihren Hut dort belassen, wo er hingehört: nämlich auf den Kopf. Mützen werden ohnehin nicht abgenommen, und auch im Lift sollte der Hut an seinem angestammten Platz bleiben. Soviel zum Thema Herrenhut. Eine weitere Unsitte, mit der man längst aufhören könnte, ist das Ausziehen der Handschuhe. Selbstverständlich sind davon nur unsere armen männlichen Gegenspieler betroffen. Wir Frauen erfrieren uns unsere Finger nicht so leicht, nein, wir behalten unsere Handschuhe natürlich an. Es sei denn, die Dame, die wir begrüßen wollen, trägt selbst keine. Dann bleibt uns wohl oder übel nichts anderes übrig, als unsere wärmenden Fingerlinge ebenfalls abzustreifen. Aber vielleicht fordert uns unser Gegenüber generös dazu auf, die Handschuhe anzubehalten. Herren mußten, bis jetzt zumindest, die Handschuhe immer ausziehen. Aber darauf sollte in Zukunft wirklich verzichtet werden können – wenn schon nicht ganz, dann doch zumindest bei winterlichen Temperaturen!
Mit der Frage: »Wann grüßt man?« soll dieses Kapitel abgeschlossen werden. Grundsätzlich gilt: Der Eintretende grüßt immer zuerst! Ausnahmen gibt es natürlich auch hier: Wer ein Restaurant, ein Hotel, ein Flugzeug betritt, braucht natürlich nicht zu grüßen, zumal sein Gruß in diesem Falle kaum von jemandem registriert werden dürfte. Betritt man jedoch ein Zugabteil, ein Wartezimmer oder den winzigen Lift eines Hauses, dann ist es nur recht und billig, wenn man seine Mitmenschen, die sich darin befinden, begrüßt. Der freundliche Gruß eines Eintretenden ist für den bereits Anwesenden allerdings keine Aufforderung zum Schwatz!

*Auch die **Begrüßung** will gelernt sein. Hier verhalten sich die Herren zwar korrekt, dafür steht die rechte (1) Dame auf der falschen Seite.*

*Die **Begrüßung** von zwei Paaren über Kreuz (2) sollte tunlichst unterbleiben. Hier steht außerdem die linke Dame auf der falschen Seite.*

Der Wangenkuß (3) ist heute als Begrüßung unter Freunden durchaus üblich.

Behinderte

Ein wahrlich schwieriges Kapitel, da Behinderte praktisch nie Mitleid wollen und wir sogenannten Normalen doch so gerne dazu neigen, dieses bereitwillig zu zeigen. Und damit ist bereits die Basis für Mißverständnisse geschaffen. Bei den einen, weil sie absolut nicht verstehen können, warum sie so schroff abgewiesen werden, und bei den anderen, weil ihnen nicht einleuchten will, warum alle Welt sie so besorgt behandelt. Der tägliche Umgang mit Behinderten erfordert viel Fingerspitzengefühl, und ich glaube, man kann ihn am ehesten meistern, wenn man bewußt versucht, die Behinderung, so gut es eben geht, zu ignorieren. Unser Mitmensch kann eben bestimmte Dinge nicht – können wir denn wirklich alles perfekt? Und so wie wir uns bei ganz speziellen Dingen gerne helfen lassen, so läßt sich auch der Behinderte helfen. Nur, es sollte so normal wie möglich ablaufen. Wer viel Trara um die Behinderung eines anderen macht, der sollte sich nicht wundern, wenn dieser seine Gesellschaft flieht und lieber mühselig, aber eigenhändig sein Ziel erreicht. Wir sogenannten Normalen beanspruchen das Privileg des Selbstentscheidens für uns ganz automatisch als unser Recht; dem Blinden, Tauben oder sonst Behinderten sprechen wir es aber nur zu gerne ab. Warum eigentlich? Weil es viel einfacher geht, wenn man nicht fragt, sondern gleich handelt? Der Rollstuhlfahrer kann sich ja nicht wehren, der Blinde, der Taube in vielen Dingen ebenfalls nicht, und wir wollen doch bestimmt nur sein Bestes. Wozu also erst lange fragen? Und mit wieviel Unverständnis reagieren wir, wenn der Behinderte so gar nicht einsehen kann, daß nicht seine, sondern unsere Meinung die richtige ist! Nein, bitte nicht so! Eine Behinderung ist immer ein Handicap, es darf durch absolute Entmündigung des Betroffenen nicht noch schlimmer gemacht werden. Oder hätten Sie gerne, daß andere für Sie, ohne zu fragen, entscheiden?

Beileid

Die Beileidsbezeigung und der Kondolenzbesuch, beide gehören zu den nicht gerade erfreulich zu nennenden Dingen des alltäglichen Lebens. Wie gerne würde man ihnen ausweichen, und wie oft haben wir uns schon dieser so selbstverständlichen Geste entzogen. Ob das Beileid schriftlich oder persönlich den nächsten Angehörigen bezeigt wird, hängt wohl in erster Linie von der Frage ab, wie gut man den Verstorbenen gekannt hat. Handelte es sich um einen flüchtigen Bekannten, dann genügt die vorgedruckte Karte, der einige persönliche Trostworte hinzugefügt werden können. Aber bitte Vorsicht! Ein Zuviel kann leicht deplaziert wirken, vor allem dann, wenn man den Toten wirklich nur flüchtig gekannt hat oder wenn es einst offenkundige Differenzen mit ihm gab.

Ein offizielles *Beileidschreiben* soll auf normalem Briefpapier verfaßt werden und ist nur in zwei Fällen angebracht: wenn es sich um eine Persönlichkeit des öffentlichen Lebens handelte, mit der man gesellschaftlich oder beruflich ab und an zwanglos verkehrte, oder aber, wenn der Verstorbene ein guter Bekannter oder Freund war, zu dessen Beerdigung man nicht persönlich erscheinen kann. Selbstverständlich wird man in einem solchen Fall sein Beileid meist zuerst telefonisch bezeigen, doch fast immer in diesen Situationen weiß man nicht so recht, was man dem Hinterbliebenen eigentlich sagen soll. Brieflich läßt sich da manches viel besser ausdrücken, und ein wirklich gutformulierter Beileidsbrief hilft den Angehörigen auch in jenen Tagen über den Schmerz hinweg, an denen nur noch die große Leere zu herrschen scheint.

Der offizielle *Kondolenzbesuch* kommt immer mehr aus der Mode. Das mag daran liegen, daß niemand sonderlich gerne frische Wunden aufreißt, und allein die Tatsache, daß man kommt, um zu kondolieren, erinnert den Hinterbliebenen ja unvermeidlich an den Verlust. Zum anderen weiß man nie so recht, ob die oder der Hinterbliebene solch einen Besuch überhaupt wünscht. Einfach ist diese Frage nur dann zu beantworten, wenn die Traueranzeige eindeutig den Vermerk enthält: »Von Beileidsbezeigungen am Grab und Kondolenzbesuchen bittet man Abstand zu nehmen.« Und diese Bitte ist unter allen Umständen zu respektieren. Doch zurück zum Kondolenzbesuch. Natürlich bringt man dazu keine Blumen mit, und ebenso natürlich wird dieser Besuch nicht endlos ausgedehnt, es sei denn, man wird ausdrücklich zum Verweilen aufgefordert.

Handelt es sich bei dem Verstorbenen um eine gesellschaftlich sehr hochstehende Persönlich-

> Sehr verehrte, gnädige Frau Sommer,
>
> zu dem überaus schmerzlichen Verluste, der Sie mit dem plötzlichen und unerwarteten Ableben Ihres lieben Mannes getroffen hat, übermitteln wir unsere aufrichtige und tiefempfundene Anteilnahme. Worte können nur wenig Trost spenden, aber seien Sie versichert, in unserer Erinnerung wird er immer weiterleben.
>
> Ihre Familie
> Franz u. Ilse Siefert

keit, so wird im Trauerhaus ein Kondolenzbuch aufgelegt werden, in welches man sich lediglich mit seinem Namen einträgt.
Mehr zu diesem Thema findet man unter →Trauerfall.

Bekannt machen

Gleich zu Beginn und damit keine Mißverständnisse entstehen: Im landläufigen Sinne ist zwar das Bekanntmachen gleich dem Vorstellen, trotzdem gibt es dabei gesellschaftlich feine Unterschiede. Doch davon später. Bleiben wir vorerst einmal beim Bekanntmachen. Genau wie bei der Begrüßung heißt auch diesmal die Regel: Der Herr wird der Dame, der Jüngere dem Älteren, der Untergebene dem Vorgesetzten vorgestellt – sofern jemand da ist, der vorstellt. Ist dies nicht der Fall, und dies kommt vor allem im Berufsleben häufig vor, dann stellt man sich selbst vor, und dies gilt auch für die Damen. Dies kann nun auf verschiedene Art und Weise geschehen. Entweder mit dem etwas altmodisch anmutenden: »Gestatten Sie mir, daß ich mich vorstelle ...«, worauf der Familienname folgt. Kürzer und heute wesentlich verbreiteter ist die Formulierung: »Ich heiße ...«, oder »Mein Name ist ...« Die Nennung des bloßen Familiennamens erscheint mir etwas dürftig, ist aber auch gestattet. Vorname und etwaige Titel sind bei der Vorstellung grundsätzlich wegzulassen, lediglich der Doktorgrad wird genannt, ein Muß ist es allerdings nicht.
Sind wir oder ist man als Gäste/Gast eingeladen, so wird die Bekanntmachung mit den anderen Gästen durch den oder die Gastgeber erfolgen. Bei einer zahlenmäßig großen Gesellschaft dürfen diese Pflicht, zur Entlastung der Gastgeber, auch die Verwandten oder sehr gute Freunde übernehmen. Klingt eigentlich ganz einfach, nicht wahr? Und trotzdem verlangt es ab und an großes Fingerspitzengefühl. Da ist zuerst einmal die Frage zu klären, wie man verschiedene Personen miteinander bekannt macht. Ältere Leute wird man umständlich mit: »Darf ich bekannt machen, Herr X., Frau Y.!« vorstellen, bei jüngeren Leuten beläßt man es oft so: »Frau X., kennen Sie Fräulein Y.?« oder schlicht und einfach: »Frau X., Fräulein Y.« Befinden sich Paare oder Einzelpersonen mit ähnlich gelagerten Interessen unter den Gästen, so darf der Gastgeber dies bei der Bekanntmachung ohne weiteres sagen. Damit ist den beiden unbekannten Paaren ein Gesprächsstoff vorgegeben, und der Gastgeber kann sich seinen anderen Gästen widmen. Selbstverständlich sollte man in diesem Falle nur wirklich Gleichgesinnte zusammenschließen. Vorsicht ist hier vor allem bei politisch interessierten Gästen geboten. Wenn man Anhänger unterschiedlicher Parteien unbedacht auf diese Weise zusammenbringt, kann daraus ein Desaster mit Folgen werden. In diesem Fall bleibt wirklich nur die Hoffnung, daß einer der beiden seine wirkliche Meinung für sich behält ... Aber man soll den Teufel ja nicht an die Wand malen. Wirklich schwierig ist das Bekanntmachen der Gäste untereinander für die Gastgeber nur dann, wenn zwei größere Gruppen aufeinandertreffen. Immer schön der Reihe nach, heißt in diesem Fall die Devise, und vor allem: Ruhig Blut! Eine Unsicherheit darf gar nicht erst aufkommen, denn sonst gibt es über kurz oder lang ein wirres Durcheinander von Händen und betretene Mienen. Normalerweise werden später eintreffende Gäste bei größeren gesellschaftlichen Versammlungen von den oder dem Gastgeber(n) herumgeführt und Einzelpersonen, Paaren oder bereits gebildeten Gruppen vorgestellt. Bei einem Treffen mit Freunden, die sich untereinander nicht kennen, nennt man zuerst den Namen der eingetroffenen Gäste und stellt die bereits Anwesenden dann der Reihe nach vor. Das bei uns so sehr beliebte Händeschütteln kann in diesem Fall unterbleiben. Hat man als Dame erst einmal Platz genommen, dann bleibt man auch sitzen, wenn uns jemand vorgestellt wird. Lediglich sehr junge Mädchen müssen bei wesentlich älteren Damen oder Herren aufstehen. Und da es bekanntlich keine Regel ohne Ausnahme gibt, sei sie hier gleich passend eingefügt: Eine junge Frau wird

selbstverständlich dem würdigen alten Herren, egal ob mit oder ohne Titel von Rang, vorgestellt und nicht umgekehrt. Und selbstverständlich darf der alte Herr in diesem Falle sitzen bleiben, wenn er nicht mehr sehr gut auf den Beinen ist (Stock!). Sollte er trotzdem versuchen, mühsam aus dem Sessel zu kommen, dann wird ihm nett bedeutet, er möge doch bitte Platz behalten. Keine noch so feine Dame vergibt sich in diesem Falle etwas von ihren angestammten Privilegien. So viele Benimmregeln stammen ja aus einer Zeit, in der so vieles völlig anders war. Die Zeit schritt fort, die Regeln blieben vielfach bestehen, auch wenn sie längst als unsinnig erkannt wurden. Eine dieser nicht auszumerzenden Unsitten ist das der Bekanntmachung folgende Gemurmel: »Angenehm«, »Erfreut« usw. Es würde vollkommen genügen, wenn die Damen nach der Bekanntmachung freundlich nicken und die Herren eine Verbeugung andeuten. Und weil wir gerade bei den Unsitten in puncto Bekanntmachung sind: Nicht jeder Name ist auf Anhieb zu verstehen; manche Leute neigen auch dazu, den eigenen Familiennamen so undeutlich auszusprechen, daß ein Verstehen oft mehr als schwierig ist. Wer also einen relativ schwer zu verstehenden Familiennamen besitzt, der sollte für den Fall des Falles eine Visitenkarte bereithalten. Und selbstverständlich darf man gegebenenfalls um eine Wiederholung des Namens bitten, denn nur bei den Damen läßt sich das Nichtverstehen mit der Floskel »Gnädige Frau« verschleiern. Versteht man den Namen auch bei der zweiten Nennung noch nicht richtig, dann, ja dann wird es schwierig. Während die einen mit einem entwaffnenden Lächeln zugeben, daß sie heute vielleicht besonders schlecht hören, ziehen sich die anderen aus der Gesprächsrunde zurück und fragen einen Vertrauten ihrer Wahl nach dem nicht verstandenen Namen.

Längst nicht so tragisch, wie man selbst vielleicht annimmt, ist die Situation, jemandem zu begegnen, den wir kennen, dessen Name uns aber vollkommen entfallen ist. Während ängstlich-schüchterne Naturen nun die Lösung des Problems darin sehen, sich möglichst unauffällig an diesem Menschen vorbeizuschwindeln, wird der Mann oder die Dame von Welt lächelnd auf denjenigen zugehen und das »Nichtmehrwissen« offen zugeben. Viele Menschen besitzen ein gutes Zahlengedächtnis, ein gutes Namengedächtnis hingegen ist fast ein Glücksfall! Das unkomplizierte Amerika hat uns gezeigt, wie man dieses Problem zumindest auf offiziellen Veranstaltungen und Tagungen, bzw. im täglichen Berufsleben löst: Indem man jeder Person ein Namensschildchen verpaßt, auf dem der Name gut leserlich geschrieben steht.

Vorgestellt wird man nur bei hochoffiziellen Anlässen, meist bedeutenden Persönlichkeiten des politischen Lebens. In diesem Falle wird ein Zeremonienmeister (Protokollchef) der vorzustellenden Persönlichkeit lediglich unseren Namen nennen. Normalerweise wird uns nun jene Persönlichkeit die Hand zum Gruß reichen und ein »Freut mich sehr ...« oder ähnliches sagen. Gilt es bei dieser Vorstellung einen Glückwunsch anzubringen (z. B. Ordensverleihung, Geburtstag, Jubiläum), so tun wir dies mit kurzen Worten und überlassen dann unseren Platz den Nachkommenden. Absolut unerzogen wäre es, wenn wir nun versuchen würden, die Persönlichkeit, der wir vorgestellt wurden, in ein längeres Gespräch zu verwickeln. Ungezogen nicht nur der Persönlichkeit, sondern auch all den nach uns Wartenden gegenüber.

So und nun ist es allerhöchste Zeit, einen Uraltzopf endgültig abzuschneiden, der seine Daseinsberechtigung gerade mit Vehemenz verteidigt. Die Rede ist von jener Situation, in der zwei Personen, egal welchen Geschlechtes, eine dritte Person treffen, die jedoch nur eine von den beiden obengenannten Personen kennt. Nach der überlieferten Benimmregel müßte nun derjenige, der diese Person nicht kennt, weitergehen. Für den Fall, daß sich dieses Treffen in einer belebten Geschäftsstraße abspielt, mag dies ja zur Not noch angehen, denn hier könnte man seine

Zeit theoretisch mit dem Betrachten der Schaufenster verbringen. Was aber soll man in dieser Situation um Himmels willen in einer absolut ruhigen Vorortsstraße tun? Um die nächste Ecke biegen und vorsichtig um die Ecke spähen, ob die Begleitung schon kommt? Nein, nein und nochmals nein! Unsere Begleitung wird uns miteinander bekannt machen und uns selbstverständlich in das Gespräch mit einbeziehen. Ob wir mitreden können oder nicht, ist dabei natürlich eine ganz andere Frage!

Die Sache mit dem Gemahl und der Gattin – Titel, die sich vor allem im benachbarten Österreich großer Beliebtheit erfreuen – ist eigentlich ganz einfach, wenn man eines dabei nie außer acht läßt: Die eigene Frau oder der eigene Mann ist immer und unabänderlich »meine Frau« oder »mein Mann«. Spricht man hingegen vom Ehepartner des Gesprächspartners, dann darf man – muß aber keinesfalls – die Bezeichnung: »Ihre Gattin« oder »Ihr Gemahl« gebrauchen. »Ihre Frau Gattin« oder »Ihr Herr Gemahl« sind aber schlicht und einfach zuviel des Guten! Wer mit solch geschraubten Titeln glaubt, besonders gutes Benehmen zu demonstrieren, erreicht meist nur das Gegenteil. Auch die früher gebräuchliche, feinst abgestufte Rangordnung: Gemahlin, Gattin, Frau gehört längst der Vergangenheit an.

Beleidigung

Martin Luther bemerkte sehr trefflich, daß »… nichts langsamer vergessen wird als eine Beleidigung …« In der Tat kann ein vielleicht unbedacht hingeworfenes Wort ungeahnte Folgen nach sich ziehen. Und wenn die Fronten erst wirklich verhärtet sind, wenn keiner um des lieben Prinzips willen mehr nachgeben will oder kann, dann ist es oft nur noch ein sehr kleiner Schritt bis zur Bemühung der Gerichte. Allerdings ist gerade in Deutschland die Grenze zwischen einer Beleidigung und der umgangssprachlich gebräuchlichen Ausdrucksform regional sehr verschieden. Während in Bayern sowohl das Götz-Zitat als auch der sicherlich nicht gerade schmeichelhaft klingende Ausdruck: »Des is a Hund« sogar gerichtlich sanktioniert wurden, wird man sich in Norddeutschland vom Benutzer solcher Ausdrücke beleidigt zurückziehen.

Im Streit geäußerte Worte sollten grundsätzlich nicht auf die Goldwaage gelegt, sondern der Erregung zugeschrieben werden. Ist der Streit vorüber, dann sollte jede der beiden Parteien die Äu-

*Als neueste **Besteck**kreation gilt das sogenannte Gourmetbesteck, das sich in Form und Stil (1–3) besonders gut den Bedürfnissen der Feinschmecker anpaßt.*

ßerungen der anderen schnell wieder vergessen, denn sonst wird aus einer Mücke möglicherweise doch noch ein Elefant.

Beleuchtung

Ob Kristallüster oder avantgardistische Deckenlampe – die Wahl der Lichtquelle hängt nicht nur vom Geschmack, sondern oft auch vom Geldbeutel des Wohnungsinhabers ab. Während der eine die extrem schummrig-romantische Atmosphäre bevorzugt, liebt der andere die klare, helle Sachlichkeit. Hier gilt: Jedem, wie es gefällt. Allerdings sollte man folgende zwei Möglichkeiten gegebenenfalls berücksichtigen: Dämmerbeleuchtung bereitet beim Essen mitunter jenen Leuten Schwierigkeiten, die aus lauter Eitelkeit auf eine Brille verzichten. Das romantische Diner bei Kerzenschein kann für sie zum wahren Spießrutenlauf ausarten. Bemerkt man bei einem Gast, daß er Probleme mit der Beleuchtung hat, dann sollte – sofern es überhaupt möglich ist – die Lichtquelle etwas verbessert werden. Andererseits gibt es Gäste, die verschreckt die Augen zukneifen, wenn sie einem extrem hellen Lichtschein ausgesetzt werden. Vor allem wir Damen schätzen grelle Beleuchtungen nicht sonderlich, sie decken so unbarmherzig die kleinen Fehlerchen auf. Auch in diesem Falle wird ein char-

3

48 Beleuchtung

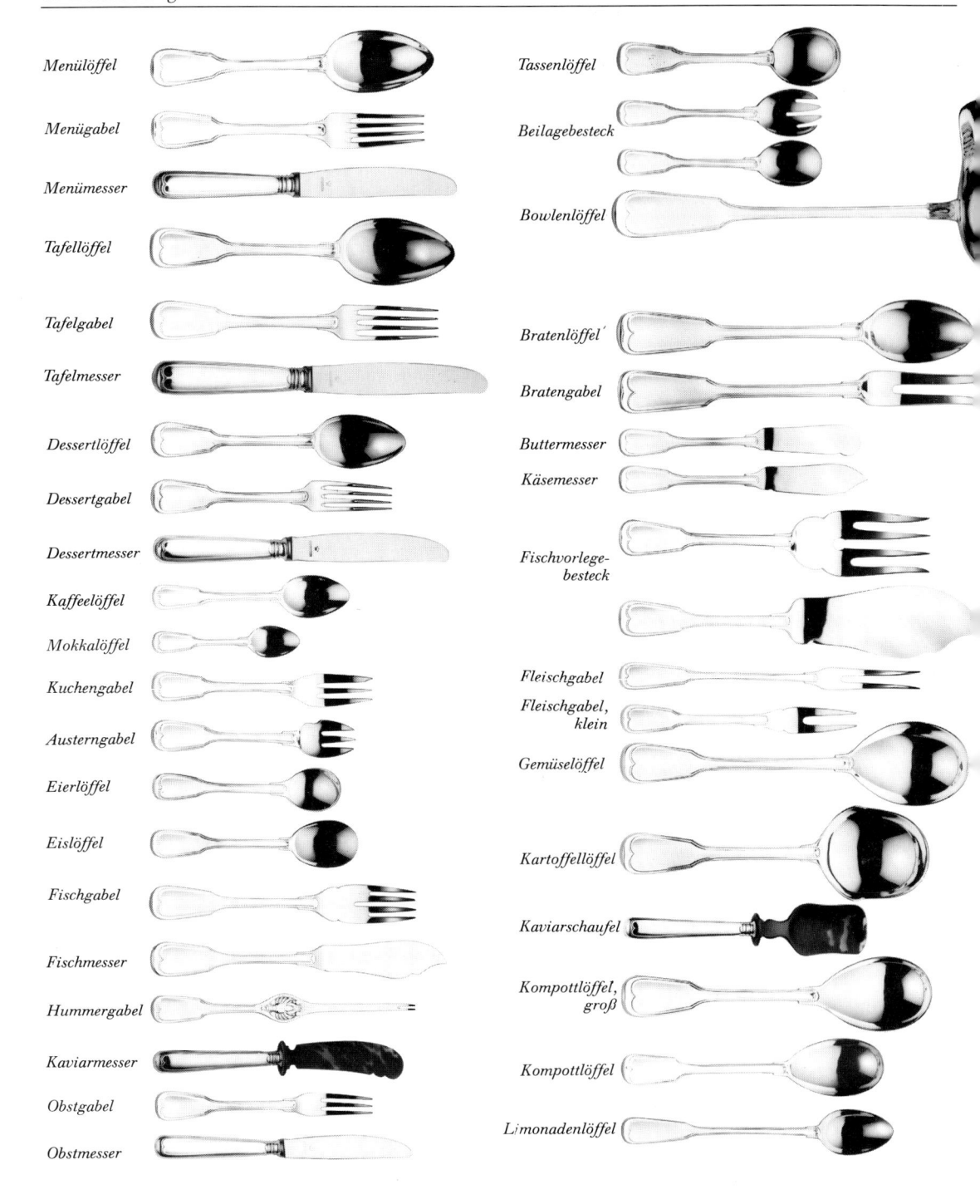

Menülöffel	Tassenlöffel
Menügabel	Beilagebesteck
Menümesser	
Tafellöffel	Bowlenlöffel
Tafelgabel	
Tafelmesser	Bratenlöffel
Dessertlöffel	Bratengabel
Dessertgabel	Buttermesser
Dessertmesser	Käsemesser
Kaffeelöffel	Fischvorlege- besteck
Mokkalöffel	
Kuchengabel	Fleischgabel
Austerngabel	Fleischgabel, klein
Eierlöffel	Gemüselöffel
Eislöffel	Kartoffellöffel
Fischgabel	Kaviarschaufel
Fischmesser	Kompottlöffel, groß
Hummergabel	
Kaviarmesser	Kompottlöffel
Obstgabel	Limonadenlöffel
Obstmesser	

Pastetenheber

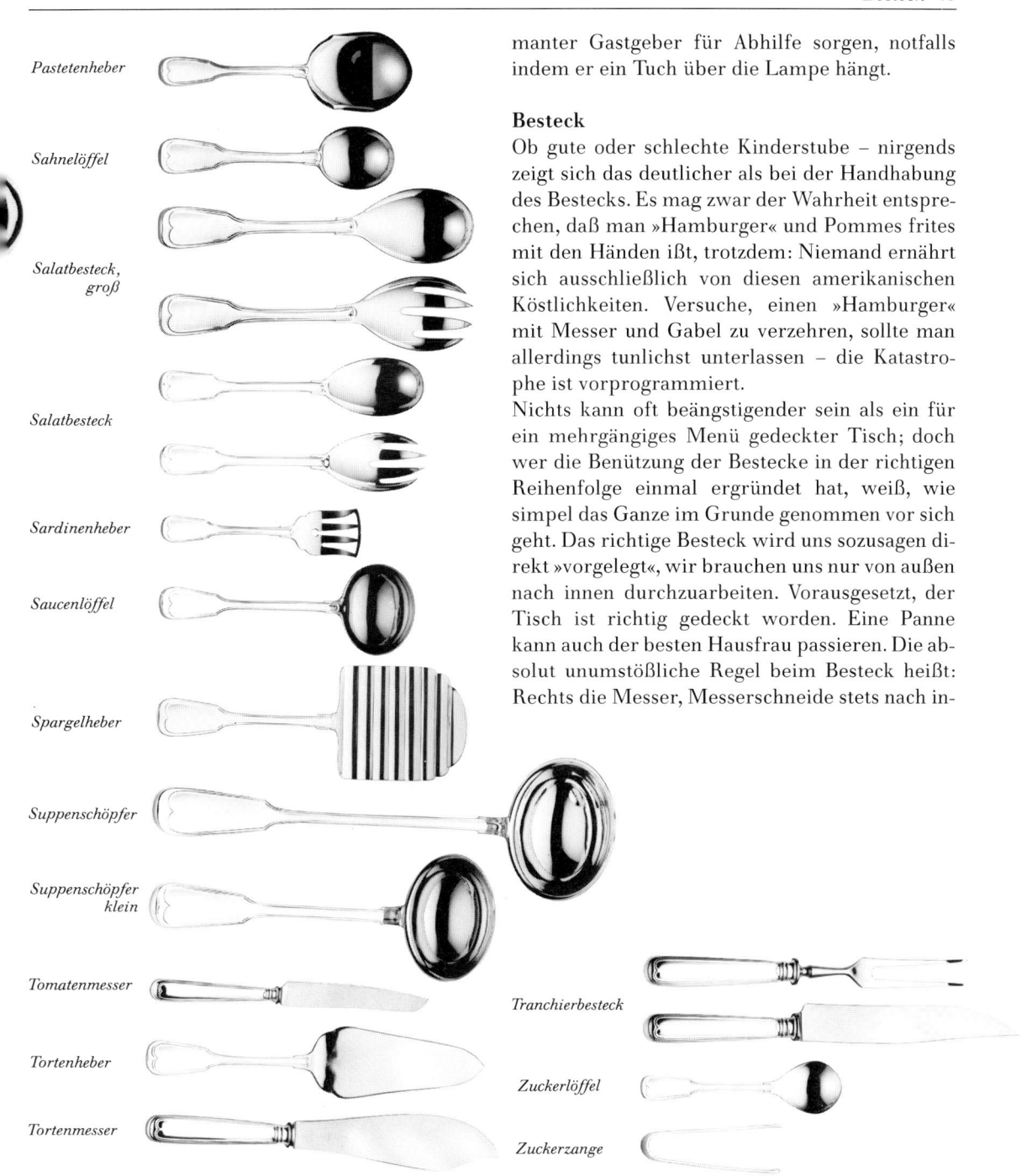

Sahnelöffel

Salatbesteck, groß

Salatbesteck

Sardinenheber

Saucenlöffel

Spargelheber

Suppenschöpfer

Suppenschöpfer klein

Tomatenmesser

Tortenheber

Tortenmesser

Tranchierbesteck

Zuckerlöffel

Zuckerzange

manter Gastgeber für Abhilfe sorgen, notfalls indem er ein Tuch über die Lampe hängt.

Besteck

Ob gute oder schlechte Kinderstube – nirgends zeigt sich das deutlicher als bei der Handhabung des Bestecks. Es mag zwar der Wahrheit entsprechen, daß man »Hamburger« und Pommes frites mit den Händen ißt, trotzdem: Niemand ernährt sich ausschließlich von diesen amerikanischen Köstlichkeiten. Versuche, einen »Hamburger« mit Messer und Gabel zu verzehren, sollte man allerdings tunlichst unterlassen – die Katastrophe ist vorprogrammiert.

Nichts kann oft beängstigender sein als ein für ein mehrgängiges Menü gedeckter Tisch; doch wer die Benützung der Bestecke in der richtigen Reihenfolge einmal ergründet hat, weiß, wie simpel das Ganze im Grunde genommen vor sich geht. Das richtige Besteck wird uns sozusagen direkt »vorgelegt«, wir brauchen uns nur von außen nach innen durchzuarbeiten. Vorausgesetzt, der Tisch ist richtig gedeckt worden. Eine Panne kann auch der besten Hausfrau passieren. Die absolut unumstößliche Regel beim Besteck heißt: Rechts die Messer, Messerschneide stets nach innen, links die Gabeln. Wird eine Suppe gereicht, so befindet sich der Suppenlöffel rechts außen, der Dessertlöffel wird quer am oberen Rand des Tellers zu finden sein. Wird die Suppe in der Tasse gereicht – früher durfte dies dann nur eine klare, zum Mittagessen servierte Suppe sein –, so kann der in diesem Fall erheblich kleinere Suppenlöffel auch, auf der Untertasse liegend, mit der Suppe zusammen serviert werden (→Essen). Das Fischbesteck ist kein notwendiges Muß, vor allem in jungen Haushalten, oder wenn nur selten Fisch gegessen wird, bedeutet es eine unnötige Geldausgabe. Wer kein Fischbesteck besitzt, behilft sich im Falle des Falles mit zwei Gabeln, die man wie das normale Fleischbesteck auflegt. Obst- und Käsebestecke werden bei Menüs immer separat mit den jeweiligen Tellern gereicht. Wird Obst als Nachtisch serviert, so darf die Fingerschale (gefüllt mit kaltem Wasser und ein paar Spritzern Zitronensaft) nicht vergessen werden! Zu den Exoten unter den Bestecken zählen zweifelsohne das Schnecken- und Krebsbesteck sowie die Hummern- und Austerngabel. Sie treiben so manchem Gast die Schweißperlen auf die Stirne und verleiden ihm diese kulinarischen Köstlichkeiten gründlich. Dabei ist ihre Handhabung, wie die Fotografien anschaulich zeigen, eigentlich ganz einfach – man sollte es nur einmal

vorher ausprobiert haben. Austernbars gibt es heute in fast jedem größeren Kaufhaus, Delikatessengeschäfte bieten an meist winzigen Bistrotischen diese Köstlichkeiten ebenfalls an, und hier kann man, vielleicht nicht ganz unbeobachtet, doch zumeist unerkannt, trainieren (→Austern, →Hummer, →Krebse und Krabben, →Schnecken)!

Was alles zu den sogenannten Besteckteilen gerechnet wird, zeigt, ebenfalls anschaulicher als alle Worte dies vermögen, das Foto auf S. 48/49.

Der Gebrauch des Besteckes ist übrigens bei weitem nicht so alt und so verbreitet, wie man gerne

»Ich bin noch nicht satt« bzw. »Ich möchte nachgelegt bekommen« signalisiert das über Kreuz (1) abgelegte **Besteck**. Die Seitenlage (2) verkündet: »Danke, ich bin satt...«.

glauben möchte. Rund ein Drittel der Menschheit benützt zum Essen Stäbchen, ein weiteres Drittel braucht dazu überhaupt nur die Finger, und lediglich das restliche Drittel benötigt zum richtigen Genuß des Essens ein Besteck. Selbst die so kultivierten Griechen und Römer bevorzugten die Finger beim Essen, kannten aber sehr wohl Vorlege- und Tranchierbestecke. Die Speisen wurden bereits in der Küche mundgerecht zerkleinert. Erst im 18. Jh. bürgerte sich der Gebrauch von Eßgabeln bei uns ein, Löffel und Messer kannte man allerdings bereits in grauer Vorzeit. Wurde man zum Essen geladen, so brachte man sein eigenes Besteck mit. Einige Umgangsformen in Sachen Besteck gehen mit Sicherheit sehr weit in die Vergangenheit zurück, ohne daß heute noch jemand so ganz genau zu sagen vermöchte, warum und wieso. Nachstehend die wichtigsten Regeln im Umgang mit Messer und Gabel:

Knödel, Kartoffel und Spargel dürfen heute selbstverständlich mit dem Messer geschnitten werden, da die Messer längst säurebeständig sind. Früher pflegten sie vor allem bei diesen Speisen schwarz anzulaufen, und dies sah dann nicht mehr sehr appetitlich aus.

Grundsätzlich sollte alles, was man mit der Gabel zerteilen kann, auch mit dieser zerteilt werden, d.h. also auch extrem zartes Fleisch! Alles was sich jedoch nur durch den Einsatz akrobatischer Geschicklichkeit mit der Gabel zerstechen läßt, darf getrost mit dem Messer geschnitten werden (z.B. relativ große Rosenkohlröschen).

Im Gegensatz zu allen angelsächsischen Ländern benützt man bei uns das Besteck, also Messer und Gabel, während des gesamten Essens.

Löffel haben weder in der Suppen- noch in der Kaffeetasse etwas zu suchen. Nach Gebrauch werden sie auf der Untertasse abgelegt. Wird die Suppe hingegen im Suppenteller serviert, so wird der Löffel ebenso wie das Besteck nach Beendigung des Essens von rechts unten nach links oben auf bzw. im Teller abgelegt (siehe dazu auch die Fotos auf S. 50, 51). Wer von der ersten Portion nicht satt geworden ist – und dies ist absolut keine Schande –, der zeigt dies durch Überkreuzen des Bestecks auf dem Teller an. Wird er beim Nachfassen zur Selbstbedienung aufgefordert, so bleibt das eigene Besteck dabei auf dem Teller liegen, denn dazu gibt es das Vorlegebesteck, welches nach Gebrauch wieder in die Schüssel oder auf die Platte zurückgelegt wird. Wer beim Gebrauch des Vorlegebestecks die richtige Serviertechnik beherrscht, darf diese selbstverständlich anwenden. Wer sie nicht beherrscht, kann es ruhig .in beide Hände nehmen. Und ganz zum Schluß darf die Bemerkung, daß das Messer nie etwas am Mund zu suchen hat, natürlich auch nicht fehlen (→Essen, →Tischsitten, →Körperhaltung)!

Besuche
Geschäftsbesuche finden nahezu ausschließlich in den Räumen der Firma statt und werden dort fast immer von einer geschulten Sekretärin betreut. Ab und an kann es jedoch vorkommen, daß ein Geschäftsbesuch im privaten Haushalt des Geschäftspartners abgestattet werden muß. Selbstverständlich ist es in diesem Fall nun nicht üblich, der Dame des Hauses Blumen oder sonst ein Geschenk mitzubringen. Aber ebenso selbstverständlich sollte dieser Besuch so knapp wie möglich gehalten werden, es sei denn, man wird ausdrücklich zum Verweilen aufgefordert. Diese Aufforderung sollte vor allem von der Hausfrau ausgesprochen werden; wiederholt sie die Aufforderung ihres Mannes nicht oder nur zögernd, so hat ihr Wunsch Befehl zu sein, d.h. in diesem Falle, man verabschiedet sich so rasch wie möglich. Wer diese Regel mißachtet, darf sich nicht wundern, wenn er beim nächsten Mal möglicherweise zwischen Tür und Angel abgefertigt wird. Unliebsame Erfahrungen haben gezeigt, daß dieses Thema sehr wohl in ein Benimm-dich-Buch gehört, denn gerade Vertreter aus der Versicherungsbranche entwickeln sich manchmal zu wahren Hockern, die die Bitte um Beendigung des Besuches erst dann verstehen, wenn sie im wahrsten Sinne des Wortes hinauskomplimentiert werden. Es sollten sich aber hier wirklich nur all diejenigen angesprochen fühlen, die, wenn sie selbstkritisch und ehrlich nachdenken, sich bei der eigenen Nase nehmen müssen (→Visitenkarten).

Privatbesuche
Zwanglose Besuche bei guten Freunden sind die schönsten, denn sie bedürfen weder der Vorbereitung noch der Planung – ein Telefonat genügt hier oft. Aber ganz so einfach ist es ja nicht immer. Gründe für einen Besuch gibt es unzählige, die wichtigsten findet man unter den jeweiligen Stichwörtern. Hier wollen wir uns mit dem Besuch im allgemeinen beschäftigen. Grundsätzlich werden wir niemanden ohne Aufforderung in seinen eigenen vier Wänden zum Zwecke eines Besuches überfallen. Wer die Wahrung der Privatsphäre ignoriert, muß auch anstandslos hinnehmen, daß er abgewiesen wird, und zwar ohne Nennung eines Grundes. Die meisten Mitmenschen neigen in solchen Fällen ja dazu, einen Grund anzugeben, obwohl dies absolut unnötig ist. Wer unangemeldet zu Besuch kommt, darf höflich, aber bestimmt abgewiesen werden. Und dies gilt auch dann, wenn er der Hausfrau, sozusagen als Bestechung, einen riesigen Blumenstrauß entgegenstreckt. Sie darf diesen übrigens auch dann behalten, wenn sie den Gast nicht hereinbittet! Blumen werden immer gerne gesehen und sollten – mit Ausnahme des hochoffiziellen Antrittsbesuches und des Kondolenzbesuches – stets mitgebracht werden. Es muß ja nicht gerade ein Strauß sein, der ein mittleres Vermögen gekostet hat. Oft erfreut der kleine Veilchenstrauß die Gastgeberin mehr als das üppige Gebinde, für welches sich partout keine Vase finden läßt. (→Blumen).

Offizielle *Antrittsbesuche*, heute vor allem in Großstädten fast völlig aus der Mode gekommen, werden sich ab und an nicht ganz vermeiden lassen. Die einfachste Lösung ist in diesem Falle die Übersendung seiner Visitenkarte (→Visitenkarten) mittels der Post. Bei der persönlichen Vorsprache dürfen die Blumen unterbleiben, denn diese sogenannte Anstandsvisite braucht nicht länger als höchstens zehn bis fünfzehn Minuten zu dauern. Außer Zigaretten wird uns die versierte Hausfrau nichts anbieten, und die sind heute auch kein Muß mehr. Wird uns trotzdem ein Gläschen Sherry gereicht, so darf dies natürlich angenommen werden. Aber wie gesagt, Antrittsbesuche sind aus der Mode gekommen, kein Wunder, wenn man die gespreizten Regeln mit dem endlosen Traditionsbart einmal gelesen hat. Eingehend wird darüber im Kapitel →Visitenkarten berichtet. Ein Antrittsbesuch ist heute eigentlich nur noch bei den nächsten Kollegen am Arbeitsplatz notwendig, und in diesem Falle wird uns entweder der Personalchef oder ein unmittelbarer Kollege miteinander bekannt machen.

Das Thema Besuch ist jedoch noch nicht ganz abgeschlossen. Über die Besuchszeiten kann im nächsten Kapitel nachgelesen werden, über unangemeldete Besuche wurde bereits gesprochen, bleiben nur noch all jene Besucher, die, so lieb und teuer sie uns auch sind, keine Uhrzeit kennen. Das verstohlene Gähnen der Hausfrau ignorieren sie ebenso wie den mahnenden Blick des Hausherrn auf die Uhr. Sie sitzen und sitzen, und je später der Abend wird, desto gemütlicher wird er für sie. Junge Leute tendieren in einem so hartnäckigen Fall heute zur Radikalmethode. Sie bitten den Gast, unter Hinweis auf die vorgeschrittene Stunde und die Tatsache, daß man morgens um 6 Uhr wieder aus den Federn müsse, schlicht und einfach darum, zu gehen. Schokkiert? Warum eigentlich? Wenn der Gast unhöflich ist, und in diesem Falle ist er mehr als unhöflich, denn er ignoriert alle Hinweise ja bewußt, warum ist der Gastgeber dann verpflichtet, unter Aufbietung aller Energien wach zu bleiben und den lieben Gast weiter zu unterhalten? Gut, für den seltenen Fall, daß es sich bei dem hartnäckigen Gast um einen direkten Vorgesetzten handelt, mag das Wachbleiben-Müssen ja noch zu begründen sein, bei allen anderen Gästen aber ganz bestimmt nicht! Es gibt so viele Möglichkeiten, um von seinen Gastgebern zu erfahren, wann für sie der Abend zu Ende sein sollte, daß es eigentlich gar nicht erst zum Hinauskomplimentieren kommen dürfte. Wer nun damit argumentiert, daß die Hausfrau sich ja zurückziehen könne, dem kann man nur entgegenhalten, daß dienstbare Geister heute in den wenigsten Haushalten vorhanden sind und die Hausfrau demzufolge nach dem Verlassen der Gäste noch eine ganze Menge zu tun haben wird. Vor allem die Herren der Schöpfung mögen dies doch bitte einsehen, und vielleicht ist dieser alte Zopf nur deswegen noch immer nicht abgeschnitten, weil fast alle Anstandsbücher der letzten Jahre von Männern geschrieben wurden.

Besuchszeiten

Hartnäckig und langlebig, obwohl ebenfalls ein Relikt aus der guten alten Zeit, sind die sogenannten offiziellen Besuchstage und -zeiten. Immer noch gilt der Sonntag als offizieller Besuchstag; und so wie man ihn wohl kaum je ganz als Besuchstag wird tilgen können, so verhält es sich auch mit den offiziellen Besuchszeiten: entweder zwischen 12 und 13 Uhr oder zwischen 17 und 18 Uhr. Schlicht und einfach bedeutet dies, daß man entweder beim Mittagessen oder nach Heimkehr vom Ausflug stets damit rechnen muß, Besuch zu bekommen. Gott sei Dank ist dies wirklich nur noch ganz, ganz selten der Fall, und da man unangemeldete Gäste nicht zu empfangen braucht (→Besuche), und hier komme ich nun ehrlich gesagt ein wenig ins Schleudern: Entweder es gibt einen offiziellen Besuchstag samt vorgeschriebener Besuchszeit, in der man grundsätzlich bereit ist, Gäste zu empfangen, oder man hört mit diesem Unsinn gleich ganz auf. Und ich glaube fast, das wäre wohl das klügste. In einer Zeit, wo das Telefon zum Kommunikationsmittel Nr. 1 aufgestiegen ist, halte ich es für unerhört, irgendwo unangemeldet zu erscheinen. Selbst bei Fremden kann man, wenn man schon einen offiziellen Antrittsbesuch abstatten möchte, vorher anrufen und fragen, wann und zu welcher Stunde es denn genehm sei. Wer ungelegen ist, der erfährt es so weniger peinlich, als wenn er an der Haustür abgewiesen wird. Hören wir doch bitte mit Methoden auf, die sicherlich vor hundert Jahren ihre Richtigkeit hatten, heute aber jeder Grundlage entbehren (→Visitenkarten, →Antrittsbesuch).

Betriebsklima

Ob gut oder schlecht, hängt nur zu einem geringen Teil von einem selbst ab. Unendlich viele Details können hierbei eine tragende Rolle spielen, so z. B. der Chef, die Kollegen, die wirtschaftliche Lage der Firma, um nur einige zu nennen. Selbstverständlich sollte aber auch in der Firma bzw. an der Arbeitsstätte gutes Benehmen nicht beim Portier abgegeben werden. Sicherlich schleifen sich im Laufe der Betriebszugehörigkeit gewisse Dinge einfach ab, trotzdem wird es dem Betriebsklima nur zugute kommen, wenn man stets weiß, was sich gehört und was nicht. Natürlich darf man einen ungerechtfertigt brüllenden Chef auf seinen Irrtum hinweisen, ob es allerdings klug ist, diese Frage muß sich jeder selbst beantworten. Cholerische Chefs und Kollegen, die sämtliche privaten Ereignisse in der Firma mit den Kollegen durchdiskutieren und denen man zuhören muß, ob man will oder nicht, sind ein Problem, mit dem man als berufstätiger Mensch leider leben muß. Ein weiteres Problem sind die allseits gefürchteten Betriebsnudeln, die täglich einen Grund zum Feiern und, was noch viel schlimmer ist, zum Organisieren finden. Bei jeder passenden und unpassenden Gelegenheit lassen sie Spendenlisten kreisen, knebeln mit ihrer »Ich-will-doch-nur-das-Beste-Art« mitunter ganze Abteilungen. Und wehe, man wagt es, sich ihnen zu widersetzen, Krieg auf der ganzen Linie kann die Folge sein. Leider vergiften diese »Kriege« das Betriebsklima erheblich, und gar nicht so selten führen sie auch dazu, das Handtuch zu werfen und lieber den Arbeitsplatz zu wechseln, als ... Ein Patentrezept gegen die Betriebsnudel gibt es leider nicht.

Bewerbung

Dem persönlichen Vorstellungsgespräch geht praktisch immer die schriftliche Bewerbung voraus. Sie sollte aus folgenden Unterlagen bestehen:
- Lebenslauf, tabellarisch oder, falls ausdrücklich gewünscht, auch handgeschrieben (s. S. 56),
- Zeugniskopien (bitte keine Originale),
- Foto,
- Bewerbungsschreiben (möglichst kurz und sachlich gehalten).

Lebenslauf und Bewerbungsschreiben sollten selbstverständlich in fehlerlosem Deutsch abgefaßt werden. Wer hier nicht »so ganz sicher« ist, muß unter allen Umständen den »Duden« zu Hilfe nehmen und einen Vertrauten um Prüfung ersuchen. Die beigelegten Kopien sollten gut leserlich und nicht zu abgegriffen erscheinen. Das Foto muß möglichst neueren Datums und kein Urlaubsschnappschuß sein. Für ein Bewerbungsfoto sollte ein professioneller Fotograf aufgesucht werden.

Bewerbungsunterlagen sollten spätestens einen Monat nach Eintreffen wieder an den Bewerber zurückgesandt werden, und zwar vollständig. Ist dies nicht der Fall, so kann man seine Unterlagen telefonisch oder schriftlich zurückfordern.

Bewirtung

Der goldene Mittelweg, nicht zuviel, aber auch nicht spartanisch wenig, sollte uns bei der Bewirtung als Anhaltspunkt dienen. Wer zum Nachmittagskaffee geladen war, braucht sich nicht mit einem opulenten Abendessen zu revanchieren, und dies gilt auch im umgekehrten Fall. Genau wie die Einladung, sollte die Bewirtung von Herzen kommen – wer hier versucht zu klotzen, ohne es zu können, der erleidet mit Sicherheit einen möglicherweise peinlichen Schiffbruch. Entspricht die Bewirtung den Gegebenheiten des Haushaltes, dann braucht man sich auch hochgestellten Gästen gegenüber nicht zu schämen.

Bezahlung

Es wurde bereits darauf hingewiesen (→Abendessen), wie unwürdig die Streitereien am Restauranttisch bei der Frage nach der Begleichung der

*Die **Bezahlung** der Rechnung, früher ein Privileg der Herren, darf heute auch von der Dame übernommen werden.*

Rechnung sind. Ebenso unwürdig ist jedoch die Art mancher Damen, die immer noch in dem Glauben leben, nur der begleitende Herr dürfe die Rechnung bezahlen, und verschämt ihr Portemonnaie oder einen einzelnen Geldschein über den Tisch schieben. Wir, meine lieben Artgenossinnen, die wir längst in noch so männlichen Berufen unsere Frau stehen, sollten uns allmählich wirklich daran gewöhnen, unseren Geldbeutel mit Selbstverständnis zwecks Begleichung der Rechnung zu zücken, denn schließlich sind wir ja auch zu manch anderen Taten in der Lage! Pikierte Blicke ernten wir, wenn überhaupt, höchstens von sehr ungebildeten oder aber sehr alten Menschen. Erstere können wir getrost ignorieren, letztere wissen es halt nicht anders, und nur wenige Menschen sind bereit, sich im Alter noch auf Neues umzustellen. Es gilt im übrigen durchaus als legitim, wenn die Frage der Bezahlung vorher geklärt wird – eine Dame, die ihr Essen selbst zu bezahlen wünscht, braucht sich nicht zu genieren, wenn sie diesen Wunsch äußert. Ganz abgesehen davon: Ich kenne eine ganze Menge netter Herren, die froh darüber sind, wenn auch sie einmal eingeladen werden.

In der Zeit der Gleichberechtigung ist dies wohl nur recht, wenn vielleicht auch nicht immer ganz billig.

Lebenslauf

Personalien: Franz Seifert, geb. am 28. Juli 1954 in München, verh. mit Ilona geb. Romberg, evangelisch, deutsche Staatsangehörigkeit, von Beruf Bankkaufmann.

Schulbildung: Volksschule in München 70, von 1960-1966, Realschule in München 21, von 1966-1970, Abschluss "Mittlere Reife"
Kfm. Fortbildungsschule in München von 1970-1973 Lehre als Bankkaufmann

Berufliche Ausbildung: Am 1. Sept 1970 trat ich als Auszubildender bei der Dresdner Bank in München ein. Ausbildung in allen Bankabteilungen zum Bankkaufmann. Abschlussprüfung im Juni 1973 als Bankkaufmann.

Besondere Kenntnisse: EDV-Kenntnisse, Erfahrungen im Schaltergeschäft, hier insbesonders im Wechselgeschäft und Kreditgeschäft, Kenntnisse der Buchhaltung und im Grundbuchrecht.

Allgemeines: Nach Abschluss der Lehre blieb ich noch ca. 3 Monate bei der Dresdner Bank in München angestellt. Eine Übernahme in das Angestelltenverhältnis konnte leider nicht erfolgen, da kein Arbeitsplatz zur Verfügung stand.
Am 1. Oktober 1973 wurde ich bei der Raiffeisenbank in München Forstenried als Schalterangestellter engagiert. Meine Tätigkeit umfasst den Überweisungs- und Scheckverkehr, Ein- und Auszahlungen und alle damit zusammenhängenden Nebenarbeiten.
Wegen der grossen Entfernung zwischen Wohnsitz und Arbeitsstelle strebe ich eine Veränderung an.

München, den 7. Okt 1976   Franz Seifert

Blumen

Ob Teenager oder würdige Oma, ich kenne keine Frau, die sich über ein Blumengeschenk nicht freuen würde. Ausnahmen gibt es natürlich überall. Längst keine Ausnahme mehr aber sind unsere blumenliebenden männlichen Gegenspieler. Im Grunde genommen wird es sie wohl schon immer gegeben haben, nur, es ist noch gar nicht so lange her, da hätte wohl niemand gewagt, einem Herrn Blumen zu schenken. Zugegeben, auch heute noch kein alltäglicher Vorgang – aber, wenn man es weiß, sicher ein besseres Geschenk als die obligate Flasche alkoholischen Inhalts. Ein Blumenpräsent ist eigentlich nie fehl am Platz, lediglich bei der Wahl der Farben muß man unter Umständen ein bißchen vorsichtig sein. Weiße Blumen werden auch heute noch gerne als Totenblumen angesehen, vor allem, wenn es sich hierbei um Lilien, Callas, Chrysanthemen und Immortellen handelt. Ein bunter Strauß hingegen darf natürlich auch einige weiße Blumen beinhalten (→Aberglaube). Gilt Weiß als Farbe der Trauer, so wird Rot noch immer als Synonym für die Liebe verwandt. Langstielige rote Rosen oder purpurfarbene Nelken überreicht man der Frau seines Herzens, und an dieser Einstellung wird sich wohl auch so schnell nichts ändern. Vorsicht also, meine Herren: Eifersüchtige Ehemänner, Lebensgefährten oder Freunde gibt es selbstverständlich auch im aufgeklärten 20. Jahrhundert noch! Beim roten Rosenstrauß hat da schon mancher wirklich rot gesehen ... Endgültig in den Abfalleimer ist hingegen der Brauch mit der ungeraden Blumenzahl gewandert. Natürlich sehen drei Blumenstiele in der Vase besser aus als zwei, und bis zur Zahl fünf mag dies immer noch gelten, aber ab fünf Stielen sollte lediglich der eigene Geschmack und natürlich der Geldbeutel entscheidend sein. Wer aber nach wie vor eine ungerade Zahl für unbedingt erforderlich hält, bitte, solange es nicht gerade dreizehn Blumenstengel sind! Heute werden ja vielfach bereits fertig gebundene Blumenkunstwerke angeboten, und wer nicht so ganz genau weiß, was es denn sein soll, der ist damit sicher stets gut beraten. Ein wichtiger Aspekt beim Blumenpräsent ist dessen Größe. Riesensträuße belasten nicht nur das eigene Budget unnötig, sondern geraten für den Beschenkten mitunter zur Qual, vor allem dann, wenn sich außer dem hauseigenen Putzeimer kein Behältnis passender Größe mehr finden läßt. Wer gerne solche – zugegebenermaßen sehr repräsentativen – Sträuße verschenkt, der muß sie vom Floristen in eine passende Schale stecken lassen; in diesem Falle spielt der Preis ja ohnehin eine völlig untergeordnete Rolle.

Topfpflanzen wurden früher nur von Damen an Damen geschenkt, heute darf auch der Herr sie mitbringen. Allerdings, und das gilt sowohl für die Damen als auch die Herren: Ein neugieriger Blick auf das Blumenfenster der zu Beschenkenden bei einem vorhergehenden Besuch schadet in diesem Fall nie. Jemand, der alle Pflanzen nur per Hydrokultur züchtet, hat mit einer in Erde gepflanzten Blume wenig Freude! Und noch ein kleiner Ratschlag. Einige Topfpflanzen sind hochgiftig und daher für einen Haushalt mit Kleinkindern völlig ungeeignet – auch wenn sie noch so schön sind. Welche Pflanzen dies sind, wird ihnen jeder verantwortungsbewußte Gärtner bzw. Florist sagen können. Weiß er es nicht, so kauft man lieber einen Blumenstrauß.

Die Sache mit dem leidigen Blumenpapier, welches selbstverständlich zu genau jenem Zeitpunkt entfernt werden sollte, da die Hausfrau zwar auf dem Weg zur Türe ist, aber diese noch nicht geöffnet hat, erledigt sich seit einigen Jahren fast von selbst. Auch bei uns ist das durchsichtige Zellophanpapier, meist geschmückt mit Bändern und Schleifen, in Mode gekommen. Und dieses Papier darf dranbleiben! Schade ist nur, daß einige Blumengeschäfte dafür einen fast unverschämten Aufpreis verlangen. Aber vielleicht ändert sich auch dies noch im Laufe der nächsten Jahre. Wer einen konventionell verpackten größeren Blumenstrauß überreichen möchte, sollte das Papier vielleicht bereits im Auto lockern. Das zerknüllte Blumenpapier wird entweder die

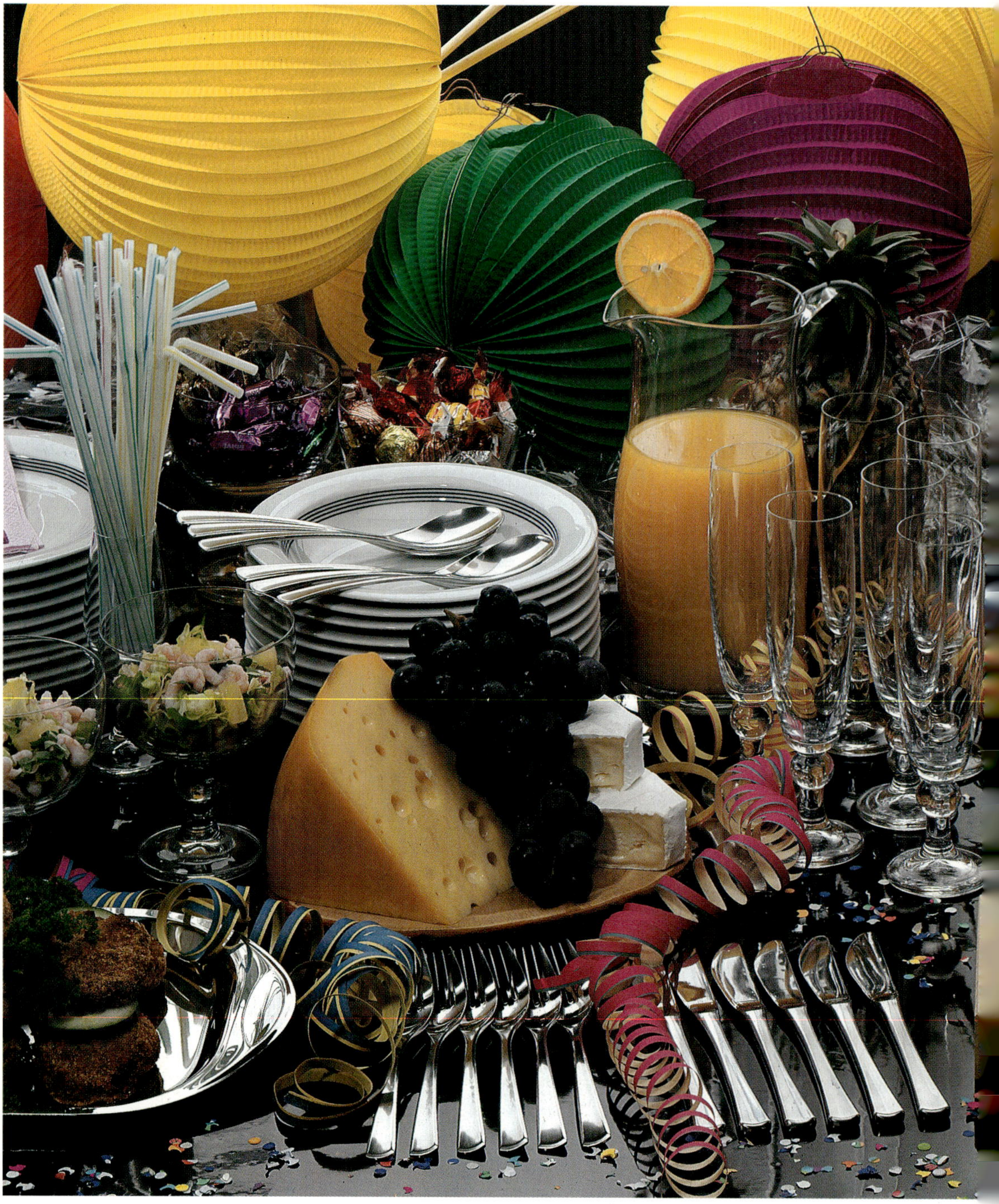

Brunch, Cocktailparty *oder Katerfrühstück, an diesem Buffet findet jeder etwas!*

Gastgeberin abnehmen, oder der Eingeladene befördert es in einen sichtbar bereitstehenden Papierkorb.

Zum Schluß noch ein paar Worte zur Frage: »Wann überreicht man die Blumen?« Selbstverständlich wird man bei einer Einladung im kleineren Kreis die Blumen selbst mitbringen. Bei einer großen Abendgesellschaft empfiehlt sich dies allerdings nicht. Man stelle sich in diesem Falle nur einmal die arme Gastgeberin vor. Über kurz oder lang wird sie in einem Blumenmeer ertrinken und ob der blühenden Pracht nicht mehr wissen, wohin. Wer also zu einer großen abendlichen Gesellschaft gebeten wird, schickt die Blumen zusammen mit dem Dank für die Einladung entweder vorher, d. h. am Nachmittag, oder aber am späten Vormittag des nächsten Tages (nun bedankt man sich natürlich für den schönen Abend) ins Haus (→Visitenkarten). Der Geburtstagsstrauß sollte natürlich stets am Freudentag überreicht bzw. übersandt werden (→Geburtstag).

Braut

Vom Tage der Verlobung an darf sich jede Frau als Braut betrachten. Die junge Generation hält von der traditionellen Verlobung meist recht wenig und begnügt sich mit dem gemeinsamen Vorsatz, dann und dann zu heiraten (→Verlobung). Dies ändert jedoch nichts an der juristischen Tatsache des Brautstandes, der, rein rechtlich gesehen, vom Tage der Verlobung bis zum Tage der Eheschließung andauert.

Brautführer

Sofern das Brautpaar nicht zusammen zum Altar schreitet, wird der Vater der Braut diese als Brautführer durch den Mittelgang des Kirchenschiffes zum bereits am Hochaltar wartenden Bräutigam geleiten.

Brautjungfern

Einmal abgesehen von den ganz großen Hochzeiten, die Brautjungfern sind ein bißchen aus der Mode gekommen, und dies liegt sicherlich zum Teil auch an der Tatsache, daß nur die wenigsten Brauteltern es sich leisten können, sechs junge Damen komplett festlich einzukleiden. Natürlich kann man auch weniger Brautjungfern nehmen; da die jungen Damen jedoch vor dem Hochaltar ein Spalier bilden sollen, gilt sechs als die optimale Zahl. Neben dieser rein dekorativen Funktion war es die Aufgabe der Brautjungfern, der Braut am Hochzeitsmorgen beim Anlegen des Kleides behilflich zu sein. Eine eigens ernannte Ringjungfer zog der Braut den Verlobungsring ab und überreichte ihn später dem Bräutigam, der ihn wiederum dem Pfarrer weitergab. Tat die Braut dies selbst, so brachte dies unweigerlich Unglück – und wer wünscht dies schon einer jungen Braut (→Aberglauben, →Hochzeit)?

Brautpaar

Zwar gilt man während der ganzen Verlobungszeit als Brautpaar, vom Brautpaar im strengen Sinne des Wortes spricht man aber meist erst unmittelbar vor der →Hochzeit (→Verlobung).

Brautstand

Er wurde bereits zu Beginn dieses Kapitels erwähnt. Als Brautstand bezeichnet man die Zeit der →Verlobung.

Briefe

Ich kann mich mitunter des Gefühls nicht erwehren, Briefe würden nur noch an Freunde im fernen Ausland versandt, und wenn man an den Werbeslogan der Post »Schreib doch mal wieder ...« denkt, dann scheint an diesem Gefühl mehr als ein Körnchen Wahrheit zu sein. Das liebe Telefon hat die schöne Sitte des Briefeschreibens längst aus der Mode kommen lassen. Hier soll natürlich nicht die Rede von den immer noch üblichen Geschäftsbriefen sein – sie wenigstens werden uns noch geraume Zeit erhalten bleiben. Und weil wir gerade dabei sind, wollen wir so einen Geschäftsbrief einmal genauer betrachten. Selbstverständlich wird man ihn, falls vorhanden, mit der Schreibmaschine tippen. Ein weißer

DIN-A4-Briefbogen, der gedruckte Briefkopf ist eine Frage des Geldbeutels, wird mit der Anschrift (→Anrede, Liste) versehen. Datum und »Betreff« gehören ebenso zum Geschäftsbrief wie die Anrede, die im Zweifelsfalle stets »Sehr geehrte Herren«, mitunter auch »Sehr geehrte Damen und Herren« lautet. Der Inhalt sollte im Geschäftsbrief sachlich-höflich behandelt werden, Emotionen sind hier meist völlig fehl am Platze! Die Schlußformel kann vom veralteten »Hochachtungsvoll« bis hin zum modernen »Es grüßt Sie« beliebig gewählt werden. Ob man dieser Schlußformel noch ein »Ihr« oder »Ihre« hinzufügt, bleibt jedem selbst überlassen. Die Abrede »Ihr sehr ergebener« oder ähnliches, ist nur dann angebracht, wenn der Empfänger eine wirklich hochrangige Persönlichkeit darstellt, der man eine Bitte unterbreitet oder der man Dank abstattet.

Früher gebot es die Höflichkeit, den Brief privaten Inhalts mit der Hand zu schreiben. Doch schon seit einigen Jahren ist man, wohl aufgrund der Tatsache, daß manche Handschrift wirklich unleserlich ist, davon abgekommen. Privatbriefe dürfen selbstverständlich heute auch mit der Maschine geschrieben werden. Der Gruß am Ende des Briefes und natürlich auch die Anrede fallen bei Privatbriefen wesentlich persönlicher aus als bei Geschäftsbriefen.

Und hier noch ein Wort zum Briefgeheimnis. Selbstverständlich gilt dies auch innerhalb der Familie, und zwar ohne jede Ausnahme. Der Teenager hat genau das gleiche Recht auf die Wahrung des Briefgeheimnisses wie der Großvater. Postkarten sollten daher nie für vertrauliche Mitteilungen verwendet werden, ebensowenig sollte man darauf Mitteilungen, die im ersten Zorn geschrieben wurden, festhalten. Diese gehören, nachdem man sie geschrieben hat, unweigerlich in den Papierkorb (→Anrede, Liste).

Brot
Brot gehört zum täglichen Leben und sollte deshalb nie im Mülleimer landen. Ist es trotzdem alt und hart geworden, so kann man es im Tierpark oder bei Forstbeamten zur Wildfütterung abgeben.

Bei Tisch wird Brot gerne zusammen mit der Suppe gereicht. Es wird stets gebrochen, abbeißen gilt als im höchsten Maße unfein. Die abgebrochenen Stücke sollten in ihrer Größe stets so beschaffen sein, daß man sie als Ganzes in den Mund schieben kann. Gar nicht so einfach, vor allem bei dem so beliebten Stangenbrot, welches sich dem Teilen in mundgerechte Stücke mitunter standhaft widersetzt. Natürlich kann man es zu Hause, wo man normalerweise genüßlich in eine Scheibe frisches Brot beißen wird, einmal üben. Dann klappt es in Gesellschaft ganz bestimmt ohne Panne.

Brunch
Vor gut zehn Jahren konnte sich darunter, zumindest hier in unserem Land, kaum jemand etwas vorstellen – es sei denn, man kam gerade aus den Staaten oder aus England zurück. Aus diesen Ländern kommt nämlich die Sitte, Frühstück und Mittagessen zum Brunch zusammenzuziehen. Einladungen zum Brunch erfolgen praktisch nur am Wochenende, und zwar zwischen 10.30 und 11.30 Uhr. Das Ende fällt auf die Zeit zwischen 13.30 und 14.30 Uhr. Zum Brunch werden meist kalte und warme Speisen gereicht, denen jedoch die Üppigkeit eines abendlichen Diners völlig fehlt.

Bücher
Bücher sind ideal für all diejenigen unter uns, denen Blumen oder Konfekt als Geschenk zu alltäglich, persönliche Kleinigkeiten jedoch in jeder Hinsicht zu gefährlich erscheinen. Bücher gibt es praktisch von 1,– DM bis weit über 100,– DM pro Exemplar, und in diesem riesigen Angebot findet sich für jeden Geldbeutel das Richtige. Aber Vorsicht: Weiß man denn bestimmt, was das richtige ist? Sicher wäre natürlich für unsere brave Freundin mit ihrem tyrannischen Mann

Neben dem kompletten Barbesteck sollte die Hausbar (1) auch mit Shaker, Saftkrug und Eiskübel ausgestattet sein.

Barsieb, Barlöffel und gezacktes Messer (2) werden in unterschiedlichen Größen angeboten.

Cocktails, Longdrinks etc. schimmern, gekonnt gemixt, in allen Regenbogenfarben (3).

ein Buch über die Emanzipation der Frau genau das, was man ihr eigentlich zum Lesen geben sollte, aber –, nicht immer glaubt der Partner des Beschenkten an den Zufall, und dann kann das falsche Buch zur falschen Zeit mehr Schaden als Freude bereiten. Ein bißchen Fingerspitzengefühl muß auch dabeisein!
Besitzer einer umfangreichen eigenen Bibliothek sollten, sofern sie Bücher auch verleihen – hier darf man durchaus auch nein sagen –, Leihlisten führen. Niemand weiß nach drei Wochen noch, wem er ein bestimmtes Buch geliehen hat und leider, leider: von selbst gehen die Bücher nur selten an ihren angestammten Platz zurück. Nach einem Monat kann man ruhig einmal die liebe Freundin oder den netten Bekannten daran erinnern, daß man eigentlich die eigene Bibliothek gerne vollständig hat. Und noch etwas: Weisen Sie Ihre lieben, netten Bekannten ruhig darauf hin, daß Sie persönlich es nicht sonderlich schätzen, wenn Ihre Bücher, die Sie ja bezahlt haben, an unbekannte Dritte weitergeliehen werden, auch dann nicht, wenn es sich um eine noch so gute Freundin Ihrer eigenen Freundin handelt. Denn dann – werden Sie Ihr eigenes Buch kaum je wiedersehen!

Buffet, kaltes und warmes
Im Zeitalter der berufstätigen Frau konnte es gar nicht ausbleiben, daß das kalte Buffet einen wahren Siegeszug unternahm. Zahlreiche Partyservices bieten der geplagten Gastgeberin hierzu ihre Dienste an, und wer mehr als zehn Leute zu

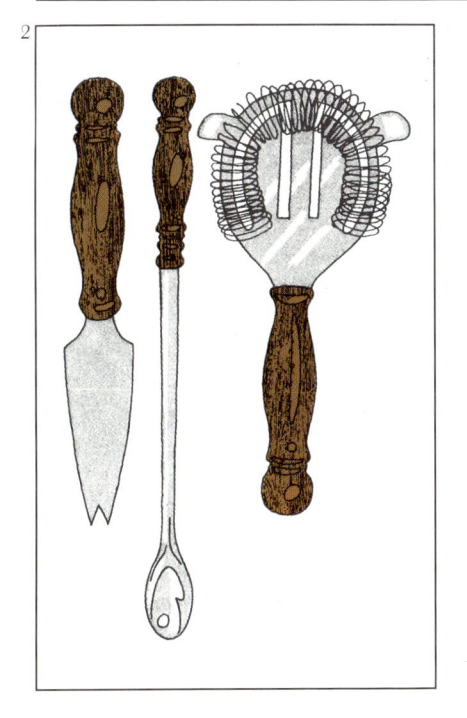

bewirten hat, der wird gut daran tun, diese Dienste auch anzunehmen. Meist ist der Partyservice in der Relation zur Arbeit, die so ein Buffet machen kann, nämlich gar nicht so teuer, und nicht selten löst er auch die Probleme, die Geschirr und Gläser betreffen. Selbstverständlich sollte man nicht nur ein Angebot, sondern mehrere einholen und sich erst nach reiflicher Durchsicht entscheiden. Grundsätzlich gilt hier die Devise, daß Partyservices meist sehr großzügig in der Bemessung der Speisen sind, d.h., wer 30 Gäste bewirten will, wird normalerweise bei der Bestellung nur 25 Personen angeben – ansonsten kann es passieren, daß die armen Gastgeber sich die nächste Woche damit vergnügen müssen, irgendwelche Reste zu verspeisen. Vorsichtshalber sollte man, wenn man sich für einen bestimmten Partyservice entschieden hat, mal im Bekanntenkreis umhören, ob irgend jemand mit dieser Firma bereits Erfahrungen machen konnte. Es gibt nämlich auch den umgekehrten Fall, d.h., wer für 25 Personen bestellt, bekommt diese nur satt, wenn keiner der Geladenen großen Appetit mitbringt.

In letzter Zeit wird eine Mischung aus kaltem und warmem Buffet immer beliebter. Hier geht es allerdings ohne Partyservice nicht mehr ab, da nur er über die notwendigen Vorrichtungen verfügt, das Essen auch wirklich warm zu servieren. Versuche, solch ein Mischbuffet im Alleingang zustande zu bringen, enden meist mit einer vollkommenen Katastrophe, nicht selten geraten die Speisen durch die Tränen der Hausfrau leicht versalzen ...

Anregungen fürs kalte und warme Buffet findet man in jedem besseren Kochbuch. Aber bitte nicht erst am Tag vor dem Ereignis mit den Überlegungen beginnen, was man denn seinen Gästen nun vorsetzen könnte. Kalte Buffets erfordern eine gründliche Vorbereitung, ein Einkaufszettel ist in diesem Fall unerläßlich. Geschirr muß besorgt (ausgeliehen), die Getränke müssen eingelagert werden und und und ... Wer seinen Gästen allerdings zum Wein nur einige Gaumenkitzler servieren will, dem wird dies mit sogenannten Kanapees am erfolgreichsten gelingen. Kanapees sind kleine pikant belegte Sandwichbrote (Baguette, Toast ohne Rinde) oder gefüllte Blätterteigschnitten.

𝓒

Camping
Hier heißt die Devise schlicht und einfach: »Entweder dafür oder dagegen«. Ein Dazwischen gibt es praktisch nicht. Selbstverständlich ist jeder absolut davon überzeugt, daß sein Standpunkt in diesem Falle der richtige ist. Vorsicht also bei Diskussionen um das liebe Campen, denn die naturerprobten Camper können durchaus extrem empfindsame Wesen sein. Der Kameradschaftsgeist wird hier gerne hervorgehoben, und tatsächlich funktioniert Camping nur dann, wenn dieser von allen gepflegt wird. Was ja, wie wir leider alle wissen, nicht immer der Fall ist. Wer zum ersten Male zum Campen fährt, lernt sehr rasch, auf was es ankommt, und wenn er bestimmte Richtlinien tatsächlich aus Unkenntnis übertritt, dann wird er rasch eines Besseren belehrt werden.

Charme
Man hat ihn oder man bekommt ihn nie. Charme ist etwas so Unvergleichliches, daß er, neben der Gesundheit, wohl zum wertvollsten aller Dinge gehört, die uns in die Wiege gelegt werden. Babys und Urgroßmütter, sehr schöne oder von der Natur weniger begünstigte Männer und Frauen, sie alle können über Charme verfügen. Charme ist nicht erlernbar, er ist angeboren. Allerdings, und dies darf hier nicht verschwiegen werden, die Damenwelt neigt nur allzugern dazu, ihren Charme immer dann auszuspielen, wenn es gilt, etwas Bestimmtes zu erreichen, und diesbezüglich bekenne ich mich selbst auch zu den Schuldigen. Wo wir Damen doch so ganz genau wissen, daß auch der unnachgiebigste Mann weich wie Butter werden kann, wenn wir unseren Charme ins Spiel bringen ...

Zum Charme gehört das Lächeln-Können, auch dann, wenn die Tränen bereits zwischen den Lidern funkeln. Mag man in den eigenen vier Wänden noch so schlecht gelaunt sein, unseren Mitmenschen sollten wir nicht unbedingt ein griesgrämiges Gesicht zumuten. Ein kleines charmantes Lächeln, und die Welt sieht gleich viel fröhlicher aus.

Chauvinismus
Laut Duden ist darunter die »einseitige, überspitzte Vaterlandsbegeisterung« zu verstehen. Und seit einigen Jahren kann man leider, leider bei uns eine stetige Zunahme des Chauvinismus feststellen. In einer Zeit, in der wir uns an Parolen wie »Türken raus« usw. gewöhnen müssen, wo fanatische Fußballfans die Hand zum Hitlergruß recken und blindwütig bereit sind, jeden fremdländisch aussehenden Mitmenschen zusammenzuschlagen, wird der Boden für die übelste aller Chauvinismusarten langsam, aber sicher erneut vorbereitet. Haben wir wirklich noch nicht genug angerichtet?

Aber auch all unsere lieben Pauschaltouristen, zu treffen an jedem Punkt der Erde, gehören sehr oft zu jenem Personenkreis, der stur behauptet, zu Hause wäre alles besser und schöner! Schön, deutsche Sauberkeit und deutsche Gründlichkeit gibt es tatsächlich nur bei uns. Wenn wir dies also auch im Urlaub nicht missen wollen, dann, bitte schön!, müssen wir diesen eben im Schwarzwald oder in Oberbayern oder wo immer innerhalb der bundesdeutschen Grenzen verbringen. Denn in diesem Falle haben wir in keinem anderen Land der Erde etwas verloren. Chauvinisten straft man am ehesten durch Ignoranz, hilft dies nicht, so muß man eben seine eigene Meinung dagegenhalten – eine Situation, die bei Gesellschaften leicht zu peinlichem Schweigen führen kann.

Cocktail

Willkommens- oder Begrüßungscocktails sind heute bereits fast obligat, und längst ist der klassische Martini nicht mehr der einzige Cocktail, den man kennt. Es gibt sicher ohne jede Übertreibung einige hundert verschiedene Cocktails, und ein versierter Barmixer wird mühelos mehrere Dutzend aufzählen und selbstverständlich auch mixen können. Der Cocktail ist immer ein Mischgetränk, das auf einer Alkoholgrundlage basiert. Daher ist er auch mit einer gewissen Vorsicht zu genießen. Cocktails werden gerne als Appetitanreger gereicht. Einer ist ideal, zwei sind gerade noch erlaubt, und drei von ihnen, auch wenn sie uns noch so köstlich munden, sind bereits einer zuviel. Und dies gilt in vermehrtem Maße dann, wenn es sich um verschiedene Cocktails handelt; der Kater ist vorprogrammiert.

Cocktailpartys

Sie wurden, wie könnte es auch anders sein, in Amerika erfunden und dienen eigentlich nur dazu, unbekannte Leute einander etwas näher zu bringen – und zwar auf eine relativ unkomplizierte Art. Cocktailpartys sind stets Stehpartys und finden gewöhnlich zwischen 18.00 und 20.00 Uhr statt. Neben den verschiedensten Cocktails werden auch Fruchtsäfte, Bier und Mineralwasser angeboten. Dazu werden kleine, meist auf Stäbchen gespießte Häppchen als Appetitanreger gereicht. Auf einer Cocktailparty wird niemand offiziell vorgestellt, und jeder kann und soll mit jedem reden. Innerhalb der angegebenen Zeit kann man kommen und gehen, wann man will, allerdings gehört es sich, die Gastgeber zu begrüßen; verabschieden darf man sich, falls die Gastgeber nicht gerade unmittelbar neben uns stehen, auf »französisch«. Aber natürlich gilt dies nur, wenn es sich um eine wirklich große Cocktailparty handelt und man die Gastgeber erst in allen möglichen Räumen suchen müßte. Im kleinen Kreis wird man sich selbstverständlich mit ein paar netten Worten verabschieden.

Cut

Die der Tradition sehr verhafteten Engländer bescherten unserer Männerwelt den Cut (auch Cutaway genannt), der, seit einigen Jahren zwar mit dem Stresemann um die Vorherrschaft ringend, noch immer als der offizielle Gesellschaftsanzug des Tages gilt. Der Cut ist, abgesehen von hochoffiziellen politischen Veranstaltungen, ein Muß

*Der **Cut** ist der offizielle Anzug für Feierlichkeiten während des Tages.*

bei Beerdigungen von Persönlichkeiten des öffentlichen Lebens – in diesem Falle wird er mit schwarzer Weste und schwarzem Binder getragen. Aber er gilt auch bei der am Vormittag stattfindenden kirchlichen Hochzeit als Muß. Ich möchte dieses »Muß« nicht zu wörtlich verstanden wissen, denn ein Muß gibt es heute eigentlich fast nicht mehr. Sehr konservative, ältere Jahrgänge werden vielleicht gesteigerten Wert auf diese Art von Etikette legen, jüngere Semester nehmen diese meist viel salopper. Zum guten Schluß noch schnell der offizielle »Steckbrief« des Cuts: Der lange, schwarze oder schwarzgrundige Rock fällt vor allem durch die abgerundeten Schöße auf, die gestreifte Hose besitzt keinen Umschlag. Über dem weißen Hemd mit gesteiften Manschetten und steifem Umlegekragen trägt der Herr von Welt die zum Cut gehörende schwarze oder graue Weste. Ein grauer oder schwarzweiß gesprenkelter Seidenbinder vervollständigt den Herrn im Cut. Selbstverständlich passen zum Cut nur elegante schwarze Schuhe, und daß diese geputzt sind, darüber sollte man eigentlich gar kein Wort verlieren müssen. (→Schuhe, →Stresemann).

D

Damengesellschaft

Von den unkomplizierten Amerikanerinnen hochgeschätzt, bei uns fast ein bißchen verpönt: die Damengesellschaft, bei der selbstverständlich nur geschwatzt und geklatscht wird und die die Männer meiden wie der Teufel das Weihwasser. Zu hart formuliert, finden Sie? Männer klatschen natürlich nicht, und sollten zwei oder drei Männer nach einer Stunde noch immer die Köpfe zusammenstecken, dann werden ausschließlich hochgeistige Gespräche geführt. Aber selbstverständlich, meine Herren! Wir klatschsüchtigen Weiber kämen doch nie und nimmer auf den Gedanken, daß auch sie ... Doch Spaß beiseite. Damengesellschaften werden häufig zu wohltätigen Zwecken veranstaltet, und Herren haben dabei nun mal nichts zu suchen. Sollten Sie als Hausherr dennoch einmal in eine Damengesellschaft geraten, dann ziehen Sie sich bitte nach der freundlichen Begrüßung schleunigst wieder zurück, auch wenn einige Damen Ihre Gesellschaft vorziehen würden. Damengesellschaften werden fast ausschließlich am Nachmittag, eventuell noch zur Cocktailstunde veranstaltet, ein Abendtermin ist wirklich nur aus ganz besonderem Anlaß angebracht (z.B. beim Klassentreffen).

Danksagung

Gründe zum Dankesagen gibt es unzählige, und ein Dankeschön zuviel wirkt immer besser als eines zuwenig. Man muß sich allerdings nicht im Sinne des Wortes »tausendmal« für etwas bedanken – denn dies könnte demjenigen, dem der Dank gilt, irgendwann peinlich werden. Manche Leute wollen auch gar nicht, daß der Dank, den man ihnen für eine bestimmte Tat entgegenbringt, an die große Glocke gehängt wird. Die mündliche Danksagung für die Einladung, das Geschenk, die Beförderung usw. ist üblich unmittelbar nach:
- Annahme der Einladung,
- beim Verabschieden,
- nach erfolgter Überreichung.

Schriftlich wird man sich stets am Tag danach, eventuell mit einem Blumengruß bedanken. Man kann dies mit einem Brief oder einer Karte (→Visitenkarten) tun. Eines sollte man an dieser Stelle jedoch konsequenterweise bemerken: Das Telefon hat die Karte und den Brief längst verdrängt, und selbstverständlich gilt der telefonisch formulierte Dank heute genauso. Nur bei ganz offiziellen Abendeinladungen wird man sich bei der Hausfrau am nächsten Tag noch schriftlich bedanken – allerdings, auch dies wird immer häufiger vergessen. Es mag wohl daran liegen, daß heute eigentlich nur ganz wenige Haushalte in

> Liebe werte Familie Neumayer,
>
> für Ihre lieben Glückwünsche anläßlich unserer Goldenen Hochzeit, danken wir Ihnen herzlichst.
> Ihre Anteilnahme an unserem Ehejubiläum erfüllte uns mit großer Freude und Dankbarkeit, bewiesen Sie damit doch eine enge Verbundenheit unserer beiden Familien.
>
> Herzliche Grüße
> Ihre Familie Gerd u. Eva Sommer

der Lage sind, eine offizielle Abendgesellschaft zu veranstalten, und dies liegt nicht nur am Geldbeutel und den fehlenden Räumlichkeiten, sondern auch an der Tatsache, daß der Zwang, der stets über diesen offiziellen Abenden zu schweben pflegt, von niemandem sonderlich geschätzt wird. Zwänge bringt das tägliche Leben bereits so viele mit sich, daß man ihnen in der Freizeit gerne bewußt aus dem Wege geht.

Dessert

Das Dessert oder auf gut deutsch die Nachspeise, für so manchen das wichtigste am ganzen Essen, für andere wieder ein notwendiges Übel. Gereicht wird es stets mit einem gewissen zeitlichen Abstand zum Hauptgericht, begleitet ist es häufig von Kaffee oder Mokka. Das süße Dessert kann natürlich auch durch Obst oder Käse ersetzt werden. Wer seinem Magen absolut keine Süßspeise zum Nachtisch zumuten kann oder darf, wird das gereichte Dessert höflich ablehnen, oder er darf dieses, falls in seiner unmittelbaren Nähe eine Naschkatze sitzen sollte, weiterreichen. Aber bitte erst dann, wenn das Schleckermäulchen sein eigenes Dessert auch wirklich aufgegessen hat und dieses abserviert wurde.

Zum *Dessertbesteck* gehören Löffel, Gabel und Messer. Es wird immer oberhalb des Tellers aufgelegt (siehe Foto S. 70). Das Obstbesteck wird zusammen mit der Fingerschale gesondert gereicht, ebenso gilt dies bei Käse als Nachtisch.

Diskussionen

Auf Diskussionen, egal welcher Art, sollte sich stets nur derjenige einlassen, der auch die Spielregeln dazu perfekt beherrscht. Nichts kann blamabler für einen Diskussionsteilnehmer sein als von Dingen zu reden, von denen er nachweislich nichts versteht. Peinlichkeiten oder bei extrem höflichen Mitmenschen pikiertes Schweigen werden die Folge sein, und ehe man sich versieht, ist die Blamage perfekt. Diskussionen werden aus unergründlichen Ursachen fast immer viel zu laut geführt, wahrscheinlich mit ein Grund dafür, warum sie so gefürchtet sind. Niemand will sie eigentlich wirklich, dennoch entstehen sie plötzlich ohne jeden Grund mitten in der friedlichsten Gesellschaft, verwandeln diese mühelos in ein Desaster, hinterlassen zerstrittene Parteien und verzweifelte Gastgeber, die sich noch tagelang danach fragen, was sie denn nun falsch gemacht haben.

Nun, da wäre eine ganze Reihe von Möglichkeiten: Politische Gegner sollte man, von Ausnahmen abgesehen, nie zusammen einladen. Läßt sich dies nicht vermeiden, so muß man zumindest eine räumliche Trennung der beiden Kontrahenten gewährleisten können. Zu den ganz seltenen Ausnahmen gehören jene Persönlichkeiten, die ihre politische Couleur zusammen mit der Garderobe abgeben und die, falls sich jemand tatsächlich eine spitze Bemerkung über die politische Zugehörigkeit nicht verkneifen kann, die Größe haben, zu sagen: »Darüber sollten wir ein anderes Mal diskutieren …« Dies gilt natürlich nicht nur für Politiker oder politisch besonders engagierte Mitmenschen, sondern ebenso für begeisterte Autofahrer, Jogger, Urlauber, FKK-Anhänger und, und, und. Die Liste ließe sich beliebig fortsetzen. Wer sich allerdings ganz bewußt einer Diskussion stellen will, der muß, und dieses Muß ist ohne jede Einschränkung zu betrachten, einige goldene Regeln beachten, die da lauten:

1. Der Gegner muß ausreden dürfen, auch wenn er noch so langatmig seinen Standpunkt darlegt.
2. Unter Umständen ist es sehr ratsam, wenn ein Unparteiischer als Diskussionsleiter fungiert. Er kann (siehe oben) notfalls den Langatmigen zur Kürze auffordern.
3. Emotionen haben bei sachlichen Diskussionen nichts, aber wirklich gar nichts zu suchen. Wer nicht emotionsfrei diskutieren kann, der lasse es lieber gleich bleiben.
4. Eine gute Diskussion verlangt, daß man dem Gegner zuhören kann. Jemand, der sein Desinteresse durch Blicke an die Decke usw. bekundet, gehört nicht in eine Diskussionsrunde.
5. Persönliche Beleidigungen haben auf einer Diskussion ebenfalls nichts zu suchen.
6. Ein guter Diskussionspartner wird nie mit Behauptungen um sich werfen, die er im Falle des Falles nicht beweisen kann.
7. Wer einmal eine Diskussion angefangen hat, der sollte beim Thema bleiben und nicht vom Hundertsten ins Tausendste kommen.

Die Griechen waren wahre Meister im Diskutieren, was wörtlich übersetzt ja nichts anderes heißt, als sich mit einer bestimmten Sache auseinanderzusetzen, bzw. diese nach allen Regeln der Kunst zu erörtern. Verfolgt man hingegen heute am Bildschirm oft Diskussionen zu bestimmten Problemen des täglichen Lebens, dann wünscht man sich ab und an, die Teilnehmer hätten je nachgelesen, was das Wort denn wirklich bedeutet. Eigentlich sehr traurig in einer Welt, in welcher Akademiker so gesteigerten Wert darauf legen, auch als solche anerkannt zu werden. Und weil wir gerade dabei sind: Sollten Sie einmal so mir nichts, dir nichts in eine Diskussion geraten, von deren Sache Sie nichts verstehen, fragen Sie ruhig und bekennen Sie sich zu Ihrem Nichtwissen. Sie werden sich wundern, wie leicht auch die Beteiligten sich als Nichtwisser entpuppen, denn bloßes Gerede gilt in diesem Falle nicht als fundierte Erklärung!

Drängeln
Leider eine jener Unsitten, die bei uns nicht auszurotten sein wird! Aber nein, drängeln tun selbstverständlich nicht nur wir Deutsche; Italiener, Franzosen, Skandinavier, Engländer … (diese drängeln nur bei Sportveranstaltungen, und zwar britisch unterkühlt), kurz, alle Europäer neigen

zum Drängeln, und nirgends wird das besser sichtbar als beim täglichen Kampf auf der Straße: Auto gegen Auto, Auto gegen Fußgänger, Radfahrer, Behinderte usw., usw. Besonders die zivilisierten Industrienationen neigen zum Drängeln, zum Nichtwartenkönnen, denn man könnte ja etwas versäumen. Industriell weniger hochentwickelte Nationen, deren Kultur weit älter als unsere eigene sein kann, neigen komischerweise weit weniger zu jenem alles beherrschenden Ellenbogendasein nach der Methode »Hoppla, jetzt komm' ich, alles andere aus dem Weg«. Vielleicht würde es sich lohnen, darüber einmal nachzudenken. Möglicherweise übersehen wir dann beim nächsten Mal das kleine Mädchen vor uns an der Kasse im Supermarkt nicht so einfach. Das wäre doch ein kleiner Fortschritt, oder?

Drinks
»Kommt doch mal auf einen Drink zu uns herüber ...«, wie oft schon hat man diese Aufforderung gehört und sie vielleicht nur deswegen nicht befolgt, weil man nicht so recht wußte, was denn damit eigentlich gemeint war. Wer auf einen Drink geladen wird, braucht weder Blumen noch sonstige Geschenke mitzubringen, noch muß er sich zu diesem Anlaß in feierliche Garderobe zwängen. Man erscheint leger gekleidet zum Schwatz und sollte sich nach einer guten Stunde wieder verabschieden. Es sei denn, man wird ausdrücklich zum Verweilen aufgefordert.
Zu den Drinks zählt das Glas Wein ebenso wie das Gläschen Sherry, der Cognac oder der Orangensaft mit Wodka. Meist wird dazu nur Salzgebäck gereicht. Kleine appetitanregende Häppchen erfordern von der Hausfrau schon ein bedeutendes Mehr an Arbeit und Aufwand.

Duzen
»Des einen Freud, des andren Leid« ..., auf die Sache mit dem leidigen Du paßt dieses Sprichwort wie kaum ein anderes. Ich kenne Freundschaften, die über Jahrzehnte andauerten, ehe das »Sie« zum »Du« wurde, andere wieder entschließen sich bereits nach ein paar Tagen, oft sogar schon nach Stunden einer Bekanntschaft zum persönlicheren Du, und nicht selten vergehen diese Freundschaften ebenso schnell wieder, wie das Du entstand. Sicher, jeder hat hier das Recht, nach dem eigenen Gefühl zu handeln; wirkliche Vorsicht sollte lediglich beim feuchtfröhlichen Du des Betriebsausfluges angebracht sein. Denn der nächste Morgen und mit ihm die Ernüchterung kommt bestimmt.
Selbstverständlich bleibt es jedermann selbst überlassen, ob und wann er das Sie gegen das Du vertauscht. Aber in unserem nun mal völlig von Regeln bestimmten Leben gibt es natürlich auch dafür Vorschriften, die allerdings, wie so manches auf dem Benimm-dich-Sektor, leicht angestaubt erscheinen. Diese Regeln besagen also, daß die Dame niemals dem Herrn das Du anbieten wird, daß selbstverständlich der Ältere den Jüngeren, der Ranghöhere den Rangniedrigeren damit zu erfreuen hat.
Der Fachausschuß für Umgangsformen hat nun bereits vor einiger Zeit befunden, daß bei jungen Menschen auch die Dame die Initiative ergreifen darf. Das heißt, sie darf den etwa gleichaltrigen jungen Mann ruhig dazu ermutigen, das unpersönlichere Sie fallenzulassen. Allerdings, was der Jugend noch schnell und unkompliziert von den Lippen geht, verliert sich mit zunehmendem Alter und wird nur noch in einer größeren Gemeinschaft leicht aufgehoben. Bei vielen Gruppenreisen ist es durchaus üblich, vor allem wenn sportliche Aktivitäten eine große Rolle spielen, daß vom Gruppenleiter bereits am ersten Abend die Devise »Alles duzt sich« ausgegeben wird. Und wer nicht bereits am ersten Tag unangenehm in der Gruppe auffallen möchte, der wird sich dieser Aufforderung anschließen, auch wenn sie ihm persönlich gegen den Strich geht. Diese Gruppenunternehmungen bilden allerdings wirklich die einzige Ausnahme, auf den FKK-Strand oder die Gemeinschaftssauna ist sie keinesfalls übertragbar, auch wenn dies so manche Ulknudel gerne hätte. Gegebenenfalls wird man

*Zum **Dessertbesteck** gehört eigentlich auch noch das Messer, das jedoch zumeist weggelassen wird.*

in solch einem Fall dem anderen seine Meinung höflich, aber bestimmt zur Kenntnis bringen – und muß nun natürlich damit rechnen, als Sonderling abgestempelt zu werden.

Eine Zwischenform vom Sie zum Du ist die Nennung des Vornamens bei gleichzeitigem Per-Sie-Bleiben. Von da zum richtigen Du ist es dann nur noch ein kleiner Schritt, den man bei passender Gelegenheit ohne großes Aufheben praktizieren kann. Allerdings, der Wert einer Freundschaft sollte niemals am bestehenden Du oder Sie gemessen werden. Es gibt Freundschaften, die seit Jahrzehnten bestehen und immer noch beim Sie sind. Trotzdem dürften sie weit mehr wert sein als die schnell geschlossene Duzfreundschaft so mancher Zeitgenossen, die übermorgen nichts mehr von uns wissen wollen.

Eine gewisse Vorsicht ist hier durchaus angebracht, und wer sich nicht ganz sicher ist, ob oder ob nicht, der sollte lieber noch einmal darüber nachdenken, ehe er unüberlegt handelt. Denn eine Zurücknahme des Du bedeutet unweigerlich die offizielle Aufkündigung einer Bekanntschaft, die einst vielleicht einmal sehr eng und vertraut war.

Ehepaare müssen sich stets vorher gemeinsam überlegen, ob sie jemandem das Du anbieten wollen. Wenn ja, so wird auch hier der Herr die entscheidende Aufforderung aussprechen, der sich alle Beteiligten dann zustimmend anschließen. So weit, so gut, schwierig wird die Sache erst dann, wenn der männliche Partner spontan dazu neigt, mit dem Du großzügig umzugehen. Der Lebensgefährtin bleibt in dieser Situation nichts anderes übrig, als in den vielleicht sauer schmeckenden Apfel zu beißen. In diesem Fall sollte man das Thema allerdings mit dem Partner einmal von Grund auf durchdiskutieren, aber zur Spontaneität neigende Menschen pflegen gefaßte Vorsätze und Versprechungen leider sehr rasch wieder zu vergessen.

Der Bruderkuß ist Gott sei Dank seit einiger Zeit ein bißchen aus der Mode gekommen, und es mag wohl auch daran liegen, daß das Ritual, welches ihm vorauszugehen pflegt, meist nur noch von der älteren Generation exerziert wird. Man schenkt die Gläser voll, hakt die Arme untereinander ein – irgendwie erinnert mich das Ganze an die Blutsbrüderschaften meiner Kinderjahre –, nimmt einen tiefen Schluck und küßt sich herzhaft auf den Mund. Ja, so ein feuchter Schmatz ist nun nicht jedermanns Sache; vor allem wir Damen können uns entziehen, indem wir die Wange hinhalten. Es soll allerdings Männer geben, die auf den echten Bruderkuß unter keinen Umständen verzichten wollen. Gut, in diesem Fall wird man es auch überleben.

Zu guter Letzt noch zu einem kritischen Punkt, das Duzen betreffend, der uns eigentlich alle angeht. Ich meine das Duzen unserer ausländischen Arbeitskollegen. Mögen wir sonst noch so zurückhaltend damit sein, hier kommt uns das Du komischerweise ohne jede Schwierigkeit von den Lippen. Eigentlich beschämend! Wir würden es uns ganz bestimmt und mit aller Vehemenz verbieten, von jedem einfach geduzt zu werden – eine Unverschämtheit wäre das, und man würde sich wohl lange über diese Frechheit aufregen. Und wie steht es nun bei den in Deutschland für uns tätigen Gastarbeitern? Ach, da ist es halt einfach so üblich? Wer bitte, hat das je gesagt oder gar niedergeschrieben? O nein, liebe deutsche Arbeitskollegen: Dieses Recht haben wir ganz alleine unserer Überheblichkeit zuzuschreiben. Es ist nie zu spät, gemachte Fehler zu revidieren, aber es ist höchste Zeit, endlich damit anzufangen!

E

Ehe

Die älteste und wohl auch erfolgreichste Lebensgemeinschaft zwischen Mann und Frau ist die Ehe, die bekannterweise im siebten Himmel geschlossen und auf der nüchternen Erde vollzogen wird. Die seligen Stunden der ersten Verliebtheit dauern halt meist nicht ewig, auch wenn man es noch so gerne hätte, und ehe man sich versieht, hat der graue Ehealltag die rosaroten Träume eingeholt. Aber erst jetzt wird sich zeigen, wie gut oder wie schlecht eine Ehe wirklich ist. Wohl einer der wichtigsten Punkte beim Zustandekommen einer guten Ehe ist das gegenseitige Vertrauen, das keine noch so kleinen Geheimnisse kennt. Dazu gehört auch das stete Füreinanderdasein, auch wenn man mitunter gerade in jenem Augenblick etwas ganz anderes hatte machen wollen. Ob eine Ehe gut oder schlecht gelingt, es liegt ausschließlich an den beiden Hauptbeteiligten – und niemand, aber auch wirklich niemand, sollte sich in die Ehe zweier Menschen ungefragt einmischen. Dies gilt vor allem für die lieben Schwiegermütter, die mit ihrer »Ich-habe-doch-wirklich-nur-das-Beste-gewollt-Methode« zur wahren Seuche werden können. Ich weiß nicht, wie viele Ehen letztlich an den sogenannten guten Ratschlägen von Verwandten und Freunden zerbrochen sind, es dürften allerdings eine ganze Menge sein. Darum sollte sich jeder Außenstehende, der ungewollt in einen Ehestreit gerät, sofort, aber wirklich sofort verabschieden und das Weite suchen. Sonst wird er unweigerlich Partei ergreifen müssen, und ebenso unweigerlich wird die Gegenpartei dann beleidigt sein. Ich kenne Fälle, in denen jahrelange Freundschaften an eben diesem Fehler zerbrachen. Und nicht selten verbünden sich die einst so zerstrittenen Ehepartner später gegen den Freund.

Ein kleiner Streit kann oft wohltuend erquickend wirken, so wie die durch ein Gewitter erfrischend abgekühlte Sommerhitze, aber: dreht sich jeder Streit letztlich um ein und dasselbe Thema, dann sollte man das vielleicht tatsächlich einmal gründlich überdenken. Und zwar jeder der beiden Beteiligten. Wir neigen doch so gerne dazu, mit zunehmenden Ehejahren gewisse Dinge einfach schleifen zu lassen. Ob es nun um die Manieren bei Tisch oder die äußere Aufmachung geht, ist vollkommen sekundär. Warum hat der Partner nicht auch ein Anrecht darauf, uns auch nach jahrelanger Gemeinsamkeit von der liebenswürdigen Seite zu genießen? Vor ihm haben wir doch ohnehin keine Geheimnisse, müssen wir deswegen aber unbedingt ungepflegt, mit Löchern in den Strümpfen und Lockenwicklern in den Haaren, vor seiner Nase herumtanzen? Hätten wir dazu nicht auch Zeit gehabt, als er noch im Büro war? »Nein, man ist schließlich selbst berufstätig«, meinen Sie, oder: »Die lieben Kinderchen ließen uns tagsüber dazu gar keine Zeit« … Hand aufs Herz, sind das nicht bequeme Ausreden? Sicher, es gibt Tage, da geht halt mal alles daneben, aber diese Tage sind nur selten, die anderen Tage sollten wir mit ein bißchen gutem Willen so einzuteilen versuchen, daß unser Ehepartner nicht nur den aufgestauten Frust der vergangenen acht Stunden zu spüren bekommt – und dies, meine Herren, gilt gleichermaßen im umgekehrten Sinne auch für Sie. Der Pascha, der abends nach Hause kommt, alles liegen und stehen läßt und nur noch bedient werden will, sollte wirklich der grauen Vergangenheit angehören.

Sie zeigen doch sonst der Damenwelt im Büro auch so gerne, wie fit Sie trotz ihrer Jährchen noch sind. Aber natürlich, bei der eigenen Frau, da braucht man doch schließlich keine Verrenkungen mehr zu machen.

Ehrengast
Wird eine Feierlichkeit für eine einzelne Persönlichkeit, aus welchen Gründen auch immer, veranstaltet, so wird diese der »Ehrengast« des Festes sein; d.h., es werden ihm ganz bestimmte Privilegien eingeräumt. Da wäre zunächst einmal die feierliche Begrüßung des Ehrengastes in Anwesenheit aller geladenen Gäste. Selbstverständlich steht dem Ehrengast auch der Ehrenplatz, also links neben der Hausfrau bzw. rechts neben dem Hausherrn (falls der Ehrengast weiblich ist) zu. Diese Regelung gilt allerdings nur in Deutschland, die internationale →Tischordnung weist den Ehrenplatz rechts neben der Hausfrau aus. Als Ehrengast führt man die Gastgeberin zu Tisch bzw. wird vom Gastgeber dorthin geleitet. Näheres dazu wird ausführlich unter dem Stichwort →Tischsitten usw. behandelt.

Neben all diesen Vorrechten besitzt der Ehrengast noch ein Privileg, das allerdings mitunter auch eine kleine Last sein kann. Er sollte als erster die Gesellschaft, die zu seinen Ehren gegeben wurde, verlassen. Denn eigentlich dürften alle anderen Gäste sich erst nach ihm verabschieden. Eigentlich …, denn in der Praxis sieht es oft anders aus, vor allem dann, wenn der Ehrengast sich als standhafter Gesellschaftsprofi entpuppt. In diesem Fall braucht selbstverständlich niemand bis in die grauen Morgenstunden zu bleiben, sondern wird sich zusammen mit dem Gros der anderen Gäste verabschieden. Aber – eine Persönlichkeit von Welt wird es erst gar nicht so weit kommen lassen!

Eier
»Das weiß ein jeder, wer's auch sei, gesund und stärkend ist das Ei«, befand schon Wilhelm Busch, und sicherlich darf das Ei schon deshalb

nicht auf einem reichhaltig gedeckten Frühstückstisch fehlen. Aber wie so oft im Leben liegt auch hier die Tücke im Detail. Wie köpft man das Ei denn nun wirklich richtig, mit dem Messerrücken oder mit der Messerschneide, oder darf man es vielleicht gar nur mit dem Löffelrücken anschlagen und per Hand schälen? Fragen, über die man sich normalerweise den Kopf nicht lange zerbricht, bis ..., ja, bis man dann unter den wachsamen Augen anderer sein Ei verzehren soll. Aber keine Angst, alle drei Arten sind heute erlaubt, sogar das schnelle Köpfen mittels Messerschneide, denn wie wir ja bereits wissen, die Zeit, wo diese oxydierte, ist lange schon vorbei. Es gibt auch sogenannte Eierscheren, mit denen man die Eispitze buchstäblich abschneiden kann – eine sehr praktische Erfindung, wie ich meine! Eier werden übrigens stets mit der Breitseite nach unten in den Eierbecher gestellt, da sich der Dotter im unteren Teil befindet und anderenfalls auch bei der vorsichtigsten »Enthauptung« auslaufen würde. Eier sollte man stets mit einem Plastik- oder Perlmuttlöffel verzehren, da der im Ei enthaltene Schwefel auf Silberlöffeln den Geschmack verändert.

Spiegeleier, Rühreier, Omelettes usw. dürfen übrigens nur mit der Gabel alleine verspeist werden, ein in der linken Hand als Hilfestellung dienender Löffel ist natürlich erlaubt. Werden die Speisen mit Beilagen gereicht, die sich mit der Gabel mehr schlecht als recht zerteilen lassen, darf selbstverständlich das Messer benützt werden.

Einkauf

Ob man nun darunter die Beschaffung des täglichen Lebensmittelbedarfes oder die relativ seltene Anschaffung eines teuren Pelzes oder kostbaren Schmuckstückes versteht, die Spielregeln sind eigentlich stets dieselben, zumindest sollte man dies annehmen. Ob wir Kunde oder Bedienender sind, Höflichkeit sollte beim einen wie beim anderen keine Frage sein. Aber die Beobachtungen, die man auf diesem Gebiet ohne größere Schwierigkeiten tagtäglich machen kann, belehren uns eines Besseren. Unhöflichkeit auf beiden Seiten ist »in«, Unfreundlichkeit scheint heute ebenfalls zum täglichen Ton zu gehören. Wen wundert es da noch, wenn man allenthalben zu hören bekommt, es gäbe nichts Anstrengenderes als den Einkauf. Sein müßte dies natürlich nicht, ein bißchen guter Wille auf beiden Seiten würde wohl genügen, so manchen Mißstand zu beheben. Da wären zuerst einmal *die* Kunden, die schlicht und einfach der Meinung sind, wenn *sie* kommen, dann hat man alles andere liegen- und stehenzulassen, natürlich auch jede andere Kundschaft. Zu einer anderen Spezies gehören jene, die sich stets und überall schiebend und quetschend nach vorne drängen, Kinder und alte Leute werden dabei stets übersehen. Und ganz schlimm sind die Unentschlossenen, die sich auch von der immer länger werdenden Schlange nicht beirren lassen. Sie wissen nie, was sie wollen, verwerfen Angebotenes stets aufs neue und entschließen sich nach langer Zeit vielleicht für eine Kleinigkeit. Böse Blicke und spottende Bemerkungen scheinen diese Personen übrigens tatsächlich nicht wahrzunehmen. Diese Liste ließe sich natürlich noch endlos fortsetzen, aber es gibt schließlich auch die Gegenseite und hier sieht's, das muß der Fairneß halber gesagt werden, auch nicht viel besser aus. Da wäre einmal jener Typ von Verkäuferin, die sich gerne unsichtbar macht und gar nicht erst auf die Idee kommt, eine Kundschaft zu fragen: Die wird sich schon von selbst rühren, wenn sie etwas will. Oder diejenigen Damen und Herren, die mit ihren Kollegen ein dringend anstehendes Urlaubsproblem nach allen Regeln der Kunst durchdiskutieren müssen – selbstverständlich im Geschäft. Der Kunde muß halt warten! Eine mir ganz besonders am Herzen liegende Sorte von Verkäuferinnen verdient ihr Geld in Parfümerien, Modegeschäften, Juwelierläden usw. Sie taxiert den Kunden schon beim Betreten genauestens und kann bereits anhand der Garderobe die Kaufkraft des Kunden einschätzen. Fällt ihr Urteil nun nicht unbedingt zugunsten des Kunden aus, dann verläßt er am besten schnellstens das Geschäft wieder, die Dame (es gibt auch männliche Gegenparts dazu) wird ihnen jede Lust am Einkauf zu nehmen wissen. Liebe Verkäufer, ob in großen Kaufhäusern, schicken Boutiquen oder wo auch immer, muß das wirklich sein? Geht es wirklich nicht anders? Auch ich weiß, wie schwierig, wie nervenaufreibend Ihr Beruf sein kann, aber muß man wegen einer dummen Kundschaft alle anderen Kunden mitbüßen lassen ...? Und wir, die wir auf der anderen Seite stehen, müssen wir all unsere schlechte Laune immer gleich am Verkaufspersonal auslassen, könnten wir unseren Begehr nicht etwas freundlicher formulieren? Natürlich könnten wir, wir müssen nur wollen – auf beiden Seiten!

Einladung
»Ich lade gern mir Gäste ein«, heißt eine Arie in einer heiter-beschwingten Operette, die in einer Zeit spielt, wo die Einladung fast immer aus einem bestimmten Grund erfolgte. Entweder es galt ein Jubiläum, einen Geburtstag o.ä. zu feiern, oder ein besonders erfolgreicher geschäftlicher Abschluß sollte mit einer Einladung seine Krönung finden, oder ... Es gibt ja so viele Gründe für eine Einladung. Wurde früher die Einladung praktisch immer schriftlich ausgesprochen, so läßt sich dies heute telefonisch erledigen. War früher die Einladung eine etwas steif-feierliche Angelegenheit, so dient sie heute der beschwingten, unkonventionellen Zusammenkunft von Gleichgesinnten. Dieser Reigen ließe sich wohl noch endlos fortsetzen. Grundsätzlich sollte man bei der Einladung zwischen der offiziellen und der privaten Einladung unterscheiden.

Als *offizielle Einladung* versteht man Empfänge, Festessen usw., welche die Bundes- bzw. Landesregierung ausspricht. Mußte man vor einigen Jahren noch »gewissen Kreisen« angehören, um in den Genuß einer solchen Einladung zu kommen, so kann eine solche, als Zeichen der Öffnung nach außen, heute auch an vollkommen unbekannte Leute ausgesprochen werden. Regierungskreise sind ja seit Jahren bemüht, die Hemmschwellen zwischen dem normalen Bürger und den höchsten Repräsentanten des Staates abzubauen – demzufolge gelangen immer mehr Leute wie »du und ich« auf die offiziellen Einladungslisten. Kommt also solch hohe Ehre tatsächlich unverhofft ins Haus, dann bitte keine unnötige Aufregung. Weder müssen Sie sich nun deshalb ein neues, repräsentativeres Auto anschaffen, noch ihre Garderobe erneuern. Letzteres gilt vor allem uns, meine Damen. Aber ich weiß schon, auf diesem Ohr hören wir nun einmal besonders schlecht.
Offizielle Einladungen werden fast immer mit Rückantwortkarten versandt, die man auch dann zurücksenden sollte, wenn man vielleicht telefonisch bereits zugesagt hat. Auch Staatsbeamte sind nur Menschen, die ab und an etwas vergessen können. Die offizielle Einladung enthält neben Ort und Zeit selbstverständlich auch den Anlaß der Einladung und eine Garderobenvorschrift. Ist diese nur für die Männer richtungweisend, so mag die Dame sich mit folgender Faustregel behelfen: Zum dunklen Anzug trägt man das Cocktail- bzw. elegante Nachmittagskleid, aber auch das sportliche Kostüm ist hier erlaubt; Smoking und Frack (der Gott sei Dank fast nie vorgeschrieben wird) passen zum kurzen oder langen Abendkleid. In Bayern und Österreich darf dies auch ein Trachtensmoking und ein Abenddirndl sein.
Ein Tip für alle Unentschlossenen: Die Vorzimmerdamen der Protokollchefs wissen meist Rat und geben gerne Auskunft. Werden Vorstellungskarten mitgesandt, so sind diese zur Einladung mitzubringen. Sie werden vom Protokollchef kurz vor der persönlichen Begrüßung durch den Gastgeber von uns verlangt. Der Protokollchef nennt dann dem Gastgeber unseren Namen. Diese Vorstellungen (→Bekannt machen) sind fast immer formlos, und nicht selten besitzen sie einen Hauch von Unpersönlichkeit, die auf solchen

Empfängen erst gemildert wird, wenn der Gastgeber sich locker plaudernd zu herumstehenden Gruppen gesellt, die sich nach der offiziellen Vorstellung praktisch immer bilden. Offizielle Empfänge dauern selten länger als eineinhalb bis maximal zwei Stunden, neben Getränken werden meist nur sogenannte Kanapees (→Buffet, kaltes und warmes) gereicht.

Von der aus unerfindlichen Gründen fast immer etwas steifen offiziellen nun zur *privaten Einladung*, die natürlich ebenso einen geschäftlichen Anlaß haben kann. Auch diese Einladung kann sozusagen »offiziell«, d.h. schriftlich ausgesprochen werden, allerdings – dies geschieht heute fast immer per Telefon, was die Sache natürlich wesentlich unkomplizierter macht, da anfallende Fragen sofort beantwortet werden können.

Wer sich trotzdem für die schriftliche Einladung, aus welchen Gründen auch immer, entscheidet, kann zwischen der gedruckten und der handgeschriebenen Einladung wählen. Formulierungen sollten so gewählt werden, daß der Anlaß der Einladung daraus ersichtlich ist. Antwortkarten können, müssen aber nicht beigelegt werden (sie verteuern die Sache nämlich). Die telefonische Zusage genügt hier vollauf. Einladungen sollte man spätestens vierzehn Tage vor dem Einladungstermin versenden, eine Woche vorher ist auf jeden Fall zu kurzfristig, und in diesem Fall muß man mit Absagen rechnen. Garderobenvorschriften können selbstverständlich auch hier als Hilfestellung gemacht werden.

Über das Absagen und die Pflichten der Gastgeber sollte in den jeweiligen Kapiteln nachgelesen werden.

Nachstehend, als Hilfe für alle Eventualitäten, eine kleine Übersicht, unter welche Kategorie eine Einladung einzuordnen ist:

Der Empfang ist die gängigste Einladung zu offiziellen Anlässen. Empfänge finden meist vormittags zwischen 11.00 und 13.00 Uhr oder abends, z.B. nach einem Konzert usw. statt. Sie dauern gewöhnlich rund zwei Stunden und beinhalten unter Umständen ein kaltes →Buffet.

Frühstück oder *Brunch:* Wie beim offiziellen Empfang liegt auch hier die ideale Zeit zwischen 11.00 und 13.00 Uhr, die Dauer ist auf der Einladung entweder angegeben (z.B. 15.00 Uhr), oder man richtet sich nach der nie falschen Sitte, daß eine Verabschiedung nach gut zwei Stunden nie verkehrt sein kann.

Der im süddeutschen Raum und vor allem in Bayern so beliebte *Frühschoppen,* meist nach wie vor eine reine Männerangelegenheit, erstreckt sich traditionsgemäß von der Zeit nach dem Kirchgang bis kurz vor dem Mittagessen (also von ca. 10.00 bis 12.00 Uhr). »Ort der Handlung« ist praktisch immer ein gemütliches Wirtshaus, aber natürlich kann der Frühschoppen auch im eigenen Haus oder Garten abgehalten werden.

Das *Sektfrühstück* ist dem Empfang am Vormittag gleichgestellt und wird gerne von Brautpaaren veranstaltet, die so die eintreffenden Gäste ungezwungen begrüßen können.

Nur selten wird, außer im geschäftlichen Bereich, eine Einladung zum *Mittagessen* ausgesprochen. Der Zeitpunkt liegt hier zwischen 12.00 und spätestens 14.00 Uhr, und man beschränkt sich fast immer auf ein kleines, gutbürgerliches Menü.

Die *Einladung zum Kaffee* oder *Tee* liegt zeitlich etwa zwischen 15.00 und 16.30 Uhr. Allerspätestens um 18.00 Uhr hat der Gast sich zu verabschieden. Neben Kaffee oder Tee kann Sherry, eventuell Cognac gereicht werden. Zur guten Kaffeetafel gehören Kuchen, Torten oder Petits fours.

Die →*Cocktailparty* findet zwischen 18.00 und 20.00 Uhr statt.

Das →*Abendessen,* eine entweder spontane oder hochoffizielle Angelegenheit, sollte etwa zwischen 18.30 Uhr (dies ist allerdings wirklich der allerfrüheste Termin) und 20.30 Uhr stattfinden. Spätestens gegen 24.00 Uhr ist diese Einladung zu Ende.

Partys brauchen keinen Anlaß, man feiert sie je nach Lust und Laune, mal laut und lustig, mal ein bißchen besinnlich und still. Partys kann man planen oder spontan aus der Taufe heben. Zeitlich sind der Party keinerlei Grenzen gesetzt. Allerdings, an die Nachbarn sollte gedacht werden – sie haben vielleicht gerade keinen Grund zum Feiern und müssen möglicherweise am nächsten Morgen wieder früh aus den Federn.

Zum guten Schluß noch das *Katerfrühstück:* Die Einladung dazu wird immer ganz spontan und nicht selten am frühen Nachmittag erfolgen. Mitzubringen ist neben Alka Selzer viel Saures; eine heiße Rindssuppe mit kräftiger Einlage wird den leicht lädierten Magen sicherlich wieder ins Gleichgewicht bringen. Laute Geräusche, Lachen, Musik usw. sind tunlichst zu unterlassen, der Gastgeber verfügt meist über einen gehörigen Brummschädel, der eventuell mit einem Eisbeutel gekühlt werden könnte.

Irgendwo zwischen all diesen Einladungen mehr oder weniger offizieller Art siedeln die zahlreichen Hobbyabende, die da heißen Skatabend, Kegelabend, Strickabend, Bastelabend und, und, und. Die Liste läßt sich endlos fortsetzen. Die Zeit liegt hier irgendwo zwischen 20.00 und 21.00 Uhr, d.h., Mann und Familie müssen versorgt sein (selbstverständlich, meine Damen, besorgt an Ihrem Hobbyabend der liebe Mann den Haushalt und auch die lieben Kleinen ...). Diese Abende enden meist irgendwann vor Mitternacht, angeboten wird neben Wein, Bier oder Mineralwasser das schon klassische Salzgebäck. Was natürlich niemand daran zu hindern braucht, etwas anderes auf den Tisch zu stellen.

Einrichtung

Stets eine Sache des persönlichen Geschmacks – die Wohnungs- oder Hauseinrichtung, die immer auch ein bißchen ein Spiegel der Persönlichkeit ist. Niemals, aber wirklich niemals, werden wir uns als Gast diesbezüglich Kritik erlauben. Ob bayerisch-barock oder skandinavisch-kühl, nicht uns, sondern den Bewohnern der Wohnung oder des Hauses muß es schließlich gefallen – wir sind nur Gast, und wer weiß, ob unseren Gästen bei uns alles so gut gefällt? Noch ein paar Ratschläge für all diejenigen, die zum ersten Mal eingeladen sind:

- Auffällig musternde Blicke und geflüsterte Bemerkungen zum Begleiter sind ein untrügliches Zeichen für schlechtes Benehmen;
- in den Räumen aufgestellte Gegenstände bleiben dort, wo sie sind. Keinesfalls darf man sie in die Hände nehmen, es sei denn, der Gastgeber gestattet es uns ausdrücklich;
- Fragen nach dem Preis eines bestimmten Stückes darf sich nur derjenige erlauben, der wirklich sehr gut mit den Gastgebern bekannt ist, und er wird dies so dezent tun, daß kein anderer Gast es bemerkt;
- auch für den Fall, daß die Gesellschaft, zu der wir geladen wurden, zu späterer Stunde sehr fröhlich wird, allzu große Vertraulichkeiten gehören sich keinesfalls.

Einzelgänger

gab und wird es immer geben. Den Zugang zu diesen Menschen zu finden, gelingt fast nie, weil vor allem sie selbst es gar nicht wollen. Wir haben sie zu respektieren. Bohrende Fragen, aber auch ironische Bemerkungen künden lediglich von unserer unbefriedigten Neugierde. Allerdings, und dies muß hier einmal klar gesagt werden: Wer die Isolation von der Gesellschaft selbst gewählt bzw. diese stets dazu ermuntert hat, ihn als Einzelgänger zu betrachten, der beklage sich dann bitte nicht darüber, daß niemand mehr seine Gesellschaft sonderlich sucht. Einzelgänger hegen mitunter einen fatalen Hang zum Selbstmitleid, vor allem dann, wenn sie sich damit nur besonders interessant machen wollten. Solche Experimente können oft ins Auge gehen!

Eleganz

Gleichzusetzen mit dem guten Geschmack ist das Gefühl für Eleganz – man hat es entweder in die Wiege gelegt bekommen, oder man wird sich ein Leben lang vergebens darum bemühen. Was dem einen mit untrüglicher Sicherheit mit links gelingt, das muß ein anderer sich mühsam abschauen. Ich kenne Damen, die es mit relativ wenig Geld schaffen, sich gut und vor allem geschmackvoll zu kleiden, und ich kenne andere, die extra betonen müssen, daß sie das Modell von XY tragen. Die eine hat sie eben, die Eleganz, die andere kann sie sich, trotz des vielen Geldes, über welches sie verfügt, nicht käuflich erwerben. Eleganz ist zeitlos, und wer es versteht, den allerletzten Modeschrei mit konservativer Garderobe zu kombinieren, der verfügt über jenes Fingerspitzengefühl, welches man auch als Eleganz zu bezeichnen pflegt.

Eltern
»Du sollst Vater und Mutter ehren«, beginnt das vierte der göttlichen Gebote. Galt früher der absolute Gehorsam gegenüber den Eltern, so scheint es heute der absolute Ungehorsam zu sein, der gefragt ist. Der goldene Mittelweg, er erscheint so einfach und ist doch so schwer einzuhalten. Vielleicht sollten alle Eltern sich einmal darüber klarwerden, daß auch Kinder ein Recht auf eine eigene Meinung besitzen. Kleine Kinder wollen ebenso ernstgenommen werden wie heranwachsende Jugendliche. Das Motto: »Davon verstehst Du ja doch nichts ...« zieht in unserer Zeit wirklich nicht mehr, und seien wir doch mal ehrlich: Es ist doch nur eine so leicht von den Lippen fließende Ausrede – das Drücken vor einer konkreten Antwort –, wissen wir die Antwort vielleicht selbst nicht? Ein klein wenig mehr Verständnis für das Ungestüm der Jugend, und alles würde so viel leichter gehen. Sicher, so manches sagt bzw. schreibt sich leicht, die Wirklichkeit sieht oft anders aus. Auch ich weiß dies, trotzdem wage ich es, hier einige Ratschläge zu erteilen, die die Eltern stets beherzigen sollten:
- Kinder, egal welchen Alters, wollen ernstgenommen werden.
- Wer eine Frage nicht beantworten kann, der darf dies ruhig zugeben.
- Verbale Strafen sind meist erfolgreicher als körperliche Züchtigungen, und wenn man tatsächlich glaubt, ohne diese nicht auszukommen, so haben sie sich in erträglichen Grenzen zu halten.
- Auch Kinder dürfen Höflichkeit von uns verlangen, das Wörtchen bitte ist absolut nicht nur für die Kleinen erfunden worden; wer den Kindern mit Höflichkeit begegnet, der wird sie auch von ihnen ohne große Worte erleben.
- Abfälligkeiten über Dritte haben selbstverständlich in Gegenwart von Kindern zu unterbleiben.
- Niemals sollte man sich von Kindern beim Lügen ertappen lassen.
- Sauberkeit kann man nur dann von Kindern verlangen, wenn man sie ihnen auch selbst vorlebt.
- Kinder werden stets nur über jene Manieren verfügen, die wir ihnen beigebracht haben. Dinge, die wir sie nicht lehrten, werden sie auch nicht beherrschen. Es sei denn, sie schauen sie bei anderen ab, und dies wäre dann nicht unbedingt ein Pluspunkt für uns.
- Verbale Kraftausdrücke sollte man in Gegenwart von Kindern tunlichst vermeiden, das gilt übrigens im besonderen Maße für Situationen beim Autofahren, wo sie – Hand aufs Herz – wohl schon jeder von uns einmal gebrauchte.

Empfang
→Einladung.

Entlobung
»Tritt ein Verlobter ohne wichtigen Grund von der Verlobung zurück, so wird er, zumindest dem Gesetz nach, dem anderen Verlobten, dessen Eltern und Dritten gegenüber, die anstelle der Eltern gehandelt haben, schadenersatzpflichtig. Ersetzt werden muß der Schaden, der dadurch entstanden ist, daß diese Personen im Vertrauen auf das Eheversprechen Aufwendungen gemacht haben, die jetzt überflüssig sind. Klassisches Beispiel hierfür: der Kauf des Hochzeitskleides (oder Anzuges), der Mietvertrag ..., die Haushaltseinrichtung ... Soweit diese Dinge nach Auf-

lösung des Verlöbnisses anderweitig Verwendung finden, ist dies bei der Höhe des Schadenersatzes zu berücksichtigen ...« Soweit der im Familienrecht niedergelegte Gesetzestext. Allerdings sollte es bis dahin gar nicht erst kommen. Wenn man wirklich während der Verlobungszeit, die ja eine Zeit der gegenseitigen Prüfung sein sollte, zu der Erkenntnis kommt, eine Fehlentscheidung getroffen zu haben, so sollte man in aller Freundschaft auch wieder auseinandergehen, ohne erst die Gerichte zu bemühen. Eine geplatzte Verlobung ist auf jeden Fall leichter zu verschmerzen als eine zerbrochene Ehe.

Selbstverständlich wird man in diesem Fall bereits erhaltene Geschenke zurückgeben, schließlich soll ja keinem der beiden Beteiligten ein Schaden erwachsen. Ein bißchen guter Wille ist hier natürlich von beiden Seiten notwendig, und er ist sicherlich einfacher aufzubringen, wenn das Auseinandergehen ohne große theatralische Gesten vonstatten geht. Der Verlobungsring sollte auf jeden Fall zurückgegeben werden; behält man ihn, aus welchen Gründen auch immer, so wird er wohl ganz unten in der Schmuckschatulle vergraben werden.

Entschuldigung

Beleidigen ist leichter, als um Vergebung bitten, heißt es treffend, und glücklich derjenige, der nie in diese Lage kam. Normalerweise wird sich aber jeder Mensch einmal in seinem Leben für etwas entschuldigen müssen, und es ist bei Gott keine Schande, denn nur wer ohne Fehler ist, der werfe den ersten Stein. Entschuldigen wird man sich normalerweise mündlich, in ganz schweren Fällen kann es natürlich auch schriftlich geschehen. Manchen Leuten fällt es auch einfach leichter, eine schriftliche als eine mündliche Erklärung zu finden. Vor allem: Bei der schriftlichen Entschuldigung steht uns der Beleidigte nicht gegenüber. Spricht jemand uns gegenüber eine Entschuldigung aus, so werden wir diese auch annehmen. Nachtragen wäre kleinlich und würde in diesem Fall auf uns selbst kein sehr gutes Licht werfen. Schließlich kann uns selbst auch einmal die »Sicherung durchbrennen«.

Erstkommunion

Für unsere – im katholischen Glauben erzogenen – Kinder ist der Tag der heiligen Erstkommunion bestimmt einer der aufregendsten in ihrem jungen Leben. Monatelang vorher werden sie im Religionsunterricht auf jenen Tag vorbereitet, und ein Großteil der Aufregung entsteht natürlich auch durch die Tatsache, daß man für diesen bestimmten Tag ganz besonders schöngemacht wird. Mädchen tragen für gewöhnlich ein weißes, heute zunehmend auch langes Kleid, die jungen Herren erscheinen im vornehmen Dunkelblau. Sicherlich ist es eine Frage des Geldbeutels, wieviel die Garderobe für diesen Tag kosten darf, günstig kann man die zumeist nur einmal getragene Kleidung immer im Inseratenteil der gängigen Tageszeitungen bzw. Anzeigenblätter finden. Ob die an die Kirche anschließende Familienfeier im großen oder kleinen Rahmen stattfindet, entscheiden natürlich die Eltern, ebenso werden sie auch die Entscheidung über die Größe des Geschenkes treffen. In jedem Fall sollte es aber eine bleibende Erinnerung an diesen Tag sein. Da die Erstkommunion stets im Mai gefeiert wird, endet der Tag mit dem Besuch der Maiandacht, zu der die Kinder nochmals in ihrer festlichen Kleidung erscheinen.

Erstkommunion und →Konfirmation sind wichtige Familienfeste, vor allem für die Kinder. Normalerweise wird man hierzu die nähere Verwandtschaft einladen, eventuell besucht man zum Mittagessen ein Restaurant, am Nachmittag kann, sofern es das Wetter zuläßt, ein Ausflug in die nähere Umgebung unternommen werden. Nach dem Besuch der Maiandacht sollte der Tag besinnlich ausklingen.

Die **Erstkommunion***, ebenso wie die Konfirmation, ist eine aufregende Feierlichkeit im Leben unserer Kinder, der sie erwartungsvoll entgegenfiebern ...*

Erstkommunion 79

Erziehung
Gut oder schlecht erzogen, wie leicht erlauben wir uns hier oft als Außenstehende ein Urteil? Dürfen wir überhaupt darüber urteilen, ob jemand gut oder schlecht erzogen ist? Ja, wenn wir selbst wirklich perfekt sind! Ich bin es nicht, das gebe ich gerne zu. Erziehen muß man mit Liebe, mit Strenge wird man nur selten etwas erreichen. Das soll aber natürlich jetzt nicht gleich heißen, daß jegliche Art von Verbot hier unrichtig wäre. Nein, man muß nur das richtige Mittelmaß treffen können, und dies, man möge es mir bitte glauben, ist schwer genug! Es gibt unzählige Bücher mit guten und weniger guten Erziehungsratschlägen. Lesen lohnt sich immer, Theorie in die Tat umzusetzen ist, wie man ohnehin weiß, meist viel leichter gedacht als getan. Weiß man wirklich gar nicht mehr weiter, dann gibt es eine ganze Reihe städtischer und staatlicher Beratungsstellen – man muß lediglich die Scheu überwinden, sie aufzusuchen.

Noch ein Rat an all die lieben Verwandten und Bekannten, die mit Erziehungsratschlägen doch so gerne und so schnell bei der Stelle sind: Nicht immer sind diese Ratschläge a) willkommen und b) angebracht. Denken Sie bitte daran, ehe sie Ihre Ratschläge erteilen. Nur wenn man wirklich gefragt wird, sollte man hier auch konkret Stellung nehmen.

Essen
»Der Appetit kommt beim Essen«, behauptet eine alte Volksweisheit, die uns aber auch darüber aufklärt, daß man zuerst mit den Augen ißt. Doch manches, was sich köstlich darbot, schmeckte nicht auch unbedingt so ... Über das Essen, insbesondere über das gute Essen, sind ganze Bibliotheken geschrieben worden, und es dürfte wohl ein bißchen über die Grenzen dieses Buches hinausgehen, hier alles, was zum Essen gehört, abzuhandeln. Über die →Gastgeber und ihre →Gäste, die →Tischsitten und den →Wein gibt es jeweils entsprechende Ausführungen. So können wir hier wirklich ganz beim Essen im Sinne des Wortes verweilen.

Was wir unseren Gästen anbieten, wird primär eine Frage des Aufwandes sein, den wir bei einer Einladung treiben wollen. Ob man nun ein fünfgängiges Menü mit allen Schikanen oder nur ein scharfes Kesselgulasch mit Weißbrot servieren will – dies muß jeder Gastgeber für sich selbst beantworten. Aber Vorsicht ist angebracht. Man neigt leider gerne dazu, seine eigenen Fähigkeiten zu überschätzen, gerade was das Kochen mehrerer Gänge anbelangt. Bitte, liebe Hausfrauen und Hobbyköche, bedenken Sie dabei immer, daß Ihnen weder das Geschirr noch der Platz eines gutgeführten Restaurants zur Verfügung stehen. Unsere stets zu klein entworfenen Küchen und Kühlschränke vermögen all die Köstlichkeiten mitunter gar nicht aufzunehmen, und das Chaos erlebt somit bereits seinen ersten Akt. Ich kenne Hausfrauen, die nach Tagen der Vorbereitung und stundenlangem Stehen in der Küche am Tage X vor zerflossener Mayonnaise, versalzenen Suppen, angebrannten Braten und nur nach Essig schmeckenden Salaten standen, während die Gäste im Speisezimmer hungrig der Dinge harrten, die da kommen sollten. In diesen Augenblicken bricht die Welt wirklich zusammen, und darum nochmals mein Ratschlag: Große Festmenüs bitte wirklich nur dann, wenn der eigene Haushalt auch dafür eingerichtet ist. Ansonsten →kaltes Buffet oder das bei vielen Leuten so beliebte →Fondueessen. Seit einiger Zeit erfreut sich auch das aus der Schweiz zu uns gekommene Raclette großer Beliebtheit. Allerdings braucht man dazu, ebenso wie zum Fondue, spezielles Handwerkszeug, das man sich allerdings auch bei guten Freunden für einen Abend ausleihen kann. Und für Fondue und Raclette noch ein Hinweis: Während man bei ersterem nicht gerade mit Heißhunger am Tisch sitzen sollte – Fondue geht relativ langsam vor sich –, muß man beim Raclette wirklich sichergehen können, daß unsere Gäste Käse lieben. Sonst gibt es ein paar peinliche Minuten.

Was man im Restaurant so gar nicht schätzt, bei einem mehrgängigen Essen zu Hause läßt es sich fast nicht vermeiden: die Wartezeiten, die allerdings hier wie dort nicht endlos sein sollten. Schon aus diesem Grunde wird man sich die Speisenfolge vorher gut überlegen müssen. Zwei zeitaufwendige Gänge hintereinander sind nur dann durchführbar, wenn hierzu das notwendige Personal vorhanden ist.

Mehrgängige Menüs sind aus eben diesen Gründen ja fast vollkommen aus der Mode gekommen; hinzu kommt noch die Tatsache, daß heute praktisch jeder Mensch gerne kalorienbewußt lebt, d.h. keinen gesteigerten Wert darauf legt, nach einem einzigen Essen zwei Kilo mehr auf die Waage zu bringen.

Das klassische Menü sieht folgendermaßen aus:

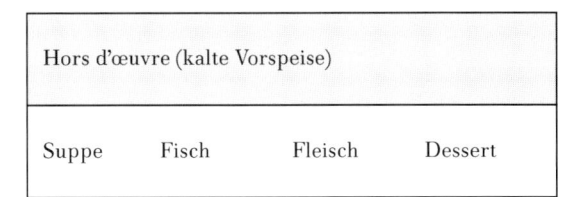

Hors d'œuvre (kalte Vorspeise)			
Suppe	Fisch	Fleisch	Dessert

Fünf Gänge, die sicherlich nur dann zu bewältigen sind, wenn sie klein gehalten werden. Wer möchte, kann jedoch unbesorgt zwei Gänge davon entfallen lassen. Entweder die Hors d'œuvres oder die Suppe sowie Fisch oder Fleisch, welches z.B. an einem Freitag eher weggelassen wird als der Fisch. Wie üppig man das Dessert bemißt, ist ebenfalls eine Entscheidung, die die Hausfrau nach reiflicher Überlegung treffen wird.

Grundsätzlich sollte ein üppiges Essen mit dem Genuß eines sogenannten Appetizer, worunter ein meist leicht bitter schmeckender Drink zu verstehen ist, begonnen werden. Zum Essen selbst wird man →Wein oder Bier reichen, allerdings darf auch das Mineralwasser im Angebot nicht fehlen. Es gibt jede Menge Leute, die keinen Alkohol trinken, und diesen Wunsch hat man stets ohne Wenn und Aber zu akzeptieren. Ein gutes Essen sollte grundsätzlich mit Kaffee oder Mokka abgeschlossen werden. Hier kann es natürlich nicht schaden, auch koffeinfreien Kaffee anzubieten, der besonders von älteren Leuten wegen seiner besseren Verträglichkeit sehr geschätzt wird.

Die →Tischsitten und -unsitten werden unter einem eigenen Stichwort behandelt.

Ein gutes Essen sollte man bewußt genießen. Wer alles in Hast und Eile hinunterschlingt, beleidigt nicht nur die Hausfrau, die ja schließlich ihre liebe Mühe damit hatte, alles vorzubereiten, sondern auch den eigenen Magen. Der zu früherer Zeit auf dem Teller verbleibende Anstandsbissen gehört natürlich längst der Vergangenheit an. Damit sollte lediglich zu einer Zeit, wo bei Gott nicht jeder satt wurde, demonstriert werden, daß man satt geworden ist. Was sich bis heute nicht gehört, ist das genußvolle Herumstochern zwischen den Zähnen. Damit muß man entweder warten, bis man wieder in seinen eigenen vier Wänden (oder z.B. im Auto) ist, oder man sucht zu diesem Zwecke die Toilette auf. Hinter vorgehaltener Hand kann man zwar schnell ein eingebissenes Körnchen entfernen, aber das ist auch schon das Äußerste!

Es gibt eine Reihe von Speisen, die mit den Fingern gegessen werden, in diesem Fall ist allerdings eine Fingerschale unerläßlich. Servietten gehören selbstredend auf jede Tafel.

Knochenstückchen, Knorpel oder Gräten können entweder mit der Zungenspitze auf die Gabel manövriert oder mit Daumen und Zeigefinger zwischen den Lippen weggenommen werden. Man legt sie entweder am Tellerrand oder auf einem eigens dafür vorgesehenen Teller ab.

Etikette

Was der Volksmund als »gute Manieren« bezeichnete, wurde im höfischen Deutsch »Etikette« genannt, gemeint war und ist stets dasselbe. Gutes Benehmen, feine Manieren, wie immer man es sonst noch benennen mag, eines sollte man, wenn man von Etikette spricht, nie vergessen: Man kann sie erlernen, und dies ist keine Frage des Geldes. Zahlreiche Bücher wurden bereits zu diesem Thema verfaßt, und wessen Budget es tatsächlich nicht erlaubt, sie käuflich (zumindest eines davon) zu erwerben, der kann sie in jeder Bücherei ausleihen. Die Ausrede, man könne sich gute Manieren schlicht und einfach nicht leisten, ist also wirklich nur eine Ausrede und lediglich ein Zeichen für Faulheit. Eines sei hier allerdings noch angemerkt: Wer mit dem Gedanken spielt, sich das gute Benehmen abzuschauen, insbesondere indem er sich stets in der Nähe der sogenannten guten Gesellschaft aufhält, der wird mit ziemlicher Sicherheit Schiffbruch erleiden. Denn erstens verfügt nicht jeder, der sich selbst zur guten Gesellschaft zählt, auch über gutes Benehmen, und zweitens trägt man dieses nicht unbedingt zur Schau. Man müßte also schon viel, viel Zeit dafür aufwenden, es »abzuschauen«. Nachlesen und lernen geht da wesentlich einfacher. Fragen, auf die man selbst keine Antwort weiß, kann man sich von Freunden usw. beantworten lassen.

Wer gar niemanden hat, der kann selbstverständlich auch mich in München anrufen.

Examensfeier

Ob man die Gesellenprüfung oder das Abitur bestanden hat, in beiden Fällen wird gefeiert werden. Es kann natürlich auch die Ernennung zum Magister bzw. die Auszeichnung mit dem Doktorgrad sein. Bestandene Examina sind hinreichend Grund genug für eine fröhliche, ausgelassene Feier. Wie aufwendig diese Feier ausfällt, ist letztlich eine Frage des zur Verfügung stehenden Budgets. Die Verleihung eines akademischen Grades wird meist mittels Anzeige mitgeteilt. Selbstverständlich gehört es sich in diesem Fall, seine Glückwünsche, persönlich oder schriftlich, zu übermitteln. Geschenke, mit Ausnahme von Blumen, sind außerhalb des engsten Verwandtenkreises nicht üblich.

F

Fahrrad

Radfahren ist »in«, und während es früher einen notwendigen Zweck erfüllte, betont es heute unsere sportliche Note. Trotzdem – niemand will hier ernsthaft bestreiten, daß Radfahren sehr gesund ist – ist es nicht damit getan, sich aufs Rad zu setzen und loszufahren. Gerade Radfahrer leben, die Statistik beweist es leider hinlänglich, gefährlich, und es muß hier einmal gesagt werden, daß die Radfahrer an diesem statistischen Ergebnis selbst sehr viel Mitschuld tragen. Immer wieder kann man in der Dämmerung oder gar in der Nacht Radfahrer beobachten, die ohne Licht unterwegs sind. Natürlich sehen sie die anderen Verkehrsteilnehmer, aber diese registrieren den Radfahrer oft erst dann, wenn es mitunter schon zu spät ist! Hier sollen nun keine Verhaltensregeln über das Radfahren aufgestellt werden, das mögen andere an geeigneter Stelle tun, doch wer sich in den Fahrradsattel schwingt, der hat sich ebenso der Straßenverkehrsordnung unterzuordnen wie z. B. der Autofahrer. Freihändiges Radeln auf stark befahrenen Straßen mag zwar so manchem Bekannten (hier sind vor allem die jungen Damen und Herren angesprochen) imponieren, verhindert aber im Ernstfall ein wirklich blitzschnelles Reagieren. Die Liste ließe sich wirklich endlos fortsetzen, von den Radlern, die vergnügt durch größere Fußgängergruppen sausen, bis hin zu jenen, die auf dem Radweg permanent in der verkehrten Richtung fahren und selbstverständlich von allen Autofahrern verlangen und erwarten, daß diese zuerst in ihre Richtung blicken. Jede Verkehrswacht verteilt Informationen für Radfahrer, die eine Menge guter Tips enthalten.

Wer sich also, vielleicht nach langer Zeit, wieder auf das Rad schwingt, der sollte sich die wenigen Minuten nehmen, die es kostet, um diese Ratschläge durchzulesen.

Fahrstuhl

Für die einen ein Vergnügen, für die anderen ein notwendiges Übel: der Lift oder Fahrstuhl. Während die einen ständig in Angst leben, er könnte steckenbleiben, genießen die anderen die relativ hohe Geschwindigkeit, mit der sie nach oben oder unten transportiert werden und die ab und an ein wohliges (oder auch flaues) Kribbeln im Magen verursacht (was übrigens mit dem Gleichgewichtssinn zu tun hat). Sei es wie es sei, und egal zu welcher Spezies von Fahrstuhlbenützern man selbst gehört, einige Regeln sollte man auf diesem meist engen Raum beachten. Grundsätzlich gehört es sich nicht, im Fahrstuhl zu rauchen. Die wenigen Sekunden, die man in ihm verbringt, wird man wohl ohne Zigarette, Zigarre oder Pfeife auskommen können! Laute Gespräche, möglicherweise über andere Leute, sollte man im Fahrstuhl ebenfalls unterlassen. Erstens zwingt man alle anderen Mitbenützer automatisch zum Mithören, und zweitens könnte es doch der Zufall wollen, daß ein unbeteiligter Dritter die genannte Person ebenfalls kennt. Selbstverständlich werden zusteigende Mitfahrer keiner auffälligen Musterung unterzogen, auch wenn uns das eine oder andere Garderoben- oder Schmuckstück an ihnen noch so gut gefällt. Und zum Schluß noch ein Wort zum Thema »Herr mit Hut« im Lift. Bitte, meine Herren, behalten Sie ihn auf! Sogar der gestrenge Fachausschuß für Umgangsformen hat diese »Unsitte« für überflüssig erklärt, trotzdem hält sie sich fast krampfhaft am Leben. In einem winzigen Zweipersonenlift, den man zusammen mit einem weiblichen Wesen benützt, mag es ja noch halbwegs einleuchtend erscheinen (der ohnehin geringe Platz wird allerdings noch knapper), aber in geräumigen Lifts von Büro- und Geschäftshäusern ist dieses Hutabnehmen wirklich Humbug.

Familienfeste

werden stets individuell und mitunter auch ganz spontan gefeiert. Ob im engsten oder im erweiterten Familienkreis, ob zu Hause oder im Restaurant, ob mit Geschäfts- oder nur mit guten Freunden, gefeiert werden sollten sie stets nach Lust und Laune. Zwänge diktiert uns das Leben ohnehin mehr als genug, also sollte man sich wenigstens hier keine auferlegen (→Geburtstag, →Hochzeitstag, →Jubiläum).

*Das **Fahrrad** kann ruhig eine poppige Farbe aufweisen, wenn es auch verkehrssicher ausgestattet ist. Praktisch sind die Einkaufskörbe am Gepäckträger.*

***Fasching**, Karneval oder Fastnacht darf ruhig ausgelassen gefeiert werden, denn an den närrischen Tagen ist manches erlaubt, was sonst verboten ist.*

Familienleben

sollte uns heilig sein und von Außenstehenden stets respektiert werden. Wer sich als Außenstehender in die internen Angelegenheiten einer intakten Familie einmischt, braucht sich nicht zu wundern, wenn er von dort über kurz oder lang nicht mehr gerne gesehen wird. Familienleben ist die ureigenste Angelegenheit der innerhalb der Familie zusammenlebenden Personen und hat selbstverständlich seine ungeschriebenen, aber von allen respektierten Gesetze. Wer hier glaubt, mit guten Ratschlägen dienen zu müssen, der beweist sehr deutlich, daß er weder Taktgefühl noch gutes Benehmen besitzt. Gerät man tatsächlich einmal unerwartet in einen Familienzwist, dann gibt es eigentlich nur zwei Möglichkeiten: Entweder man verabschiedet sich rasch (notfalls unter Zuhilfenahme einer Notlüge), oder man läßt ihn schweigend über sich ergehen und erklärt im Falle des Falles, daß man als Außenstehender sich unter keinen Umständen einmischen möchte. Spätestens jetzt würde es die Höflichkeit gebieten, daß die Familienmitglieder ihren Streit sofort beenden. Aber dies ist leider häufig nur graue Theorie.

Fasching

Karneval, Fastnacht, Fasching, egal wie diese fröhliche Zeit heißen mag, bei vielen unserer Mitbürger gilt sie als Höhepunkt des Jahres. Wer einmal einen Karneval in Köln erlebt hat, der weiß, wie ausgelassen selbst nüchterne Industriemanager sein können. Was natürlich nicht heißen soll, daß jeder Rheinländer stets und immer ein »Jeck« ist, genausowenig wie jeder Oberbayer ein »Bierdimpfel« ist. Karnevals- oder Faschingsmuffel gibt es natürlich überall, sogar in Rio, wo er ja bekanntlich am heißesten sein soll (und dies nicht nur wegen der dort herrschenden tropischen Temperaturen). Allerdings meiden diese Herrschaften Faschings- oder Karnevalsfestivitäten zumeist ohnehin, und wenn sie sich, aus welchen Gründen auch immer, tatsächlich einmal auf eines der ausgelassenen Feste verirren, dann hilft, diese Personen betreffend, nur die Devise: ignorieren. Gegen schlechte Laune ist kein Kraut gewachsen.

Im Fasching wird manches großzügiger bemessen als im normalen Alltagsleben: aber bitte Vorsicht bei der Bemessungsgrundlage! Die setzt nämlich jeder ganz individuell für sich selbst fest, und was den einen noch nicht einmal juckt, bringt den anderen schon auf die Palme. Paare, die gemeinsam einen Ball besuchen, sollten vorher ausmachen, wo sie ihre Toleranzgrenze ziehen wollen. Dann gibt es hinterher keine bösen Worte und keine Tränen.

Geht's trotz aller Vorsichtsmaßnahmen einmal gründlich daneben, ja, dann muß man sich halt sagen:»Am Aschermittwoch ist ja alles vorbei...« Was wir zumindest hoffen wollen!

Fernsehen

Segen und Seuche zugleich: das Fernsehen. Fanatische Alleseher die einen, gezielte Programmgenießer die anderen, zu welcher Kategorie man sich auch immer selbst zählen mag, völlig verschließen wird sich dem Fernsehen wohl kaum jemand können. Es soll natürlich einige wenige Individualisten geben, die es tatsächlich schaffen, ohne Fernseher zu leben. Allerdings, hier handelt es sich fast immer um Einzelgänger, denn sobald eine Familie existiert, wird es ohne Fernsehen nicht abgehen.

Wie über so manches Kapitel dieses Buches könnte man auch mit dem Thema Fernsehen ganze Seiten füllen. Doch damit's nicht gar zu lange wird, einige goldene Regeln, die jeder beachten kann:

Verbieten kann man nur all jene Dinge, denen man selbst auch ohne Probleme zu entsagen vermag. Wer also Kindern das Fernsehen verbietet, dies jedoch gleichzeitig hemmungslos selbst konsumiert, wird mit diesem Verbot mit ziemlicher Sicherheit auf der Strecke bleiben. Verbringen denn Kinder nicht einen Großteil ihrer Freizeit nur deshalb vor dem Fernseher, weil wir als Eltern zu bequem sind, uns mit ihnen abzugeben?

Natürlich ist es weitaus einfacher, sie vor den Fernseher abzuschieben, als mit ihnen zu bauen, basteln, spielen usw. Ich glaube, hier sollten wir uns zuallererst selbst an der Nase ziehen!

Wer bestimmt, was gesehen wird? Bei Kindern grundsätzlich die Eltern (was einfacher gesagt, als getan ist) und ansonsten natürlich der Herr im Haus. So sieht es jedenfalls leider in den meisten Haushalten aus. Vater will die Sportschau sehen, und Mutter muß sich fügen. Und wenn uns, wie unlängst, fast zehn (!) Stunden Tennis hintereinander geboten werden, dann haben wir diese gefälligst mit anzusehen, auch wenn uns dieser Sport gar nicht interessiert. In so einem Fall kann man natürlich stricken, lesen, basteln (sofern das Licht dafür ausreichend ist), in die Luft starren und sich notfalls sogar schlaflos im Bett umherwälzen. Hauptsache ist doch, daß der Herr des Hauses seinen Willen hat! Nein, liebe männliche, sportbegeisterte Geschöpfe, so haben wir doch eigentlich nie gewettet, oder? Ein gewisses Mitspracherecht haben wir uns schließlich erkämpft, und es betrifft durchaus auch das Fernsehprogramm. Kluge Paare werden gemeinsam das Programm der Woche studieren und bereits zu Wochenbeginn festlegen, wer was sieht. So hat der andere immer noch die Möglichkeit, an diesem Abend Freunde zu besuchen, eine bestimmte Haushaltsarbeit zu erledigen etc. Es kommt doch nur auf ein bißchen guten Willen und auf einen ersten Versuch an.

Telefonanrufe während eines bestimmten Fernsehstückes, welches man unbedingt sehen möchte, dürfen selbstverständlich mit Hinweis auf dasselbe auf einen späteren Zeitpunkt verschoben werden. Es gibt natürlich auch Zeitgenossen, die das Telefon unter einem dicken Polster »vergraben« und eventuell noch zu vernehmende Klingelzeichen vollkommen ignorieren. Andere wieder hängen den Hörer einfach aus, was allerdings unangenehm werden kann, wenn der andere Teilnehmer die Störung benachrichtigt. Weiß man z. B., daß jemand jeden Abend Punkt 20.00 Uhr die Tagesschau ansieht, dann wird man – außer im absoluten Notfall – zu dieser Zeit nicht anrufen.

Erhält man unvorbereitet Besuch, so wird man als höflicher Mensch den Fernseher sofort abstellen. Es sei denn, die gerade laufende Sendung ist für uns beruflich von Bedeutung. In diesem Fall muß der Besuch, der ja unangemeldet erschienen ist, dies respektieren. Selbstverständlich wird der Fernseher dann sofort nach Beendigung der jeweiligen Sendung abgeschaltet. Glücklich diejenigen, die über genügend Platz verfügen, so daß sich der Besuch in der Zwischenzeit in einem anderen Raum beispielsweise mit der Ehefrau unterhalten kann. Eingeladene Gäste wird man selbstverständlich niemals mit eingeschaltetem Gerät empfangen. Fernsehabende mit Freunden sind eigentlich selten geworden. Sie hatten ihre große Zeit in jenen Tagen, als noch nicht jeder einen Fernseher besaß und als es noch die großen »Familienunterhaltungs-Serien-Quiz« gab. Heute haben wir zwar keine »Familie Hesselmann« mehr, dafür »Dallas« und »Denver«, und ich kenne jede Menge Leute mit akademischen Graden, die keine der beiden Serien je versäumt haben... Vorsicht also bei Pauschalurteilen über diese oder jene Serie, hier kann man durchaus seine blauen Fernsehwunder erleben!

Feuer geben

Zum Thema →»Rauchen« gibt es ein eigenes Kapitel in diesem Buch, darum hier wirklich ganz kurz die wichtigsten Regeln, wenn jemand zur Zigarette bzw. zur Zigarre oder Pfeife greift. Ohne Frage wird stets der Herr der Dame das Feuer reichen. Wenn er sehr höflich sein will und – sofern der Platz es erlaubt –, wird er dazu aufstehen. Ebenso selbstverständlich wird er seinen Arm dabei nicht über einen anderen Gast hinwegstrecken oder diesem gar seinen Ellenbogen vor die Nase halten. Ob Feuerzeug oder Streichholz, die Flamme muß dabei stets in Höhe der Zigarette gehalten werden. Zählt der feuergebende Herr selbst zu den Rauchern, wird er die Zigarette, Zigarre oder auch die Pfeife natürlich aus dem Mund nehmen. Streichhölzer werden vor allem von Zigarrenrauchern dem heute üblichen Feuerzeug vorgezogen, und sie zünden sich ihre geliebte Zigarre am allerliebsten selbst an. Wer trotzdem höflich sein will, der wird dem zigarrenrauchenden Herrn (es gibt auch einige wenige Damen, die diesem Laster frönen) die Streichholzschachtel mit einem halbherausgezogenen Streichholz reichen. Der Genuß der Zigarre beginnt nämlich bereits beim Anzünden. Pfeifenraucher brauchen hier nicht erörtert zu werden, da eine Pfeife immer selbst vom Raucher entzündet werden muß.

Feuer geben *wird der Herr stets der Dame (2), und natürlich wird er ihr auch die dazu notwendige (1) Zigarette anbieten.*

Firmung

Die Uhr, einst traditionelles Firmungsgeschenk, vermag heute den meisten Firmlingen wohl nicht einmal mehr ein müdes Lächeln zu entlocken. Mit dem Anstieg des Lebensstandards sind auch die Wünsche gewachsen, der Firmpate wurde zum reinen Geschenkespender degradiert. Mit dem ursprünglichen Sinn dieser Patenschaft hat das eigentlich nicht mehr viel zu tun. Firmpaten werden nicht selten nach ihrem Geldbeutel ausgewählt, darum möge jeder, der um dieses Amt gebeten wird, zuerst überlegen, ob er willens ist ... Zwingen kann man dazu nämlich niemanden – und lieber ein beherztes Nein als ein Zähneknirschen, wenn es ans Zahlen geht. Wie und in welchem Kreis die Firmung gefeiert wird, muß von jeder Familie selbst entschieden werden. Selbstverständlich können Firmling und Pate diesen Tag auch nur zu zweit begehen.

Fisch

Es soll ja Leute geben, die wirklich nur zweimal im Jahr Fisch essen: nämlich am Aschermittwoch und am Karfreitag. Und selbstverständlich werden sie an diesen beiden Tagen ihr Hauptaugenmerk den Gräten widmen – einige fast grätenfreie Fische werden ja immerhin angeboten. Solche Zeitgenossen werden die Anschaffung eines Fischbesteckes ganz bestimmt für unnötig erklären und damit völlig richtig liegen. Wer wirklich nur ganz selten Fisch ißt, der kann in diesem Fall selbstverständlich auch zwei Gabeln benützen. Lustigerweise wird er in diesem Fall den Fisch mit der Gabel in der *rechten* Hand essen. Warum? Ehrlich gesagt, ich glaube nicht, daß irgend jemand dafür noch eine plausible Erklärung hat. Es ist halt so überliefert.
Bei weichen Dosenfischen wird man in der linken Hand ein Brot halten, mit dem man die

Fischstückchen nicht nur leichter auf die Gabel schieben, sondern auch die meist wohlschmekkende Sauce auftunken kann.

Ein bißchen Kunstfertigkeit gehört allerdings zum richtigen Tranchieren des gekochten oder gebratenen Fisches. Im Restaurant kann man selbstverständlich den Ober bitten, diese Aufgabe zu übernehmen, im kleinen Familienkreis wird das derjenige besorgen, der damit am meisten Übung hat. Was aber tun bei einer Einladung? Nun, es gibt hier eigentlich nur zwei Möglichkeiten: Entweder zu Hause so lange üben, bis man es halbwegs beherrscht oder aber dem geschickten Tischnachbarn unbemerkt die wichtigsten Handgriffe abschauen. Allerdings bitte möglichst unauffällig. Damit es aber gar nicht erst soweit kommt, hier die wichtigsten Tranchierschnitte (bitte auch die Fotos beachten): Zuerst wird immer der Kopf angeschnitten (Augen und Wangen gelten allerdings als Delikatesse!), von der Kopfmitte fährt man mit dem Fischmesser dann bis zum Schwanz. Die kleineren Flossen werden mittels der Randschnitte entfernt. Nun lassen sich ohne große Mühe die Filets von der Mitte aus nach oben und unten wegklappen. Das gesamte Grätengerüst liegt nun vor uns und wird samt Kopf abgenommen. Selbstverständlich sind beim Fischessen Teller für die Gräten erforderlich. Ja, bliebe nur noch das leidige Problem mit den Gräten. Kleinere wird man mit der Zunge an die Lippenränder und von dort auf die Gabel schieben. Größere können mit den Fingerspitzen entfernt werden, und an die Gräte im Hals wollen wir gar nicht erst denken, denn passiert dies wirklich, so nützt meist auch das hilfreich gereichte Brot nicht mehr. Im Notfall muß hier sogar der Arzt gerufen werden.

Und da es keine Regel ohne Ausnahme gibt: Marinierte und geräucherte Fische wie z.B. Rollmöpse, Heringe oder Bücklinge dürfen bzw. müssen mit Messer und Gabel gegessen werden, denn mit dem Fischmesser wird man bei diesen Sorten nichts ausrichten können! Dies ist aber wirklich die einzige Ausnahme das Fischbesteck betreffend!

FKK

Die Freikörperkultur, deren Anhänger sich selbst gerne als Nudisten bezeichnet sehen, hat vor allem in den letzten Jahren einen enormen Aufschwung genommen, und wenn die Reservate der »Nackerten« einst im hintersten Winkel der öffentlichen Badeanstalten lagen – verschämt getarnt durch labyrinthische Eingänge mit mannshohen Schilfmattenzäunen –, so hat sich dies mittlerweile gründlich geändert. Nackt sein ist »in«, und wer heute noch ein Bikinioberteil trägt, nun, der ist halt selber schuld. Sogar eine öffentliche Grünfläche wie z.B. der weltbekannte Englische Garten in München, hat längst als Grünfläche allein keine Berechtigung mehr. Die Nackten haben ihn erobert, und da kann man nun beim beschaulichen Bummel durch eine prachtvolle Parkanlage auch noch gleich eine kostenlose Anatomiestunde mitnehmen. Aber, nicht daß ich nun prüde wäre, nein, ganz bestimmt nicht, aber um sich in aller Öffentlichkeit nackt zu präsentieren, da sollte eben wirklich alles stimmen. Und da genügt meist ein kritischer Blick in den Spiegel nicht – und wie so oft im Leben überwiegt auch hier die Tatsache, daß die, die es sich leisten könnten, es aus irgendeinem unerfindlichen Grund nicht tun.

Doch kehren wir zurück zum eigentlichen Thema. FKK-Urlaub erfreut sich kontinuierlich großer Beliebtheit, und vor allem mit Kindern wird man ihn zu schätzen wissen. Die unzähligen Blasenentzündungen durch die ewig nassen Badehosen sind nämlich auch nicht gerade stimmungsfördernd. Trotzdem seien einige kritische Anmerkungen zum FKK-Urlaub erlaubt.

Nicht alle Urlaubsländer sehen die Nackten gerne, auch wenn sie, meist aus rein wirtschaftlichen Gründen, einige wenige Orte oder Plätze für die FKK-Anhänger freigeben. Wer also in solch einem Land glaubt, unbedingt nackt baden

Wie Forellen entgrätet und gefüllt werden

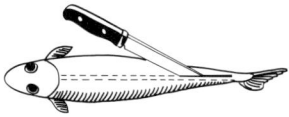

Das Freilegen der Mittelgräte
Die ausgenommene Forelle flach auf die Arbeitsplatte legen. Beidseitig neben den Rückenflossen vom Schwanz bis zum Kopf aufschneiden. Mit dem Messer an den Gräten entlang nach außen fahren, bis sich das Fleisch von den Gräten gelöst hat.

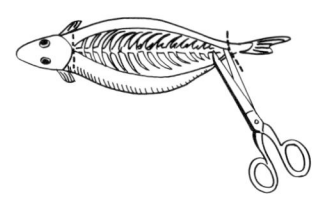

Das Herauslösen der Mittelgräte
Die Mittelgräte direkt am Kopf und am Schwanz durchschneiden und herausnehmen.

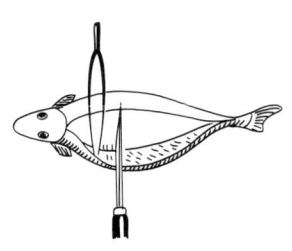

Das Entfernen der feinen Gräten
Mit einem Löffel oder Messerrücken innen von vorne nach hinten an den Seiten entlangfahren, damit sich die kleinen Gräten aufrichten. Mit einer Pinzette entfernen.

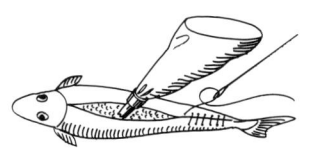

Das Füllen
Den Fisch gründlich unter fließendem, kaltem Wasser ab- und ausspülen. Blutreste entfernen. Die Bauchseite zunähen. Den Fisch von oben mit einer beliebigen Farce füllen und den Rücken ebenfalls zunähen oder mit Holzspießchen zustecken.

Wie geräucherte Forellen zerlegt werden

Mit einem scharfen Messer den Kopf abschneiden. Dann entlang der Rückengräte die geräucherte Forelle einschneiden und die Haut auf der Oberseite mit dem Messer abheben.

Mit dem Messer von der Mittellinie her erst die eine, dann die andere Filethälfte nach außen abschieben.

Die freigelegte Mittelgräte zusammen mit dem Schwanz abheben.

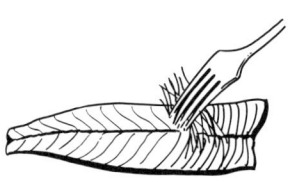

Mit der Gabel die restlichen Bauchgräten »gegen den Strich« abharken. Sauber und appetitlich liegt das Fleisch auf der Haut. Das Filet braucht nur noch vorsichtig geteilt und von der Haut heruntergenommen zu werden.

Wie Karpfen geteilt werden
Das Teilen des Karpfens vor der Zubereitung kann sehr unterschiedlich erfolgen. Hier die üblichsten Arten.

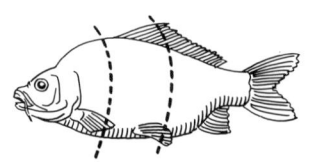

Quer in Portionsstücke teilen
Den ausgenommenen Karpfen unter fließendem, kaltem Wasser abspülen, ohne die Schleimschicht zu verletzen. Mit der Seite auf die Arbeitsplatte legen. Mit dem Messer quer in Portionsstücke teilen.

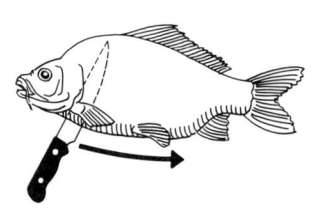

Halbieren und in Portionsstücke teilen
Den ausgenommenen Karpfen unter fließendem, kaltem Wasser abspülen. Mit der Seite auf die Arbeitsplatte legen. Mit einem breiten, spitzen, sehr scharfen Messer nahe dem Kopf vom Bauch her so durch den Rücken stoßen, daß die Wirbelsäule unter dem Messer liegt. Das Messer mit glattem, kräftigem Schnitt entlang der Wirbelsäule bis durch den Schwanz ziehen, so daß der Rumpf gespalten ist.

Danach den Karpfen so auf die Arbeitsplatte legen, daß der Kopf und der noch nicht gespaltene Teil mit einem kräftigen Schnitt von hinten nach vorne durchtrennt werden können. Die so entstandenen Hälften können nach Wunsch noch quer geteilt werden.

Wie Kochfisch küchenfertig vorbereitet wird

Flossen abschneiden
(nur bei Seefischen)
Mit einer kräftigen, scharfen Küchenschere Rücken-, Seiten- und Bauchflossen dicht am Körper abschneiden.

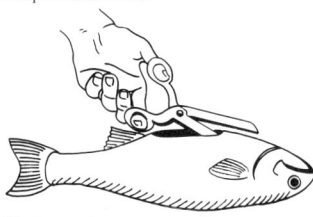

Fisch ausnehmen
Wird bei Kochfisch meist schon beim Fischkaufmann gemacht. Wenn nicht: Fisch auf die Seite legen, den Bauch mit einem spitzen Messer oder einer Küchenschere vom After bis zum Kopf vorsichtig aufschneiden, damit die Galle nicht verletzt wird. Die Eingeweide herausnehmen und am Schlund abschneiden.

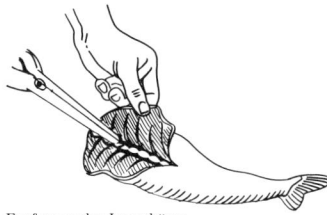

Entfernen der Innenhäute
Der Fisch wird noch etwa 2 cm weiter aufgeschnitten. Dann sticht man am Ende des Einschnitts mit der Spitze einer Küchenschere durch die angewachsene Haut bis an das Rückgrat. Die Haut wird dann entlang der Mittelgräte bis zum Kopfende aufgerissen.

Wie Kochfisch küchenfertig vorbereitet wird

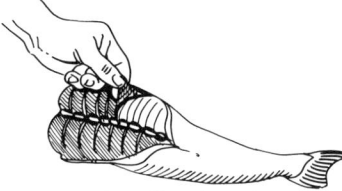

Die nicht gelösten Hautteile werden mit der Schere soweit wie möglich abgeschnitten. Die dünne dunkle Haut an den Bauchlappen kann unter fließendem, kaltem Wasser leicht mit der Hand abgezogen werden.

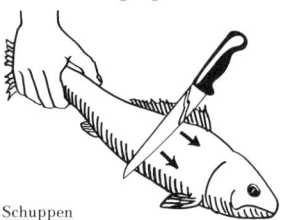

Schuppen
Den Fisch am Schwanz halten und mit einem Handschupper oder einem großen scharfen Messer in leichter Schräghaltung vom Schwanz zum Kopf hin die Schuppen unter kaltem Wasser abschaben. (Unter Wasser vermeidet man das Spritzen der Schuppen).

Säubern
Den Fisch unter fließendem, kaltem Wasser von innen und außen gut abspülen. Dabei darauf achten, daß sämtliche Blutreste aus der Bauchhöhle entfernt werden. Mit Küchenpapier trockentupfen.

Wie Schollen küchenfertig vorbereitet werden

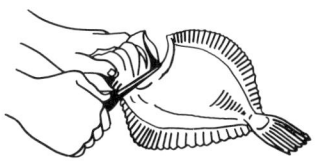

Bei ausgenommenen Schollen wird der Kopf kurz um den Kopf herum mit einem scharfen Messer oder einer Küchenschere abgeschnitten.

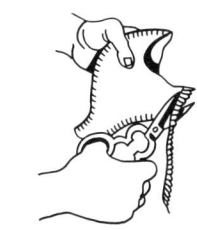

Die Flossen werden vom Schwanzende zum Kopf mit einer Küchenschere abgeschnitten. Der an der »flachen« Seite am Kopfende befindliche »Dorn« sollte mit abgeschnitten werden.

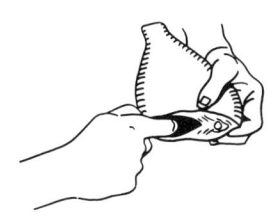

Die Blutbahn an der Mittelgräte in der Bauchhöhle unter fließendem, kaltem Wasser mit dem Zeigefinger ausdrücken und gründlich ausspülen. Der ganze Fisch wird dann unter fließendem, kaltem Wasser gewaschen. – Die dunkle Hautseite sollte nicht abgekratzt werden, da durch das Aufreißen der Poren Nährstoffe und Gewebewasser verlorengehen.

Wie bei Kochfisch die Rückenflossen entfernt werden
Der gegarte Fisch läßt sich so leichter filetieren, teilen und hat damit weniger Gräten.

Den küchenfertigen Fisch mit einem scharfen Filetier- oder Küchenmesser beidseitig entlang der Rückenflossen etwa 1 cm schräg zur Mittelgräte hin einschneiden.

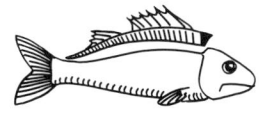

Nun die Flossen mit den anhängenden Stützgräten herausziehen.
Die entstandene Schnittkerbe sollte noch etwas vertieft werden, wenn sie mit Speckwürfeln und/oder Gemüse gefüllt werden soll.

zu müssen, der halte sich bitte tunlichst an die öffentlich freigegebenen Nacktbadestrände. Sonst kann es nämlich nicht nur teuer, sondern auch sehr unangenehm werden (über Verhaftungen von Nacktbadern kann man jedes Jahr wieder in der Zeitung lesen), und bitte, liebe Sonnenanbeter: Beim Verlassen eines solchen Strandes sollte man nicht vergessen, seine Kleidungsstücke wieder anzulegen. Schließlich sind wir auch als zahlender Urlauber nur Gast im Lande und sollten die moralischen Wertvorstellungen unserer Gastgeber nicht um jeden Preis verletzen. Aber auch traditionelle FKK-Urlaubsländer, wie z.B. Jugoslawien, sehen es nicht gerne, wenn die Nacktbader sich in jeder freien Bucht tummeln. Es gibt unzählige Camps, die nur ihnen vorbehalten sind, und in diesen abgeschlossenen Arealen sollte man als Nacktbader auch bleiben, denn hier ist man wirklich unter seinesgleichen. Ob man deswegen unbedingt auch nackt ins Restaurant des Feriencamps zum Essen gehen muß, ist wieder eine andere Frage, die ich allerdings kategorisch mit »Nein« beantworten möchte. Dies geht dann doch ein bißchen zu weit, und selbst der schönste Mensch ist sitzend und essend nackt nicht unbedingt eine Augenweide.

Flambieren
sollte man einmal gezeigt bekommen, denn die Sache kann leicht ins Auge gehen, und Flammen, die bis an die Decke schlagen, sind nicht jedermanns Sache! Grundsätzlich sei hier bemerkt, daß der Alkohol, der zum Flambieren verwandt wird, stets erwärmt werden muß. Aber bitte wirklich nur erwärmen, von erhitzen oder gar kochen ist nie die Rede gewesen! Grundsätzlich sollte nicht mit dem Streichholz, sondern mit der vom Rechaud überschlagenden Flamme flambiert werden (siehe Fotos). Zum Flambieren eignen sich alle möglichen Früchte sowie Steaks, Tournedos usw. Bekanntestes Gericht dürfte wohl die Crêpe Suzette (hauchdünne Omelette, meist mit Himbeeren gefüllt) sein. Es gibt Kochbücher, die sich ausschließlich mit flambierten Gerichten beschäftigen. Wer also seine Lust zu diesem meist sehr wirkungsvollen Spektakel entdeckt, bitte, ihm kann geholfen werden.

Flegeljahre
Ein sehr weiser Mann hat einmal gesagt, Kinder wären eigentlich permanent in den Flegeljahren. Und in der Tat, es ist gar nicht so leicht, hier ein bestimmtes Alter anzugeben, da die kindlichen Entwicklungsphasen ja teilweise sehr unterschiedlich verlaufen. Im allgemeinen wird die Zeit der Pubertät, die ja bei Buben und Mädchen, aber auch innerhalb der Geschlechter, recht unterschiedlich auftritt, als die große Phase der Flegeljahre angesehen. In dieser Zeit ist die väterliche oder mütterliche Freundschaft wohl das Wichtigste. Verständnis und Nachsichtigkeit sollten in dieser schwierigen Entwicklungsphase von den Eltern erwartet werden dürfen. Und vor allem, man sollte sich selbst zurückerinnern, schließlich hatten wir mit diesen Problemen ja alle einmal zu kämpfen, und so lange ist dies noch gar nicht her! Waren wir wirklich damals schon perfekt? Aber nein, liebe Eltern, auch wir schlugen so manches Mal gehörig über die Stränge. Und wie wohl tat dann das Verstehen der Erwachsenen!

Fleisch
Fleisch wird stets mit Messer und Gabel gegessen – auch in den angelsächsischen Ländern! Das Messer hat neben seiner reinen Schneidefunktion auch noch die Aufgabe, uns als Schiebeinstrument zur Verfügung zu stehen. Wird zum Fleisch Sauce gereicht, so gehört diese einzig und allein über das Fleisch. Weiche Fleischgerichte wie z.B. Hackbraten, Sülze, Buletten, Frikadellen

Flambieren will gelernt sein. Der Fachmann benötigt dazu (1) grundsätzlich zwei Kupferpfannen, von denen eine zum Erwärmen (2) des Alkohols dient, der dann entzündet wird und kunstvoll in die andere Pfanne überschlagen sollte. Und wer kann diesen köstlichen flambierten Feigen (3) schon widerstehen?

Fleisch 91

oder Fleischpflanzerl, wie die Bayern sagen, sollten ebenso wie die bekannten Königsberger Klopse nur mit der Gabel zerteilt werden. Eigentlich hat das Messer bei diesen Speisen nichts zu suchen, aber man beobachte doch bitte in einem Restaurant einmal seine Mitmenschen: Ich halte jede Wette, daß von zehn Essern dieser Gerichte acht das Messer benützen werden. Gut, strenggenommen gilt es als nicht vornehm, die Praxis zeigt uns allerdings, daß die meisten Menschen, die nun mal gewöhnt sind, mit Messer und Gabel zu essen, dieses auch in diesem speziellen Fall verwenden werden. Koteletts werden mit Hilfe des Messers vom Knochen gelöst, aber bitte mit Gefühl, da Bier- oder Weingläser nur selten schlitternden Tellern widerstehen. Spareribs, seit einigen Jahren vor allem in den heißen Sommermonaten sehr beliebt, dürfen mit den Fingern gegessen werden. Die einzelnen Rippen werden allerdings mit Messer und Gabel voneinander getrennt – schließlich sind wir ja keine Kannibalen! Fingerschalen und Servietten sind hier natürlich unerläßlich.

Gulasch wird, sofern es aus wirklich kleinen Fleischstücken besteht, ebenso wie Hackbraten usw. nur mit der Gabel gegessen. Es zeigt sich allerdings vor allem in Restaurants, daß nicht selten relativ große Stücke als Gulasch auf dem Teller landen; in diesem Fall wird man wohl oder übel zum Messer greifen müssen, denn es sieht sicherlich nicht gerade erhebend aus, wenn man einen großen Fleischbrocken, der jeder Zerkleinerung durch die Gabel standhielt, von einer Bakkenseite auf die andere schiebt, um ihn auf diese Weise mühselig kleinzubekommen! Zu Züricher Geschnetzeltem oder Bœuf Stroganoff benötigt man nur die Gabel!

Flohmarkt
Er erlebt seit einigen Jahren, speziell in den Großstädten, einen richtigen Boom! Flohmärkte finden fast an jedem Wochenende in irgendeinem Stadtteil statt, und kaufen bzw. verkaufen kann man praktisch alles, was sich transportieren läßt. Wo und wann Flohmärkte abgehalten werden, erfährt man entweder aus den regionalen Tageszeitungen oder über die Kommunalbehörden. Wer verkaufen will, muß meist eine geringe Standgebühr entrichten.
Natürlich kann man auch heute noch Glück haben und auf dem Flohmarkt einen wahren Volltreffer ergattern, aber diese Gelegenheiten sind, seit Händler die Flohmärkte unsicher machen, leider selten geworden. Immer wieder erlebt man auch das Gegenteil: Billiger Ramsch wird hier zu überteuerten Preisen angeboten, weil es ja so schick ist, sich von dort seine Einrichtungsgegenstände zu holen! Ein überlegter, kritischer Blick ist also durchaus angebracht!

Flugreisen
gehören heute zum Alltag, zumindest zum Urlaubsalltag! Wer jedoch einmal erlebt hat, was sich speziell zur Urlaubszeit vor den Schaltern der Chartergesellschaften so abspielt, der wird manchmal wünschen, nie gebucht zu haben. Drängeln, rempeln, schieben, laufen, hasten, ja auch kleinere Raufereien gehören durchaus zum Alltagsgeschehen. Dabei ist noch nie eine Maschine mit nur der Hälfte an Passagieren abgeflogen. Aber die lieben urlaubshungrigen Mitmenschen scheinen dies noch nie erfahren zu haben.

Darum, auch wenn's garantiert fast umsonst sein wird, einige Regeln, die man doch so leicht und einfach befolgen könnte:
- Wer unbedingt einen Fensterplatz, einen Nichtrauchersitz oder einen der ganz raren Sitze mit Beinfreiheit (stets nur in der vordersten Reihe vorhanden) ergattern möchte, der muß wohl oder übel seinen Platz sehr früh vor dem Schalter einnehmen, da diese Reservierungen normalerweise bei der Buchung nicht beachtet werden (außer bei regulären Linienflügen).
- Haben wir unsere Plätze im Flugzeug eingenommen, bitte, liebe Mitreisende, wir sind doch nicht zu Hause im Wohnzimmersessel. Der Hintermann schätzt es bestimmt nicht sonderlich, wenn wir ihm unmittelbar nach dem Erlöschen der Gebotslampen über uns die Lehne in die Knie knallen, bloß weil wir jetzt bereits schlafen wollen!
- Jeder der Mitreisenden bekommt normalerweise eine Mahlzeit serviert. Es ist stets genug für alle da, also bitte, dem Nebenmann nicht den Teller halb aus der Hand reißen.
- Auch stets in ausreichender Menge sind Getränke an Bord, kein Fluggast ist je im Flugzeug verdurstet!
- Wer auf einem Nichtrauchersitz Platz genommen hat, wird, auch wenn er Raucher ist und nur keinen anderen Platz mehr bekommen hat, seine Rauchutensilien eingesteckt lassen. Notfalls kann man aufstehen und in den Rauchtrakt des Flugzeuges gehen.
- Wer während des Fluges öfter die Toilette aufsuchen muß, der wird um einen Sitzplatz am Gang bitten und nicht um den Fensterplatz. Es ist nämlich eine Zumutung, unsere Nachbarn alle halbe Stunde von den Plätzen hochzujagen.
- Wer Angst vorm Fliegen hat, der kann eine Reihe von angebotenen Kursen besuchen, die fast immer mit Erfolg von dieser Angst befreien. Keinesfalls darf man jedoch seinen Nachbarn mit seiner Flugangst anstecken. Allerdings, wer als Nachbar merkt, daß sein Nebenmann Schweißausbrüche und zitternde Knie bekommt, der soll-

te versuchen, ihn durch gutes Zureden zu beruhigen. Notfalls wird man den Steward oder die Stewardeß um ein Beruhigungsmittel ersuchen.
- Wird jemandem tatsächlich schlecht – bei Flügen durch Schlechtwetterzonen kommt dies häufiger vor, als man denkt –, dann wird man entweder, wenn noch Zeit bleibt, die Toilette aufsuchen oder die Tüte aus dem Netz holen müssen. Schämen muß man sich deswegen nicht. Alles schon einmal vorgekommen.
- Bei Flugreisen von langer Dauer (also z.B. Transatlantikflüge) ist das Austauschen der Straßenschuhe in bequemere Halbschuhe oder zusammenklappbare Hausschuhe durchaus gestattet. In diesem Fall wird man auch die Kleidung nach der Bequemlichkeit und nicht unbedingt nach der Schönheit wählen. Man kann sich kurz vor der Landung auf der Toilette gegebenenfalls auch umziehen. Erfahrene Flugreisende schaffen dies mit wenigen Handgriffen!
- Führt uns die Reise in tropische Länder, so wird man uns kurz vor der Landung ein feuchtheißes Tuch zur Erfrischung reichen. Man legt es in den Nacken oder auf das Gesicht, natürlich kann man es auch ausschließlich für die Hände verwenden. Die Tücher werden nach einiger Zeit wieder eingesammelt.
- Das Flugpersonal wird uns gerne alle möglichen Wünsche erfüllen, aber bitte: keine Wunder erwarten. Schließlich sind die Möglichkeiten schon durch den Raum begrenzt, und letztendlich sind wir nicht allein an Bord. Trinkgelder sind übrigens an Bord verpönt, bei Linienflügen wird jeder Steward bzw. jede Stewardeß sie ablehnen, Flugbegleiter von Chartermaschinen haben gelernt, daß nicht jeder Gast weiß, wie die Spielregeln in der Luft lauten, und sind nachsichtiger.
- Nach der Landung müssen wir durchaus nicht zu den ersten zählen, die das Flugzeug verlassen. Wer so lange sitzen bleibt, bis die meisten Passagiere die Maschine verlassen haben, wird sich bequemer anziehen können als die anderen, und der Bus (sofern überhaupt noch einer benötigt wird) wartet mit Sicherheit. Bei der Gepäckausgabe trifft man sich ohnehin in der Warteschlange wieder.
- Zum Schluß noch eine Unsitte, die man seit einiger Zeit auf allen Flughäfen der Bundesrepublik beobachten kann. Ich rede von den lieben Bekannten, Verwandten, Freunden und wie sie auch heißen mögen, die in Scharen zum Flughafen strömen, um liebe Menschen vom Urlaub abzuholen. So weit, so gut, dagegen ist absolut nichts zu sagen, außer, daß die Ankunftshallen – vor allem in der Hauptreisezeit – meist hoffnungslos überfüllt sind und es außer Urlaubsreisenden ja auch noch einige Leute gibt, die aus beruflichen Gründen ein Flugzeug benutzen müssen. Nein, ich meine die Sekt- oder Champagnerflaschen (man muß ja schließlich zeigen, was man hat, nicht wahr?), die mit lautem Knall entkorkt werden, sobald die Freunde auftauchen. Liebe Mitmenschen, könnte man sich diese Unsitte nicht ganz schnell wieder abgewöhnen? Ich lasse mir diesen Brauch durchaus eingehen, wenn z.B. Reinhold Messner von einer seiner Gewalttouren zurückkehrt oder wenn eine Gruppe die Sahara zu Fuß durchquert oder die Arktis per Hundeschlitten überwunden hat. Aber doch nicht, wenn Otto Normalbürger aus Mallorca zurückgeflogen kommt! Muß man denn wirklich um jeden Preis Aufmerksamkeit erregen? Und wenn diese Frage schon mit »Ja« beantwortet wird, gibt es dann wirklich keine lustigeren Einfälle? Sekt oder Champagner ist gerne klebrig, und da er ja mit Knall entkorkt wird, geht es fast nie ohne Spritzer auf die Umstehenden ab. Hätten Sie denn gerne, wenn Sie z.B. einen Geschäftsfreund abholen, Sektflecken auf dem Hemd? Sehen Sie, natürlich nicht!

Folklore
Fremde Länder, fremde Sitten und mit diesen verbunden die jeweils in der Tradition des Landes verhaftete Folklore. Der Begriff Folklore wird heute sehr vielseitig verstanden. Er ist in der Mode genauso üblich wie in Fremdenver-

kehrsgebieten Europas bzw. auf der ganzen Welt. Unter Folklore fallen all jene Gebräuche, die einst im Jahresablauf eines Landes bzw. Gebietes zum Alltag gehörten. Ob man darunter den Kirchweihtanz oder die spanische Fiesta versteht, ob Almabtrieb oder Stierkampf, allgemein gesehen zählt dies alles zur Folklore. Mag man über so manchen folkloristischen Brauch auch lächeln, geschieht es doch meist aus Unkenntnis. Darüber spotten darf man höchstens in den eigenen vier Wänden, niemals aber in dem Land, aus dem er kommt! Es könnte verständlicherweise unseren Gastgebern in die falsche Kehle geraten!

*Unter den großen Begriff der **Folklore** fällt auch dieser Festumzug (1) der Tiroler Schützen.*

Fondue *heißt das Zauberwort für einen gelungenen Abend mit Freunden (2). Fonduegeschirre gibt es in allen Preislagen und somit für jeden Geldbeutel.*

Fondue

Fleisch, Gemüse, Geflügel und Käse, im Grunde eignet sich fast alles zum Fondueessen. Benötigt wird dazu eine Fonduepfanne mit Rechaud (aber bitte eines mit Spiritus, sonst verhungern die Gäste an der Gabel), Fonduegabeln und eventuell

Fonduteller (müssen aber keineswegs sein). Öl oder Brühe wird bis zum Siedepunkt erhitzt, erst jetzt wird das aufgespießte Fleisch etc. hineingegeben. Bitte gut aufspießen, sonst hat man hinterher die Sucherei im Fonduetopf. Selbstverständlich bedarf es keiner besonderen Erwähnung, daß das Fleisch usw. vorher in handliche kleine Stücke oder Streifen geschnitten wurde. Käsefondue hat seine eigenen Spielregeln und pflegt den Gästen nicht selten noch lange im Magen zu liegen. Zum Fleisch-, Geflügel- oder Gemüsefondue reicht man allerlei pikante Saucen, die man, je nach Lust und Laune, selber zubereiten oder aber fertig kaufen kann. In Scheiben geschnittenes Weißbrot gehört aber auch hier auf den Tisch. Die Fonduegabel wird normalerweise nicht zum Essen, sondern nur als Kochwerkzeug verwendet.

Fotografieren

Für die einen das schönste Hobby überhaupt, für die anderen ein Alptraum. Über das Fotografieren ließe sich natürlich ein eigenes Buch schreiben, wir wollen hier aber nur einige Regeln beachten:

- Jeder Mensch kann darauf bestehen, nicht fotografiert zu werden. Und dieser Wunsch ist bedingungslos zu akzeptieren. Er gilt ganz besonders

für all jene Urlaubsländer, die primär der islamischen Religion angehören. Hier kann die Mißachtung dieses Gebotes nämlich böse Folgen haben!
- Religiöse Feste werden wir nicht durch ständiges Geknipse in ihrem Ablauf stören. Sofern es in Kirchen nicht ohnehin verboten ist, sollte unser Takt es uns untersagen.
- Erinnerungsfotos sollten wir nicht dadurch entwerten, indem wir gerade im Auslösemoment durch das Bild latschen! Entweder warten wir die paar Sekunden, oder wir müssen halt einen kleinen Umweg in Kauf nehmen. Wir haben auch keine Freude an Fotos, auf denen ein wildfremder Mensch im Profil, von uns hingegen nur die Beine zu sehen sind.
- Die Fotografierwut mancher Touristen macht oft nicht einmal vor der Intimsphäre halt, und mit besonderer Hingabe widmet man sich dem Elend! Ist doch so schön, wenn zu Hause dann die Bekannten in peinliches Schweigen verfallen, nicht wahr?
- Bitte, bitte, liebe fotografierende Urlaubsreisende: Ehe Sie Ihr Ziel unüberlegt »abschießen«, überlegen Sie doch nur einen kurzen Moment lang, ob Sie auf diese Art und Weise gerne fotografiert werden möchten?! Sicher, wenn man dies immer täte, wäre die Welt um so manchen hervorragenden Schnappschuß ärmer, aber wäre das wirklich so schlimm?

Frack

Der vor rund zweihundert Jahren aus dem ehemaligen Offiziersrock entstandene Frack ist mit absoluter Sicherheit eines der unbequemsten männlichen Kleidungsstücke, und wer die Prozedur des Frackanziehens einmal miterlebt hat, der kann die Träger nur noch still bedauern. Außer auf dem Wiener Opernball ist der Frack heute jedoch auf keiner Festlichkeit mehr vorgeschrieben. Zum Frack mit seinen je nach Modetrend sehr langen oder sehr kurzen Schößen gehört die mit Perlmuttknöpfen zu verschließende weiße Frackweste, die steife Frackhemdbrust, die mit

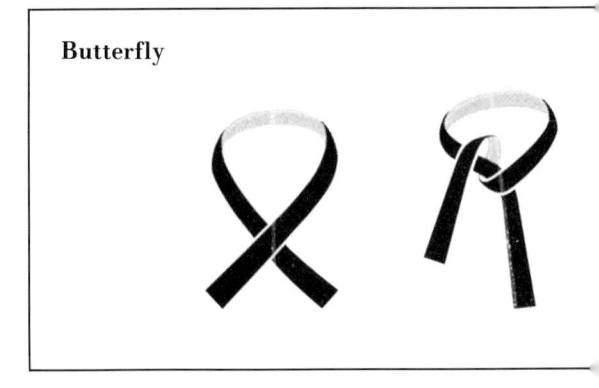

Butterfly

weißen Durchsteckperlen geschlossen wird, und natürlich die weiße Fliege oder Schleife.
Der Frack ist aber auch die Alltagskleidung der Oberkellner, die jedoch stets eine schwarze Weste und eine schwarze Schleife dazu tragen werden.
Strümpfe und Schuhe werden zum Frack natürlich ebenfalls schwarz und vom Allerfeinsten sein! Und nun, meine Herren, viel Vergnügen!

Fremdwörter

können peinliche Situationen mit einem Hauch von Komik hervorrufen, vor allem dann, wenn man sie nicht beherrscht. Es ist absolut keine Schande, Fremdwörter nicht zu verstehen, denn schließlich kann nicht jeder Abitur und entsprechende altphilologische Kenntnisse vorweisen. Aber: Wer Fremdwörter nicht beherrscht, sie nur irgendwo mal in einem bestimmten Zusammenhang aufgeschnappt hat und diese dann unklugerweise wiederverwendet, ohne sich ihrer Bedeutung ganz sicher zu sein, der ist selber schuld, wenn er sich dadurch unfreiwillig zum Komiker macht und man ihm mangelnde Bildung vorwirft. Es ist durchaus angebracht, statt der lateinischen oder altgriechischen Fremdwörter das ebensogute deutsche Wort zu verwenden! Und wenn wir uns in einer Gesellschaft befinden, in der man mit Fremdwörtern nur so um sich wirft, dann bittet man höflich, aber bestimmt darum, doch die deutschen Ausdrücke zu benützen, da man die anderen eben selbst nicht versteht. Wer dann die Augenbrauen hebt oder pikiert lächelt, der hat von gutem Benehmen noch nie etwas gehört, auch wenn er Jahrzehnte auf Schulen und Universitäten verbracht hat.

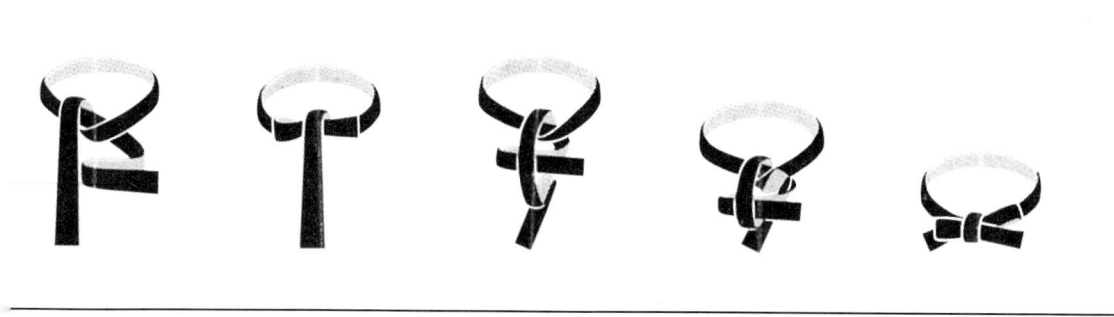

Freundschaft
wird oft rasch geschlossen und ebenso rasch wieder vergessen. Der Volksmund empfiehlt, Freundestreue im Sturm zu prüfen und trifft damit den Nagel auf den Kopf. Wer nie die wahren Werte einer Freundschaft ergründen konnte, der wird nie wissen, wieviel sie wirklich wert sein kann. Freundschaft ist nicht an ein bestimmtes Geschlecht gebunden, aber zwischen Freundschaft und Liebe ist ein großer Unterschied. In bestehende Freundschaften sollte sich ein Dritter niemals einmischen, es sei denn, er will unbedingt die Erfahrung machen, daß er zwar vielleicht für eine kurze Zeit für den einen interessanter ist als der alte Freund, daß letztlich aber doch die alte Freundschaft die Oberhand behalten wird (→Duzen).

Freundschaftsbesuche
sind bei wirklich sehr guten Freunden unter Umständen auch ohne Anmeldung, aber dann wirklich nur für ein paar Augenblicke, erlaubt. Ansonsten empfiehlt es sich stets, vorher kurz zum Telefon zu greifen, auch der Freund kann einmal keine Lust haben!

Friedhöfe
Die Atmosphäre eines Friedhofes bedrückt viele Menschen wohl nur aus dem Grunde, weil man sich mit dem Tod nur ungern beschäftigt. Er ist endgültig, und niemand denkt gerne daran, daß auch er eines Tages ... Nur wenige wird es danach verlangen, auf dem Friedhof ein lautes Gespräch zu führen, und schallendes Lachen verbietet sich ohnehin von selbst. Am Grab eines uns einst bekannten Menschen wird der Herr selbstverständlich den Hut abnehmen.

Frühschoppen
(→Einladung).

Fünfuhrtee
(→Einladung).

Fußgänger
gelten vor allem in Städten bei Autofahrern als Freiwild. Zumindest kann ich mich dieses Eindruckes nicht erwehren, wenn ich auch gerne zugestehe, daß ich mich als Autofahrerin auch manchmal über die »förmlich über die Straße schleichenden« Fußgänger ärgere. Aber natürlich nur dann, wenn es sich hierbei um Leute handelt, die durchaus schneller gehen könnten. Ich meine damit weder ältere oder behinderte Menschen noch Kinder. Der verantwortungsbewußte Fußgänger wird selbstverständlich nur bei Grün die Straße überqueren (denken Sie bitte

*Der **Frack** (1), einst ein Muß bei festlichen Abendveranstaltungen, und verschiedenes Zubehör (2) zum großen Gesellschaftsanzug.*

immer daran, daß Kinder Sie beobachten könnten!), und er wird dies zügig und ohne Stehenbleiben tun. Wer sich in der Dämmerung oder in der Nacht auf die Straße begeben muß (hier ist natürlich nicht der hell erleuchtete Gehsteig in der Stadt gemeint), sollte sich durch reflektierende Gürtel usw. vor dem Nichtgesehenwerden schützen. Auf Landstraßen geht man stets auf der linken Seite, also den Autos entgegen!

Behinderten wird man, sofern man das Gefühl hat, sie sehen sich nach Hilfe um, selbstverständlich beim Überqueren der Straße behilflich sein, auch dann, wenn wir es eigentlich eilig haben – und wann ist das schon einmal nicht der Fall? Auf dem Gehsteig sollte man grundsätzlich rechts gehen und links überholen – vor allem auf sehr schmalen Gehsteigen fast eine Notwendigkeit, vor allem dann, wenn auch noch »Gegenverkehr« herrscht!

Wer geht wo? Rechts, sozusagen die gute Seite, ist für die Dame bzw. für den Älteren reserviert. Mit einer Ausnahme: Befindet sich rechts neben uns die stark befahrene Fahrbahn, so wird in diesem Fall der Herr diesen »Beschützerplatz« einnehmen. Sind wir zu dritt unterwegs, so ist die Mitte der Ehrenplatz, der in diesem Fall auch von dem zwei Damen begleitenden Herrn eingenommen werden darf (rechts dann wieder die ältere der beiden Damen – heikel, heikel, wenn das Alter nicht ganz offensichtlich ist!). Ganz schlimm wird es bei Regen, denn nun sollte der Herr sozusagen hinter den Damen bzw. seitwärts von einer der beiden gehen und mit einem einzigen Schirm beide vor dem Naßwerden bewahren. Also, ich meine, wenn die Damen Schirme besitzen, so mögen sie diese doch auch benützen, und in diesem Fall wird man notfalls hintereinander gehen, da Gehsteige selten so breit sind, daß drei Schirmträger nebeneinander Platz haben, ohne nicht alle anderen Fußgänger zu behindern!

G

Garderobe

Laut Duden, und der weiß ja bekanntlich fast alles, versteht man darunter einerseits den Bestand an Kleidung, und andererseits gilt diese Bezeichnung auch für den Ankleideraum bzw. für die Kleiderablage in der Diele. Da wir uns mit ersterem Thema noch ausführlich in den Kapiteln →Kleidung und →Mode befassen, wollen wir hier nur ganz kurz auf das Ablegen von Mänteln usw. in der Garderobe eingehen. Selbstverständlich wird stets der Herr der Dame aus dem Mantel helfen, und ebenso selbstverständlich wird er, falls notwendig, die Garderobengebühr aus seiner eigenen Tasche bezahlen. Ist er in Begleitung mehrerer Damen, so wird er diesen, ihrer Rangfolge entsprechend, aus der Garderobe helfen und erst ganz zum Schluß selbst ablegen! Die Garderobenmarken verwahrt ebenfalls der Herr und bitte, meine Herren, an einer Stelle, wo wir sie nach Beendigung des Besuches auch wiederfinden. Es ist nämlich sehr peinlich, wenn man angesichts der vielleicht fröstelnden Damen und der erstaunt blickenden Garderobiere anfängt, sämtliche Taschen eines Anzugs auf der Suche nach den Garderobenmarken zu entleeren, um irgendwann festzustellen, daß man diese wohl versehentlich mit einem zusammengeknüllten Taschentuch auf der Toilette in den Papierkorb geworfen hat!

Gäste

sind meist Freude und Last zugleich, und in unzähligen Sprichwörtern und Redensarten kann man darüber nachlesen. Wer Gäste erwartet, der sollte sich auf diese vorbereiten und wird, da er sie ja selbst einlädt, schon bei der Auswahl seiner Gäste um Harmonie unter diesen bestrebt sein.

Die *Gästeliste* will sorgfältig zusammengestellt werden, und lieber sollte man auf einen bestimmten Gast verzichten, als ihn mit Gewalt in eine Gesellschaft zu zwängen, in die er absolut nicht paßt. Was aber bitte keinesfalls als eine Wertung desselben angesehen werden sollte. Nur, ein rein schöngeistig interessierter Mensch wird sich z.B. unter lauter fachsimpelnden Wirtschaftsjuristen kaum wohl fühlen, genausowenig wie vielleicht eine Hausfrau und Mutter etwas mit der Unterhaltung von gesellschaftskritisierenden Soziologinnen anfangen kann. Wie viele Gäste man auf die Gästeliste setzt, ist nicht nur eine Frage des Platzes, sondern auch eine Frage des zur Verfügung stehenden Budgets. Je mehr Gäste, desto teurer und desto platzaufwendiger wird die Angelegenheit. Lieber vier Gäste weniger als vier zuviel! Selbstverständlich wird man die Gäste, wenn man wirklich einen erfolgreichen Abend erleben möchte, nicht einseitig auswählen, da sonst die Gefahr besteht, daß der gesamte Abend von einem einzigen Thema beherrscht wird. Je bunter, je vielgestaltiger die Liste unserer Gäste ist, desto mehr Gesprächsstoff wird es den Abend über geben, und desto interessanter wird der Abend sich letztlich gestalten. Selbstverständlich wird man danach trachten, Damen und Herren in ausgewogener Anzahl einzuladen; ein alleinstehender Herr ist aber leichter einzugliedern als eine alleinstehende Dame – schon deswegen, weil diese von sämtlichen verheirateten Damen mit Argusaugen beobach-

tet und sich möglicherweise schon aus diesem Grunde nicht sehr wohl fühlen wird.
Noch ein Wort zum Thema Bekanntschaften und Gästeliste. Wer bei Freunden Leute trifft, die er gerne seinem eigenen Freundeskreis einfügen möchte, kann diese bei der nächsten Einladung selbstverständlich einladen, aber – und dies wird immer wieder gerne vergessen: Er muß auch jene Bekannten einladen, bei denen er sie kennengelernt hat. Zumindest beim ersten Mal, alles Weitere ergibt sich dann meist ohnehin von selbst!

Das *Gästebuch* wird von so manchem Gast gefürchtet, vor allem, wenn die geistreichen Sprüche darin sich nur so überschlagen, einem selbst aber absolut nichts Relevantes einfallen will. Nun, ehe man sich mit einem absoluten Unsinn verewigt, genügt der Name, das Datum und ein netter Dank für den schönen Abend. Bücher mit Sprüchen fürs Gästebuch gibt es übrigens auch zu kaufen. Den jeweils passenden für einen bestimmten Abend sollte man allerdings vorher auswendig lernen, denn aus dem Buch oder von einem Merkzettel sollte man angesichts der gespannt zusehenden Gastgeber nicht unbedingt abschreiben. Das Gästebuch muß durchaus nicht ein mit Golddruck versehenes, den Foto- oder Poesiealben verwandtes Buch sein. Hier können wir unserer Phantasie freien Lauf lassen. Von der Minilitfaßsäule (z.B. aus einer Waschpulvertrommel gebastelt) bis zum Bettlaken, das zur Wandbespannung umfunktioniert wurde, ist hier alles erlaubt, solange nur der gute Geschmack gewahrt bleibt.

Das *Gästezimmer* ist oft die allerletzte Zufluchtsstätte für denjenigen, der ein bißchen zu tief ins Glas geschaut hat. Gästezimmer sind auf der einen Seite ein von jeder Hausfrau geschätzter, praktischer Raum, der sie davor bewahrt, nachts gegen halb vier Uhr die Wohnzimmercouch zum Bett umfunktionieren zu müssen, andererseits werden Gästezimmer von auswärtigen Bekannten gerne als Hotelersatz angesehen, der, abgesehen von der Kostenersparnis, auch noch Familienanschluß bietet. In diesem Falle werden Gästezimmer leicht zur Last, und nicht selten beschließt die leiderfahrene Hausfrau eines schönen Tages, das stark frequentierte Gästezimmer in ein Bügelzimmer mit Notbett zu verwandeln. Wer dann erst einmal neben einem Berg Bügelwäsche nächtigen durfte, wird sicherlich beim nächsten Besuch überlegen, ob er um Nachtquartier bittet! Völlig an guten Manieren mangelt es jenen Zeitgenossen, die zu später Stunde anrufen (wenn sie nicht ohnehin gleich vor der Tür stehen) und mit klagender Stimme darauf verweisen, daß absolut kein Hotel aufzutreiben sei. Schon wegen der fortgeschrittenen Stunde wird man sie in diesem Fall aufnehmen – aber bitte nur einmal! Beim nächsten Mal darf man – auch wenn es vielleicht unhöflich wirkt – gerne hart bleiben. Notfalls mit einer kleinen Lüge, z.B. man hätte schon einen Logiergast (→Einladung).

Gastfreundschaft
gilt vielen Menschen als heilig und ist ebenso vielen ein absolutes Fremdwort. Übermäßig strapazieren sollte man sie jedoch nie. Wer ins Ausland reist, sollte vielleicht vorher darüber nachdenken, was es bedeutet, eine Urlaubsbekanntschaft zu sich nach Hause einzuladen. Wer dies erst dann tut, wenn der reizende griechische Pensionsbesitzer samt Großfamilie vor der eigenen Haustür steht, der wird wohl oder übel in den sauren Apfel beißen müssen. Gerade in südlichen Ländern wird der Begriff der Gastfreundschaft weit großzügiger ausgelegt als bei uns. Freundlich sollte man seine Gäste aber immer behandeln, denn es ist wohl die gröbste Unhöflichkeit, jemanden spüren zu lassen, daß er absolut nicht willkommen ist. Es sei denn, es gibt dafür einen plausiblen Grund! Allerdings, und dies muß hier einmal in aller Deutlichkeit gesagt werden: Die Gäste haben sich nach unseren Gepflogenheiten zu richten, nicht wir nach ihren. Selbstverständ-

lich werden sie sich eingehend nach unserem Tagesablauf erkundigen und diesen so wenig als möglich stören. Gäste, welche ihre Gastgeber sozusagen »mit Haut und Haaren« für sich vereinnahmen, dürfen sich nicht wundern, wenn sie nie mehr wieder eingeladen werden!

Gastgeber

Der perfekte Gastgeber wird nie die Übersicht verlieren, sogar dann nicht, wenn seine Gästezahl in die Dutzende geht. Leicht gesagt und in der Ausführung mindestens so diffizil wie das berühmte Hüten der Flöhe. Der Gastgeber oder das Gastgeberpaar wird seine Gäste an der Türe empfangen (es sei denn, man besitzt tatsächlich eine »Perle«, möglicherweise sogar einen echten Butler, der die Gäste in den Empfangssalon geleitet). Bei sehr großen Einladungen empfiehlt es sich tatsächlich, die →Blumen am nächsten Tag zu senden, ansonsten kann man eine Anzahl bereits mit Wasser gefüllte Vasen aufstellen, so daß die armen Blumen wenigstens den Empfangsrummel überleben. In einer etwas stilleren Minute wird die Hausfrau sie dann ordnen.

Es empfiehlt sich übrigens nicht, wenn Gastgeber »werten«, d.h. einige Gäste besonders höflich und fast überschwenglich, andere hingegen distanzierter begrüßen. Nicht selten legt man damit den Grundstein für eine auftretende Mißstimmung! Die wichtigsten Punkte, die der perfekte Gastgeber beherrschen muß, nachstehend:

Er wird für jeden ein offenes Ohr haben, ohne sich in langandauernde Fachgespräche mit einer bestimmten Person zu verbeißen, schließlich haben die anderen Gäste ja auch das Recht, mit dem Gastgeber ein paar Worte zu wechseln.

Er wird seinen Gästen rechtzeitig nachschenken, dabei jedoch auch mit einem Auge darüber wachen, daß niemand zu tief ins Glas blickt oder möglicherweise alles durcheinander trinkt (beides läßt sich jedoch nicht immer verhindern!).

Er wird die Aschenbecher immer wieder entleeren und für Nachschub bei den aufgelegten Rauchwaren sorgen. Selbstverständlich gibt er Feuer oder reicht Streichhölzer.

- Er wird nicht harmonierende Gesprächsgruppen entweder unauffällig trennen oder ein Thema anschlagen, von dem er weiß, daß es alle interessiert.
- Er wird sich im besonderen Maße um alleinstehende Gäste kümmern.
- Daß er die Gäste untereinander bekannt machen muß, haben wir ja bereits im Kapitel →Einladung gehört.

Auf einen Nenner gebracht, könnte man den perfekten Gastgeber etwa so beschreiben: Er ist stets für alle da, wird sich selbst allerdings nie in den Vordergrund spielen. Leichter gesagt als getan, vor allem wenn man unter seinen Gästen jene Individuen findet, die sich bequem in den Sessel lehnen und nun den ganzen lieben langen Abend darauf warten, unterhalten zu werden, ohne selbst auch nur das Geringste dazu beizutragen.

Gastgeschenk

Neben den obligaten Blumen, die bei großen Einladungen mehr zur Last als zur Freude werden, gibt es natürlich noch eine Reihe anderer Möglichkeiten, seinen Dank über eine Einladung abzustatten. Wer die Wohnung der Gastgeber gut kennt, der wird vielleicht eine Kleinigkeit finden, die zur Einrichtung paßt (Vorsicht ist hier nur bei Bildern angebracht, da hat jeder so seinen ganz besonderen Geschmack!) oder die im Rahmen eines früheren Gespräches von den Gastgebern mal erwähnt wurde. Bücher, Schallplatten, aber auch Videofilme (sofern der Haushalt über Video verfügt) sind ebenfalls Gastgeschenke, die stets dankbar angenommen werden. Erlaubt ist eigentlich alles, was witzig, aber nicht geschmacklos ist! Wein oder Alkoholika sollte man allerdings nur dann verschenken, wenn man den Geschmack der Gastgeber genau kennt!

Gebräuche im In- und Ausland

Wer eine Reise tut, der kann hinterher meist viel

*1 Das **Gastgeschenk** muß natürlich nicht unbedingt so riesige Dimensionen haben wie auf diesem Bild.*

*2 Die **Geburtsanzeige** darf nach eigenem Geschmack gestaltet werden.*

Geburt

Mit der Geburt eines Kindes wird aus einem Ehepaar eine kleine Familie, und wohl kaum eine Frau wird den Augenblick, als ihr Kind das Licht der Welt erblickte, je vergessen können. Und da es heute durchaus üblich ist, daß – einen normalen Geburtsverlauf vorausgesetzt – auch der werdende Papa dabei anwesend sein darf, wird auch er vom ersten Augenblick des geborenen Lebens an für sich eine besondere Beziehung zu seinem Kind in Anspruch nehmen. Über die Geburtsvorbereitungen und die Geburt selbst braucht dieses Buch nicht zu berichten, da gibt es unzählige andere; eines darf hier jedoch zu diesem Thema bemerkt werden: Väter, die nicht ausdrücklich von selbst den Wunsch äußern, bei der Geburt anwesend zu sein, sollte auch die werdende Mutter nicht dazu zwingen. Nicht jeder Mann »verkraftet« die Geburt eines Kindes sozusagen von Angesicht zu Angesicht.

Schon lange vor dem errechneten Geburtstermin werden sich die angehenden Eltern über den zukünftigen Namen des Kindes die Köpfe heiß geredet haben. Jeder kann hier aus der riesigen Namenspalette das auswählen, was ihm selbst gefällt. Aber bitte, liebe zukünftige Eltern, nicht jeder Name paßt zum Nachnamen, und Modenamen, die vielleicht auch noch eine politische Aussage treffen, sind für das Kind mehr Strafe als Freude. Ich denke da an den einst so beliebten Che Guevara Huber, Müller, Meier usw. Standesbeamte dürfen Vornamen unter Umständen auch ablehnen, vor allem dann, wenn das Geschlecht des Kindes daraus nicht eindeutig ersichtlich ist. Ob man einen oder mehrere Vornamen für das Kind wählt, ist Sache der Eltern, erfahrungsgemäß wird das Kind ohnehin nur bei einem bzw. sehr oft auch beim Kosenamen gerufen.

erzählen. Aber auch vorher sollte er sich eingehend damit beschäftigen, welche Gebräuche man in dieser oder jener Ecke der Welt denn pflegt. Selbst innerhalb unseres eigenen Landes können diese sehr verschieden sein. Man denke da nur an die rein katholischen oder primär evangelischen Landstriche etc. Freunde in der Fremde gewinnt man nur dann, wenn man bereit ist, ihre traditionellen Sitten und Gebräuche zu akzeptieren.

Andere Länder, andere Sitten, heißt es in einem sehr treffenden Sprichwort, welches, leider, leider, unseren Touristen großteils noch nicht zu Ohren gekommen ist. Es würde bei weitem den Rahmen des Buches sprengen, würden hier all jene Gebräuche und Sitten aufgezählt, die man einfach kennen muß, wenn man ins Ausland reist. Darum ein Tip und gleichzeitig eine Bitte: Es gibt unzählige Reiseführer über nahezu alle Länder dieser Erde, die auch Hinweise auf die Besonderheiten eines Landes enthalten; bitte werfen Sie doch, vielleicht während des mitunter lange dauernden Fluges, einen Blick hinein. So manche Peinlichkeit wird Ihnen erspart bleiben, und so manche schlechte Erinnerung an das Gastland wird gar nicht erst entstehen ...

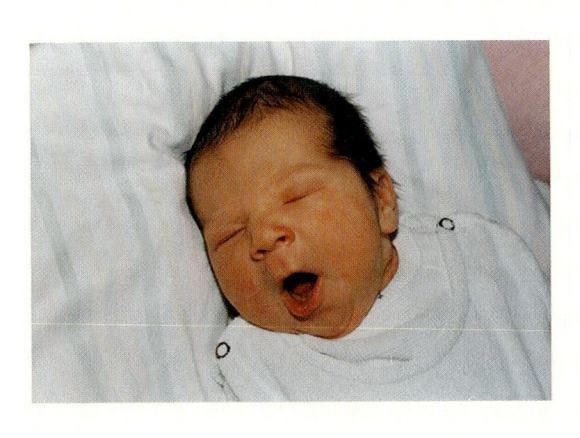

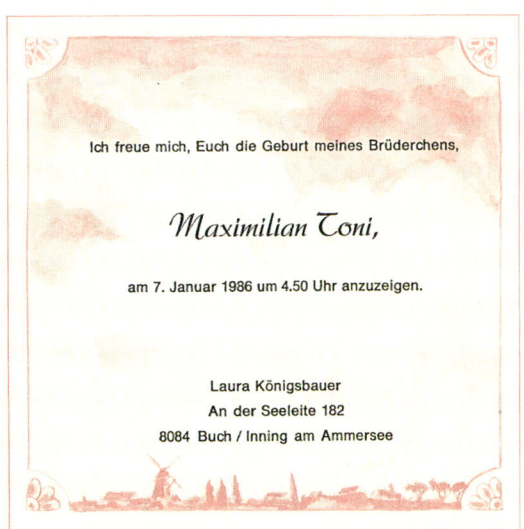

> Ich freue mich, Euch die Geburt meines Brüderchens,
>
> *Maximilian Toni,*
>
> am 7. Januar 1986 um 4.50 Uhr anzuzeigen.
>
> Laura Königsbauer
> An der Seeleite 182
> 8084 Buch / Inning am Ammersee

Besuche in der Klinik sollten in den ersten beiden Tagen nach der Geburt nur von den allernächsten Verwandten abgestattet werden – die Busenfreundin der jungen Mutter ist in diesem Falle eingeschlossen. Alle anderen Besucher sollten sich erst telefonisch erkundigen, ob ihr Besuch genehm ist oder ob man damit vielleicht doch noch ein paar Tage warten sollte.

Geburtsanzeigen wird man erst in Druck gehen lassen, wenn die Geburt wirklich glücklich vorüber ist. Selbstverständlich kann man sich natürlich schon vorher überlegen, wie und in welcher Form man diese versenden will. Anregungen dazu erhält man in den Mustermappen, welche die Druckerei meist zur Auswahl der Karten vorlegt, durch Geburtsanzeigen von Bekannten und aus der einschlägigen Presse. Wer einen großen Bekanntenkreis besitzt, wird zweckmäßigerweise auch gleich ein kleines Dankbillett in Auftrag geben, da Blumen und Geschenke meist in so großer Zahl eintreffen, daß man sich unmöglich bei jedem persönlich bedanken kann.

Die Palette der *Geschenke* ist bei einer Geburt besonders vielfältig. Vom traditionellen Silberbesteck bis hin zum Sparbuch (meist von den Großeltern) ist der Rahmen weit gesteckt. Junge Mütter freuen sich fast immer über niedliche Babykleidung, allerdings sollte man diese stets einige Nummern größer erwerben, da Säuglinge bekanntlich sehr schnell wachsen und für die ersten Monate fast immer bereits genügend im Kästchen ist. Geburtsgeschenke wird man, wie alle anderen auch, dem eigenen Geldbeutel anpassen müssen, doch auch für eine geringe Summe erhält man oft hübsche Dinge – wer gut handarbeiten kann, erfreut jede Mutter mit etwas Selbstgemachtem!

Geburtstag

hat jeder einmal im Jahr, aber nicht jeder wird ihn auch feiern wollen. Ab einem gewissen Alter verschweigen ihn vor allem Damen ganz gern, was natürlich nicht heißen soll, daß sie sich über die Glückwünsche am Geburtstag nicht dennoch von Herzen freuen könnten. Herbeigesehnt wird der Geburtstag vor allem von Kindern, die schon Wochen vorher jeden darüber informieren, wann denn der große Tag endlich ins Haus steht. Kindergeburtstage bedürfen einer langen Vorbereitung, denn sie wollen richtig gefeiert werden: mit Spielen, mit reichhaltigem Essen (alle Kinder lieben z.B. Nudeln oder Pommes frites), mit Wettbewerben, die man im Garten oder im Keller (falls es regnet) oder im dafür notfalls ausgeräumten Wohnzimmer veranstaltet.

Die *Geschenke* der Erwachsenen sollten sich allerdings im Rahmen halten. Wer nur schenkt, um zu protzen, der hat den Sinn des Schenkens nicht erfaßt, und keine Tante soll beleidigt sein, wenn das kleine Mädchen dem Fünf-Mark-Teddybären mehr Aufmerksamkeit schenkt als der Puppe um 150.– DM. Geburtstagsgeschenke dürfen durchaus auch einen praktischen Zweck befolgen, allerdings, *nur* praktisch sollten sie nicht sein. Ein bißchen Freude muß man den Kleinen schon lassen.

Abschließend zum Kindergeburtstag noch ein offenes Wort, die Geschenke der Mitschüler und Freundinnen betreffend: Natürlich sind Kinder in ihren Wünschen oft maßlos, und niemand muß sich daran orientieren, schon gar nicht, wenn es sich nur um eine Schulfreundschaft handelt. Seit einiger Zeit hört man immer wieder von Listen, welche Kinder regelrecht zirkulieren lassen und auf denen die verschiedensten Geschenke aufgeführt sind. Nein, liebe Mütter, hier ist es an Ihnen, ein Machtwort zu sprechen, notfalls sogar die Mutter des Geburtstagskindes anzurufen und um ein klärendes Wort zu bitten. Denn oft wissen Mütter gar nichts von den Umtrieben ihrer Sprößlinge, sie wundern sich oft nur. Eine weitere, speziell bei Kindergeburtstagen grassierende Unsitte sind die kleinen Gegengeschenke, d.h., wer 25 Kinder einlädt, muß diesen zum Abschied ein kleines Geschenk mitgeben. Bei der Stärke unserer Schulklassen kann das ganz nett ins Geld gehen, und nicht jede Familie hat ein unbegrenztes Budget – womit bereits wieder ein Zweiklassensystem geschaffen wäre. Ich finde, hier sollte einmal eine Mutter den Mut finden und mit den anderen Müttern ein offenes Wort sprechen. Ich höre stets nur das Stöhnen darüber, aber sagen will natürlich um Himmels willen niemand etwas, man könnte ja sonst annehmen, man kann sich diese Kleinigkeiten nicht leisten. Ein absoluter Unsinn ist das, und ich glaube, wenn einmal eine Mutter den Stein ins Rollen bringt, dann hat diese Unsitte bald von selbst ein Ende!

Doch kehren wir den Kindergeburtstagen wieder den Rücken und wenden wir uns jenen zu, die sich von der Kindheit immer mehr entfernen. Abgesehen vom Geburtstag, an dem man volljährig wird, wird er außerhalb des Familienkreises wohl kaum sonderlich gefeiert werden. Davon ausgenommen sind natürlich die runden, also etwa der 25., 30., 40., 50. usw. Ab dem 50. wird er wieder zu einem Ereignis, an welchem auch der gesamte Bekanntenkreis teilnehmen kann (wir Damen feiern ja normalerweise zwischen dem 40. und dem 70. nicht mehr Geburtstag), der Jubilar soll schließlich gebührend gefeiert werden! (→Jubiläen)

Geburtstagsstrauß und -geschenke werden ganz individuell ausfallen, je nachdem, wie gut man das Geburtstagskind kennt. Im Büro ist der Blumenstrauß fast ein »Muß«; ob das Geburtstagskind nach Dienstschluß eine Fete steigen läßt oder nicht, sollte man ihm jedoch selbst überlassen und jede diesbezügliche Entscheidung akzeptieren!

Gedeck
Ob für eine schlichte Mahlzeit oder ein aufwendiges Menü, ein Gedeck sollten wir dafür stets auf dem Tisch auflegen. Gedecke für mehrgängige Menüs verwirren den Gast gerne, sind jedoch leicht durchschaubar – wenn man sich nur einmal etwas intensiver damit befaßt hat.

Das *einfachste Gedeck* besteht aus dem Eßteller, der Eßgabel (rechts vom Teller, da für die Speise kein Messer benötigt wird), dem quer oberhalb des Eßtellers liegenden Dessertlöffel, einem Universalglas (rechts neben dem Dessertlöffel) und der links neben dem Teller liegenden Serviette.

Das normale Gedeck sieht neben der Suppe die Fleischspeise mit Salat sowie ein Dessert vor. Ob man nun das Besteck (Gabel, Messer, Suppenlöffel von links nach rechts) rechts neben dem Teller aufdeckt oder aber die Gabel separat auf die linke Tellerseite, Messer und Suppenlöffel hingegen rechts neben dem Teller plaziert, ist Geschmackssache. Richtig ist beides. Serviette und Dessertlöffel haben hingegen ihren angestammten Platz links bzw. oberhalb des Tellers. Wer will, kann den Suppenlöffel ebenfalls oberhalb des querliegenden Dessertlöffels auflegen (ebenfalls quer und in gleicher Richtung wie dieser), allerdings sieht man diese Art des Gedecks nur noch sehr selten. Das Bier-, Wein- oder Saftglas befindet sich unverändert über dem Messer, der Salatteller wird gegenüber, d.h. oberhalb der Gabel plaziert.

Die nächste Stufe unseres kleinen Gedeckspiels sieht nun das Menü der gehobenen Stufe vor: Serviert wird eine Vorspeise, Suppe, Fleischgericht und Dessert. Zur Vorspeise wird ein Sherry oder Portwein, zum Fleischgericht Rotwein und zur Nachspeise z.B. Sekt gereicht. Der Tisch wird nun folgendermaßen gedeckt sein: Auf dem Eßteller steht der Vorspeisenteller (Suppenteller oder Suppentasse werden gesondert gereicht, sobald die Vorspeise abserviert ist); die mehr oder weniger kunstvoll gefaltete Serviette kann auf dem Vorspeisenteller aufgestellt oder links neben die Gabeln gelegt werden. Rechts oberhalb der Messer und des Suppenlöffels werden die für die Getränke erforderlichen Gläser von rechts nach links aufgereiht, d.h., das Sherry- bzw. Portweinglas steht rechts außen. Wie gehabt, befindet sich der Dessertlöffel oder das Dessertbesteck oberhalb des Eßtellers. Links davon wird sich nun ein kleiner Brotteller mit Messer befinden. Werden kleine Semmeln gereicht, so kann man diese bereits auf das Tellerchen legen, gibt es Toast, so wird er warm eingeschlagen in eine Serviette erst unmittelbar mit dem Servieren der Vorspeise aufgetragen.

Besser als alle Worte werden die Fotos dieses Kapitel erklären können. Grundsätzlich bleibt zum Thema Gedeck jedoch zu sagen: Wer einmal das doch eigentlich relativ einfache Prinzip erkannt hat, der wird jeden Tisch richtig zu decken verstehen, auch wenn es – was heute ja sehr unwahrscheinlich ist –, fünf oder gar sechs Gänge geben sollte. Eines ist jedoch unbedingt erforderlich: nämlich genügend Platz. Ein für vier Personen gedachter Tisch wird sich auch unter größten Mühen nicht für sechs Leute korrekt decken lassen.

Zum Schluß noch ein Wort zu den seit einiger Zeit wieder sehr beliebt gewordenen Platz- oder Satztellern, die jahrhundertelang die Stelle unserer modernen Plastiksets einnahmen. Sie waren entweder aus Silber oder Zinn und dienten als Unterteller, auf welchen die verschiedenen Porzellanteller gestellt wurden. Da die meisten Haushaltskassen den Erwerb von sechs silbernen, versilberten oder zinnenen Platztellern nicht vorsehen und die meisten Haushalte aber auch nicht über soviel Porzellan verfügen, daß man einen großen Eßteller als Platzteller verwenden kann, erfand eine praktische Seele die Sets, die heute aus allen nur denkbaren Materialien hergestellt werden und ebenfalls sehr hübsch anzusehen sind. In diesem Falle darf sogar auf das Tischtuch verzichtet werden (z.B., wenn es ein deftiges Bauernessen gibt). (→Gläser, →Kompott, →Mittagessen, →Obst, →Salatteller, →Servieren, →Serviette, →Speisefolge, →Suppen, →Tischsitten, →Vorspeisen)

Gefälligkeiten

erweisen sich mitunter als Strafaufgabe. Sei es nun das tägliche Blumengießen des in Urlaub weilenden Nachbarn, das Betreuen der allein gelassenen Katze usw. usw. Gefälligkeiten sind in ihrem Ausmaß oft nur schwer abzuschätzen, und deshalb sollte jeder vorher überlegen, ehe er spontan ja sagt und es dann bereut. Es ist leider eine Tatsache, daß, wer sich einmal zu einer Gefälligkeit bereit erklärt hat, immer wieder darum gebeten wird. Aber selbstverständlich muß

Schon am **Gedeck** erkennt man die Speisenfolge. Für Suppe, Fisch, Fleisch und Nachspeise (1) wurde hier aufgedeckt.

Bei diesem Gedeck weiß man sofort, daß vor der Suppe eine Vorspeise (2) serviert wird. Es folgen das Hauptgericht, ein Kompott sowie Kaffee. Korrekt auch die Plazierung der Serviette auf der linken Seite des Gedecks.

Schon fast aus der Mode gekommen, erfreut sie sich wieder wachsender Beliebtheit, die dekorative Suppenterrine (3).

Nicht für ein üppiges Festgelage, sondern nur für (4) eine einzige warme Mahlzeit wurde hier aufgedeckt.

Hummer als Vorspeise (5) bedarf des Fischbestecks, allerdings fehlt hier die hilfreiche Hummergabel.

3

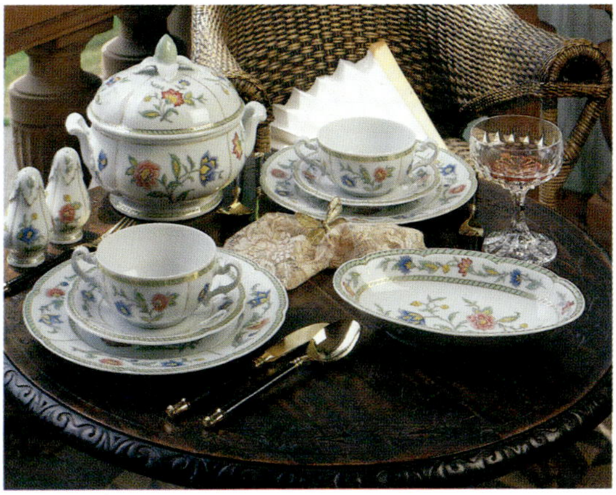

4

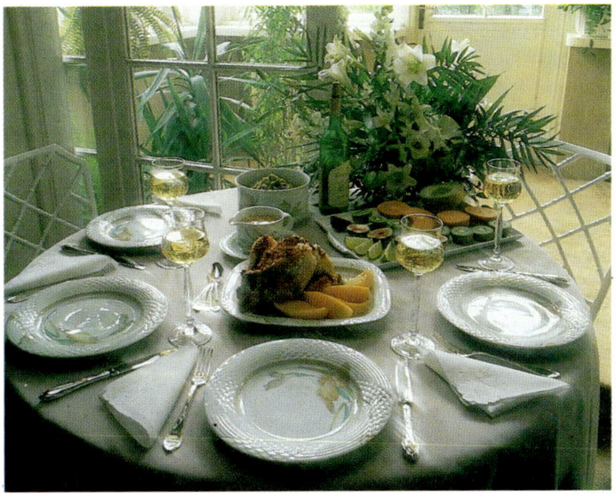

5

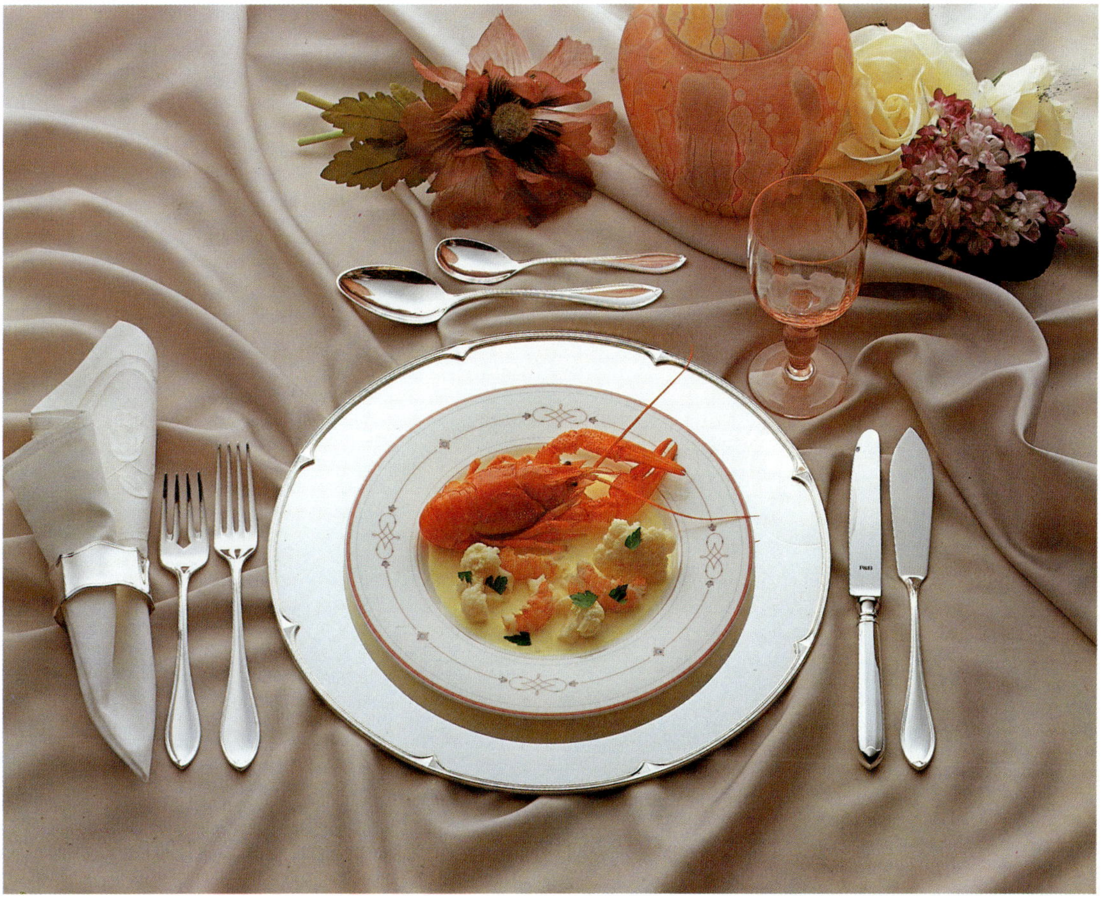

man auch hier differenzieren: Der Einkauf für eine im Bett liegende Nachbarin, der Anruf beim Arzt oder die Fahrt ins Krankenhaus, wenn sich jemand verletzt hat, die Ablieferung eines verirrten Kindes bei der Polizei, dies alles sind zwar auch Gefälligkeiten, die wir unseren Mitmenschen erweisen, aber eigentlich sollten sie eine Selbstverständlichkeit sein. Wenn es sich um absolute Notfälle handelt, dann wird wohl kaum jemand überlegen, wie lange diese »Gefälligkeit« ihn aufhalten wird.

Geflügel
Hühner oder Hendl sind »in«, die Kirchweihgans wird auch in ansonsten kalorienbewußten Haushalten serviert, und seit die Nouvelle cuisine auch bei uns ihren Siegeszug antrat, gehören Fasan, Rebhuhn und Wachtel nicht mehr zu den Besonderheiten. Der Truthahn oder Puter, Amerikas liebstes Geflügel, wird vor allem wegen seines mageren Fleisches immer mehr geschätzt. Im Prinzip kann man eigentlich alles, was da fliegt, auf den Tisch bringen – ob auch alles schmeckt, ist wieder eine andere Frage. Die in Italien so beliebten gebratenen Singvögel verderben uns normalerweise schon beim Betrachten den Appetit! Geflügel wird gewöhnlich mit dem Besteck, und zwar mit Gabel und Messer verzehrt, in reinen Hühnerbratereien darf man allerdings schon die Finger dazu benützen (meist werden zusammen mit dem Hühnchen ohnedies verpackte Feuchtigkeitstücher zum Reinigen der Finger gereicht). In Feinschmeckerlokalen wird man öfter beobachten können, daß Wachtel- oder Täubchenknochen in die Hand genommen und abgenagt werden – wegen ihrer Feinheit ist es auch wenig ratsam, hier mit Messer und Gabel zu operieren. Diese beiden Geflügelsorten sind aber hier die einzigen Ausnahmen. Kleine Knochensplitter werden wie Gräten auf die Lippen geschoben und von dort mit der Gabel weggenommen.

Gegeneinladung
Wer eine Einladung annimmt, muß diese durch eine Gegeneinladung erwidern – auch dann, wenn er sich auf dieser nicht sonderlich wohl gefühlt hat. Ein Unterbleiben der Gegeneinladung wäre nicht nur eine grobe Unhöflichkeit, man würde damit auch unmißverständlich zum Ausdruck bringen, daß man mit den Gastgebern gesellschaftlich nicht verkehren möchte. Diese Brüskierung sollte aber niemals aus einer reinen Laune heraus entstehen, sondern es muß wirklich ein triftiger Grund dafür vorliegen. Eine Gegeneinladung unsererseits muß allerdings auch dann erfolgen, wenn wir selbst aus irgendeinem Grund die Einladung abgesagt haben – immerhin hat man uns gezeigt, daß man mit uns verkehren will; ignorieren wir dies bewußt, so dürfen wir uns nicht wundern, wenn man uns schlicht und einfach für unhöflich hält. Im engeren Bekanntenkreis wird das Einladen und Gegeneinladen natürlich lockerer gehandhabt, und nur ganz konservative Seelen werden da eine Strichliste führen. Die Gegeneinladung muß absolut nicht im gleichen Rahmen stattfinden, d.h., wer zu einem üppigen Diner eingeladen war, ist nicht verpflichtet, ein solches auch bei seiner Einladung zu servieren. Hier gilt die Devise: »Jeder, wie er kann.« Hauptsache, er denkt überhaupt an die Gegeneinladung. Eine Ausnahme bilden hier natürlich »offizielle« Einladungen des Staates, der Stadt, des Landes etc.

Geld
stinkt nicht, befand schon ein römischer Herrscher und hatte mit dieser Feststellung so unrecht nicht. Unzählige Sprichwörter beweisen eigentlich nur eines: Ohne Geld kann man nicht leben, wer jedoch zuviel davon hat, wird kaum glücklich sein! Während der erste Punkt sich ohne größere Schwierigkeiten beweisen läßt, erhebt sich beim zweiten, zumindest, was meine eigene Person angeht, berechtigter Zweifel am Wahrheitsgehalt dieses Sprichwortes. Ich trete jedenfalls gerne den Gegenbeweis an, sollte sich ein großzügiger Spender auf dieser Welt finden...

Doch Spaß beiseite. Das liebe Geld ist ein leidiges Thema; Taschengeld und Haushaltsgeld spalten immer wieder die Familieneintracht, denn beides wird meist viel zu schnell ausgegeben: Die Regelung darüber sollte nicht von einem allein im stillen Kämmerlein, sondern von allen gemeinsam getroffen werden. Pro und Kontra aller Beteiligten müssen abgewogen werden, und wer hier voreilig selbstherrliche Beschlüsse faßt, darf sich nicht wundern, wenn's ständig Knatsch ums liebe Geld gibt. Haushalts- und Taschengeld müssen so bemessen sein, daß die Bedürfnisse befriedigt werden können, behauptet eine kluge Schrift zum Thema Geld. Nur, wer kennt die Bedürfnisse heranwachsender Kinder? Da reicht auch das großzügigst bemessene Taschengeld nie – je mehr sie bekommen, desto größer werden nämlich in diesem Fall die Bedürfnisse, und wenn man es genau betrachtet, dann gilt dies in gewisser Weise auch für das Haushaltsgeld – sofern dies auch die Kleinigkeiten des täglichen Lebens wie z.B. Rauchwaren, Kosmetika, Friseur usw. umfaßt. Je mehr man hat, desto mehr gibt man auch aus!

Ob Eltern von ihren heranwachsenden Kindern Kostgeld verlangen sollen, müssen sie selbst entscheiden. In vielen Fällen trifft man eine beide Teile befriedigende Lösung, indem Eltern z.B. einen gewissen Teil des ohnehin in der Ausbildung geringen Lohns für ihre Sprößlinge verwalten, d.h. auf ein Sparkonto einzahlen. Jugendliche geben Geld schneller aus, als sie es einnehmen, sind später aber sehr glücklich, wenn sie z.B. beim Kauf des ersten Autos auf das von den Eltern heimlich oder wissentlich gesparte Geld zurückgreifen können. Es gibt nur ganz wenige junge Menschen, die bereits als Jugendliche vernünftig mit Geld umgehen können. Und ich meine, das ist ganz gut so. Einmal muß jeder ein bißchen über die Stränge schlagen dürfen, der liebe Alltag kommt rasch genug und damit auch die Sorgen ums liebe Geld!

Während Geldgeschenke heute längst nichts Anzügliches mehr an sich haben und von so manchem Beschenkten lieber entgegengenommen werden als das »Verlegenheitsgeschenk um teures Geld«, ist das Verleihen von Geld noch immer eine Vertrauenssache. Hier soll natürlich nicht die Rede von dem unerheblichen Betrag sein, den man einem Bekannten borgt, weil er selbst z.B. das Portemonnaie vergessen oder dieses nur mit großem Geld bestückt hat. Ich würde die Trennung bei ca. 50 DM – ziehen. Alles darunter fällt in die Sparte des Ausborgens und sollte innerhalb einiger Tage zurückgegeben werden (notfalls erinnert uns ein Zettel im Geldbeutel an diese Schuld). Wer eine größere Summe ausleiht, muß diese, genau wie bei jeder Bank auch, so schnell wie möglich, spätestens aber an einem festgelegten Termin, zurückzahlen. Ob mit oder ohne Zinsen ist Sache des Verleihers – wer Zinsen verlangen will, muß dies allerdings vorher kundtun und nicht in der Minute der Rückzahlung! Grundsätzlich würde ich jedoch meinen, daß man sich Geld bei der Bank und nicht bei Freunden borgen sollte. Die einen sind darauf eingerichtet, die anderen bringen vielleicht ein Nein nicht über die Lippen. Wenn wir nämlich am Tag X nicht zurückzahlen können, dann werden wir dies einem neutralen Bankbeamten leichter plausibel machen können als dem oder den guten Freunden.

Gemeinschaft, eheliche
Im § 1353 des BGB heißt es dazu: »Haben zwei Menschen miteinander die Ehe geschlossen, so sind sie einander zur ehelichen Lebensgemeinschaft verpflichtet...« Das Gesetz führt weiter aus, daß diese Gemeinschaft zwingend ist, d.h., Absprachen über ein eventuelles Nichtzusammenleben der Eheleute sind nichtig. Wer den Entschluß gefaßt hat, zusammen mit seinem Partner die Ehe einzugehen, der sollte ganz bewußt einmal im Gesetz über die Ehe nachlesen. So viele Punkte, die immer und immer wieder zu Streit führen, sind dort nämlich ganz genau aufgeführt und interpretiert. Sicher, Gesetzestexte lesen sich nicht so flüssig wie ein Krimi, aber sie

können mindestens ebenso interessant sein. Man erfährt mitunter Sachen, deren Erwähnung man nie und nimmer im Gesetz vermutet hätte. Bücher über das Ehe- und Familienrecht, welche den Gesetzestext verständlich für alle interpretieren, gibt es zahlreiche und meist relativ günstig.

Gemeinschaftssauna
Sauna ja oder nein, das ist für viele eine Lebensanschauung. Schon seit Jahren gibt es neben der reinen Herren- bzw. Damensauna auch die Gemeinschaftssauna, die allerdings mitunter einen nicht ganz einwandfreien Ruf genießt, und wer die gängigen Anzeigen in den Boulevardblättern liest, der wird auch wissen warum. Das Wort Gemeinschaft wird hier von vielen falsch ausgelegt – ob bewußt oder unbewußt, muß jeder für sich selbst beurteilen. Selbstverständlich gibt es daneben unzählige seriöse Saunen, die z.B. an einem oder zwei Tagen in der Woche auch Paaren die Möglichkeit einräumen, gemeinsam die Sauna zu besuchen. Übertriebene Neugierde, aber auch verkrampftes Schamgefühl sollten in diesem Fall zu Hause bleiben. Es schickt sich weder, die anderen Menschen einer auffälligen Musterung zu unterziehen, noch hinter deren Rücken zu kichern (→Sauna).

Gericht
Der Gang zum Gericht, für manche unserer Zeitgenossen so selbstverständlich wie der tägliche Einkauf, für andere wieder so aufregend, daß sie schon Tage vorher nicht mehr schlafen können.
Die meisten Menschen machen als Zeuge ihre erste Bekanntschaft mit dem Gericht und können, je nach Gewicht ihrer Aussage, auch unter Eid vernommen werden. Wer in diesem Fall wissentlich eine Falschaussage macht, kann unter Umständen zu einer Haft- bzw. Geldstrafe verurteilt werden.
Die Titulierungen bei Gericht wurden vor einigen Jahren vereinfacht: »Herr Vorsitzender« bzw. »Herr Richter«, »Herr Staatsanwalt«, »Herr Rechtsanwalt«. Da es gerade in diesem Beruf auch sehr viele Damen gibt: »Frau Vorsitzende« usw.
Der Beschuldigte wird normalerweise als »Angeklagter« angesprochen, man kann jedoch statt dessen auch nur den Familiennamen hören.

Geselligkeit
nennt man die zwanglose Kommunikation der Menschen untereinander. Geselligkeit braucht weder einen besonderen Anlaß noch einen feierlichen Ort der Handlung. Sie entsteht meist spontan, und nicht selten lebt sie von der Improvisation. Solche, von einer Stunde zur anderen improvisierten Feste sind meist die schönsten, auch wenn nicht alles so perfekt ist, wie es sein muß, wenn es offiziell wird. Geselligkeit sollte man allerdings nicht unbedingt mit Kumpelhaftigkeit verwechseln, und gutes Benehmen wird auch in diesem Falle dankbar registriert werden.

Gesellschaften
Neben der bereits beschriebenen Abendgesellschaft gibt es natürlich unzählige Veranstaltungen, die unter den großen Begriff »Gesellschaften« fallen. Dazu zählen u.a. Veranstaltungen aus Politik und Wirtschaft, des diplomatischen Korps sowie der zahllos in Deutschland existierenden Vereine und Verbände (→Abendgesellschaft, Empfang, Herrenessen).

Gesprächsthema
Beliebte Gesellschaftslöwen sind stets jene Herren, die nicht nur gut zuhören können, sondern denen auch in der verzwicktesten Situation noch ein interessantes Gesprächsthema einfällt. Jeder Gastgeber wird danach trachten, bei einer größeren Gesellschaft solch ein Genie einzuladen – denn dann kann eigentlich nichts mehr schiefgehen!
Das richtige Gesprächsthema zu wählen, ist oft eine Kunst, und mitunter kann es nicht schaden,

wenn man sich bereits vor dem Ereignis ein paar Gedanken darüber macht. Eines muß hier jedoch ganz klar und deutlich gesagt werden: Abwesende sind kein Gesprächsthema, es sei denn, man erwähnt nur ihre guten Seiten. Aber – da beginnt auch schon die Gefahr –, und deshalb sollte man lieber gleich die Finger davon lassen. Hat eine Gruppe zusammensitzender oder -stehender Personen erst einmal ein alle interessierendes Gesprächsthema gefunden, dann wird kaum noch Langeweile aufkommen, da ein Thema ja bekanntlich mehrere andere mit sich ziehen kann, und so der Gesprächsfluß weiterläuft. Wird jemand gebeten, zu einem bestimmten Thema zu sprechen, dann wird er sich weder lange bitten lassen, noch endlos darüber reden. »In der Kürze liegt die Würze«, besagt ein Sprichwort, und so manchem Redner sollte man es öfter einmal in Erinnerung rufen (dies kann natürlich nur der engste Familienkreis bewerkstelligen, niemals ein Fremder). Gesprächsthemen, die zu offenen Konflikten führen könnten, müssen vom Gastgeber mehr oder weniger geschickt im Keim erstickt werden. Notfalls, aber wirklich nur dann, wenn gar nichts anderes mehr hilft, wird er höflich, aber unmißverständlich sagen: »Ich glaube, wir sollten das Thema wechseln.« Und dieser Bitte ist ohne Wenn und Aber Folge zu leisten (→Diskussionen).

Getränke

Die gut gefüllte Hausbar ist für die einen ein Muß, für die anderen vielleicht ein notwendiges Übel, möchte man angesichts der Flaschenvielfalt, derer man ab und an ansichtig wird, meinen. Und doch liegt man in beiden Fällen falsch. Weder »muß« irgendein Schränkchen unbedingt zur Hausbar umfunktioniert werden, noch »muß« diese unzählige Flaschen enthalten. Wer sich jedoch für eine Hausbar entscheidet, der sollte vorher ein Getränkebrevier studieren, damit er nachher auch weiß, was die verschiedenen Flascheninhalte bewirken, bzw. wie sie munden. Es ist nämlich sehr peinlich, wenn man einen Likör

Getränke *gehören zu einem guten Mahl, und eine wohlgefüllte Hausbar kann durchaus auch ein hübscher Anblick sein.*

serviert und einen Schnaps versprochen hatte. Und nicht jede Likörflasche weist ihren Inhalt auch eindeutig als Likör aus. Ein weiterer Punkt zum Thema Getränke ist die richtige Temperatur. Nicht jeder Schnaps muß eisgekühlt sein, selbstgebrannte Obstschnäpse entfalten ihr Aroma oft erst bei Zimmertemperatur. Während die einen grundsätzlich kalte Schnäpse ablehnen, schüttelt es die anderen, wenn diese nicht aus dem Kühlschrank kommen. Ob man nun Gäste

Gläser **Grundausstattung**

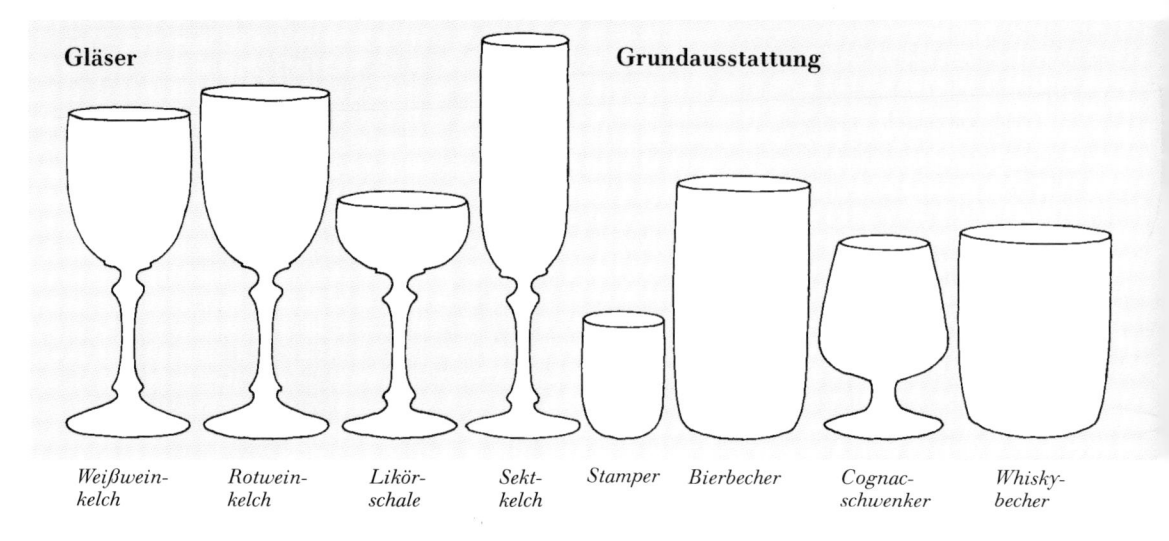

Weißweinkelch — Rotweinkelch — Likörschale — Sektkelch — Stamper — Bierbecher — Cognacschwenker — Whiskybecher

erwartet oder selbst ab und an gerne einen Klaren kippt, für beide gilt die Devise: Beim Schnaps darf man höchstens an der Menge, niemals aber am Preis sparen! Neben den klaren Schnäpsen erfreuen sich die sogenannten Braunen, das sind Cognac oder Weinbrand, Armagnac, Calvados, und selbstverständlich alle Whiskysorten großer Beliebtheit. Außer dem Whisky, der ja gerne »on the rocks«, d.h. mit Eisstückchen getrunken wird, genießt man die »Franzosen« bei einer Temperatur um die 12 °C. Liköre, fälschlicherweise meist als Damengetränke beschrieben, sind praktisch immer süß bis herbsüß, und gerade deswegen können sie sehr gefährlich werden. Durch die Süße merkt man nämlich den Alkohol, den sie genauso wie jeder Klare besitzen, nicht so schnell. Lediglich die glänzenden Augen und der immer schneller werdende Redefluß verraten den Übeltäter. Aber wie sagte schon Wilhelm Busch in seiner »Frommen Helene«: »Wer Sorgen hat, hat auch Likör!« Über →Cocktails wurde bereits ausführlich gesprochen, für sie gilt die gleiche Vorsicht wie für alle hochprozentigen Alkoholika. Da dem →Wein ein eigenes Kapitel gewidmet ist, verbleiben hier nur noch das Bier und die nichtalkoholischen Getränke. Ein gepflegtes Bier (im Norden gerne zusammen

mit einem kühlen Klaren getrunken) ist ja für viele das Nonplusultra überhaupt. Ob Weißbier, helles oder dunkles Bier, ob Pils oder Starkbier, das Angebot ist reichhaltig, und der perfekte Hausherr wird seinen Gästen zumindest zwei verschiedene Biersorten offerieren können. Seit einiger Zeit gibt es alkoholfreies Bier (seit März 1986 sogar alkoholfreies Weißbier), das sich besonders für jene Gäste eignet, die keinen Alkohol trinken. Womit wir bei all jenen wären, die das Glas Mineralwasser oder Fruchtsaft jedem alkoholischen Getränk vorziehen. Wer wissentlich einen »trockenen Alkoholiker« dazu überredet, doch nur ein kleines Schlückchen (z.B. »nur zum Anstoßen«) zu trinken, der handelt in gröbster Weise fahrlässig und wird sich dieser Heldentat nicht zu rühmen brauchen. Das Argument, man müsse schließlich selber wissen, was man tut, zählt hier nur bedingt. Wissen wir denn, wie schwer es jemanden vielleicht fällt, nicht mehr zu trinken? Kommt dann noch jemand mit viel Überredungskunst, dann ist der Wille so schnell über Bord geworfen, und der Teufelskreis beginnt von neuem!
Grundsätzlich sollte jeder gute Gastgeber auch einige nichtalkoholische Getränke anbieten können, schon deshalb, weil ja die meisten unserer

Ergänzungsteile

Wasser-kelch   *Süßwein-kelch*   *Likör-kelch*   *Sektschale*   *Sherry-glas*   *Biertulpe*   *Longdrink-glas*   *Bowlen-glas*

Gäste später noch Auto fahren müssen! Ein guter Gastgeber wird jedoch auch darauf achten, daß seinen Gästen nicht alles wild durcheinander angeboten wird, denn in diesem Fall wäre der Kater bereits vorprogrammiert.
Manche Getränke erfordern beim Genuß einige Erfahrung, so z.B. der beliebte Irish Coffee, den man nicht umrühren sollte, oder der in südlichen Ländern oft in einer »bola« servierte Wein. Er wird buchstäblich in den Mund gespritzt, d.h. die Lederflasche berührt unter keinen Umständen die Lippen des Trinkenden – wozu natürlich ein bißchen Übung gehört. Wer privat oder beruflich viel auf Gesellschaften verkehrt, der kann sich entweder bei einem gut bekannten Barmixer einen Schnellkurs bezüglich »Wie trinkt man was?« verpassen lassen, oder er sollte zweckmäßigerweise in einem der zahlreich erschienenen Getränkeführer nachlesen. Kennt man ein Getränk einmal gar nicht, dann gibt es, wie schon beim Essen erwähnt, auch hier zwei Möglichkeiten: fragen oder geschickt abschauen! Für welche der beiden Arten man sich letztlich entscheidet, bleibt jedem selbst überlassen!

Gläser

Gläser können reine Kunstwerke darstellen, und manche Leute sammeln Gläser aller Stilrichtungen. Ob aus ihnen auch je getrunken wird, bleibt dem Sammler überlassen.
Es gibt unzählige Glasformen, und jeder Haushalt wird nur mit dem Notwendigsten beginnen: Saft-, Bier-, Wein- und Schnapsgläser bilden den Grundstock, der nun nach Lust und Laune fast unendlich vergrößert werden kann. Der besseren Übersicht wegen wollen wir hier nicht alle gängigen Gläser aufzählen, sondern abbilden.
Hausfrauen, die mehrere Gläsersortimente in ihrer Vitrine haben, werden natürlich differenzieren: Das festliche Abendessen verlangt andere Gläser als die lustige Party, auf der auch schon mal ein Glas zu Bruch gehen darf.
Bereits beim Stichwort →Gedeck wurde erwähnt, daß die Gläser rechts oberhalb des Messers von rechts nach links gestaffelt aufgestellt werden. Einzige Ausnahme bildet das Wasserglas, das stets links, praktisch außerhalb des Gedeckes steht und kurz vor dem Essen mit kühlem Mineralwasser gefüllt werden kann.

Welches Glas zu welchem Getränk?

Sherry- oder Südweinglas:
Aperitifs und Südweine (z.B. Madeira, Port usw.).

Alle trockenen Aperitifs und Südweine werden gut gekühlt, alle süßen bei Zimmertemperatur serviert.

Cocktailglas:
Die entweder hohen oder kurzen Tumbler eignen sich hervorragend zum Servieren aller Cocktails. Serviert werden sie fast alle gut gekühlt.

Schnapsglas:
In unzähligen Variationen angeboten eignen sie sich für alle hellen Schnäpse sowie für alle angebotenen Magenbitter (z.B. Fernet Branca oder Underberg).
Viele Schnapsbrennereien bieten für ihren Schnaps besondere Gläser (z.B. Malteser Kreuz) an, in denen sich das Bouquet dann besonders gut entfalten kann. Wer allerdings für jeden Schnaps das angebotene Glas erwirbt, wird bald einen eigenen Schrank dafür benötigen!
Temperatur: von eisgekühlt bis zimmerwarm.

Cognacschwenker:
In den bauchigen Schwenkern kommt die Blume aller Weinbrände voll zur Entfaltung. Geeignet auch für Armagnac und Calvados!
Ideale Temperatur: zimmerwarm.

Whiskyglas:
Für alle gängigen Whiskysorten. Ideale Temperatur: eisgekühlt (on the rocks) bis zimmerwarm.

Likörglas:
Alle angebotenen Likörarten können daraus getrunken werden. Ideale Temperatur: zimmerwarm, allerdings sollte man die Gläser vorher mit Eis ausschwenken.

Grog- oder Punschglas:
Aus hitzebeständigem Jenaer Glas, man kann unter Umständen auch ein Whiskyglas zweckentfremden, sollte in diesem Fall aber einen Kaffeelöffel beim Einschenken hineinstellen, damit das Glas nicht springt. Temperatur: heiß, aber nicht kochend!

Bierglas:
Weißbier und Pilsener werden in besonders geformten Gläsern angeboten, helles oder dunkles Bier serviert man gerne auch in Krügen. Einzig die Berliner Weiße bedarf eines großen, schalenartigen Gefäßes. Die Idealtemperatur liegt je nach Sorte zwischen 7° und 12 °C.

Rotweinglas:
Rotwein entfaltet meist bei Zimmertemperatur sein volles Bouquet, während der ebenfalls im Rotweinglas servierte Roséwein ideal bei Kellertemperatur getrunken werden sollte.

Weißweinglas:
Die hochstieligen Gläser (der »Römer« ist ein typisches Weißweinglas) sollen den stets gut gekühlten, aber bitte nie eiskalten Weißwein aufnehmen.

Sektglas:
Ob als Kelch, Flöte oder Schale, Sekt bzw. Champagner wird immer eisgekühlt getrunken.

Wasserglas:
Mineralwasser, Säfte, aber auch die typischen französischen und italienischen Landweine können daraus getrunken werden.

Die →Trinksitten werden in einem gesonderten Kapitel ausführlich behandelt, so daß wir das Thema »Gläser« mit einigen vielleicht ganz nützlichen Hinweisen abschließen können:
Biergläser müssen sehr sorgfältig ausgespült werden, da auch der geringste Spülmittelrückstand die Schaumkrone zusammenfallen läßt.
Geeiste Gläser (notwendig z.B. für Aquavit) erhält man, indem man die Gläser in lauwarmes Wasser taucht und noch naß in das Gefrierfach des Kühlschrankes (oder die Gefriertruhe direkt) stellt.

| Likörschale | Genever-kelch | Likör-kelch | Bierbecher Whiskybecher | Schwenker | Sektkelch | Sektschale | Weißwein Porterkelch | Rotwein | Südwein |

Der vor allem bei Longdrinks so beliebte Zuckerrand wird mit Zitronensaft und Kristallzucker herbeigezaubert. Man taucht das umgekehrte Glas in eine Schale mit Zitronensaft und unmittelbar danach in einen mit Kristallzucker gefüllten Teller.
Nur wirklich robust wirkende Gläser sollte man in die Spülmaschine stellen!
Lippenstiftspuren am Glasrand lassen sich zwar nicht ganz vermeiden, wer allerdings sehr stark geschminkte Lippen hat, sollte – ehe er zum Glase greift – diese vielleicht an einem Taschentuch abdrücken.
Gläser werden stets mit der Öffnung nach unten im Schrank aufgehoben, da man so ein Einstauben verhindert. Lange Zeit unbenutzt stehende Gläser werden vor der Benützung einer gründlichen Reinigung unterzogen, denn auch die ideale Aufbewahrung (siehe oben) bewahrt nicht ganz vor Staub! Nach der sorgfältigen Reinigung wird man das Glas mit einem möglichst faserfreien Leinentuch abtrocknen, nur so bekommen wir den optimalen Glanz – laut Werbung ja der Stolz jeder guten Hausfrau!

Gleichberechtigung

Ein Thema, welches gerade in diesem Buch nicht fehlen darf, da die Zeiten, in denen junge Damen ihr einziges Lebensziel in der Ehe sahen, ja Gott sei Dank ein für alle Male vorüber sind. Die Emanzipation, oft belächelt, oft verspottet und von den meisten Männern auch heute noch ungern registriert, ließ manche altüberlieferten Sitten und Unsitten ganz von alleine sterben. Das Märchen von der männermordenden Emanze, die jede Art von Kosmetika als ein die männlichen Lustgefühle anstachelndes Teufelszeug verdammt und Mode nur im einheitlichen Sacklook akzeptiert, geistert noch immer in den sonst so kühlen Männerköpfen herum, und es wird wohl noch eine Weile dauern, ehe wir es endgültig daraus verdammen können. Dabei, meine Herren der Schöpfung, waren es nicht Sie, die uns, sozusagen als letzten verzweifelten Akt, zur Emanzipation greifen ließen? Haben nicht Sie uns jahrhunderte-, ja sogar jahrtausendelang immer und immer wieder erklärt, daß wir außer für Küche und Kinder (die Kirche wollen wir hier mal lieber weglassen) zu nichts nütze seien? Nein, natürlich nicht Sie als Einzelwesen, aber in eurer Gesamtheit war und ist doch immer noch diese Auffassung vertreten. Keine Ausreden, kein Wenn und Aber bitte, es ist doch so. Irgendwann sind wir dummen Weibchen halt doch auf die Idee gekommen, daß wir eigentlich so dumm gar nicht sind. Immerhin, einige Frauen bewiesen es ja sogar in der Geschichte – man denke da nur an Maria Theresia, die durch ihr Durchsetzungsvermögen entscheidende Reformen für ihr Reich bewirkt hat. Natürlich, Ausnahmen gibt es immer wieder, meinen Sie? Da sind wir doch schon wieder beim Thema: bei der Gleichberechtigung nämlich. Seit einiger Zeit zwar gesetzlich verankert, heißt das noch lange nicht, daß man dieses Gesetz auch überall befolgt. Schade, denn solange es von Männern bewußt ignoriert wird, solange wird es eben auch die Ausnahmeerscheinung der Emanze im schlimmsten Sinne des Wortes geben. Der Fachausschuß für Umgangsformen hat zum Thema »Gleichberechtigung« einen sehr einprägsamen und, wie ich meine, auch sehr weisen Satz formuliert: »Wer auf förmliche Autorität verzichtet, der gewinnt an echter Autorität.« Von beiden Geschlechtern richtig angewandt, kann mit diesem Ratschlag in puncto Gleichberechtigung eigentlich nichts mehr schiefgehen!

Glückwünsche

können zur Plage werden, vor allem dann, wenn man nicht zu den routinierten Verfassern zählt. Aber – auch dafür gibt es Nachschlagewerke, und wer vielleicht aus beruflichen Gründen gezwungen ist, öfter Glückwunschkarten oder -briefe zu verfassen, sollte die Kosten für ein solches Buch nicht scheuen. Grundsätzlich sei zum Thema Glückwünsche jedoch bemerkt: Nur wirklich gute Bekannte wird man telefonisch »beglückwünschen«. Karte oder Brief sind immer ein Beweis der Wertschätzung. Wer ein Faible für sogenannte Witzkarten besitzt, sollte sich allerdings zuvor vergewissern, ob der Empfänger darauf nicht etwas pikiert reagiert. Vor allem ältere Semester verstehen diesbezüglich nicht immer Spaß!

Glückwünsche kann man natürlich auch persönlich überbringen, und an Geburtstagen darf dies ausnahmsweise auch ohne Anmeldung geschehen – sozusagen als Überraschung. Wird man allerdings nicht ausdrücklich zum Eintreten bzw. Bleiben aufgefordert, so hat man sich zurückzuziehen, sobald die Glückwünsche ausgesprochen sind. Für den Fall, daß man uns hereinbittet, wird der Besuch allerdings nicht unnötig lange hinausgezogen.

Glückwunschkarten oder -schreiben sollte man jedoch nie als unpersönliche Drucksache, sondern stets als Brief versenden. Ferner wird man sie mit der Hand und nicht mit der Maschine schreiben, es sei denn, man hat eine wirklich absolut unleserliche Handschrift – und die hat eigentlich nur derjenige, der zu bequem ist, sich ein bißchen zu bemühen! Glückwunschtelegramme werden meist zur Geburt oder zur Hochzeit versandt, dürfen aber natürlich auch zu jedem anderen Anlaß, der das Glückwünschen gebietet, auf den Weg gebracht werden. Allerdings sollte man dabei stets bedenken, daß der Telegrammbote bei vielen Menschen zuallererst als Unheilbringer angesehen wird.

Gotha

»Sie stehen nicht im Gotha«, diese Bemerkung entschied noch bis in das erste Drittel unseres Jahrhunderts darüber, wer zur Gesellschaft zählte und wer nicht. Heute, da der Adel ja zum Bestandteil des Namens geworden ist, wird kaum noch jemand im »Gotha« nachschlagen, ehe er eine Einladung ausspricht. Der »Gotha«, das meistgelesene Nachschlagewerk einer ganzen Epoche, nennt sich heute »Genealogisches Handbuch des deutschen Adels« und ist in jeder gut sortierten Buchhandlung zu erwerben (→Adelstitel).

Graphologie

Immer wieder kann man bei der Ausschreibung bestimmter Stellen die Forderung nach einem handgeschriebenen Lebenslauf oder einigen Textzeilen lesen. In diesem Fall können wir fast mit Sicherheit annehmen, daß unsere Handschrift einem Graphologen vorgelegt werden wird. Seit einiger Zeit gibt es hierzu ein Urteil, welches besagt, daß dies nur dann gestattet ist, wenn der »Schreiber« damit einverstanden ist. Nun, es dürfte etwas schwierig sein, das Vorlegen immer zu beweisen. Grundsätzlich sei hierzu jedoch bemerkt: Der Graphologe wird nicht wer-

> Zu Ihrer Goldenen Hochzeit erlauben wir uns, Ihnen unsere herzlichen und aufrichtigen Glückwünsche zu senden.
> Möge Ihnen auch weiterhin Gott gnädig sein und Ihr erfülltes Leben noch lange glücklich und gesund gestalten.
>
> Mit herzlichen Grüßen
> Ihre Familie
> Bruno e Sophie Neumayer

ten, ob wir schön oder häßlich schreiben. Auch das Verstellen der Schrift wird sein Urteil über unseren Charakter kaum beeinflussen können, da er von ganz anderen Kriterien in der Urteilsfindung auszugehen pflegt, als der Laie annimmt (→Handschrift).

Gratulationscour
Runde →Geburtstage, →Jubiläen oder die Verleihung einer Auszeichnung, gleich welcher Art, werden, sofern es sich um Personen mit großem Bekanntheitsgrad handelt, eine Gratulationscour bedingen. Diese, praktisch immer am späten Vormittag stattfindende, persönliche Überbringung der Glückwünsche ist gemäß Etikette dem Empfang gleichgestellt und dauert nicht länger als maximal eine halbe Stunde – es sei denn, wir werden zum Sektempfang gebeten. Ein kleines Geschenk, zumeist wohl Blumen, sowie ordentliche Kleidung sind obligat! Neben Rauchwaren wird meist ein Sherry oder Portwein angeboten – ist dieser ausgetrunken, ist auch die Zeit zum Gehen gekommen.

Grillen
gilt manchem Minigartenbesitzer als höchste Lust, häufig sehr zum Leidwesen seiner rauchgeschwängerten Nachbarn. Grillen kann man am Balkon, hier sollte man allerdings die vom Gesetzgeber vorgeschriebenen Bedingungen tunlichst beachten, wenn man nicht mit der gesamten Nachbarschaft in Dauerstreit geraten möch-

Grillen gehört zum Sommer und erfreut sich bei jung und alt großer Beliebtheit.

te, oder im eigenen Garten. Selbstverständlich kann man natürlich auch draußen in der Natur grillen, aber bitte wirklich nur an Stellen, wo das Feuer keinerlei Schaden anrichten kann. Wer zur trockenen Sommerszeit auf einer noch so schönen Waldlichtung grillt, der handelt nicht nur extrem fahrlässig, sondern auch sich und den anderen Waldbesuchern gegenüber unverantwortlich. Flußufer gelten zwar gemeinhin als sichere Grillplätze, sehr ansehnlich sind die Ufer mit den zahlreichen verbrannten Fleckchen jedoch sicherlich nicht. In größeren Städten gibt es vielfach bereits vorbereitete Grillplätze in großen Parks oder Freizeitgeländen. Zum Grillen eignet sich fast alles Eßbare, unzählige Kochbücher geben da Auskunft – auch darüber, wie man richtig grillt. Wer den Grill allerdings mit Benzin oder einer sonst leicht brennbaren Flüssigkeit entzündet, der wird sich leicht im Krankenhaus wiederfinden können. Vorsicht ist beim Grillen grundsätzlich angebracht.

Großeltern

sind dazu da, die Enkel zu verwöhnen, und gegen diese Lebensweisheit hat wohl kaum einer etwas einzuwenden, solange sich das Verwöhnen im Rahmen hält. Wenn die Großeltern grundsätzlich alles gestatten, was die Eltern zuvor ernsthaft verboten haben, dann ist der Streit zwischen den Generationen schon vorprogrammiert – und dies sollte doch vermieden werden! Großeltern sind für alle Kinder extrem wichtig, sie sind jene Partner, die stets Zeit und ein offenes Ohr für alle großen und kleinen Freuden und Leiden des Alltags haben – sollte man meinen! Die Wirklichkeit sieht leider oft ganz anders aus. Großeltern sind heute durchaus nicht nur betagte, weißhaarige, gütige ältere Menschen, sondern sehr leicht vitale Vierziger, die froh sind, nun endlich das

Keine Rauchschwaden werden dem Elektrogrill im Hintergrund entweichen – die Nachbarn werden es zu schätzen wissen.

nachholen zu dürfen, was sie in ihrer Jugend der eigenen Kinder wegen versäumt haben. Selbstverständlich werden sie gelegentlich die Babys ihrer erwachsenen Kinder betreuen, aber wirklich nur ab und an und dann bitte nur nach vorheriger Anmeldung! Mit Großeltern sollte man sich arrangieren, und zwar vorher. Hinterher beleidigt zu sein, weil sie keine Zeit oder keine Lust haben und dies auch noch offen zugeben, ist keine Lösung. Schließlich haben *sie* ihre Pflicht als Eltern bereits getan!

Gruß und grüßen

Ein freundliches »Grüß Gott« oder »Guten Tag« läßt manches verschlossene Gesicht aufstrahlen, und lieber sollte man es einmal zuviel als einmal zuwenig sagen. Über die Begrüßung haben wir ja bereits alles Wissenswerte gelesen, so daß wir hier nur noch einige Nachbemerkungen machen wollen. Im Zuge der Gleichberechtigung, so befand der Fachausschuß für Umgangsformen, ist es durchaus auch zulässig, wenn eine Frau den Mann zuerst grüßt – sofern sie ihn zuerst erkennt. Also, meine Damen, nicht schmollend warten, bis dem Herrn, der möglicherweise nur seine falsche Brille aufhat, endlich ein Licht aufgeht. Ein freundlicher Gruß, ein paar nette Worte, damit vergeben wir uns wirklich nichts. Herren, die darüber den Kopf schütteln, sind eben gutes Benehmen betreffend, nicht auf dem letzten Stand der Dinge. Aufklären sollten wir sie darüber allerdings nicht – dies wäre dann wirklich kein sehr guter Ton.

Ob man nun süddeutsch charmant mit »Servus« oder norddeutsch keß mit »Tschüs«, ob mit einem herzlichen »Grüß Gott« oder distanziertem »Guten Tag« grüßt, sollte eigentlich egal sein. Hauptsache ist, daß überhaupt gegrüßt wird, oder?

Handgriffe
Spitze Gegenstände wie z.B. Scheren, Messer, Feilen usw. werden stets so weitergereicht, daß unser Gegenüber sie mit dem Griff bzw. Schaft annehmen kann. Sehr kalte Gegenstände, z.B. die eisgekühlte Schnapsflasche aus dem Gefrierschrank, wird man mit einem Geschirrtuch umwickeln, ehe man die Gläser füllt.

Handkuß
Viel geschmäht, oft belächelt und doch immer wieder erneut hochaktuell: Der Handkuß – ohne Zweifel die höflichste und charmanteste Art, einer Frau den Gruß zu entbieten.
Sind allerdings mehrere Damen anwesend, so darf niemals eine allein sozusagen mit dem Handkuß ausgezeichnet werden, in diesem Fall gebührt er allen.

Ausgeführt wird er (siehe auch die Fotos auf den nächsten Seiten), indem der Herr sich über die Hand der Dame beugt und seine Lippen dem Handrücken nähert, ohne jedoch die Lippen zu spitzen oder gar einen Kuß auf die Hand zu »schmatzen«. Ein Handkuß ist auch erlaubt, wenn die Dame zum Beispiel lange Abendhandschuhe trägt, ferner darf er am Bahnhof sowie in allen geschlossenen Räumlichkeiten verabreicht werden. Bei Gartenfesten kann der vollendete Herr die anwesenden Damen selbstverständlich ebenfalls mit dem Handkuß begrüßen, während er auf der Straße nicht unbedingt üblich, aber bitte auch nicht verboten ist. Wer sich streng an die Regeln halten möchte, wird nur verheirateten Damen einen Handkuß verabreichen – ich meine hingegen, im Zeichen der Gleichberechtigung käme es wohl einer bewußten Brüskierung gleich, wenn ein Herr z.B. auf einer Gesellschaft einer verheirateten Dame die Hand küßt, einer gleichaltrigen, beruflich vielleicht sehr erfolgreichen Unverheirateten hingegen nur die Hand schüttelt!

Handschrift
Solange »Schönschreiben« in unseren Schulen noch ein Unterrichtsfach war, gab es sehr ausgeprägte, aber doch meist noch lesbare Handschriften. Heute hat sich das völlig geändert, und manche »Klaue« ist wirklich nicht zu entziffern. Ich meine zwar, jeder kann, wenn er sich ein bißchen zusammennimmt, so schreiben, daß es immerhin noch lesbar ist, aber bitte, hier gehen die Auffassungen eben weit auseinander. Wer also über eine sogenannte »Doktorschrift« verfügt, der möge doch bitte zur Schreibmaschine greifen, man wird es ihm gerne verzeihen (→Graphologie).

Hausangestellte
Die oft zitierte »Perle« des Haushalts gehört heute wirklich zu den Seltenheiten. Zum einen bieten unsere Wohnungen meist gar nicht den nötigen Platz, zum anderen kann sich kaum jemand eine feste Hausangestellte leisten. Für all diejenigen, die sich jedoch mit dem Gedanken tragen, einst oder vielleicht sogar schon bald eine »Perle« zu beschäftigen, hier einige Regeln:
Hausangestellte sind Menschen wie du und ich und wollen als solche behandelt werden. Die Zeit der Arbeitssklaven ist lange vorbei.
Das Aufgabengebiet der Hausangestellten sollte klar umrissen sein. Bei Unklarheiten wird ein offenes Wort größere Schwierigkeiten ersparen.
Was wir uns selbst nicht zumuten (z.B. übermäßig schwer heben usw.), sollten wir auch von unserer Hausangestellten nicht verlangen.
Die immer noch verbreitete Meinung, Hausangestellte müßten geistig etwas anspruchslos sein, wollen wir doch alle ganz schnell vergessen. Oft sind diese »Perlen« belesener und gebildeter als ihre vornehmen Herrschaften.
Freizeit und alle sozialen Leistungen sollten mittels Vertrag festgelegt werden. Dazu gehört übrigens auch die Frage, ob wir unserer Hausangestellten Herrenbesuch gestatten wollen, wenn

diese in unserem Hause wohnt. Ebenso wird man bei Arbeitsaufnahme festlegen, welche Arbeitskleidung die Hausangestellte tragen soll, und, sofern wir ganz bestimmte Vorstellungen haben, müssen wir diese auch stellen.
Je mehr wir unsere Hausangestellte zum Teil unserer Familie machen, desto treuer wird sie uns auch dienen.

Hausarbeit

sollte man unbedingt abschaffen – welch schöner Wunsch ist das –, nur in Erfüllung wird er halt leider nie gehen! Man kann sich Hausarbeit aber auch einteilen, und ich bin durchaus der Meinung, daß sich auch die Herren der Schöpfung nichts vergeben, wenn sie es sich zur Regel machen, dabei ihren Part mitzutragen. Es gibt sicherlich perfekte Hausfrauen – ich gehöre leider nicht dazu –, allerdings sollte zugunsten der Perfektion nicht die ganze Umgebung mit Zwängen tyrannisiert werden (z.B. die Unsitte, die Schuhe auszuziehen, wenn man ihre Wohnung betritt). Gerade wenn beide Partner berufstätig sind, sollte man die unvermeidliche Hausarbeit nach Plan einteilen – erfahrungsgemäß muß man diese Pläne ohnehin noch oft genug ändern.

Haustiere

können eine liebe Plage sein, vor allem wenn die süßen Kinder völlig vergessen, daß eigentlich ja sie die Tiere versorgen wollten. Wer sich ein Haustier anschafft, der sollte sich darüber im klaren sein, daß
alle Tiere einer gewissen Pflege bedürfen, denn nur dann werden wir in puncto Sauberkeit keine Probleme mit ihnen haben. Dazu gehört z.B. das tägliche Säubern des Käfigs (Mäuse, Hamster, Vögel usw.), das tägliche Kämmen sowie das regelmäßige Bad (Katzen und Hunde);
Hunde ihren täglichen Auslauf brauchen. Wer einen Hund mehr oder weniger nur in der Wohnung hält und ihm außer am Wochenende keinen richtigen Auslauf verschafft, muß es sich gefallen lassen, als Tierquäler bezeichnet zu werden;

- nur ganz bestimmte Katzenarten sich zum Halten in der Wohnung eignen. Eine normale Hauskatze will auch mal hinaus, in den Garten, in den Hof, zumindest jedoch auf einen geräumigen Balkon, wo sie klettern und spielen kann. Siamkatzen können andererseits durchaus nur in der Wohnung gehalten werden, sie brauchen den Auslauf im Freien nicht unbedingt;
- laut Gesetz bestimmte Haustiere versicherungs- und steuerpflichtig sind (z.B. Hunde);
- tropische Tiere, auch wenn sie noch so niedlich sind, sich in unseren Breiten meist nicht sehr wohl fühlen werden;
- der Tierarztbesuch, z.B. zum Impfen, ein Muß ist. Wer Hunde und Katzen nicht impfen läßt, handelt extrem fahrlässig;
- Kindern frühzeitig klargemacht werden muß, daß Tiere ebenfalls Schmerz empfinden.

Soweit nur die allerwichtigsten Punkte zum Thema Haustiere. Wer Gäste erwartet, die sich z.B. vor einem großen Hund ängstigen, der wird diesen zweckmäßigerweise an die Leine legen, und er wird keinesfalls versuchen, seine Gäste mit guten Worten dazu zu zwingen, ihre Scheu durch Anfassen des Hundes abzuschütteln. Wer Katzen im Hause hat, sollte dies neuen Bekannten stets vorher sagen, es gibt viele Menschen, die mit Allergien darauf reagieren. In diesem Fall wird man natürlich auch eine kurzfristige Absage verständnisvoll hinnehmen.

Heiratsannonce

Gesucht wird stets der Traummann oder die Traumfrau. Und ebenso selbstverständlich wird der Inserent auch nur seine Schokoladenseite in der Anzeige preisgeben. Wer eine Heiratsannonce aufgibt, sollte zweckmäßigerweise am Schluß darauf verweisen, daß es sich hierbei um ein Eigeninserat handelt, denn in der Regel werden diese Annoncen von den zahlreichen Eheinstituten verfaßt. Wer also auf eine Heiratsanzeige schreibt, muß damit rechnen, zuerst von einem Institut Nachricht zu bekommen (→Heiratsvermittlung). Handelt es sich tatsächlich um ein Ei-

Der Handkuß (1) erfreut sich auch bei jungen Leuten wieder zunehmender Beliebtheit.

*So auffordernd sollte allerdings keine junge Dame einen **Handkuß** (2) begehren.*

***Haustiere** können nicht nur Freude (3) bereiten.*

geninserat, wird man ein Foto und einige persönliche Zeilen absenden. Der Herr oder die Dame meldet sich dann entweder sehr rasch, um einen Termin auszumachen, oder man erhält zumindest das Foto mit einer nett formulierten Absage wieder zurück. Kommt es tatsächlich zu einem Treffen, dann bedenke man stets eines: Mit Worten hat sich jeder wahrscheinlich von seiner besten Seite präsentiert – doch jetzt kommt der Moment der Wahrheit. Wer nun seine Enttäuschung offenkundig zeigt, der sollte besser nie mehr auf ein solches Inserat antworten. Außerdem ist ja nicht unbedingt das Äußere bei einem Menschen entscheidend.

Heiratsvermittlung
»Die vornehme Eheanbahnung ...«, so oder so ähnlich lauten die Hinweise der Heiratsinstitute, und selbstverständlich wird jedem »Kunden« – zumindest beim ersten Gespräch – versprochen, daß man auch für ihn den oder die Richtige bereits in petto hat. Eheinstitute haben durchaus ihre Berechtigung, solange sie von seriösen Geschäftsleuten geführt werden. Leider gibt es jedoch gerade in dieser Branche unzählige schwarze Schafe, und diese Erfahrung muß praktisch jeder für sich allein machen, da es für Heiratsinstitute keine »Standesgenossenschaft« gibt. Das heißt, jeder, der sich dazu berufen fühlt, kann so ein Institut eröffnen. Verträge sollte man sich gründlich und in aller Ruhe zu Hause durchlesen, ehe man sie unterschreibt. Wer sich hier zu unüberlegtem Handeln »zwingen« läßt, der sollte später niemandem Vorwürfe machen. Oft genug aber hat der Besuch beim Heiratsvermittler tatsächlich auch Erfolg, und viele glückliche Ehen nahmen dort ihren Anfang.

Herrenbegleitung
ist heute nirgendwo mehr ein Muß, allerdings wird eine Frau allein oder zusammen mit einer Bekannten wohl kaum eine Bar oder ein Nachtlokal besuchen. Tut sie es dennoch, dann darf sie sich auch nicht wundern, wenn die anwesenden Herren ihr möglicherweise zweideutige Angebote unterbreiten. So ganz funktioniert die vielgerühmte Gleichberechtigung eben doch noch nicht ... Und mal ganz ehrlich, meine Damen: So ungern sind wir doch gar nicht ohne männlichen Beschützer, oder? Aber einige Vorteile hat die

viel gelästerte Gleichberechtigung ja doch mit sich gebracht. So kann jede Frau heute einen guten Bekannten darum bitten, sie auf eine bestimmte Veranstaltung zu begleiten, sofern sie diese nicht allein besuchen möchte. Unsere männliche Begleitung hat uns aber dann bis vor die Haustüre zurückzubringen, wenn wir selbst nicht motorisiert, d.h. auf öffentliche Verkehrsmittel angewiesen sind (→Taxi).
Im Zuge der Gleichberechtigung muß jede Frau aber auch ebenso selbstverständlich ein höfliches, aber bestimmtes »Tut mir leid« als Antwort auf ihre Bitte hinnehmen können.

Herrenessen
haben ihre Anlässe nicht selten in politischen oder wirtschaftlichen Gegebenheiten und finden entweder im Hause des Einladenden oder aber im Restaurant (aber hier in einem eigens dafür vorgesehenen Raum) statt. Bei Herrenessen wird der Ehrengast bzw. der ranghöchste Gast stets dem Gastgeber gegenüber, der diesem in der Rangfolge nächsthöhere rechts neben dem Hausherrn Platz nehmen. Nummer drei folgt dann links neben dem Hausherrn bzw. rechts neben dem Ehrengast. Dazu sollte man sich die nachfolgende Zeichnung ansehen, da diese, besser als Worte dies vermögen, die verschiedenen Möglichkeiten verdeutlicht (→Tischordnung).

Herrengesellschaft
läßt so manche Dame erst richtig aufblühen. Wobei man unter diesem Stichwort natürlich auch die berufsbedingt ernste oder die feuchtfröhliche Zusammenkunft mehrerer Herren verstehen kann (→Herrenessen).

Herrenmode
erfuhr vor allem in den letzten zehn Jahren einige grundlegende Neuerungen. Der Freizeitlook wurde geboren, unsere leidgeplagten männlichen Gegenparts konnten sich von der strangulierenden Krawatte wenigstens teilweise befreien! Egal, ob man nun extrem modisch oder konservativ eingestellt ist, Tatsache bleibt doch, daß die Herrenmode im Laufe des letzten Jahrhunderts nicht unbedingt weltbewegende Neuerungen mit sich brachte – sieht man einmal von der variierenden Breite der Anzugrevers, der Möglichkeit, ob Stulpen den Abschluß des Hosenbeins zieren, ob Ein- oder Zweireiher oder ob die Hemdkragen lang, kurz oder rund mit Nadel sein sollen, ab. Die saloppe Herrenmode mit durchaus auch farbenfreudigen Strickjacken, Hemden, die auch mit Halstuch gut aussehen, und Hosen, die schon mal gemustert sein dürfen, hat dem Grau in Grau der letzten Jahrzehnte wenigstens einige bunte Tupfer versetzt, und wer beruflich nicht gezwungen ist, täglich im »Mana-

124 *Herrenmode*

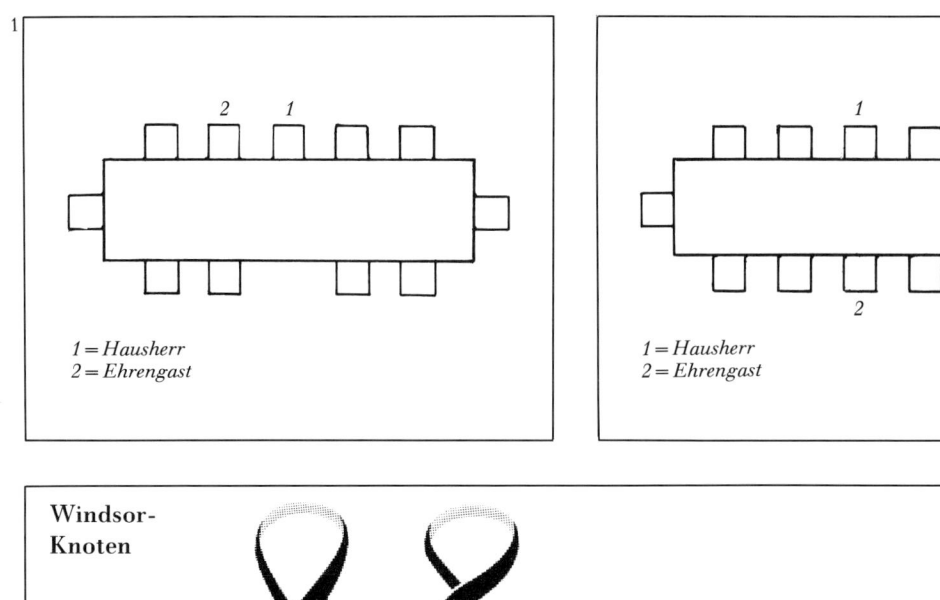

1

1 = *Hausherr*
2 = *Ehrengast*

2

1 = *Hausherr*
2 = *Ehrengast*

3

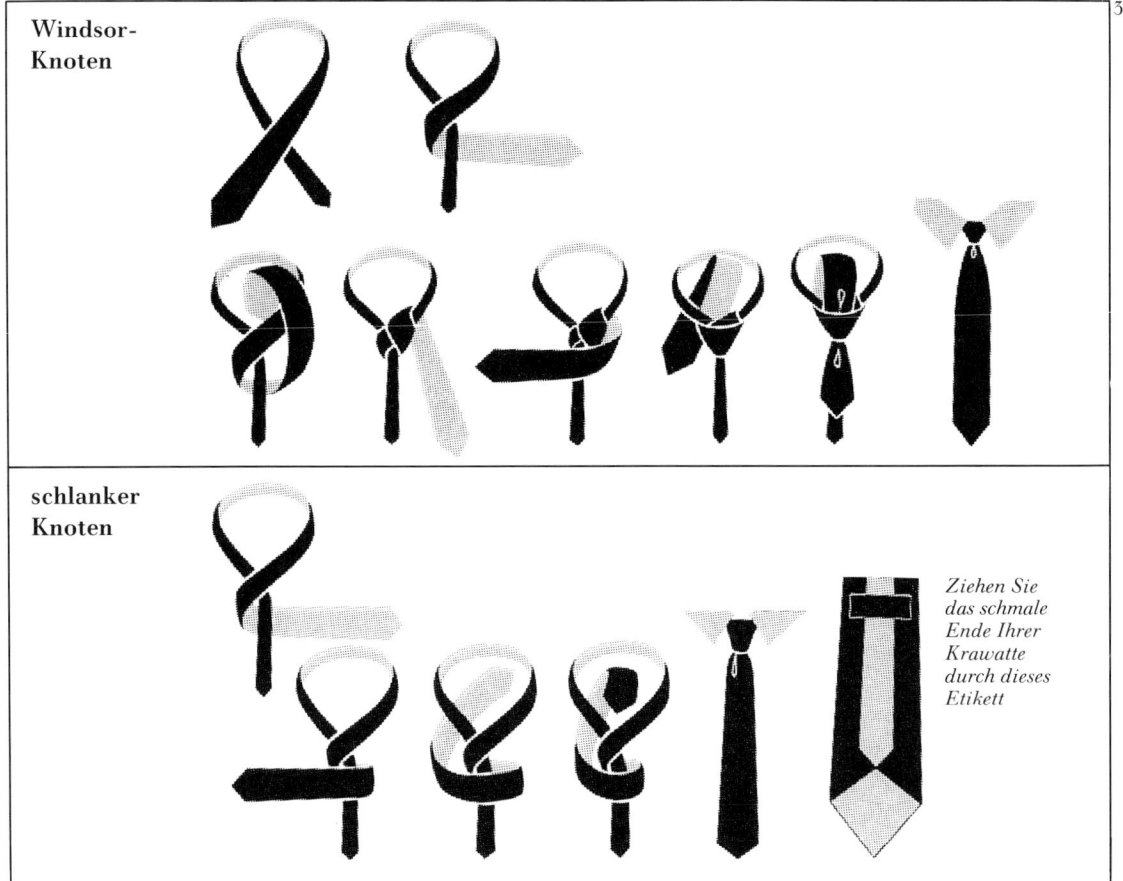

Windsor-Knoten

schlanker Knoten

Ziehen Sie das schmale Ende Ihrer Krawatte durch dieses Etikett

Herrenessen *für 10 (1) oder 11 (2) Personen. Wie auf Zeichnung 1 dargestellt, bleibt hier der Platz der Hausfrau gegenüber dem Hausherrn leer. Der Ehrengast erhält den Platz rechts neben dem Gastgeber. Bei 11 Personen erhält der Ehrengast den Platz gegenüber dem Hausherrn, rechts neben diesen der in der Rangfolge Nächstkommende.*

gerblau« im Büro zu erscheinen, der darf ohne weiteres in dieser Aufmachung dort aufkreuzen. Zu Hause und im Urlaub ist ohnehin längst erlaubt, was gefällt.

Herrenzimmer

sind schon mangels Platz aus der Mode gekommen und waren doch in ihrer Funktion so praktisch. Dort konnten die Adams ungestört ihren Hobbys frönen und diese auch liegenlassen, wenn zum Abendessen gerufen wurde. Vielfach hat der Hobbyraum heute das Herrenzimmer ersetzt, auch wenn dies im eigentlichen Sinne ein Arbeitszimmer war, d.h., die schriftlichen Notwendigkeiten des Alltagslebens wurden dort vom »Hausherrn« erledigt.
Sollte unser bester Partner der Welt tatsächlich über ein eigenes Herrenzimmer verfügen und dort z.B. regelmäßig seine Freunde aus der Junggesellenzeit empfangen, dann bitte, liebe weibliche Wesen, unterdrücken Sie ihre Neugierde, auch wenn sie noch so groß ist. Lassen Sie die Herren bitte alleine, allenfalls darf vielleicht noch ein Kaffee serviert werden (andere Getränke werden von den Herren selbst »besorgt«).

Hilfsbereitschaft

gehört zu jenen Tugenden, die man eigentlich ohne große Worte besitzen sollte. Allerdings gibt es dabei natürlich feine Unterschiede. Die spontane Hilfsbereitschaft, sicherlich die einzig echte, wird von so manchen Mitmenschen gerne ausgenützt, und wohl auch aus diesem Grunde muß man einige unserer Zeitgenossen richtig »stoßen«, um sie zur Hilfsbereitschaft zu bewegen. Wobei ich allerdings meine, daß man in diesem Fall wohl besser darauf verzichten sollte. Jemand, der wirklich unsere Hilfe benötigt, der wird sie niemals fordern, und der, der sie lautstark fordert, braucht sie eigentlich gar nicht. Er ist lediglich zu bequem, sich selbst zu helfen!

Hobby

Das gute alte Steckenpferd, neudeutsch auch Hobby genannt, ist insbesondere für all diejenigen, die beruflich nicht unbedingt ihre geheimsten Wünsche realisieren konnten, ein notwendiger Ausgleich zum mitunter gar nicht so erfreulichen Alltag. Ob man nun Briefmarken sammelt oder Drachen fliegt (und dazwischen liegt eine reichhaltige Palette zur Auswahl), Hobbys hat man zu respektieren, und wer über das Hobby eines Mitmenschen lächelt oder gar spottet, darf sich ohne Übertreibung für ungebildet halten. Kennt man in Gesellschaft die Hobbys der Anwesenden nicht ganz genau, so sollte man sich mit vorschnellen Urteilen zurückhalten, es könnte ja sein, daß der so bedächtige Herr XY möglicherweise in seiner Freizeit vollkommen gegenteilig engagiert ist. Geschenke sind natürlich wesentlich einfacher zu finden, wenn man das Hobby des zu Beschenkenden kennt. Allerdings sollte man in diesem Falle unauffällig Erkundigungen einziehen, ob das auserwählte Stück nicht vielleicht schon vorhanden ist.

Hochzeit

Der schönste Tag im Leben eines jungen Paares beginnt meist schon Wochen vorher mit Streß, und gar nicht so selten grassiert bei Hochzeitspaaren in der Endphase der Vorbereitung die Meinung, wenn man das alles gewußt hätte, dann ... Tröstet euch, liebe Hochzeitspaare, fast allen vor und auch den meisten nach euch wird es so ergehen! Wichtig ist ein gut durchdachter Zeitplan, dessen Einhaltung dann eigentlich kein Problem mehr sein kann.
Wer also beschlossen hat, zu heiraten, der wird sich zusammen mit seinem Partner primär zwei Dinge überlegen müssen. Will man standesamtlich *und* kirchlich heiraten, oder genügt uns die

Hochzeit ist wohl für jede Frau verbunden mit dem Wunsch nach dem langen weißen Brautkleid.

Der Höhepunkt einer Hochzeitsfeierlichkeit ist immer dann gekommen, wenn das glückliche Paar die Kirche erreicht hat.

gesetzliche Legalisierung unserer Beziehung? Hand in Hand mit dieser Frage geht die der Kosten. Eine Hochzeit ist mit mehr oder weniger großen Ausgaben verbunden. Mit der Klärung der Kostenfrage löst sich auch die Frage, ob große oder kleine Hochzeit, ob Hochzeitsreise ja oder nein. Eines sei jedoch hier zu Beginn vermerkt: Der Brauch, daß grundsätzlich die Eltern der Braut den schönsten Tag finanzieren, ist überholt. Zweckmäßigerweise werden sich das Brautpaar und die beiden Schwiegereltern vorher darüber einigen, wer für welche Ausgaben aufkommt.

Terminplan

Hat das Brautpaar sich auf einen bestimmten Hochzeitstermin geeinigt, wird der Terminplan für alle notwendigen Vorbereitungen erstellt. Für den Fall, daß standesamtliche und kirchliche Trauung an einem *Tag* stattfinden, kann man damit gar nicht früh genug beginnen, denn erfahrungsgemäß sind nach wie vor die Frühjahrs- und Herbsttermine sehr rasch vergeben. Wer also die beiden Trauungszeremonien an *einem* Tag absolvieren möchte, muß entweder rechtzeitig (in größeren Städten mindestens drei Monate vorher) den Termin festlegen oder, was immer ratsam ist, bereits ein oder zwei Ausweichtermine in petto haben. Notfalls kann man entweder die standesamtliche Trauung ein oder zwei Tage vor der kirchlichen, sozusagen als reine Routinesache, abhalten und feiert dann, z.B. an einem Samstag, die kirchliche Hochzeit groß, oder man läßt die kirchliche Trauung wesentlich später und dann nur im engsten Familienkreis folgen. Tatsache ist jedoch: Wer sowohl gesetzlich als auch mit dem Segen der Kirche heiraten möchte, sollte keinen allzu großen Abstand zwischen die Termine legen, bekannterweise läßt man dann oft den zweiten Termin mangels Zeit einfach fallen, und so manche Braut kommt dann um ihre weiße Hochzeit. Man kann sie natürlich, wie gerade in der letzten Zeit immer wieder vorexerziert, auch zusammen mit der Taufe des ersten Kindes feiern.

Steht der Trauungstermin fest, ergeben sich alle anderen Termine praktisch von selbst.

Frühzeitige Erkundigungen muß man über die zur standesamtlichen wie kirchlichen Trauung benötigten *Papiere* einziehen. Vor allem wer einen Ausländer ehelicht, wird sich wundern, wie viele Unterlagen zu beschaffen sind – und sie

sind natürlich alle mit Gebühren verbunden, so daß die Sache ganz nett ins Geld gehen kann.
Unter der Voraussetzung, daß beide Partner noch nicht verheiratet waren, volljährig und im Vollbesitz ihrer geistigen Kräfte sind, genügen normalerweise folgende Papiere:
Geburtsurkunde
Heiratsurkunde der Eltern bzw. Familienstammbuch
Personalausweis oder Reisepaß (natürlich gültig) sowie
die Aufenthaltsbescheinigung des Meldeamtes.
Zur kirchlichen Trauung benötigt man u.a.:
Geburtsurkunde
Taufurkunde
eventuell das sogenannte Brautexamen.
Man muß sich also auch mit dem Pfarrer rechtzeitig in Verbindung setzen, vor allem, wenn eine sogenannte ökumenische Trauung gewünscht wird.
Als nächstes ist die Frage der *Kleidung* zu klären, da, sofern das Brautkleid angefertigt werden soll, dies ja auch nicht von heute auf morgen geht.
Die Einladungen müssen verfaßt und in Druck gegeben werden.
Das Hochzeitsmenü muß mit dem Wirt bzw. dem Koch festgelegt und durchgesprochen werden, ebenso klärt man die Frage der Getränke.

Die Geschenkeliste wird aufgestellt, die Eheringe müssen besorgt und eventuell graviert werden, ebenso sind Blumenschmuck, Brautstrauß und Tischdekoration zu bestellen; Gästeliste und Tischordnung werden zusammen mit den Brauteltern erstellt; die Musik wird ausgewählt (mitunter besorgt dies auch das Lokal, in welchem die Hochzeit stattfindet), die Hochzeitsreise muß gebucht werden, und zum guten Schluß sollte man auch bereits vorher im Kreise der lieben Familie festlegen, wer wann die Hochzeitsansprache hält.

Soweit in Kürze, und nun wollen wir etwas ausführlicher auf die einzelnen Punkte eingehen, damit auch bestimmt nichts schiefläuft an diesem schönsten aller Tage.

Kleidung

Zur standesamtlichen Trauung erscheint man nur dann im feierlichen Weiß, wenn die Zeit bis zur anschließenden kirchlichen Trauung so knapp bemessen ist, daß ein Umziehen der Braut praktisch unmöglich ist. Normalerweise wird die Braut im modischen Kostüm oder eleganten Kleid auf das Standesamt gehen. Der Bräutigam wählt in diesem Fall den gedeckten Anzug, im Sommer darf dieser natürlich auch von heller Farbe sein.

Diese sowie alle nachfolgenden Regeln sind sozusagen überliefert. Niemand muß sich heute mehr ausschließlich an sie halten; Tatsache ist aber auch, daß gerade zur Hochzeit diese teilweise etwas »bezopften« Regeln gerne eingehalten werden, ja manches Brautpaar sogar vehement darauf besteht, auch wenn es sonst im täglichen Leben alles andere als konservativ eingestellt ist.

Fahren wir also mit der Kleiderordnung der Herren fort, da sie ja weitaus genügsamer sind als wir Damen: Streng nach Etikette tragen der Bräutigam sowie alle männlichen Gäste zur kirchlichen Trauung am Vormittag den Cut, nachmittags hingegen wird er sich in den Frack zwängen müssen. Der Cut am Morgen darf na-

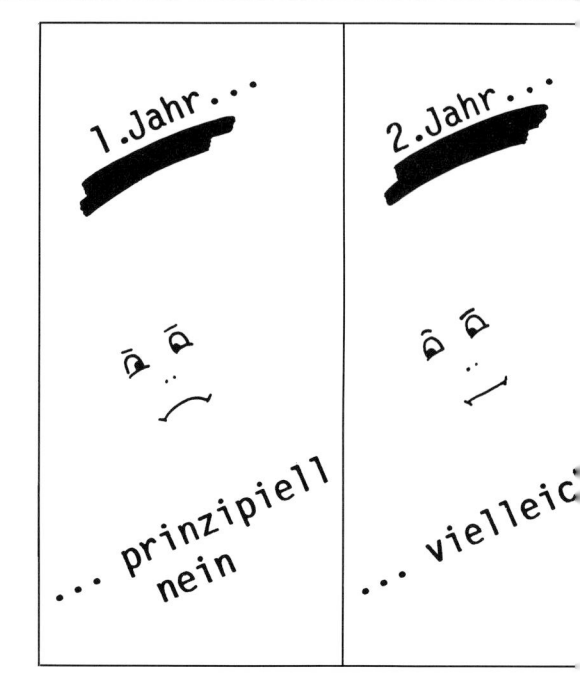

Hochzeitsanzeige *einmal anders als gewohnt. Erlaubt ist auch hier, was gefällt, auch wenn die meisten Paare nicht soviel Phantasie entwickeln.*

türlich durch einen Stresemann ersetzt werden, wohingegen der Frack dem Smoking, der ja weitaus bequemer und sicherlich auch öfter wieder verwendbar ist, weichen kann. Im Sommer kann der Smoking sogar weiß sein, ob dazu schwarze oder weiße Fliege, bleibt dem eigenen Geschmack überlassen. Richtig wäre sowohl das eine als auch das andere. Zum Frack gehört natürlich der Zylinder. Wennschon – dennschon, meine Herren! Die Schuhe aus schwarzem Lack sind selbstverständlich (→Frack). Während der Cut ebenfalls den Zylinder bedingt, gehört zum Stresemann der Camber. Aber selbstverständlich, meine Herren, dürfen Sie – an hoffentlich auch Ihrem schönsten Tag – eigentlich alles tragen, was Ihnen gefällt – solange, ja solange es eben auch zur Braut paßt. Der Bräutigam im Straßenanzug, die Braut hingegen im feierlichen langen Kleid aus weißer Spitze – das sieht schlicht und einfach unmöglich aus. Und da wir Damen, gerade was das Hochzeitskleid angeht, zumeist von frühester Jugend an bestimmte Vorstellungen haben, bitte, meine Herren, fügen Sie sich nur dies eine Mal ohne Murren! Oder wollen Sie wirklich den Rest Ihrer Ehe hören, daß Sie schuld daran wären, daß ...

In süddeutschen Landen, in Österreich, der Schweiz sowie in dem zu Italien gehörenden Südtirol sind seit langer Zeit Trachtenhochzeiten sehr beliebt. Entweder trägt das Brautpaar hier die echte Tracht des jeweiligen Tales oder Landstriches, oder man wählt zum Trachtensmoking das festliche lange Dirndl (das nur ganz selten rein weiß sein wird). Womit wir ja eigentlich schon bei der Braut und ihrem Traumkleid angelangt wären. Und dies ist, zumindest seit Beginn des 20. Jahrhunderts (die weiße Hochzeit ist tatsächlich noch nicht älter!), aus weißer Seide oder Spitze und selbstverständlich bodenlang. Alle diesbezüglichen Wenn und Aber kann man vergessen, sie werden, auch wenn sie noch so berechtigt sein mögen, schlicht und einfach nicht zur Kenntnis genommen (so z.B. die Frage, was geschieht mit dem weißen Traum nach der Hochzeit?). Natürlich kann das Hochzeitskleid in der Länge variieren – bodenlang muß es nicht unbedingt sein. Wer zum zweiten Male heiratet (und dies auch kirchlich), wird eher zum eleganten kurzen Seidenkleid in heller Farbe greifen als zum bodenlangen weißen, das übrigens auch bei nicht mehr jungen Bräuten einen eher gegenteiligen Effekt auslösen kann.

Zum Thema Hochzeitskleidung gehört auch die Kleidung der Brautjungfern und der blumenstreuenden Kinder, sofern man darauf nicht verzichten möchte. Beide wurden früher von den Brauteltern eingekleidet (→Brautjungfern), und beide sind wohl aus eben diesen Gründen ein bißchen aus der Mode gekommen. Heute wird das alles nicht mehr ganz so streng gesehen, und wer in der Verwandt- oder Bekanntschaft auf ein niedliches Kinderpärchen zurückgreifen kann, steckt die beiden eben in ihre schönsten Kleider und läßt sie blumenstreuend dem Brautpaar vorangehen!

Die Hochzeitsgäste müssen – zumindest stenggenommen – zur offiziellen Vormittagstrauung (gemeint ist hier stets die kirchliche) ebenfalls im Cut bzw. im eleganten Nachmittagskleid erscheinen. Findet das festliche Ereignis am Nachmittag statt, dann, meine Herren, hinein in den Frack oder Smoking. Damen werden zu diesem Anlaß in einer langen Festrobe erscheinen – unter Umständen kann sie auch kurz sein, aber dann sollte es wirklich ein exklusives Modell sein. Soweit die Etikette, an die sich ja Gott sei Dank niemand mehr zu halten braucht, obwohl es sicherlich ein bißchen lächerlich wirkt, wenn eine Dame morgens um ½10 Uhr zur Hochzeit ihrer Busenfreundin im bodenlangen Abendkleid erscheint. Bei den Herren ist die Gefahr nur gering, da ich keinen kenne, der sich freiwillig in einen Frack zwängt.

Findet die Hochzeit z.B. am späten Vormittag

statt und läßt die Einladung bereits erkennen, daß bis spät in die Nacht hinein getanzt wird, so kann man sich gegebenenfalls umziehen (eventuell sollte im Lokal z.B. ein Umkleideraum zur Verfügung gestellt werden).
Grundsätzlich gilt jedoch die Devise: Erlaubt ist, was gefällt, sofern es nur halbwegs dem Anlaß entspricht.

Einladung
Am Anfang wird die Frage stehen, wie viele Leute man denn einladen möchte und wie vielen man das Ereignis lediglich per Anzeige ankündigen wird.

Beispiel 1:

Dr. phil. Norbert Maier
und Frau Sybille Maier,
geb. Müller
geben sich die Ehre, die Vermählung
ihrer Tochter
Elisabeth Viktoria
mit Herrn
Regierungsrat Franz Huber
anzuzeigen.

19. Januar 1986
Melchiorstr. 159, 8 München 71

---

*Dr. phil. Norbert Maier
und Frau Sybille Maier, geb. Müller
geben sich die Ehre, die Vermählung
ihrer Tochter*

Elisabeth Viktoria

*mit Herrn
Regierungsrat Franz Huber
anzuzeigen.*

*19. Januar 1986
Melchiorstr. 159, 8 München 71*

Sehen wir uns zuerst einmal die Vermählungsanzeige an. Als »hochoffiziell« gelten noch heute folgende Textvarianten (Beispiel 1):

> Franz Huber
> beehrt sich, seine Vermählung mit
> Fräulein Elisabeth Viktoria Maier,
> Tochter des Herrn
> Dr. phil. Norbert Maier
> und seiner Gemahlin,
> Frau Sybille Maier,
> geb. Müller,
> anzuzeigen.
>
> 19. Januar 1986
> Siebererstr. 5, 6 Frankfurt a. M. 3

Ehe wir zur nächsten Variante kommen, eine kurze Zwischenbemerkung: Titel unterliegen hier der Kann-, keinesfalls jedoch der Muß-Bestimmung. Akademische Titel wird man jedoch eher hinzusetzen als z. B. Amtstitel (Regierungsrat, Studienrat usw.). Während der höfliche, aber auch stolze Brautvater den Titel seines zukünftigen Schwiegersohnes angibt, verzichtet der selbst höflich untertreibend darauf, vergißt aber den akademischen Titel seines zukünftigen Schwiegervaters deswegen keinesfalls.

Franz Huber
beehrt sich, seine Vermählung mit
Fräulein Elisabeth Viktoria Maier,
Tochter des Herrn
Dr. phil. Norbert Maier
und seiner Gemahlin,
Frau Sybille Maier, geb. Müller,
anzuzeigen.

19. Januar 1986
Siebererstr. 5, 6 Frankfurt a. M. 3

Beispiel 2 (durch seine sehr »geschraubte« Ausdrucksweise fast gänzlich aus der Mode gekommen):

Wir beehren uns, die Hochzeit unserer jüngsten Tochter Elisabeth Viktoria mit Herrn Franz Huber, Sohn des Ministerialrates Xaver Huber und seiner Gemahlin Sieglinde, geb. Schmidt, bekanntzugeben. Dr. phil. Norbert Maier Sybille Maier, geb. Müller Adresse	Wir freuen uns, die Hochzeit unseres Sohnes Franz mit Fräulein Elisabeth Viktoria Maier, Tochter des Herrn Dr. Norbert Maier und seiner Gemahlin Sybille, geb. Müller, bekanntzugeben. Xaver Huber Sieglinde Huber, geb. Schmidt Adresse
Kirchliche Trauung: Samstag, 19. Januar 1986, 11.30 Uhr, St.-Martins-Kirche, Pfarrer-Huber-Str. 3, München-Sendling, Empfang: Zwischen 10.00 Uhr und 11.00 Uhr Sektempfang in der Wohnung der Brauteltern. Abfahrt zur Kirche: 11.15 Uhr	

Beispiel 3:

Die Vermählung ihrer Tochter Elisabeth Viktoria mit Herrn Regierungsrat Franz Huber geben bekannt Dr. phil. Norbert Maier Sybille Maier geb. Müller 19. Januar 1986 Melchiorstr. 159, 8 München 71	Meine Vermählung mit Fräulein Elisabeth Viktoria Maier, Tochter des Herrn Dr. phil. Norbert Maier und seiner Frau Gemahlin Sybille, geb. Müller beehre ich mich anzuzeigen Franz Huber 19. Januar 1986 Siebererstr. 5, 6 Frankfurt a. M. 3

Beispiel 4:

Norbert und Sybille Maier, geb. Müller, geben Kenntnis von der am 19. Januar 1986 stattfindenden Vermählung ihrer Tochter Elisabeth Viktoria mit Herrn Regierungsrat Franz Huber. Melchiorstr. 159, 8 München 71	Franz Huber beehrt sich, von seiner am 19. Januar 1986 stattfindenden Vermählung mit Fräulein Elisabeth Viktoria Maier Tochter des Herrn Dr. phil. Norbert Maier und seiner Frau Sybille, geb. Müller, Kenntnis zu geben. Siebererstr. 5, 6 Frankfurt a. M. 3

Beispiel 5 (gleichzeitig auch Einladung):

> Dr. phil. Norbert Maier und Frau Sybille Maier
> beehren sich
> Herrn Dr. Heinz von Lichem und Frau Gemahlin
> zu der am Samstag, dem 19. Januar 1986,
> stattfindenden Hochzeit ihrer Tochter Elisabeth
> Viktoria mit Herrn Regierungsrat Franz Huber
> einzuladen.
> Die kirchliche Trauung findet um 11.30 Uhr in
> der Kirche zum hl. Martin in München statt.
>
> U. A. w. g.   Melchiorstr. 159
>   8000 München 71
>   Tel.: 089/...

Beispiel 6:
Diese Anzeige ist allerdings nur dann korrekt, wenn die standesamtliche Trauung bereits im kleinen Kreis stattgefunden hat.

Beispiel 6:

> Ihre Vermählung geben bekannt
> Franz Huber
> Elisabeth Viktoria Huber, geb. Maier
>
> 19. Januar 1986
> Siebererstr. 5, 6 Frankfurt a. M. 3
>
> Die Trauung findet um 11.30 Uhr in der
> St.-Martins-Kirche in München-Sendling statt.

Beispiel 7:
Wer eine Vermählungsanzeige erhält, die nicht ausdrücklich gedruckt oder handgeschrieben auch zur nachstehenden Feier einlädt und es nicht bei einer bloßen Glückwunschkarte belassen will, der muß sich entweder zur Gratulation zum Sektempfang begeben (sofern ein solcher abgehalten wird), oder er wird nach der kirchlichen Trauung dem Brautpaar seine Glückwünsche überbringen. Keinesfalls darf man uneingeladen auf der Hochzeitsfeier erscheinen! Zweckmäßigerweise sollte man gleichzeitig mit den Vermählungsanzeigen auch eine Dankanzeige in Auftrag geben, da die zahlreichen Geschenke ein Dankeschön erfordern.

Beispiel 7:

> Wir heiraten
> Franz Huber
> Elisabeth Viktoria Maier
>
> 19. Januar 1986
> Siebererstr. 5, 6 Frankfurt a. M. 3
> Melchiorstr. 159, 8 München 71
>
> Kirchliche Trauung: 11.30 Uhr in der
> St.-Martins-Kirche, Pfarrer-Huber-Str. 3,
> 8 München 70,
> Von 10.00 bis 11.00 Uhr findet in der Wohnung
> der Brauteltern ein Sektempfang statt, zu dem
> wir herzlich einladen.
> Adresse: Hölderlinstraße 110, 8 München 75.

Beispiel:

> Für die zahlreichen Geschenke, welche wir zu
> unserer Hochzeit erhielten, bedanken wir uns
> aufrichtig.
>
> Adresse   Franz und Elisabeth Huber

Menü
Ob man unbedingt das Lieblingsessen der Braut oder des Bräutigams dazu erwählen sollte, ist fraglich, da es vom Geschmack her vielleicht nicht jedermanns Sache ist. Je nachdem, wie üppig es ausfallen soll, werden Lokale, die auf Hochzeiten eingerichtet sind, uns eine größere Auswahl von Menüs vorschlagen. Selbstverständlich kann man variieren und z. B. die Suppe gegen eine Vorspeise austauschen usw. Hochzeitsessen

sollten nie »schwer« sein, da die Aufregungen des Tages sich vor allem bei Brautpaar und -eltern gerne auf den Magen schlagen. Und der schönste Tag soll ja nicht unbedingt mit einer Magenverstimmung enden! Findet die Trauung am Vormittag statt, so gilt die Feier offiziell nach dem Kaffee als beendet, auch wenn sie fast immer noch bis in die Abendstunden hinein andauert. Doch in diesem Fall kann es sein, daß die Gäste alles, was nach dem Kaffee konsumiert wird, selbst bezahlen müssen. Bei Nachmittagstrauungen beginnt die Feier hingegen mit dem Kaffee, der sehr oft dem Sekt weichen wird. Nach dem Abendessen wird getanzt werden. Mit der rechtzeitig bestellten Musikgruppe sollten auch in etwa die gewünschten Tänze besprochen werden und dabei, bitte, liebes Brautpaar, muß auch auf die ältere Generation Rücksicht genommen werden. Der Brauttanz, stets der Lieblingstanz der Braut (die allerdings den Bräutigam vorher schon fragen sollte, ob er ihn auch beherrscht), gehört dem Brautpaar ganz allein, das, nach den ersten Runden, die übrigen Gäste zu sich auf die Tanzfläche bitten wird. Mit den Musikern sollte man auch bereits vor der Hochzeit festlegen, wann das Fest ungefähr zu Ende geht, da manche Tanzmusikgruppen z.B. nur bis Mitternacht spielen.

Geschenkeliste
Brautpaare, die den gemeinsamen Hausstand erst gründen müssen, greifen gern auf sogenannte Geschenkelisten von Porzellangeschäften (inkl. Haushaltsbedarf) zurück, da diese – sinnvoll zusammengestellt – es jedem der Gäste er-

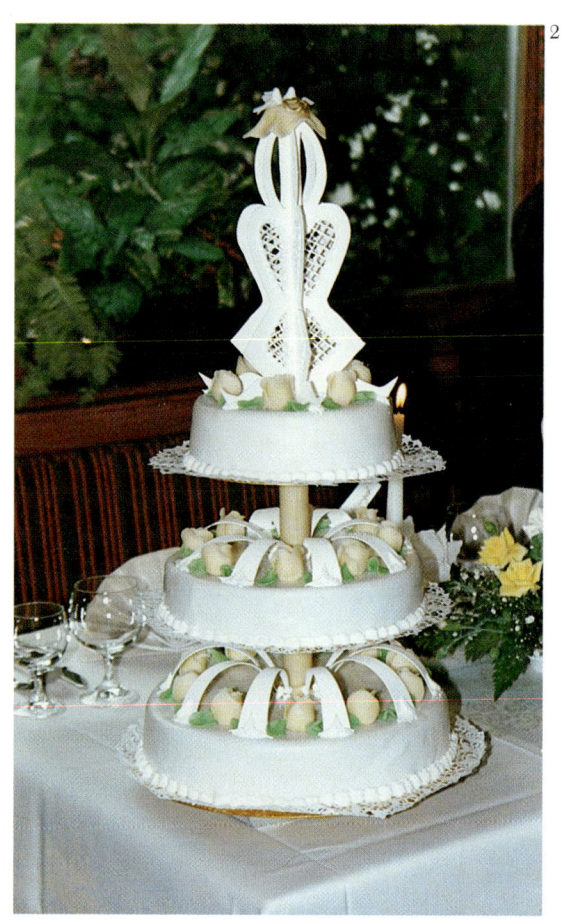

Das Tragen der Brautschleppe kann man durchaus auch einem sehr jungen Mann anvertrauen (1).

Die Hochzeitstorte (2) muß natürlich nicht unbedingt ein solches Prunkstück aus Marzipan sein.

Diese besonders festlich gedeckte Hochzeitstafel (3) wird nicht nur das Brautpaar, sondern auch die Gäste erfreuen.

leichtern, das richtige Geschenk zu finden. Einziger Nachteil: Alle Geschenke müssen praktisch im gleichen Geschäft gekauft werden, da dieses ja die Abstreichung von der Liste vornimmt (sonst passiert es, daß man fünf Toaster, aber keinen Mixer auf dem Gabentisch findet, und dann geht die lästige Umtauschaktion los). Natürlich kann die Geschenkeliste auch von den Brauteltern (oder denen des Bräutigams) weitergegeben werden, dann übernehmen diese die Abstreichungen. Gibt es keine Geschenkeliste, so sollte man sich auf jeden Fall nach den Wünschen des Paares erkundigen.

Auf dem Land seit Urzeiten üblich, in den Städten erst im Kommen, ist das Geldgeschenk. In diesem Fall wird man meist von den Eltern des Brautpaares darauf hingewiesen, daß anstelle von Geschenken lieber Bares gewünscht wird (wenn z.B. das Brautpaar schon seit Jahren zusammen in einer Wohnung lebt und der Hausstand beim besten Willen keine Lücken mehr aufweist). In diesem Fall wird auf einem schön geschmückten Tisch oder Tischchen eine große Schale stehen, in welche man dann die verschlossenen Kuverts legt.

Eheringe

In den meisten Fällen werden die Verlobungsringe auch als Eheringe verwandt. Ist eine Brautjungfer vorhanden, die sich zur Ringjungfer eignet, so wird diese am Hochzeitsmorgen der Braut den Verlobungsring abnehmen und dem Bräutigam weiterreichen, der ihn seinerseits dem Priester übergibt. Sofern eine Gravur erwünscht ist, und weil diese natürlich nicht von heute auf morgen angebracht werden kann, sollte man die Ringe rechtzeitig zum Juwelier geben. Gegenseitig wird der Vorname sowie das Hochzeitsdatum eingraviert. Der aus Amerika übernommene Vorsteckdiamant der Braut ist absolut kein Muß, vor allem spielt hier der Geldbeutel des Bräutigams die tragende Rolle.

Der *Brautstrauß*, vom Bräutigam in Auftrag gegeben und auch von ihm bezahlt, sollte die Lieblingsfarben der Braut enthalten, und auch die Blumen wird man so auswählen, daß in erster Linie die Braut daran ihre Freude hat. Sogenannte Totenblumen (→Blumen) wird man der Braut nur auf ausdrücklichen Wunsch in den Strauß einbinden lassen, Orchideen, die traditionellen Blumen des Brautstraußes, sind andererseits auch nicht jedermanns Sache. Eines muß der Brautstrauß heute jedoch keinesfalls mehr sein: weiß. Er darf sich durchaus farbenfreudig präsentieren, beliebt sind vor allem die sogenannten Biedermeiersträuße.

Der Bräutigam bzw. die Brautjungfer überreicht vor der Abfahrt in die Kirche der Braut den Brautstrauß. Üblicherweise wird die Braut diesen später in die Menge der Gäste werfen. Fängt ihn eine unverheiratete Dame auf, wird sie die nächste Braut werden, so heißt es. Ich kenne aber auch eine ganze Reihe »getrockneter« Brautsträuße, was besagt, daß die Braut sich nicht von ihrem Strauß trennte, sondern diesen aufbewahrte, und sei's nur zur Erinnerung an diesen schönen Tag!

Der *Blumenschmuck* in der Kirche sowie die Tischdekoration im Lokal wird sich am Brautstrauß orientieren. Wie üppig beides ausfällt, ist stets eine Frage des Geldbeutels.

Gästeliste und Tischordnung
müssen vor allem bei großen Hochzeiten sorgfältig durchdacht werden, was natürlich nicht besagen soll, daß man bei kleineren Feiern deswegen hier nachlässig werden dürfte. Im Gegenteil. Fast alle Brautpaare erstellen lange vor der Hochzeit Gästelisten, die endlos erscheinen. Zusammen mit den jeweiligen Brauteltern sollte man nun darangehen, die Spreu vom Weizen zu trennen, auch wenn die Spreu meist unterhaltsamer als der Weizen ist. Erbtanten, Großeltern und Verwandte, die aus irgendeinem Grunde ein Muß sind, werden stets auch gegenüber den besten Freunden bevorzugt werden, allerdings, und dies soll hier doch deutlich zum Ausdruck gebracht werden: Eine Hochzeit, die nur mit lauter Verwandtschaft und um der lieben Verwandtschaft willen stattfindet, ist nicht nur für die Beteiligten, sondern vor allem für das Brautpaar eine stinklangweilige Angelegenheit – und gerade diesen beiden jungen Menschen soll dieser Tag doch stets angenehm in Erinnerung bleiben. Kompromisse ja, aber nicht um jeden Preis! Ich kenne natürlich auch Hochzeitspaare, die ihre Gästeliste nach folgenden Kriterien zusammenstellten: Die allerengsten Verwandten, das sind die jeweiligen Eltern und Geschwister und – falls vorhanden – die Großeltern und nur solche Freunde, die auch irgendwann um Mitternacht bereit sein würden, ohne langes Fragen zu helfen, und solche Freunde hat man bekanntlich nur ganz wenige. Bei der kirchlichen Hochzeit wird immer auch der Pfarrer, egal ob katholisch oder evangelisch, eingeladen. Ob er annimmt, ist eine andere Frage. Wenn ja, wird er stets in der Nähe des Brautpaares sitzen, da man ihn zu den Ehrengästen zählt.
Und damit kommen wir bereits zur Tischordnung. Der Ehrenplatz gebührt an diesem Tag selbstverständlich dem Brautpaar. Damit wegen der Tischordnung auch bestimmt keine Mißverständnisse aufkommen, die ja sehr peinlich sein

könnten, wollen wir uns hierzu am besten die Zeichnung ansehen:

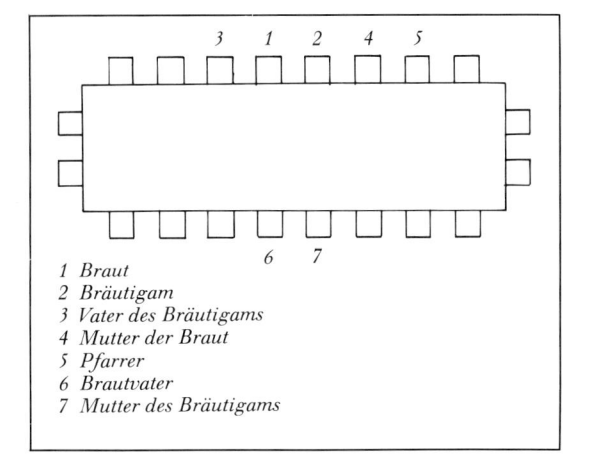

```
        3   1   2   4   5



                6   7
```

1 Braut
2 Bräutigam
3 Vater des Bräutigams
4 Mutter der Braut
5 Pfarrer
6 Brautvater
7 Mutter des Bräutigams

Grundsätzlich darf jedoch bezüglich der Tischordnung anläßlich einer Hochzeit noch folgendes bemerkt werden: Ehe man, nur um der Etikette willen, z.B. neben Braut oder Bräutigam oder die Brauteltern jemanden plaziert, von dem man weiß, daß er absolut nicht mit seinem Tischnachbarn harmoniert oder mit diesem schon seit Jahren nur noch dann verkehrt, wenn es sich absolut nicht umgehen läßt, sollte man auf eine starre Tischordnung lieber verzichten und die Gäste so setzen, wie sie uns am besten zusammenzupassen scheinen. Jugend muß absolut nicht immer unter Jugend sitzen, vielleicht ist der eine oder andere junge Gast ganz froh, wenn er sich mit einem erfahrenen älteren Menschen unterhalten darf. Niemand kennt die Geladenen so gut wie das Brautpaar, daher muß es auch wissen, wer zu wem paßt! (→Tischordnung)

Die *Hochzeitsansprache* ist zwar kein unbedingtes Muß, wird aber fast immer der lieben Tradition wegen vom Brautvater, dem sich meist der Bräutigamvater anschließt, gehalten. Ist ein Geistlicher anwesend, so sollte er stets als erster das Wort ergreifen. Der Bräutigam kann, muß aber nicht, einen kurzen Dank für die ausgesprochenen Toasts erwidern. Die Braut sollte sich auf ein strahlendes Lächeln beschränken.

Die *Hochzeitsreise* wird entweder noch während der Hochzeitsfeier angetreten, oder das Brautpaar verreist erst am nächsten Tag. Selbstverständlich kann die Hochzeitsreise auch erst ein oder zwei Wochen nach der kirchlichen Trauung unternommen werden. Beschließt man jedoch, nach guter alter Sitte, noch während die Feier in vollem Gang ist, abzureisen, so wird sich das junge Ehepaar nicht verabschieden. Es ist einfach irgendwann nicht mehr da! Das vor allem in ländlichen Gegenden so beliebte *Stehlen der Braut* wird fast immer von lieben Freunden organisiert, sollte aber, damit es an diesem Tag keine Mißverständnisse gibt, mit dieser abgesprochen werden. Der Bräutigam wird seine Braut selbstverständlich suchen, und zwar in diversen Lokalen, wobei er ebenso selbstverständlich seine »Helfer« freihalten darf. Hat er seine Herzallerliebste endlich gefunden (man wird natürlich ein Lokal wählen, das er auch kennt und nicht eines, von dem er noch nie gehört hat), muß er die Zeche, welche die Entführer in der Zwischenzeit gemacht haben, ebenfalls berappen. In manchen Gegenden allerdings nur dann, wenn die Braut sich den Brautstrauß stehlen ließ. Aber wie gesagt, dies ist von Landstrich zu Landstrich verschieden, und wer auf eine große Bauernhochzeit geladen wird, der tut gut daran, sich vorher nach den Sitten und Gebräuchen zu erkundigen – für Städter können diese nämlich manchmal recht unverständlich sein.

Abschließend noch einige Bräuche speziell zur Person der Braut: Sie sollte niemals Perlen tragen, denn Perlen bedeuten Tränen. An ihrem schönsten Tag sollte die Braut etwas Geborgtes, etwas Geschenktes und etwas Blaues tragen und ihr Brautkleid natürlich niemals selber nähen, auch wenn sie es noch so gut könnte, denn so viele Stiche sie an diesem Kleid mit der Nadel macht, so viele Tränen wird sie während ihrer Ehe auch vergießen.

Die *standesamtliche Trauung*, der kirchlichen stets vorangestellt und von vielen Paaren als einzige »Feierlichkeit« ausersehen, geht relativ rasch und leider auch meist sehr nüchtern vonstatten. Je nach Terminlage wird der Standesbeamte eine mehr oder weniger lange Ansprache halten, mitunter findet die gesetzliche Eheschließung auch von Musik untermalt statt (die kostet natürlich etwas und muß vorher ausgewählt werden). Die Trauzeugen werden entweder die gleichen sein, die man auch für die kirchliche Zeremonie ausersehen hat, oder man bittet die Eltern, notfalls sogar zwei Bedienstete des Standesamts, die dafür übrigens stets parat stehen um diesen »Amtsdienst«. Nach der Trauung geht man entweder mit den Trauzeugen essen oder, für den Fall, daß die kirchliche Trauung am Nachmittag vorgesehen ist, bittet man nun all jene Gäste, die nicht zur späteren Hochzeitsfeier eingeladen wurden, zum Sektempfang. Selbstverständlich darf das gesetzlich frischvermählte Paar die Stunden zwischen den beiden Zeremonien auch ganz für sich allein verbringen. Eines finde ich persönlich allerdings gar nicht gut: jene Eheschließungen (selbstverständlich nur standesamtlich), die Paare »absolvieren«, die vielleicht schon Jahre zusammenleben. Natürlich hat sich längst alles abgeschliffen, natürlich hat der Alltag längst in die einst rosarote Welt des Verliebtseins Einzug gehalten, und vielleicht legalisiert man das Verhältnis nur aus dem einen oder anderen rechtlichen Grund. Trotzdem – ich kann mich nicht damit abfinden, daß auch in diesem Fall der Gang zum Standesamt gleichbehandelt wird wie z.B. der zur Paßverlängerung. Wenigstens sollte man, wenn man schon bewußt auf jede Art von Feierlichkeit verzichtet, zusammen essen gehen oder abends vielleicht eine Theateraufführung oder dergleichen besuchen. Selbstverständlich kann man gute Freunde einladen, die erst im Laufe des Abends erfahren, warum heute ein Grund zum Feiern besteht. Also bitte, alle Heiratsmuffel, auch wenn die Dame des Herzens noch so vehement bestritten, eine »Hochzeit« nötig zu haben, im Innersten wünscht sie sich diese ja doch. Eine Aufmerksamkeit ersetzt zwar den weißen Traum nicht, aber sie tröstet über Versäumtes zumindest leichter hinweg.

Hochzeitsjubiläen

Silberne, goldene und diamantene Hochzeit und selbstverständlich auch alle jene, die zwischen diesen Eckpfeilern liegen (z.B. die grüne, die bronzene etc. pp.), werden meist feierlich im Familienkreis begangen. Natürlich richtet sich die Art und vor allem die Dauer der Familienfeier nach dem Alter des Jubelpaares. Stets wird es jedoch, sofern Religion kein Fremdwort in der Familie ist, einen gemeinsamen Kirchgang und daran anschließend ein festlicheres Essen geben. Am Nachmittag werden fast immer die Kinder und Enkelkinder zu Besuch kommen, am Abend kann natürlich getanzt werden, wenn die Jubilare sich dazu noch in der Lage fühlen. Silberne Hochzeitspaare, die noch sehr jung sind, schenken sich vielleicht zu diesem Jubiläum eine schöne Ferienreise, bei nicht mehr ganz jungen Semestern hingegen wird es wohl eher ein Kuraufenthalt werden.

Höflichkeit

ist eine Zier, die zudem nichts kostet, weswegen sie sich – so sollte man zumindest annehmen – auch jeder zu eigen machen kann. Aber leider, leider sieht die Wirklichkeit meist ganz anders aus. Es gibt Menschen, die allem Anschein nach das Wort Höflichkeit noch nie gehört haben, und falls es ihnen tatsächlich in grauer Vorzeit einmal zu Ohren gekommen sein sollte, haben sie es ganz rasch wieder vergessen. Liebe Mitmenschen: Ist es wirklich so schwer, höflich zu sein? Auch dann, wenn wir uns vielleicht bewußt geärgert haben? Wer auch nach bösen Worten, meist ja im ersten Zorn gesprochen, noch höflich zu bleiben vermag, der wird im Leben vieles leichter erreichen als der Choleriker, der erst schreit und dann vielleicht darüber nachdenkt! Höflichkeit kann man sehr gut erlernen, man muß es lediglich einmal versuchen und – höflich sein kann man zu jeder Stunde des Tages, egal, ob es auf dem morgendlichen Weg ins Büro, an der Arbeitsstätte, im Kaufhaus oder sonstwo ist. Also, auch wenn's manchmal schwerfällt: ein Lächeln, ein netter Gruß, ein freundliches Wort, kurzum Höflichkeit!

Honoratioren

gehören sozusagen zur Elite der Gesellschaft. Zu den Honoratioren zählt man die bürgerlichen Spitzen (z. B. den Bürgermeister, den Stadtpfarrer, die Ratsherren, aber auch den Feuerwehrhauptmann auf dem Lande usw.), ohne die das kommunale Leben nicht funktionieren würde. Selbstverständlich gehören zu den Honoratioren auch bedeutende Personen aus Wirtschaft und Industrie, aus Politik und Wissenschaft, kurzum all jene Menschen, die im Licht der Öffentlichkeit stehen. Während die Honoratioren der Stadt im Privatleben im allgemeinen in der Masse verschwinden, ist es auf dem Lande üblich, auch deren Privatleben recht genau in Augenschein zu nehmen, was natürlich sehr unangenehm sein kann. Wer also vorhat, aufs Land zu übersiedeln

Hochzeitsjubiläen werden meist im engeren Familienkreis begangen.

und dort ab und an gesellschaftlich glänzen will, der wird gut daran tun, sich rechtzeitig nach den Honoratioren des jeweiligen Ortes zu erkundigen. Sonst könnte es ein böses Erwachen geben. Selbstverständlich wird zu einem solchen Ereignis auch die Frau des jeweiligen Honoratioren gebeten (außer es handelt sich um einen reinen Herrenabend), und alle Damen werden mit »gnädige Frau« angesprochen. Hüten sollte man sich auch davor, der einen oder anderen der Damen besondere Aufmerksamkeit zu schenken – Frauenaugen sehen alles, vor allem in einer Kleinstadt oder auf einem Dorf!

Hotel
Hotelgäste sind in erster Linie auch Gäste, und dementsprechend sollten sie sich auch benehmen. Natürlich müssen wir für unser Zimmer bezahlen, doch das gibt uns nicht das Recht, Angestellte und übrige Gäste als Arbeitssklaven bzw. als nicht vorhanden zu betrachten. Berechtigte Mängel wird man höflich, aber bestimmt reklamieren, und natürlich wird sich der Service eines First-Class-Hotels vom Hotel garni (hier erhält man nur Frühstück) unterscheiden – am deutlichsten wohl im Preis! Hotelzimmer sind sehr oft hellhörig, wer also in der Badewanne laut Arien zu schmettern pflegt, der möge daran denken, daß im Nebenraum vielleicht jemand schlafen will. Dies gilt ebenso für die Radio- und Fernsehgeräte, die heute in jedem besseren Hotelzimmer zu finden sind. Die häufig vorhandene Minibar sollte vollständig aufgefüllt sein, und alles, was wir ihr entnehmen, tragen wir auch in den bereitliegenden Verbrauchszettel ein. Er wird vor Begleichung der Rechnung an der Rezeption abgegeben. Trinkgeld ist selbstverständlich kein Muß, wird aber von jedem dienstbaren Hotelgeist erwartet. Pfennigbeträge sind heute nicht mehr üblich, ich würde sagen von 2 DM aufwärts, je nach Leistung.
Wertsachen gehören grundsätzlich in den Hotelsafe. Schmuck, den man z. B. abends im Theater getragen hat, sollte man, auch wenn's möglicherweise etwas umständlich ist, noch in der Nacht in den Safe zurücklegen lassen – spätestens jedoch am nächsten Morgen. Übrigens: Nirgends verlegt man so leicht etwas wie im Hotelzimmer, weil es eben nicht unserer gewohnten Umgebung entspricht. Bevor man also leichtfertig einen Verdacht hegt oder gar ausspricht, bitte gründlich nachdenken und vor allem sorgfältig nachsehen! Koffer und Taschen haben da ihre Tücken, in denen so mancher kleine Gegenstand verschwindet, um oft erst Monate später wieder aufzutauchen.
Zum Schluß noch ein Wort über die so beliebten Hotelsouvenirs. Es gibt Sammler, übrigens meist durchaus seriöse Leute, die können in einem Hotelzimmer einfach gewisse Dinge nicht liegenlassen. Ihre Sammlerleidenschaft geht sozusagen mit ihnen durch – und selbstverständlich haben sie es absolut nicht nötig, diese Gegenstände zu »stehlen«, um dieses harte Wort hier einmal auszusprechen. Ich kenne Leute, die besitzen ganze Garnituren von Frühstücksservicen (natürlich meist nur für eine Person) aller großen Hotels dieser Welt. Liebe Souvenirsammler, ein Aschenbecher, ein Zahnputzglas mit dem Hotelnamen, allerhöchstens noch das kleine Gästehandtuch, in dem selbstvergessen etwas eingewickelt wird – wollen wir diese Gegenstände großzügig noch als Souvenirs durchgehen lassen, alles andere aber hat mit Andenken nichts mehr zu tun. Wer größere Gegenstände bewußt mitnimmt, begeht Diebstahl im Sinne des Gesetzes, da gilt auch keine Ausrede mehr, wenn man möglicherweise dabei ertappt wird!

Hummer
gehört zusammen mit der Languste zu jenen Krebsarten, die eigentlich erst nach dem Kriege bei uns »in Mode« kamen. Im Restaurant wird der Hummer bereits geöffnet serviert (sollte es einmal nicht so sein, so darf man ruhig den Ober darum bitten) und kann nun mit Fischbesteck oder der Hummergabel (die auch in die hintersten Ecken reicht) genossen werden. Wer Hum-

Wie gekochter Hummer ausgelöst wird

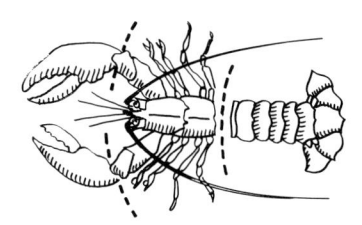

Das Zerlegen
Mit der Hand die Scheren und Gelenkteile auseinanderbrechen. Den Schwanz und die Beine abziehen.

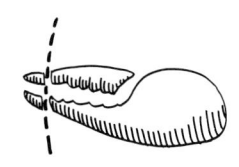

Das Herauslösen des Fleisches aus den Scheren
Die Spitzen der Scheren mit der Hummerzange abbrechen und die Schalen aufknakken. Mit der Hand das Fleisch freilegen und mit der Hummergabel o.ä. herauslösen.

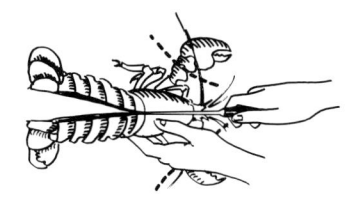

Das Teilen des Hummers (Halbieren)
Den Hummer – ohne die herausgetrennten Scheren – mit dem Bauch auf die Arbeitsplatte legen. Mit einem scharfen Messer am Kreuz einstechen und zum Schwanzende durchschneiden. Messer zurückführen (Abb.) und vom Kreuz zum Kopf durchziehen.

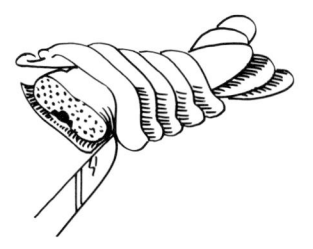

Das Herauslösen aus Rumpf und Schwanz
Soll die Karkasse (das Gerippe) zu Dekorationszwecken (z.B. Kaltes Buffet) erhalten bleiben, wird der Hummer von der ungepanzerten Bauchseite her mit einer Küchenschere aufgetrennt und das Fleisch herausgelöst. Der Darmstrang dicht unter der Oberseite der Schwanzpartie muß herausgezogen werden.

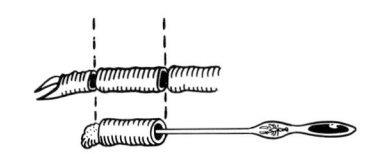

Das Herauslösen aus den Beinen
Die kleinen Beinteile werden ausgelutscht. Bei den größeren Teilen wird das Fleisch mit einer Hummergabel oder einem Nagel herausgenommen.

mer selbst zu Hause zubereiten möchte (absolut nicht jedermanns Sache, da der Hummer lebendig in das kochende Wasser gesteckt werden muß), benötigt neben der zweizinkigen Hummergabel noch eine Hummerschere (-zange), zur Not kann man auch eine normale Zange benutzen, und die ist ja in jedem Haushalt vorhanden. Verspeist werden Hummer, →Langusten oder →Krebse folgendermaßen: Während die linke Hand den Panzer hält, werden die Scheren mit der Hand ruckartig mit den Gelenken vom Panzer abgebrochen. Das Fleisch wird nun aus den einzeln abgelösten Gelenken herausgesaugt. Sind die Hummerscheren nicht geöffnet, so muß man sie mit der Hummerzange aufbrechen, um an das köstliche Fleisch zu gelangen. Schwanzringe sollte man zweckmäßigerweise mit dem Krebsmesser öffnen, das Loch darin ermöglicht übrigens das Abbrechen der Scherenspitzen. Sind die Schwanzringe abgehoben, so muß der als dunkle Linie sichtbare Darm entfernt werden. Der Panzerkrebs, auch Languste genannt, besitzt keine Scheren und ist daher noch einfacher als der Krebs bzw. der Hummer zu verspeisen. In jedem Fall benötigt man jedoch Fingerschalen.

Übrigens: Es ist absolut keine Schande, zuzugeben, daß man diese Meeresfrüchte zum ersten Mal genießt. Wer einen geübten Nachbarn hat, darf ohne schlechtes Gewissen kiebitzen!

Hunde
→Haustiere.

Hummer gehört (1) längst nicht mehr zu den ausgefallenen Gerichten einer Speisekarte.
Während die linke Hand (2) den Panzer hält, dreht man mit der rechten Hand ruckartig die Schere mit dem Gelenk heraus. Mit der Hummerzange (3) werden die starken Scheren zerbrochen, während die Hummergabel (4) dazu dient, das Fleisch aus den Röhrenknochen herauszuziehen.

Hüte
Von den einen heißgeliebt, von den anderen niemals ohne zwingenden Grund getragen!
Wäre es für eine Dame früher unmöglich gewesen, ohne Hut das Haus zu verlassen, so ist es heute eher umgekehrt. Der Hut wird von vielen Frauen nur dann aufgesetzt, wenn das Wetter oder die nicht mehr ganz ordentliche Frisur es verlangt. Im Restaurant wird eine Dame den Hut stets aufbehalten, während der Herr ihn bereits beim Betreten abnimmt. Über das Grüßen mit Hut haben wir uns schon unterhalten (→Begrüßung), so daß wir hier nur noch die allerwichtigsten Herrenhüte erwähnen wollen:

Der Tageshut, seit Jahren gerne im Trachtenlook gehalten und dementsprechend vielfältig in seinen Formen, gehört zur Grundausstattung der Herrengarderobe.

Noch immer gilt der Homburg, vor allem in Schwarz, als *der* Diplomatenhut, der jedoch zusammen mit dem Camber, an beiden Seiten leicht hochgerollt, zu jeder abendlichen Festlichkeit paßt. Beide haben dem einst so beliebten Bowler, dem steifen, halbrunden Hut, den Rang abgelaufen. Bleibt noch der Zylinder, der lediglich zu Frack oder Cut auch als Chapeau claque (der aus mattschwarzer Seide zusammenklappbare Zylinder) getragen werden darf. Festlichkeiten während des Tages, die Cut oder gar Frack vorschreiben, bedürfen des mit seidigem Haarglanz versehenen Zylinders. Zylinder sind übrigens nicht ganz billig, und da man sie, ebenso wie Cut oder Frack, nur ganz selten benötigt, sollte

Hüte – *einst ein Muß für den korrekt gekleideten Herrn, werden zunehmend von sportlicheren Kopfbedeckungen verdrängt. Klassischer Tageshut (1) ist der Homburg, der jedoch in Schwarz auch für den Abend geeignet ist. Der Zylinder (2) gehört zu Frack oder Cut, während der Bowler (3), ein steifer, halbrunder Hut, zum Straßenmantel gehört. Der elegante Borsalino (4) kam einst aus dem modebewußten Italien zu uns.*

man, ehe diese Investition getätigt wird, überlegen, ob man sich beides nicht besser bei einem guten Kostümverleih besorgt (zwei Drittel aller Fracks, die beim Wiener Opernball getragen werden, stammen aus darauf spezialisierten »Leih«-häusern).

Sportmützen, Prinz-Heinrich-Mützen, Cowboyhüte oder die einst so beliebte Baskenmütze gehören zur sportlichen Hutbekleidung des Mannes und dürfen heute, sofern sie den jeweiligen Herrn auch wirklich kleiden, eigentlich immer getragen werden – soweit unsere Männerwelt nicht ohnehin gänzlich auf eine Kopfbedeckung verzichtet (junge Menschen wird man kaum je mit Hut sehen!).

Hygiene
sollte wie Essen und Schlafen zum täglichen Leben gehören, aber leider, leider, für so manche Mitmenschen scheint sie immer noch ein Fremdwort und dies liegt bestimmt nicht an ihrer Schreibweise. Sauberkeit oder Hygiene, gemeint ist letztlich doch immer das gleiche, und nun muß man wohl der Fairneß halber gleich hier zu Beginn eine Lanze für all jene Menschen brechen, die diesbezüglich zwar reine Pedanten sind, aber von der Natur mit so gut arbeitenden Schweißdrüsen ausgestattet wurden, daß auch mehrmaliges Waschen sie nicht davor schützt, schon nach kurzer Zeit wieder zu »riechen«. Sicher gibt es Unmengen chemischer wie auch natürlicher Mittel, die das verhindern sollen, der Erfolg ist meist leider nur von kurzer Dauer. Für die Betroffenen gilt natürlich um so mehr wie für alle anderen auch extreme Sauberkeit, vor allem in den heißen Sommermonaten. Schweißgeruch ist für manche Menschen wirklich nur schwer zu ertragen, ohne weiteres kann er Übelkeit oder gar Brechreiz hervorrufen, und darum sollte sich hier jeder sehr, sehr selbstkritisch immer wieder »beschnüffeln«. Ist man tatsächlich nicht ganz sicher, lieber den Partner oder ein sonstiges Familienmitglied fragen, als in öffentlichen Verkehrsmitteln oder gar im Büro dadurch aufzufallen und gemieden zu werden. Stark transpirierende Menschen müssen sehr häufig ihre Kleidung wechseln, die übrigens stets aus Naturfaser sein sollte, notfalls sogar mehrmals täglich. Synthetische Fasern neigen dazu, den Schweißgeruch noch zu verstärken, und auch durch mehrmaliges Waschen läßt er sich nicht ganz beseitigen. Hier sollte man lieber ein paar Mark mehr für reine Baumwolle investieren.

Die tägliche Körperpflege ist ja für viele Menschen ein Stiefkind, die Katzenwäsche das höchste der Gefühle. Zähneputzen, sowohl morgens als auch abends, wird nur dann praktiziert, wenn ein Zahnarztbesuch ansteht, und Intimpflege, davon haben sie nie etwas gehört. Es soll immer noch Menschen geben, die das Bidet für eine Art Kindertoilette halten und keine Ahnung haben, wozu man es benutzt. Händewaschen vor Tisch oder nachdem man den fremden Hund oder die Nachbarskatze gestreichelt hat, erscheint absolut als Wasserverschwendung. Handtuch- oder Bettwäschewechsel wird erst dann vorgenommen, wenn die Schmutzspuren wirklich nicht mehr zu übersehen sind. Parfüm hingegen wird gerade von diesen Menschen sehr gerne und reichlich benützt – na ja, die Franzosen wußten schließlich, warum sie es einst erfanden!

J

Jackett
Zusammen mit der passenden Hose ergibt das meist sportlich saloppe Jackett die so beliebte Kombination, mit der man eigentlich immer richtig angezogen ist. Klassisch ist der einst aus der Klubjacke entwickelte, dunkelblaue Blazer mit der dunkelgrauen Flanellhose. Wählt man dazu noch elegante schwarze Schuhe, dann kann man unter Umständen sogar jede Abendeinladung damit bestreiten. Sportliche Jacketts, oft groß gemustert, werden von jungen Herren auch

gerne zu den so beliebten Jeans getragen. Selbstverständlich darf auch der Pullover mit V-Ausschnitt unter dem Jackett hervorsehen. Ebenfalls zu den Jacketts zählen strenggenommen die seit einigen Jahren favorisierten Loden- oder Leinenjanker, bei Herren und Damen gleichermaßen beliebt. Zusammen mit einer schwarzen oder dunkelgrauen Hose und den hier durchaus erlaubten etwas sportlicheren Schuhen ergeben sie vor allem in süddeutschen Gegenden die beliebte Nachmittagskombination.

Jeans
sind aus unserem Alltagsleben ebensowenig wegzudenken wie vielleicht der Kaugummi oder der »Hamburger«, Errungenschaften aus der Neuen Welt, die von uns selbstverständlich dankbar aufgenommen wurden. Getragen von Männlein wie Weiblein und mittlerweile in unzähligen Varianten erhältlich, erlebte die ursprünglich als strapazierfähige Arbeitskleidung des Wilden Westens erfundene Hose einen wahren Höhenflug. Trotzdem eine Bitte an alle Jeansträger: Im Theater, in der Oper oder im Konzert sowie im Rahmen einer festlichen Einladung wirkt sie nicht nur deplaziert, sondern lächerlich!

Jubiläen
werden beruflich wie privat, je nach Anlaß, meist sehr feierlich begangen (→Gratulationscour). Allerdings sollte man sich vorher stets vergewissern, ob die auf solche Art und Weise Geehrten dies auch wirklich wollen. Natürlich darf man auch »überraschen«, aber dann bitte nur im kleinen Kreis. Jubilare pflegen – da sie meist ahnen, was ihnen bevorsteht –, besonders wenn es sich um berufliche Ehrungen handelt, gerne unvorhergesehen zu verreisen. Wer also eine Riesenfeier vorbereitet, sollte sicher sein, daß der Jubilar auch wirklich anwesend ist, und zu diesem Zwecke wird man entweder den nächsten Mitarbeiter oder den Partner einweihen müssen, womit natürlich die Gefahr, daß aus der Überraschung keine mehr wird, nicht auszuschließen ist.

Geschenke sollte man geschmackvoll auswählen, der obligate Zinnteller für 25jährige Treue erfreut heute wohl kaum noch jemanden. Im Laufe des langen Miteinander hat man auch die Wünsche und geschmacklichen Vorlieben des Jubilars kennengelernt, konnte die täglichen Gewohnheiten beobachten und wird bei einigem Überlegen sicherlich auf ein treffendes Geschenk stoßen. Manchmal neigt man aus Faulheit dazu, diese »Standardjubiläumsgeschenke« zu erwerben.

Jugend
Sturm- und Drangzeit, Zeit des Heranreifens, Zeit des Erwachsenwerdens usw. usw. Alles Umschreibungen für ein einziges Wort, das diesen Zustand besser als andere auszudrücken vermag: Jugend. Junge Menschen können nicht perfekt sein, schließlich sind wir nicht mehr ganz Jungen es auch nicht, und schließlich kenne ich auch genügend alte Esel, die alle Torheiten dem dritten Frühling zuschreiben. Jugend hat ihre eigenen Gesetze, und nur wer sie respektiert, wird mit ihr auskommen. Daran sollte man immer denken, und trotzdem sollte dies kein Freibrief für alle die Jugendlichen sein, die da glauben, uns beweisen zu müssen, daß wir zum alten Eisen zählen und sie einst das Sagen haben werden. Mehr noch als Kinder wollen Jugendliche von den Erwachsenen ernstgenommen werden, und es liegt an uns, ihnen die Chance des Erwachsenwerdens auch wirklich zu geben. Mit unserer ewigen Rechthaberei, mit unserem steten Besserwissen tragen wir viel dazu bei, daß die Jugend uns nicht ganz ernst nimmt. Was soll man auch mit ewig nörgelnden und quengelnden Alten anfangen – man behandelt sie wie kleine Kinder, irgendwann geben sie schon auf! Ein kluger Mann hat einmal gesagt, die Jugend müsse sich ihre Hörner selbst abstoßen, man könne ihr lediglich dabei helfen, daß nicht auch noch der Kopf dabei zu Schaden kommt. Ein klein wenig Toleranz und Verständnis und nie vergessen, daß man selbst ja auch einmal jung war – und wirklich schon perfekt?

K

Kaffee
wird praktisch überall auf der Welt und den ganzen Tag über getrunken – vertragen hingegen wird er absolut nicht von allen. Es gibt Menschen, die ab einer gewissen Zeit keinen Kaffee mehr trinken dürfen, wenn sie nicht die halbe Nacht katzmunter im Bett herumturnen wollen, andere wieder können ihn unmittelbar vor dem Zubettgehen, schwarz und schwer in sich hineingießen, und der Schlaf wird sie deshalb nicht fliehen. Kaffee sollte stets heiß, mehr oder minder stark, mit oder ohne Zucker und Sahne serviert werden, und es ist eigentlich eine Frage des persönlichen Geschmacks, ob man ihn nur als Mokka, Espresso, Irish Coffee, als Wiener Melange oder als kleinen Braunen genüßlich zu sich nimmt. Die Österreicher, die den Kaffee ja ursprünglich von den immer wieder in den Donauraum einfallenden Türken sozusagen als Kriegsbeute erobert und in Mitteleuropa eingeführt haben, kennen unzählige Varianten der Zubereitung, und wer in Wien einmal ein Kaffeehaus besucht hat, der braucht als Ausländer schon eine geraume Zeit, ehe er weiß, worin die Unterschie-

de bestehen. Sofern man das Glück hat, eine nette und auskunftsbereite Bedienung zu finden, kann dies durchaus ein amüsanter Unterricht werden, bei dem man auch viel über das berühmte Wiener Herz erfahren wird!

Wie der richtig gedeckte *Kaffeetisch* auszusehen hat, zeigt unser Foto. Übrigens: Kaffeetassen stehen immer rechts oberhalb des Kuchentellers, niemals links von diesem, wie man es immer wieder zu sehen bekommt. Die Kaffeetasse wird nur dann mit dem Unterteller hochgenommen, wenn der niedrige Wohnzimmertisch als Kaffeetafel gedeckt wurde.

Für die vor allem bei uns Damen so beliebte nachmittägliche *Kaffeestunde* (→Mokka), zu der man Torte, Kuchen oder Gebäck reicht, sollte allerdings neben dem Kaffee stets auch ein Ausweichgetränk bereitstehen, da Kaffee (siehe oben) nicht von jedermann gleich gut vertragen wird.

Wird man zum Kaffee gebeten, so heißt dies aber auch, daß man spätestens nach zwei Stunden den Besuch zu beenden hat. Wer von der Kaffeeeinladung automatisch auf eine Einladung zum Abendessen spekuliert, irrt stets! Allerspätestens um halb sechs Uhr wird der höfliche Gast sich verabschieden.

Kartoffeln

Früher wäre es schlicht und einfach unmöglich gewesen, die Kartoffel mit dem Messer zu behandeln, sprich zu schneiden. Heute ist man toleranter, da vor allem überbackene Kartoffeln fast jedem Versuch widerstehen, sie nur mit der Gabel zu zerteilen. Sind sie sehr klein, so kann man sie noch in einem Stück verzehren, etwas größer hingegen machen sie sich beim »Gabel-Versuch« gerne selbständig – und dies ist bestimmt unangenehmer, als wenn man sie mit dem Messer halbiert. Weiterhin nicht erlaubt ist hingegen, die Kartoffeln durch die Gabelzinken zu zerquetschen, auch wenn man damit z.B. eine Soße wesentlich leichter aufnehmen könnte. Pellkartoffeln werden auf die Gabel gespießt und mit Hilfe des Messers von der Schale befreit.

Katzen
→Haustiere.

Kavalier
Der wirklich perfekte Kavalier wird jede Frau

*Zum **Kaffee** wird hier einmal kein Kuchen, sondern sogenannte »Petit fours« gereicht. (1)*

*Neben dem aus Horn gefertigten **Kaviarbesteck** wurde hier noch ein Austern- und Hummerbesteck aufgelegt. (2)*

als Dame behandeln. So weit, so gut, bleibt nur noch die Frage, wo man ihn findet! Verliebte junge Herren kehren gerne den perfekten Kavalier heraus, nach einigen Jahren der Ehe ist dann höchstens noch ein schwacher Abglanz davon zu registrieren, wenn Damenbesuch ins Haus kommt. Natürlich weiß man immer noch, was sich gehört, nur, die eigene Ehefrau legt ja gar keinen so großen Wert darauf. So und ähnlich lauten die Ausreden, von denen es unzählige gibt. Also bitte, meine Herren, vielleicht funktionierte auch das tägliche Nebeneinander wieder viel besser, wenn nur Sie sich dazu entschließen könnten, sich wieder ein bißchen mehr als Kavalier zu zeigen. So schwer kann es doch wirklich nicht sein, oder doch?

Kaviar
Spätestens seit uns das Fernsehen die amerikanischen Seifenopern Dallas und Denver einmal wöchentlich serviert, weiß auch der ungebildetste Mensch, daß Kaviar löffelweise verzehrt und wahlweise Champagner (bitte kein banaler Sekt) oder echter russischer Wodka dazu getrunken wird. Natürlich wird man echten Kaviar nur mit dem Kaviarlöffel, bei dem die Schaufel aus Horn ist, zum Munde führen; sollte man ihn tatsächlich lieber auf mit Butter bestrichenem Toastbrot verspeisen, benützt man das ebenfalls aus Horn gefertigte Kaviarmesser dazu. Ob mit oder ohne Zitrone, ob mit Pellkartoffeln und Sahne, für Kaviarliebhaber ist er einer der höchsten Gaumengenüsse, andere hingegen verstehen gar nicht, wieso man von diesem »Zeug« so schwärmen kann. Nun, über Geschmack läßt sich bekanntlich streiten. Kaviar sollte übrigens stets kühl, d.h. in kleinen gekühlten Schalen, die auf Eis stehen, serviert werden. Echter Kaviar ist der Rogen des Störs, eines primär in russischen Gewässern vorkommenden Fisches. Die teuerste Sorte dürfte wohl der »Beluga« sein. Sogenannter falscher Kaviar wird vom Rogen des Seehasen gewonnen, nachträglich schwarz gefärbt und schmeckt meist wesentlich salziger als der echte; eigentlich ist er mit diesem höchstens im Aussehen vergleichbar.

Kennenlernen
Irgendwann und irgendwie haben sich alle Paare einmal kennengelernt, und wohl in den meisten Fällen hat der Zufall Regie geführt. Ehen, die von langer Hand geplant wurden, sind heute längst nicht mehr modern, und wohl jede junge Dame würde ein Veto einlegen, wollten die Eltern sie, wie früher üblich (oft sogar mit einem Mann, der um vieles älter und ihr völlig unbekannt war), auch heute noch »verheiraten«. Fairerweise sollte man jedoch hinzufügen, daß diese Ehen nicht immer die unglücklichsten wurden.
Ob ein junger Mann heute auf der Straße, sollte ihn Gott Amor sozusagen blitzartig mit dem Pfeil streifen, die so Entdeckte ansprechen darf, ist nach wie vor ein heikles Thema. Eigentlich darf er ja nicht, aber wenn er wirklich sonst keine Möglichkeit sieht, mit ihr ins Gespräch zu kommen, und auf die Gefahr hin, eine Abfuhr zu erhalten, darf er es ruhig probieren. Selbstverständlich wird er mit aller Höflichkeit vorgehen, und ohne Frage wird er den Versuch sofort abbrechen, wenn er merkt, daß keine Resonanz erfolgt. Hartnäckigkeit gehört sich in diesem Fall bestimmt nicht, denn Sympathie läßt sich nun mal nicht erzwingen.

Soweit zum Thema junger Herr! Wie sieht es nun aber bei einer jungen Dame aus?
Zwar hat uns der Gesetzgeber die Gleichberechtigung beschert, aber ich kann mich speziell bei diesem Thema eines unguten Gefühls nicht erwehren, wenn man hier nun sagen würde: Im Zuge der Gleichberechtigung darf auch eine junge Frau einen Herrn, der ihr gefällt, einfach ansprechen! Ich meine, sie darf ruhig zeigen – mit gebührender Zurückhaltung natürlich –, daß ihr jemand gefällt, z.B. durch ein Lächeln, alles übrige sollte sie aber für meine Begriffe wohl doch dem jungen Herrn überlassen. Wenn man füreinander bestimmt ist, wird er es längst auch gemerkt ha-

ben und die Initiative ergreifen, wenn nicht ... dann kommt auch noch ein anderer!

Kinder

Wir wollen uns hier nicht mit den verschiedenen Möglichkeiten der *Kindererziehung* auseinandersetzen, sondern dieses Thema nur ganz kurz streifen. Wer selbst keine Kinder hat, der wird manche, von Eltern praktizierte Methoden der Kindererziehung vielleicht im Innersten nicht gutheißen. Das Recht, dies laut zu sagen, hat er deswegen aber nicht, es sei denn, man bittet ihn ausdrücklich um seinen Rat. Aber auch hier ist eine gewisse Zurückhaltung noch angebracht, denn wer weiß denn schon, wie er selbst handeln würde, wenn ein quengelndes Kleinkind die Nerven malträtiert. Da gibt man schon mal schnell um des lieben Friedens willen nach – was ja nicht heißen muß, daß man ständig nachzugeben hätte.

Kinder werden stets jene Umgangsformen beherrschen, die wir als Eltern ihnen im täglichen Leben vorexerzieren. Was wir sie in der Kindheit und in der Schulzeit nicht lehren, das wird das Kind später auch nicht können – es sei denn, es hat es sich anderswo abgeschaut. Kinder sind sehr scharfsichtige Beobachter, und so manche im Alltagsleben eingerissene »Schlamperei«, bezüglich Tischsitten u.a., wird unweigerlich nachgeahmt werden. Wer zu Hause also grundsätzlich z.B. das Messer mit der Zunge abschleckt, der darf sich nicht wundern, wenn sein Sprößling dies eines Tages dann im Restaurant macht und auf die rügende Bemerkung lautstark erklärt, Mama oder Papa würden dies ja auch machen. Getadelt gehören in so einem Fall die Eltern, aber nicht das Kind!

Kinder sollte man immer ernst nehmen – sie danken es einem! Die oft praktizierte Erklärung: »Davon verstehst du ja doch nichts«, befriedigt ein Kind absolut nicht und, mal ganz davon abgesehen, warum sollte es vielleicht nicht doch etwas davon verstehen? Wenn wir als Erwachsene die Antwort selbst nicht kennen, warum können wir dies dann nicht zugeben? Schließlich könnte man ja mal nachlesen, oder?

Vor allem wenn junge Mädchen und Buben ihren Körper zu entdecken beginnen, hört man immer noch: »Pfui, das tut man nicht.« Liebe Eltern, Großeltern, Tanten usw., bitte, macht mit diesem Blödsinn endlich Schluß! Es ist doch nur ganz natürlich, daß Mann und Frau unterschiedlich gebaut sind, warum ist das »pfui«, warum erklärt man nicht auch einem kleinen Kind bereits, daß eben Männer einen Penis, Frauen hingegen eine Scheide haben. Immer noch fallen Kinder Sittlichkeitsattentätern auch aus Gründen der Neugierde zum Opfer. Weil diese Verbrecher den Kindern eben versprechen, ihnen etwas zu zeigen, was Mami und Papi stets schamvoll verhüllen. Wer sein Kind sozusagen von den Windeln heraus an die Natürlichkeit des Nackt- und Andersseins gewöhnt, der erspart sich mit Sicherheit eine Menge Sorgen – und die kommen spätestens mit der Pubertät (→Geburtstag).

Das *Kinderzimmer*, für Mütter manchmal ein Ort des Schreckens, sollte wirklich dem Kind gehören. Hier kann es gleich lernen, daß man ab und an vielleicht auch aufräumen muß. Und natürlich sollte die Einrichtung ein bißchen den Wünschen des Kindes angepaßt werden. Sie sollte nicht nur zweckmäßig sein und den Vorstellungen der Eltern entsprechen. Schließlich muß ja das Kind darin leben. Dies ist nicht immer ganz einfach, zumal sehr junge Fräuleins dazu neigen, ihre Vorstellungen zweimal wöchentlich zu ändern.

Kinderzimmer gehören ebenso wie Schlafzimmer nicht unbedingt zu jenen Räumlichkeiten, die man Besuchern »zeigen« muß, und wer sein Kind hier ganz bewußt blamiert, der darf sich nicht wundern, wenn es in Zukunft noch weniger »Bock« zum Aufräumen hat!

Kino

Auch wenn die Popularität des Kinos durch das Fernsehen nachhaltig abgenommen hat, vollkommen aussterben wird es bestimmt nie. Einige Tips für den Kinobesuch: Zu spät kommt man natürlich nur, wenn wirklich ein dringender Grund vorhanden war. In diesem Fall entschuldigen wir uns bei den bereits Sitzenden und werden uns mit dem Gesicht zu ihnen gewandt vorbeischlängeln. Den Rücken sollte man nicht zeigen, dies gilt nach wie vor als unhöflich – übrigens auch im Theater, in der Oper oder im Konzert.

Süßigkeiten sollten mit Rücksicht auf die Umsitzenden vor Beginn des Hauptfilms aus ihrem Knisterpapier genommen werden. Kaugummi wird bitte nie an der Rückenlehne des Vordersitzes »abgelegt« – und bitte auch nicht unter dem Sitz! Wer ihn nicht bis zum Ende des Films im Mund behalten möchte, kann ihn in einem Taschentuch deponieren, welches am Ausgang in den Papierkorb wandert.

Großrandige Hüte werden selbstverständlich abgenommen, dies geht wohl eher die Damen an, gilt aber auch für die Herren.

»Im Dunkeln ist gut munkeln«, sagt der Volksmund, aber bitte nicht unbedingt im Kino, liebe junge Liebespaare.

Kinder *feiern ebenso gerne wie Erwachsene, und Anlässe dafür gibt es im Jahreslauf genügend (1).*

Bürokrach und Ehezwist müssen auch nicht unbedingt im Kino dem Begleiter erzählt werden; die meisten Besucher ringsum interessieren sich nämlich wesentlich mehr für das Geschehen auf der Leinwand als für unsere Alltagssorgen.

Kirche(n)
Ob wir nun eher geneigt sind, uns an Schiller zu halten, der in seinem Drama »Maria Stuart« sagt: »Die Kirche ist's, die heilige, die hohe, die zu dem Himmel uns die Leiter baut«, oder ob wir lieber den zum Sarkasmus neigenden Dichterfürsten Goethe Gehör schenken, der in Faust verkündet: »Die Kirche hat einen guten Magen, hat ganze Länder aufgefressen und doch nie sich übergessen«, ist letztlich sekundär. Tatsache ist, daß das Thema Kirche im Rahmen dieses Buches nicht völlig übergangen werden kann, auch wenn man dazu Neigung verspürt.

Wer im Freundeskreis über das Thema Kirche diskutiert, soll durchaus frei seine eigene Meinung äußern, sich aber bitte vor drastischen Formulierungen hüten; Männer der Kirche sind heute nämlich nicht stets und sofort an ihrer Kleidung zu erkennen. Und wie peinlich ist es

Ein besonders hübscher Geburtstagstisch für **Kinder** *(2), die hier bestimmt viel Spaß haben werden.*

dann, wenn man im Verlaufe des Gespräches erfahren muß, z.B. einem Monsignore, Pfarrer etc. die Nachteile des Zölibats erklärt zu haben!

Wer gerne Kirchen besucht, egal in welchem Land und unabhängig davon, welcher Religion das Gotteshaus angehört, sollte die religiösen Gepflogenheiten des Besucherlandes respektieren. Aber auch bei uns ist ein Kirchenbesuch in Shorts und freizügigem Top nicht unbedingt angebracht, auch wenn unsere tolerante Geistlichkeit sich das Protestieren längst abgewöhnt hat! Besucht man die Kirche während einer heiligen Messe, deren Ritus uns nicht vertraut ist, so bleibt man im hinteren Teil, bis die Messe zu Ende ist. Erst dann können wir die Kirche ungestört als Kunstdenkmal bewundern. Dauert die Meßfeier zu lange, dann kommt man eben später wieder, bewußt stören sollte man hier nie. Während die männlichen Besucher katholischer und evangelischer Kirchen das Haupt entblößen (dies gilt auch für die so beliebten Urlaubsschirmmützen), wird sowohl der männliche als auch der weibliche Besucher einer Synagoge den Kopf bedecken. Buddhistische Tempel und islamische Moscheen betritt man ohne Schuhwerk.

Wer vom Papst in Privataudienz empfangen wird, sollte im langen schwarzen Kleid mit Schleier bzw. im Frack erscheinen. Das lange weiße Kleid ist in diesem Falle nur der regierenden Königin eines katholischen Landes gestattet (z.B. Fabiola von Belgien, Sofia von Spanien).

Kleidung

Zu jedem Anlaß stets richtig gekleidet – wer kann das mit ruhigem Gewissen von sich behaupten? Die Mode ist heute zwar nicht mehr diesem extremen Wandel unterworfen wie z.B. noch vor gut fünfzehn Jahren, als der Minirock seinen Höhepunkt feierte und jede Frau, wollte sie nicht für hoffnungslos altmodisch gehalten werden, von den Beherrschern des Modediktates gezwungen wurde, jeden noch so blanken Unsinn mitzumachen, trotzdem beschert sie uns jedes Jahr einige Neuheiten. Neuheiten, die bei genauerer Betrachtung natürlich längst schon einmal da waren – sei es nun der Trachtenlook oder die lange Taille der goldenen zwanziger Jahre. Zumindest haben sich die Modezaren schon vor Jahren darauf geeinigt, die Rocklängen variabel zu belassen, so daß jede Frau – schließlich hat ja nicht jede Beine wie Marlene Dietrich – die für sie richtige selbst herauszufinden vermag. Von mini bis knöchellang, erlaubt ist, was gefällt. Die tragbarste Länge hat sich ungefähr eine Handbreit unter dem Knie eingespielt, und sie steht eigentlich jeder Frau.

Ob man nun über viel oder wenig Garderobe verfügt, eine richtige Frau hat nie genügend anzuziehen, auch wenn der Kleiderschrank schon aus allen Nähten platzt. Männer geben sich da meist wesentlich bescheidener – ich sage bewußt meist, es gibt jedoch auch hier Ausnahmen, die jede Frau in den Schatten stellen. Eine berufstätige Frau wird verständlicherweise mehr Kleider benötigen als z.B. eine junge Mutter von drei kleinen Kindern. Sie ist, wenn die Figur es erlaubt, wirklich in Jeans und praktischen Sweatshirts tagsüber am besten aufgehoben – was ja nicht ausschließt, daß sie im sportlich legeren Kostüm zum Einkaufsbummel geht und in einer modischen Abendrobe die Oper besucht.

Ideal ist die heute überall erhältliche Kombinationsmode, deren Einzelteile sich beliebig miteinander kombinieren lassen. Allerdings setzt sie den berühmten guten Geschmack voraus – sonst können manche Farbzusammenstellungen schon mal ins Auge gehen. Lieber einen Berater zum Einkauf mitnehmen, als hinterher feststellen, daß bestimmte Stücke eben doch nicht so zusammenpassen, wie man es im Gedächtnis hatte.

Hosen sind heute längst auch für Frauen kein Tabu mehr, und selbst die konservativsten Zeitgenossen haben dies bereits eingesehen! Allerdings, nicht jede Eva besitzt auch eine Hosenfigur – ein selbstkritischer Blick in den Spiegel hat hier noch nie geschadet!

Wer beruflich oder privat tagsüber einen Besuch zu absolvieren hat, wird, je nach Laune und Jahreszeit, sportlich leger oder aber auch klassisch elegant erscheinen. Ob im Kostüm, im Hosenanzug, im aktuellen folkloristisch angehauchten Lederlook oder im romantischen Rüschenkleid, hier kann man eigentlich gar nichts falsch machen. Die Herren kommen in der Kombination, im dezenten Anzug (je nach Alter darf er ruhig auch ein bißchen auffälliger gemustert sein), beim rein privaten Besuch wird das Jackett auch mal dem legeren Pullover weichen.

Völlig aus der Mode hingegen ist das einst so beliebte reinseidene Nachmittagskleid – bei Damen älteren Semesters kann man es ab und an noch bewundern.

Zur Abendeinladung im Restaurant mit nicht ganz engen Freunden kommt das Reinseidene jedoch nach wie vor zu Ehren, allerdings heißt es nun Cocktailkleid! Sie sehen also, meine Damen, so leicht geht das mit der Kleiderverwandlung. Der Smoking bedingt, wie wir ja bereits wissen, absolut nicht immer das bodenlange Abendkleid; gerade die so beliebte modische Folklore bietet hier der modebewußten Frau ein großes Spektrum eleganter Möglichkeiten.

Auf Reisen wird man die Kleidung klugerweise den zu erwartenden Temperaturen anpassen. Und da wir ja alle mehr oder weniger große Sonnenanbeter sind, wird sie leicht und luftig sein. – Eine Ausnahme sind hier die meist nicht gerade billigen Kreuzfahrten, die eigentlich voraussetzen, daß man täglich anders gekleidet zum Diner erscheint. – Urlaubsgarderobe sollte aus leicht waschbaren Materialien sein, so wird der Wein- oder Eisfleck am Rock, auf der Bluse oder am Kleid nicht zum Problem. Kühle Tage, eventuell sogar von einigen Regenschauern begleitet, sollte man aber auch im sonnigsten Land der Erde einkalkulieren. Ein oder zwei wärmere Kleidungsstücke gehören stets in den Urlaubskoffer. Spätestens am Tag der Heimkehr werden wir ihrer dankbar gedenken und sie griffbereit im Flugzeug, Zug usw. deponieren.

Knicks

Einst war es der Stolz jeder Mutter, wenn ihr kleines Töchterlein graziös vor den Besuchern knickste – im Zeitalter der antiautoritären Erziehung hingegen verlor er seinen Reiz, und ich kenne genügend junge Mütter, die den Knicks der Tochter ebenso kategorisch ablehnen wie den Diener der jungen Herren. Jeder, wie er will, sollte auch hier gelten. Anerziehen muß man weder Knicks noch Diener, spielerisch hingegen können wir unserem Nachwuchs das eine wie das andere beibringen. Ehe wir unsere Kinder aber zu Knicks und Diener dressieren, sollten wir sie das Grüßen und dabei In-die-Augen-Sehen lehren.

Wie gesagt, der Knicks sieht putzig aus und entzückt die meisten Großmütter, eine Anstandsregel dafür gibt es jedoch nicht!

Knigge

Der Mitte des 18. Jahrhunderts in der Nähe von Hannover geborene Adolph Freiherr Knigge wurde vor allem durch sein Buch »Über den Umgang mit Menschen« weltberühmt. Jene Regeln allerdings, die wir heute so gern als »Knigge« bezeichnen, wurden von ihm nie aufgestellt. Sein »Umgang mit Menschen« bezieht sich ausschließlich auf auch heute noch gültige Lebensregeln, die weder alters- noch klassenbedingte Unterschiede dulden. So sagte Knigge z. B.: »Lerne Widerspruch zu ertragen. Sei nicht kindisch eingenommen von deinen Meinungen«, oder: »Enthülle nie auf unedle Art die Schwächen deiner Mitmenschen, um dich zu erheben«. Natürlich sind dies im Grunde genommen ebenso Anstandsregeln – auch wenn es ihm bestimmt fernstand, als Urvater des guten Benehmens in die Geschichte einzugehen!

Knoblauch

gilt vielen Menschen als Krönung bestimmter Speisen, während andere allein schon durch seinen Geruch angewidert werden. Populär wurde der Knoblauch bei uns durch die Gastarbeiter aus den südöstlichen Ländern, die mit ihrer heimischen Küche natürlich auch eine Vielzahl neuer Speisen und Gewürze mitbrachten. Knoblauch ist heute eigentlich aus keiner Küche mehr wegzudenken, die nur ein bißchen auf sich hält, und manche Fleischgerichte, wie z. B. Lamm, sind ohne Knoblauch gar nicht vorstellbar. Aber: Der penetrante Knoblauchduft eilt seinem Verzehrer mindestens noch am folgenden Tag, sozusagen als riechendes Erkennungsmerkmal, voraus! Und dies kann vor allem im Berufsleben sehr unangenehm sein. Gegenmittel gibt es unzählige, nur wenige helfen wirklich, probieren kann man nichtsdestotrotz: rohe Petersilie, Milch, Wacholderbeeren, Kaffeebohnen und Gewürznelken. Auch einige atemerfrischende Bonbons sollen angeblich den Geruch mildern – meiner Erfahrung nach bleibt es meist beim Wunsch. Angeblich soll auch Wodka den Knoblauchgeruch erträglicher machen, was ich vor allem für den Konsumenten gerne glauben will, denn nach drei Gläschen riecht er bestimmt nichts mehr!

Kopfbedeckungen *(1, 2, 4) können sportlich leger, folkloristisch angehaucht oder auch nur praktisch sein. Aber auch zur eleganten* **Kleidung** *(3) kann die modebewußte Frau eine orientalisch anmutende Kopfzierde tragen – sofern sie ihr steht!*

Koffer

gehören zu jeder Reise und sind für das, was man unbedingt mitnehmen muß, praktisch immer zu klein. Seit der Flugtourismus sich zunehmender Beliebtheit erfreut, sind die leichten Kunststoffkoffer auch bei uns überall im Handel, die einst so vornehm wirkenden Schweinslederkoffer hingegen fast völlig aus der Mode gekommen – sie überstehen Flugreisen stets nur mit sichtbaren Dellen. Koffer sollte man nicht in Hast und Eile, sondern in Ruhe und mit Muße kaufen, schließlich wird man nicht jedes Jahr ein neues Kofferset erwerben. Flugkoffer, vor allem in der preislich höher angesiedelten Kategorie, sind mit einer Vorrichtung versehen, die es dem Besitzer erlaubt, ihn auf Rädern hinter sich herzuziehen. Sehr praktisch und sehr sinnvoll, da die so beliebten stählernen Kofferkulis auf Flughäfen und Bahnhöfen entweder defekt oder besetzt sind. Gepäckträger findet man dann, wenn man sie wirklich braucht, meist nie (und diese Worte mögen mir alle Gepäckträger dieser Erde bitte verzeihen!). Der kofferschleppende Kavalier ist leider auch aus der Mode gekommen. Hilf dir also selbst, holde Weiblichkeit!

Kommunion
→Erstkommunion.

Kompott

War das Kompott früher, vor allem zu großen Braten, obligat, so ist es heute eigentlich fast völlig aus der Mode gekommen, obwohl es vor allem von Kindern meist heiß geliebt wird. Kompott wird stets in kleinen Schüsseln serviert, die z.B. auf einem Unterteller stehen. Der Kompottlöffel wird entweder zusammen mit dem Kompott aufgetragen (in diesem Fall liegt er auf dem Unterteller) oder aber als Dessertlöffel quer oberhalb des Tellerrandes aufgedeckt. Gibt es Kompott, welches nicht entsteint ist, so wird man die Steine auf den Löffel und von dort auf den Tellerrand befördern. Wirklich nur ganz selten sieht man noch die sogenannten Kernschälchen, winzige Schälchen, die zur Aufnahme der Kerne dienen und meist lose über die Tafel verstreut aufgedeckt sind. In diesem Fall kann das Kompottgedeck allerdings nur aus den Schüsselchen bestehen.

Komtesse

Dieser heute praktisch völlig aus der Mode gekommene Titel gebührte zu jenen Zeiten, als der Adel noch tonangebend war, der unverheirateten Gräfin. Adäquat dazu gab es die Baronesse. Im allgemeinen wurden diese Titel jedoch nur bei sehr jungen Damen aus adeligem Hause verwandt – heute findet man sie praktisch nur noch in den Liebesromanen.

Konfirmation

Im Gegensatz zur katholischen Kommunion, bei der die Kinder zwischen neun und zehn Jahre alt sind, findet die evangelische Konfirmation erst ab dem vollendeten 14. Lebensjahr statt. Mit dieser Feier werden die Konfirmanden öffentlich als aktive Mitglieder der evangelischen Kirchengemeinde anerkannt und zur Abendmahlsfeier zugelassen. War früher die Kleidung für Mädchen und Buben dunkel gedeckt, aber natürlich sehr feierlich, ist man in dieser Entscheidung heute großzügiger. Es gibt keine Vorschriften für bestimmte Kleider- oder Anzugfarben mehr. Konfirmanden sind ja bereits Jugendliche, die Interessen liegen verständlicherweise in diesem Alter auf völlig anderen Gebieten als bei der Kommunion.
Und diesen jugendlichen Interessen sollte man auch bei der Auswahl eines Geschenkes entgegenkommen.
Am ehesten könnte man die Konfirmation wohl der Firmung gleichstellen, und ähnlich sollte auch die Feier ausfallen (→Firmung, →Erstkommunion).

Konzertbesuch

Im Gegensatz zum Opernbesucher begnügt sich der Konzertbesucher mit einem dunklen Anzug bzw. dem Cocktailkleid. Im übrigen verläuft der Konzertbesuch wie der Opernbesuch (→Matinee, →Oper).

Kopfbedeckung

Ob Kopftuch, Kappe, Mütze oder Hut, meist findet sich im Kleiderschrank der Damen eine reichliche Auswahl all dieser Kopfbedeckungen. Neuerdings sind Stirnbänder aus allen gängigen Materialien groß in Mode, während der wagenradgroße Hut mit dem vielgelästerten Blumengarten absolut »out« ist – was sich allerdings schon nächstes Jahr wieder ändern könnte. Grundsätzlich gilt jedoch: Keine Dame muß mehr Hut tragen. Ausnahme: regierende Königshäuser (die Hüte der englischen Royal Family sorgen ja stets für Schlagzeilen) sowie hochoffizielle Beerdigungen, bei denen der kleine Hut mit Schleier noch immer angebracht ist (→Hüte).

Körperhaltung

Es ist schon entsetzlich, wie krumm und bucklig manche unserer Zeitgenossen durch die Gegend schleichen. Und ich rede hier nicht von älteren Menschen, die möglicherweise auch noch ein Gebrechen haben, sondern von ganz jungen Leuten, die sich lediglich aus Schlamperei »gehenlassen«. Hochgezogene Schultern, gesenkter Kopf und schlurfende Schritte, so und noch schlimmer kann man unsere Zwanzigjährigen tagein, tagaus beobachten. Man muß sich ja nicht unbedingt an der Devise »Bauch rein und Brust heraus« orientieren, doch dazwischen liegt eine bestimmt vielfältige Auswahlmöglichkeit. Nur daran denken sollte man halt!

Beim Essen ist die korrekte Körperhaltung mindestens ebenso wichtig wie das richtige Auflegen des Bestecks. Grundsätzlich sollte man folgende Regeln beachten:

Ellbogen haben weder auf dem Tisch etwas zu suchen, noch winkelt man sie extrem nach außen. Wer einmal die völlig korrekte Haltung beim Essen versuchen will, der nehme zwei gleich große Bücher und klemme sie unter die Arme, und nun soll er wie gewohnt mit dem Besteck sein Essen einnehmen. Geht nicht, meinen Sie? Aber ja doch, auch wenn es sicherlich etwas anstrengend ist. So extrem verlangt es aber auch niemand. Niemals den Kopf zum Essen bzw. zur Gabel, sondern stets umgekehrt, die Gabel zum Mund führen.

Die Beine stehen geschlossen nebeneinander, der Oberkörper ist nur leicht nach vorne geneigt, die Handgelenke liegen auf der Tischkante (siehe Fotos S. 222–223).

Weder wippen wir mit dem Stuhl, noch rutschen wir unruhig auf diesem hin und her, auch dann nicht, wenn er nicht gerade als bequemes Möbelstück zu bezeichnen ist.

Über das korrekte →Platznehmen lesen wir unter dem entsprechenden Stichwort nach.

Körpersprache

Dazu zählen die fragenden oder sprechenden Augen, die betont sexy schwingenden Hüften, der Mund und natürlich die Zunge, die selbstverständlich nur Kinder – und auch die wird man schelten – herausstrecken dürfen. Ein guter Beobachter wird aus der Mimik des Gesichts, der Gestik der Hände usw. weit mehr herauslesen können, als manchem lieb sein wird. Bei einem Bewerbungsgespräch sollte man daher unter Umständen die Körpersprache gezielt einsetzen oder aber bewußt vermeiden – wenn man sich soweit beherrschen möchte. Nervosität allerdings läßt sich nur schwer verheimlichen – beobachten Sie mal bewußt Ihre Hände, wenn Sie nervös sind. Oder gehören Sie zu jenen, die dann stets mit dem Fuß auf und ab wippen?

Kosmetik

ist längst nicht mehr nur eine Sache der Frauen! Die Herren der Schöpfung sind heute ein gewohnter Anblick in jedem guten Kosmetiksalon, auch wenn ich mir da mitunter ein Lächeln nur schwer verkneifen kann – ein männlich-kantiges Bartgesicht mit Honigmaske reizt eben nun mal einfach zum Lachen. Ein guter Salon jedoch wird niemals zulassen, daß Kundschaften ungebeten einen Blick in die Behandlungsräume werfen können.

Pflegende und dekorative Kosmetik werden vervollständigt durch Maniküre und Pediküre.

Es gibt nichts, was es nicht gibt, möchte man angesichts des Sortiments einer gut bestückten Parfümerie ausrufen. Salben, Cremes und Wässerchen – von den Düften wollen wir gar nicht erst reden – für jeden Hauttyp, für jedes Alter, und selbstverständlich verhindern sie alle ganz gezielt das Altern. Leider, leider hält gerade hier die Werbung meist so gar nicht, was sie verspricht. Und all die vielen schönen Mädchen, die für eine bestimmte Marke ihre Schönheit zur Verfügung stellen! Sie sind nur meist nicht älter als ein paar zwanzig Jahre, schön selbstverständlich von Natur aus, auch ohne jedes Hilfsmittel. Aber, der Glaube kann Berge versetzen, und eine gepflegte Frau wird sich allemal wohler in ihrer Haut fühlen als eine ungepflegte. Und darum, meine weiblichen Mitstreiterinnen, ab und an ein kritischer Blick in den Spiegel geworfen! Ist man zufrieden mit dem, was man erblickt, ist alles in Ordnung, ist man es nicht, so sollte man dies schleunigst ändern. Natürlich will ich jetzt hier nicht zur Schönheitsoperation raten, aber gepflegte Haare mit einem flotten Schnitt, ein zart geschminktes

Gesicht sind nun mal ein erfreulicherer Anblick als fettige Strähnen, die wirr in alle Richtungen stehen, und ungepflegte Haut, die glänzt und noch nie im Leben etwas von einem Make-up gespürt hat. Das Märchen, daß dies schädlich für die Haut sei, hat ja wohl endgültig aufgehört, ein Märchen zu sein. Wer allerdings zur Bettzeit nichts vom Waschen hält, der sollte tatsächlich besser auf ein Make-up verzichten, schon der Bettwäsche zuliebe.

Jede Frau hat irgend etwas Liebreizendes an sich, häßliche Menschen gibt es eigentlich gar nicht, es sei denn, der Mensch macht sich selbst dazu. Man muß nur ein bißchen Zeit aufwenden – mit Geld hat das bestimmt wenig zu tun, denn die dekorative Kosmetik muß ja nicht unbedingt von der teuersten Nobelfirma stammen! (→Make-up, →Parfüm)

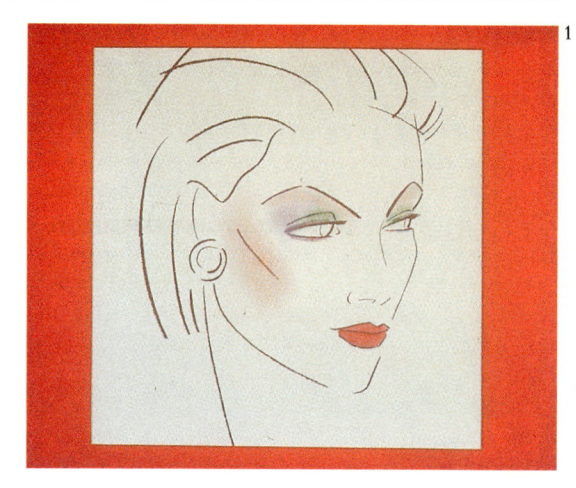

Die dekorative **Kosmetik** *verwandelt eine Frau erst in eine Schönheit (1–3).*

Kostümfeste
→Fasching.

Krankenbesuch
Oft mehr Pflicht als wirklich Lust – der Krankenbesuch. Sicherlich wird keiner unserer Bekannten erwarten, daß wir ihn bei einem einwöchigen Krankenhausaufenthalt besuchen; wer aber für längere Zeit – und dies ja nur in den seltensten Fällen freiwillig – sozusagen gezwungenermaßen Bewohner eines Krankenhauses wird, der wird sich auch über einen Besuch im langweiligen Krankenhausalltag freuen. Diese Besuche benötigen viel Fingerspitzengefühl. Kranke sind, je nach Art der Erkrankung, oft sehr empfindlich, pflegen nicht selten jedes Wort auf die Goldwaage zu legen und hegen oft den Verdacht, der Besucher wäre über seine Krankheit besser informiert als er selbst. Krankenbesuche sollten nur in Ausnahmefällen länger als eine halbe Stunde dauern, wenn möglich, wird man sich mit den Familienangehörigen absprechen, wer wann ins Krankenhaus fährt. Der Patient hat nämlich nichts davon, wenn an einem Tag Dreiviertel aller Bekannten auftauchen und den Rest der Woche über niemand (Krankenhäuser haben auch fast immer an einem Tag der Woche abends Besuchszeit für alle Berufstätigen; zahlreiche Kliniken nehmen es mit der Besuchszeit ohnehin nicht sehr genau und drücken schon mal ein Auge zu). Natürlich wird man sich nach dem Gesundheitszustand des Kranken erkundigen, aber alle Schauermärchen, die wir mittlerweile über seine Krankheit gehört und gelesen haben, behalten wir bitte für uns! Blumen (keinesfalls Topfpflanzen) werden nicht von jeder Oberschwester gerne gesehen, und Herren werden eine gute Lektüre mehr zu schätzen wissen als den Blumenstrauß. Ja, das wär's eigentlich schon, was man an Geschenken mitbringen darf: Blumen und Lesestoff, eventuell, aber bitte nur nach Rückfrage, Säfte aller Art, vielleicht leichte Butterkekse, keinesfalls Pralinen, außer man wird ausdrücklich darum gebeten!

Krankheit
macht uns fast immer von Dritten abhängig, und nicht selten liefert sie uns unseren Mitmenschen praktisch hilflos aus. Abgesehen von den normalen Alltagskrankheiten, die im Frühjahr und Herbst meist witterungsbedingt auftreten, die

Je nach Typ werden heute für Rouge und Lidschatten die verschiedensten Farben zusammengestellt.

Allerdings sollte man tagsüber auf ein zu auffälliges **Make-up** *verzichten.*

uns zwar auch belasten, aber doch relativ rasch wieder vergehen, sollen hier speziell all jene Erkrankungen angesprochen werden, denen wir mehr oder weniger hilflos gegenüberstehen. Ob die durch einen Unfall verursachte Querschnittlähmung, der im Rahmen einer Vorsorgeuntersuchung festgestellte Krebs oder zum Beispiel die über Jahre nahezu unbemerkt voranschreitende, tückische multiple Sklerose, der Betroffene steht zunächst fassungslos einer Situation gegenüber, deren Tragweite er noch gar nicht begreifen kann. Mehr als alle anderen Menschen brauchen diese Betroffenen, von denen wir wissen, daß sie sozusagen »unheilbar« erkrankt sind, unser Mitgefühl, unser Verständnis und natürlich unsere Pflege. Mitleid brauchen sie hingegen nur selten, ein tröstendes Wort aber wird sie sehr oft wieder aufrichten. »Unheilbar« heißt ja nicht automatisch, daß die Krankheit zum Tode führen muß, gemeint ist damit, daß ein »gesunder« Zustand kaum mehr erreicht werden kann.

Krebse und Krabben

Wie man Krebse ißt, haben wir bereits beim Stichwort →Hummer erfahren, wo auch vom Krebsmesser die Rede war, das zusammen mit der Hummergabel das Krebsbesteck bildet. Krabben (engl. Shrimps, franz. Crevetten) sind bei uns längst nicht mehr nur an der Nordseeküste bekannt, sie werden heute in jedem besseren Kaufhaus gekocht, mit oder ohne Schale verkauft. Man ißt sie stets mit den Fingern, ein etwas aufwendiger Zeitvertreib, der auch voraussetzt, daß der Esser nicht gerade »kurz vor dem Verhungern« steht. Dies gilt natürlich nur für Krabben in der Schale, ohne Schale genießt man sie mit der Gabel! Aber zurück zu den noch nicht ausgepulten Krabben. Durch Gegendrehen bricht man die Gelenkringe, und nun gelangt man ohne größere Schwierigkeiten an das schmackhafte Fleisch. Ebenso werden übrigens Scampi (Einzahl: Scampo) verzehrt.

Küche

»Das Reich der Frau«, so und ähnlich lautet auch heute noch die einschlägige Küchenwerbung. Richtig ist sie allerdings nur noch bedingt. Denn längst haben auch die Männer erkannt, daß weder geheime Kräfte noch seltene Säfte darin wirken bzw. gebraut werden, und einige besonders Mutige haben sich sogar schon an den Herd gewagt und erstaunlicherweise Genießbares zu-

Wie gekochte Krebse ausgelöst werden

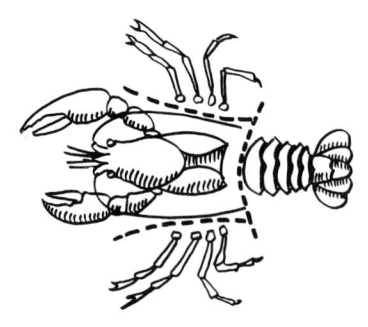

Das Zerlegen
Mit der Hand die Tiere zerlegen. Die Beine vom Rumpf abknicken und auslutschen.

Die Scherenspitzen mit einem speziellen Krebsmesser (mit Loch in der Schneide) abbrechen. Danach die Scheren seitlich aufschneiden und das Fleisch herauslösen oder auslutschen.

Den Schwanz von der weichen Unterseite her aufschneiden und das zarte Fleisch herauslösen. Den Darm, der sich flach unter der Oberseite hinzieht, herausziehen. – Die Eingeweide sitzen im Rumpf.

stande gebracht. Aber Spaß beiseite: Wenn Männer ihre Liebe zum Kochen mal entdeckt haben, dann stellen sie die kocherfahrenen Ehefrauen meist rasch in den Schatten – sie besitzen nämlich das, was uns schon durch das tägliche »Muß« längst abhanden gekommen ist: Phantasie! Nach einem männlichen Kochgelage sollte man die Küche zumindest unangemeldeten Besuchern nicht unbedingt vorzeigen. Ich meine halt, wer für die Unordnung sorgt – auch wenn das Ergebnis ein exzellent gelungenes Essen war, sollte auch hinterher wieder halbwegs aufräumen; ist doch dank des weißen Wirbelwindes und der Spülmaschine wirklich ganz einfach, nicht wahr, meine kochenden Herren?

Küsse

Daß ein Küßchen in Ehren niemand verwehren sollte, wissen wir natürlich längst alle, daß zwischen dem Küßchen und dem Kuß allerdings Unterschiede liegen, auch. Doch davon später. Sehen wir uns zuerst einmal die heute auch in Deutschland durchaus übliche Art der Begrüßung bzw. Verabschiedung »auf französische Art« an. Die sogenannte Akkolade, die unsere westlichen Nachbarn so selbstverständlich ausüben wie wir das Händeschütteln, wird folgendermaßen praktiziert (siehe Foto): Wange rechts und Wange links oder Küßchen links und Küßchen rechts. Mit dieser liebenswürdigen Begrüßung, die sowohl Damen mit Herren als auch Damen mit Damen und Herren mit Herren praktizieren, zeichnet man liebe Freunde aus, die sozusagen zum engeren Bekanntenkreis gehören. Natürlich wird man, wenn man eingeladen ist, hier darauf warten müssen, daß die Gastgeber die Akkolade ausüben – wir dürfen niemals die ersten sein, denn das würde ja besagen, daß wir uns mit Gewalt in einen Kreis drängen wollen, in welchem man uns vielleicht noch gar nicht haben möchte. Vor allem in südlichen Ländern gibt es diesbezüglich noch verschiedene Varianten – praktiziert wird bei uns jedoch nur die aus Frankreich kommende Akkolade.

Die besondere Verehrung, die man einer bestimmten Dame entgegenbringt, zeigen junge Männer heute auch gerne dadurch, daß sie die Grußhand der Dame in beide Hände nehmen und ihr so die Handinnenfläche küssen. Ich halte diese Art des Grüßens schlicht und einfach für »Show«, aber der sonst so sittenstrenge Fachausschuß für Umgangsformen ließ diesen »Handkuß« passieren.

Bruderküsse sind heute nur noch in Ordensgesellschaften wirklich üblich, aber natürlich steht dem freundschaftlichen Bruderkuß unter Herren nicht unbedingt etwas entgegen.

Heiße Kußszenen auf der Straße: So manch junges, in erster großer Liebe entbranntes Pärchen meint halt, die ganze Welt müßte sehen, wie glücklich es jetzt gerade ist. Und seit man damit auch noch in das Buch der Rekorde gelangen kann, hat es natürlich der gute Ton, der dies eigentlich verbietet, ein bißchen schwer, seinen Standpunkt durchzusetzen.

Ich meine nur, unbedingt sein sollte es nicht, man könnte damit ja auch warten, bis man irgendwo alleine ist. Weiß man denn, ob sich unsere Zuschauer heute unbedingt himmelhoch jauchzend fühlen?

Wie gekochte Langusten ausgelöst werden

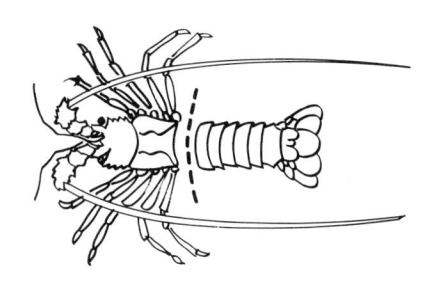

Da Langusten keine Scheren haben, trennt man mit den Händen nur Kopf und Rumpf voneinander, zieht die Beine ab und lutscht diese aus.

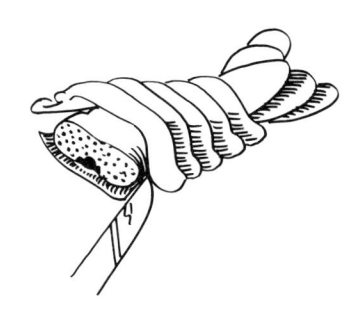

Der Schwanz wird von der weichen Unterseite her mit einem Messer oder einer Schere aufgeschnitten und das Fleisch aus dem Panzer herausgelöst. Der Darm, der sich flach unter der Oberseite hinzieht, muß herausgezogen werden.

L

Langusten
→Hummer.

Lebenslauf
Hand- oder maschinengeschrieben gehört er grundsätzlich zu den Bewerbungsunterlagen. Schon seit Jahren ist man von der romanhaften Darstellung des persönlichen Werdegangs auf die nüchterne, aber leicht verständliche tabellarische Form umgestiegen. Für alle, die noch nie einen Lebenslauf schreiben mußten, hier ein Beispiel:

Dr. med. Ferdinand Müller
Goethestraße 258
8 München 84
Tel.: . . .

Lebenslauf

20.12.41	geb.: als Sohn des Medizinalrates Dr. Gustav Müller in Hamburg
10.09.48– 10.07.61	Volksschule und Gymnasium Abschluß durch Reifeprüfung am Ludwig-Huber-Gymnasium in Kiel

01.10.61–
15.07.68   Studium an der Universität Innsbruck, Medizinische Fakultät, Promotion zum Dr. med.

01.09.68   Assistenzarzt am Krankenhaus Füssen
(hier folgen sämtliche bisherigen Berufsstationen)

Persönliches:
Familienstand: verheiratet, 2 Kinder
Konfession: röm./kath.
Sprachen: Englisch, Französisch, Italienisch

Auslandsaufenthalte: USA
Führerschein: I, III
Stellungswechsel zum 01.10.86 möglich
Gehaltsvorstellung: DM ...

Ob Größe und Gewicht – wie ab und an praktiziert – angegeben werden sollen, würde ich jedem selbst überlassen, allerdings könnten diese Angaben bereits bei Vorlage der Bewerbung unbewußt verkappte Abneigungen hervorrufen.

Leihen

scheint bei manchen unserer Zeitgenossen schon so selbstverständlich, daß sie erst gar nicht mehr auf die Idee kommen, man könnte bestimmte Gegenstände eventuell auch käuflich erwerben. Ich kenne Menschen, deren halber Hausstand buchstäblich zusammengeliehen ist und keiner weiß natürlich mehr, wem was eigentlich gehört. Dies geht sogar so weit, daß sie sich ohne schlechtes Gewissen Garderobe und Schmuck entleihen – zurückfordern muß man es natürlich selbst, und mit Nachdruck. Tun wir dies nicht, so sind wir selber schuld, wenn es der Ausleiher großzügig vergißt!
Hier soll nichts gegen das Leihen im allgemeinen gesagt werden, und jeder von uns kann einmal in die Situation kommen, sich vom Nachbarn wirklich dringend etwas ausleihen zu müssen, sei es nun der obligate Zucker oder fehlendes Kleingeld. Nur: Auch bei noch so unwichtigen Dingen sollte eine Rückgabe erfolgen – und wenn es nur um der Geste willen ist. Bücher, Schallplatten usw. braucht man, wenn man nicht will, auch nicht zu verleihen. Tut man es trotzdem, so empfiehlt sich hier die Zettelkartei mit Datumsliste. Sonst hat man über kurz oder lang hoffnungslos jeden Überblick verloren und dann siehe oben.
Der Volksmund meint übrigens: Ehefrauen und Autos verleiht man grundsätzlich nicht – bei Nichtbeachtung dieses Ratschlages in beiden Fäl-

Liebe ist das Salz in der Suppe des Alltagslebens – ob sie ewig hält, weiß jedoch niemand ...

len trifft man sich nur zu gerne vor dem Richtertisch wieder!

Liebe
ist selbstverständlich nur ein Wort, welches als schwer ansteckende Krankheit ungefragt jeden befallen kann, ob er will oder nicht. Über die Liebe ist schon so viel Gescheites geschrieben worden, daß man sich hier eigentlich jede diesbezügliche Bemerkung sparen kann, vor allem, da es in der Liebe ja keine Benimmregeln gibt. Bewußt verletzen wird keiner der beiden Liebenden den Partner, auch dann nicht, wenn der erste Sturm abgeflaut ist und man festgestellt hat, daß eigentlich alles ein großer Irrtum war. Selbst in diesem Fall wird der Herr noch Kavalier und die, vielleicht enttäuschte, Frau eine Dame bleiben. Auch wenn es sich umgekehrt verhält, was ja mindestens ebensooft vorkommt, nicht wahr, meine Herren? Liebe, wenn einer der beiden Partner gebunden ist, sollte man, auch wenn's schwerfällt, so schnell wie möglich vergessen – nur in den allerseltensten Fällen führt sie zum Happy-End. Und die Jahre vergehen so rasch und mit ihnen der Liebreiz der Jugend. Dies gilt vor allem all jenen Damen zur Erkenntnis, die bereits länger als drei, vier, fünf ... Jahre darauf warten, daß »er« endlich seine Versprechungen in die Tat umsetzt.

Logiergäste
→Gästezimmer, →Gastfreundschaft.

Lunch
ist das englische Wort für unser Mittagessen, bezeichnet aber auch ein reichhaltiges Frühstück. Mittags versteht man darunter den Imbiß, der vor allem Hotelgästen gerne als Lunchpaket mit auf den Weg gegeben wird. Bei uns wird man sinnigerweise entweder zum Frühstück oder zum Mittagessen oder aber zum →Brunch bitten. Ein Lunchpaket dürfen wir jedoch Gästen, die bei uns zu Besuch weilen, gerne auf den Ausflug mitgeben.

M

Mahnschreiben und Mahnungen
gehören zu den unerfreulichen Dingen des Alltags und sind doch leider nie ganz zu vermeiden. Im Geschäftsleben wird man sie sicher sachlicher abfassen als vielleicht dem privaten Freund gegenüber, der nun nach wiederholtem persönlichen Bitten die rückständige Summe, die er uns schuldet, noch immer nicht bezahlt hat. In beiden Fällen werden wir jedoch bemüht sein, den vielgerühmten guten Ton auch hier nicht vermissen zu lassen. Ein freundlicher Brief bewegt vielleicht mehr als eine freche Forderung, auch wenn sie noch so berechtigt erscheint.

Es gibt mittlerweile mehrere Bücher, die unzählige Beispiele für Mahnschreiben aufführen; wer also glaubt, von sich aus nicht die richtigen Worte zu finden, der wird sich solch ein Buch zu Hause auf den Schreibtisch legen, zumal es ja meist eine Vielzahl an Briefbeispielen für alle möglichen und unmöglichen Situationen enthält.
Flattert uns eine Mahnung ins Haus, so müssen wir uns deswegen nicht gleich vor lauter Schande in die nächste Ecke verkriechen. Vergessen kann schließlich jeder mal etwas! Selbstverständlich werden wir die überfällige Rechnung aber sofort begleichen. Wenn dies aus irgendeinem Grunde jedoch nicht möglich ist, müssen wir zumindest den Versuch unternehmen, die Gründe für unsere Zahlungsunfähigkeit zu erklären und um Stundung der Summe bitten. Handelt es sich um eine größere Summe, sollten wir möglicherweise einen Rückzahlungsplan aufstellen. Wird er genehmigt, sollten wir allerdings genauest darauf achten, die Fristen auch einzuhalten.

Make-up
Das Schminken, die äußere »Aufmachung« sozusagen, ist heute wohl für jede Frau eine Selbstverständlichkeit. Die Kosmetikfirmen überschla-

gen sich ja förmlich in der Palette ihrer Angebote, was die dekorative Kosmetik anbelangt. Trotzdem muß man natürlich auch das Schminken einmal »gelernt« haben. Dazu braucht es nun nicht unbedingt eine Schule; um sich mit dieser Materie näher vertraut zu machen, genügen die zahllosen Schminktips in nahezu allen Frauenzeitschriften. Irgendwie liegt es ja wohl jeder Frau sozusagen im Blut, und je jünger, desto größer ist die Hingabe. Wer nun glaubt, so gar keine rechte Hand dafür zu haben, der wird sich von einer guten Kosmetikerin einmal in die Geheimnisse des Make-ups, die natürlich keine sind, einweihen lassen. Wenn sie gut ist, wird sie uns z.B. darauf hinweisen, daß ein Make-up, im dunklen Bad aufgetragen, bei Tages- oder Neonlicht völlig anders wirken kann, daß Make-up auch über die Kinnlinie hinaus aufgetragen werden sollte, daß gerade bei den Rouge- und Lidschattenfarben ein dezenter Ton oft besser wirkt als ein sehr greller, daß knallroter Lippenstift bestimmt nicht jeder Frau steht, usw. usw.

Es ist ja oft erstaunlich, wie vorteilhaft sich eine graue Maus mit ein bißchen Make-up verändern kann, aber auch wie unvorteilhaft eine an und für sich hübsche junge, doch zu stark geschminkte Frau (vor allem tagsüber) wirken kann. Ein kleiner Tip: Nach Beendigung des Make-ups mit einem Spiegel hinaus ins Freie (Balkon, Garten, usw.). Hält es auch jetzt noch der Prüfung stand, oder blickt uns nun ein angemalter Clown entgegen? Notfalls eben ein bißchen wegnehmen!

Makkaroni

sind sozusagen die dicken Brüder der →Spaghetti. Sie können entweder vor dem Kochen so zerkleinert werden, daß sie eigentlich ohne größere Schwierigkeiten auf jede Gabel zu bringen sind, man darf sie aber auch einfach mit der Gabel zerkleinern.

Manschetten

waren einst, blütenweiß und gut gestärkt, der Stolz jeder Hausfrau, vervollständigten sie doch, zusammen mit den mehr oder weniger wertvollen Manschettenknöpfen, die tadellose Erscheinung unserer Herren, indem sie dezent aus dem Jackettärmel lugten und dies, wenn möglich, bitte exakt 2 cm. Früher wurden sie grundsätzlich mit Umschlag, d.h. doppelt gearbeitet, heute sieht man sie fast nur noch einfach. Praktische Knöpfe haben längst die goldenen Manschettenknöpfe ersetzt. Wer solche allerdings besitzt und auch tragen möchte, der sollte beim Kauf von Hemden darauf achten, daß diese auch wirklich an den Manschetten mit Knopflöchern versehen sind, sonst müssen die Löcher nachträglich eingearbeitet werden – nicht gerade eine erbauliche Arbeit!

Mäntel

sind in unseren Gefilden die wärmende Hülle, die uns schützt, wenn wir uns in Wind und Wetter hinaus wagen. Und da wir mühelos auf sechs (!) kalte Monate im Jahr kommen, wird sich der Mantel wohl in jedem Kleiderschrank finden – auch wenn der Besitzer primär ein eingefleischter Mantelfeind ist, und dazu darf man getrost alle Autofahrer zählen.

Natürlich ist längst nicht alles »schnöder Mantel«, was als Mantel bezeichnet wird, es gibt:

Trenchcoats, die bei Herren und Damen so beliebten Sportmäntel,

Dufflecoats, die mit ihrer ⅞-Länge vor allem in der Saison 86/87 als absoluter Modehit galten und aus reiner Wolle gearbeitet sein sollten,

Straßen- oder Staubmäntel in allen erlaubten Regenbogenfarben,

Parkas, die einst primär für sportliche Anlässe gedacht waren, heute aber eigentlich das Straßenbild beherrschen,

Wintermäntel, die genaugenommen zu den Straßenmänteln zählen, in diesem Falle aber aus Wollstoff gearbeitet sind, natürlich auch aus Loden (beliebt ist auch seit eh und je der Kamelhaarmantel),

Pelzmäntel, vor allem bei den Damen weitaus höher geschätzt als der schlichte Wintermantel und für so manche Eva ein Lebenstraum sowie *Abendmäntel*, die an vergangene glorreiche Tage erinnern, wo Herren grundsätzlich nur im Frack auszugehen pflegten (natürlich ins Maxim), zu dem der Abendmantel oder die Frackpelerine selbstredend dazugehörte.

Matinee
Die Veranstaltung am Sonntagvormittag, zumeist um 11.00 Uhr, kann zu den verschiedensten Anlässen stattfinden und muß heute auch nicht mehr unbedingt auf einen Sonntag gelegt werden. Ob Konzert, Festakt oder feierliche Einweihung – gedeckte, elegante Kleidung ist hier ein Muß. Die Dame behält bei der Matinee den Hut auf.

Melonen
werden, sofern sie einen Teil der Vorspeise bilden (z.B. Parmaschinken mit Honigmelone), mit dem dafür aufgedeckten Besteck verzehrt, als Dessert sollte man die Melonen mit dem Obstbesteck zerteilen. Wassermelonen sind zweifelsohne ein Vergnügen für Kinder, denn sie dürfen die Schnitze noch in die Hand nehmen und im Garten mit den Kernen das Weitspucken üben. Bei den Erwachsenen geht's nicht ganz so mühelos: Wir benützen das Obstbesteck und müssen die Kerne natürlich mit der Gabel von den Lippen nehmen. Melonen haben übrigens eine stark verdauungsfördernde Wirkung ...!

Militär
Weder Sinn noch Zweck des Militärs soll hier diskutiert werden, auch über die zahlreichen Zivildienstleistenden steht hier kein Urteil an; lediglich der allgemeingültige Hinweis, daß in unserer demokratischen Republik kein Zivilist mehr wissen muß, wie viele Sterne ein bestimmter militärischer Rang besitzt, sei hier gestattet. Laden wir also Gäste ein, unter denen sich auch Militärs befinden, so genügt schlicht und einfach: »Herr XY«. Dies gilt auch für den Fall, daß besagter Gast in Uniform bei uns erscheint!

Mißfallen
Nicht alles, was uns im täglichen Leben passiert, kann uns gefallen – ob es uns mehr oder weniger mißfällt, ist natürlich wieder eine andere Frage. Mißfallen drückt man im Freundeskreis gerne durch Schweigen, schlimmstenfalls durch Zurückziehen aus. Ob das immer ganz fair ist, steht auf einem anderen Blatt. Ein →Mißgeschick kann jedem mal passieren, und oft hilft auch schon ein nettes, klärendes Wort. Wie so oft im Leben macht auch hier der Ton die Musik.
Mißfallenskundgebungen im Theater, im Konzert oder in der Oper werden, oft zitiert, durch Buh-Rufe zum Ausdruck gebracht. Sie haben sich nun mal eingebürgert, ob man selbst zu den Mitschreiern gehören möchte, muß jeder für sich selbst entscheiden – vornehm ist es nicht unbedingt!

Mißgeschicke
können jedem passieren, und es scheint Tage zu geben, an denen sie sich besonders häufen. Sind wir eingeladen, und es passiert uns tatsächlich mal ein Mißgeschick, so wird die perfekte Hausfrau es überspielen, indem sie die Gäste ablenkt. Ist dies nicht möglich, z.B. bei einem umgeworfenen Glas Wein, dann bitte kein Trara, es ist nun mal passiert – das Schlimmste konnte man vielleicht sogar mit der Serviette noch verhindern. Springen nun alle am Tisch Sitzenden auf und versuchen zu helfen, dann »fliegt« über kurz oder lang bestimmt das nächste Glas. Wir bleiben also ruhig sitzen, der Betroffene und die Hausfrau werden unter Umständen im Bad die schlimmsten Flecken aus Rock oder Hose etc. entfernen, und wir setzen das Essen ruhig fort.
Gäste, denen ein menschliches Geräusch allzu laut entweicht, werden selbstverständlich nicht angestarrt – so etwas überhört man einfach, schließlich kann das jedem auch noch so gut erzogenen Menschen einmal passieren!
Geht durch unsere Schuld etwas zu Bruch oder wird beschädigt, so gibt es, außer der sofortigen Entschuldigung, eventuell auch für unsere Haft-

pflichtversicherung etwas zu tun. Denn bei wertvollem Porzellan oder Gläsern kann auch ein kleines Malheur ganz nett ins Geld gehen (ein Meißner Teller kostet sehr schnell über 100,– DM, und das ist dann keine Kleinigkeit mehr).

Ist eine Einladung tatsächlich einmal völlig danebengeraten, dann, liebe Gastgeber, suchen Sie die Schuld nicht unbedingt nur bei Ihren Gästen – vielleicht hatten Sie nur die falschen Leute eingeladen? Gegenüber Dritten verlieren wir über so ein mißglücktes Ereignis natürlich kein Wort!

Mitfahrgelegenheit

Autos zu stoppen oder per Anhalter zu fahren, zählt zu den wohl billigsten Möglichkeiten, um von A nach B zu kommen. Vor allem sehr junge Leute planen ihre Urlaubsreise unbekümmert per Autostopp, weil sie so einen großen Teil der Reisekosten einsparen können. Daß es nicht ganz ungefährlich ist, sollte aber auch der naivste Jugendliche mittlerweile wissen. Mädchen dürfen – wenn überhaupt – nur zu zweit per Anhalter fahren.

Immer noch wesentlich billiger als Zug oder Bus ist die Mitfahrgelegenheit über eine Mitfahrzentrale. Man entrichtet eine bestimmte Summe als Benzingeld, kommt in eine Kartei, die auch den Fahrer speichert, und nur in den allerseltensten Fällen hat es je Grund zur Beanstandung gegeben. Mitfahrzentralen bieten zudem den Vorteil, daß man einen bestimmten Reisetag angeben kann – ob es unbedingt an diesem klappt, ist natürlich eine Frage, aber ein bißchen weniger nervenaufreibend, als im strömenden Regen an der Landstraße oder Autobahn zu stehen und zu hoffen, ist es bestimmt.

Ist man als Anhalterin in ein Auto gestiegen und

Ehe man das perfekte **Make-up** *(2) aufträgt, sollte man der strapazierten Gesichtshaut eine reinigende und pflegende Maske (1) gönnen. Die wenigen Minuten der Entspannung können wahre Wunder bewirken, die Gesichtshaut wirkt frischer und jünger.*

merkt, daß der Fahrer möglicherweise ganz bestimmte Interessen verfolgt, dann heißt es: unter allen Umständen Nerven bewahren. Nur nichts anmerken lassen, denn sonst fordert man das Unglück geradezu heraus. Möglicherweise sollte man versuchen, den Mann in ein Gespräch zu verwickeln, auch die Bitte um Anhalten, weil einem schlecht ist, kann eventuell nützen – gerade solche »Herren« legen wenig Wert darauf, sich das Auto durch Erbrochenes verunreinigen zu lassen (und hier sollte notfalls das schauspielerische Talent, das wohl in jeder Frau schlummert, voll zum Einsatz kommen). Bloß nicht in Panik ausbrechen – dies würde die Situation nur noch unnötig verschärfen.

Mittagessen
→Einladung.

Möbliertes Wohnen
ist angesichts unserer teilweise horrenden Mieten nach wie vor sehr beliebt, vor allem bei Studenten. Nicht jeder hat schließlich Eltern, deren monatlicher Scheck so großzügig ausfällt, daß damit auch ein Appartement finanziert werden kann. Nun, die neugierige Zimmerwirtin, die einem das Leben zur Hölle machen kann, ist in unzähligen Büchern karikiert worden, teilweise wohl nicht ganz zu Unrecht. Aber liegt es nicht auch ein bißchen an uns selbst, wenn es tatsächlich mal nicht klappt mit dem Wohnungsinhaber? Haben wir uns wirklich immer an die vorgegebene Hausordnung gehalten? Natürlich: Rücksicht muß in diesem Fall von beiden Parteien verlangt werden, und wenn uns wirklich mal eine Regelung völlig gegen den Strich geht – ein klärendes Wort zur rechten Zeit hat schon so manchen Streit verhindert. Ob Damen- oder Her-

Mokka *rundet jedes Essen ab, Tasse mit Untertasse darf in die Hand genommen werden (1).*

Mode *kann klassisch (2), ultramodern, unauffällig und in jüngster Zeit leider auch schlampig sein.*

renbesuch gestattet ist, bitte, liebe Untermieter, klärt diese Frage ein für alle Male vor dem Einzug ab. Hinterher jammern und schimpfen hilft nämlich nichts mehr – es sei denn, man möchte ganz schnell wieder ausziehen!

Mode

»Nichts was schön ist, ist Mode, sondern was Mode ist, ist schön«, heißt es in einer volkstümlichen Redensart, und beim Betrachten so mancher Modetorheit wird man ihr nur beipflichten können.

Mode – darunter versteht man nun primär die sich jährlich wandelnde Kleidung; »in Mode« kann aber auch ein bestimmter Menschentypus, eine bestimmte Kunstrichtung, eine bestimmte Hunderasse usw. usw. sein. Und selbstverständlich eine bestimmte Farbe – womit der Reigen zur Kleidung ja wieder geschlossen wäre.

Von der Jugend einmal abgesehen, der meist alles steht und die es sich schon vom Alter her leisten kann, bestimmte Trends mitzumachen, werden der formvollendete Herr und die durchaus modebewußte Dame ihre Garderobe modisch elegant auswählen. Neben den gerade bestimmenden Modefarben gilt dies auch für die Rocklänge, die ja variiert, aber weder ganz kurz oder ganz lang sein muß sowie für alle modischen Accessoires, die ja ein Kleid, Kostüm aber auch einen Anzug oder eine Kombination erst so richtig mit dem Pep versehen, der es eben ausmacht – das Modebewußtsein! Wer es sich selbst nicht zutraut, der kann in unzähligen Zeitschriften Anregungen erhalten, kann natürlich auch einen Freund oder eine Freundin zur Beratung mitnehmen, kann sich auf den Geschmack einer gut geschulten Verkäuferin verlassen (damit aber auch oft verlassen sein), er kann Volkshochschulkurse besuchen oder Modeberater mieten (so etwas gibt es tatsächlich). Also, Kopf hoch, meine Damen und Herren, und bitte, nur keine Angst vor der Mode! Schließlich, es war alles schon einmal da, und nur ganz, ganz selten gibt es wirklich etwas aufregend Neues!

Mokka

sollte stets das festliche Diner abrunden. Doch gleichgültig, wann und wo Mokka angeboten wird, stets können wir die Mokkatassen zusammen mit der Untertasse hochnehmen! Praktisch ist dies vor allem dann, wenn wir uns schon zu einem Plauderstündchen in die bequeme Sitzecke zurückgezogen haben.

Muscheln

sind absolut nicht jedermanns Geschmack: Manche vertragen sie schlicht und einfach nicht, andere haben möglicherweise einmal schlechte Erfahrungen gemacht. Kurz, wer Muscheln servieren will, wird gut beraten sein, wenn er wahlweise auch noch etwas anderes anbietet. Normalerweise werden Muscheln ungefähr zwanzig Minuten lang gedünstet, dann sind die Schalen aufgesprungen (schlechte Muscheln öffnen ihre Schalen gar nicht oder nur einen Spalt). Man serviert sie in einer großen Terrine und ißt sie mit der Hand, indem eine Muschel sozusagen als Zange benutzt wird. Natürlich kann man das Muschelfleisch auch mit einer Gabel – die auch zum Öffnen der ersten Muschel verwendet wird – aus der Schale holen. Ähnlich wird auch mit dem Sud verfahren: Entweder schlürfen wir ihn aus der Schale, oder wir löffeln ihn aus. Auf den korrekt gedeckten Tisch gehören hier Fingerschalen.

Muttertag

Daß man Vater und Mutter ehren soll, wissen wir bereits aus den Zehn Geboten, und da manche Menschen nicht unbedingt von selbst auf diese Idee kommen, haben die praktisch veranlagten und konsumfreudigen Amerikaner den Muttertag erfunden. Gefeiert wird er stets am zweiten Sonntag im Mai, und die Werbung tut alles, damit ihn wirklich niemand vergißt. Ob es nun unbedingt richtig ist, wenn an diesem Tag das Wohnzimmer einem Blumenladen ähnelt und die Mutter mit Geschenken aller Art überhäuft wird, nun das mag jeder für sich selbst entscheiden. Ich meine halt, nicht nur an einem Tag im Jahr soll-

ten wir die Mutter ehren, sondern auch an so manch anderem hätte sie es sich verdient! Keine Mutter hat etwas davon, wenn man an diesem Tag sich einmal so benimmt, wie es eigentlich das ganze Jahr über sein sollte.
Der kleine Blumenstrauß, die nette Aufmerksamkeit auch einmal während des Jahres, dann würde so manche Mutter noch viel lieber Muttertag feiern.

N

Nachbarschaft
Eine nette Nachbarschaft läßt so manches Problem erst gar nicht aufkommen – Nachbarn, die uns spüren lassen, daß wir nicht willkommen sind, können uns die schönste Gegend vermiesen. Gute Nachbarn sind immer da, wenn wir sie brauchen, und stören nie, wenn uns nicht nach Gesellschaft ist. Und damit wäre in wenigen Worten fast das Bild eines perfekten Menschen entworfen, den es natürlich nicht gibt. Die nettesten Nachbarn können uns einmal auf die Nerven gehen – und wir ihnen bestimmt auch. Wer nahe zusammenlebt, der sollte nicht auch noch unbedingt täglich zusammensitzen, heißt eine alte Regel, und ich meine, sie hat auch heute noch Gültigkeit. So manch schnell entstandene Freundschaft zwischen Nachbarn endete auch genauso schnell wieder beim ersten Mißverständnis (→Antrittsbesuch).

Nachmittagseinladung
→Einladung.

Namenstag
Den Tag mit dem Namen des Heiligen, nach dem man getauft wurde, feiert man vor allem in Ländern mit überwiegend katholischer Bevölkerung. Vor dem Krieg wurde der Namenstag teilweise höher eingestuft als der Geburtstag. Man denke da nur an den in Bayern so beliebten Josefitag, an welchem in München traditionell der Starkbierausschank, die »fünfte Jahreszeit« in Bayern, begann. Waren früher zum Namenstag auch noch Geschenke üblich, so ist dieser Brauch heute eigentlich völlig aus der Mode gekommen.

Neujahr
werden zumeist all die guten Vorsätze, die man an Silvester gefaßt hat, wieder über Bord geschmissen. Unmittelbar nachdem die Mitternachtsglocken verklungen und das neue Jahr mit Sekt und gegenseitigen guten Wünschen begrüßt wurde, wird Blei gegossen, und aus den entstehenden bizarren Figuren des Bleis wird ein kundiger Neujahrsgast uns die Zukunft deuten.
Am Neujahrsmorgen, der offiziell nicht vor 12 Uhr mittags beginnt, können wir guten Freunden telefonisch unsere Glückwünsche für das vor uns liegende Jahr übermitteln, auf Besuche – ausgenommen im engsten Familienkreis – sollten wir an diesem Tag allerdings verzichten. Die vorhergegangene Nacht war fast immer lang, und nur wenige Menschen haben wirklich Lust, am Nachmittag schon wieder für Freunde Kaffee und Kuchen aufzudecken.

Nichtraucher
Die Lobby der Nichtraucher wird von Jahr zu Jahr stärker, kein Wunder, wenn man bedenkt, welche Folgen und Auswirkungen das Rauchen haben kann. Als Nichtraucher sollte man jedoch die Raucher auch nicht unbedingt tyrannisieren – schon gar nicht, wenn man bei Rauchern eingeladen ist.
Am Arbeitsplatz sieht die Sache, wie einige Urteile zeigen, teilweise anders aus, und man sollte diesbezügliche Fragen bereits bei einem Bewerbungsgespräch klären.
Doch zurück zu den Nichtrauchern, sozusagen auf gesellschaftlicher Ebene. Wer als erklärter Nichtraucher eine Einladung annimmt und weiß, daß in dieser Gesellschaft geraucht wird, hat den Rauch auch ohne spitze Bemerkung zu akzeptie-

ren. Nichts kann eine nette Gesellschaft so vermiesen wie ein moralpredigender Nichtraucher! Warum? Die Raucher, alle ja längst mit einem gewissen Schuldkomplex beladen, fühlen sich endgültig als Außenseiter. Sie werden sozusagen vom bildlich erhobenen Zeigefinger eines einzigen Gastes in die Ecke gedrängt und – reagieren nun nicht selten mit Aggression! Im Handumdrehen entsteht das schönste Streitgespräch – eigentlich eine Ungezogenheit gegenüber den Gastgebern, die sich so viel Mühe gaben, einen netten Abend zu gestalten! (→Rauchen)

Nikolaus
Die Vorweihnachtszeit, vor allem für Kinder bekanntlich die schönste Zeit des Jahres, bringt als ersten Höhepunkt den Nikolaustag, der teilweise bereits am Abend des 5. Dezember gefeiert wird. Ob St. Nikolaus nun persönlich und möglicherweise sogar in Begleitung von Knecht Ruprecht erscheint, müssen Eltern selbst entscheiden. Bei ganz kleinen Kindern sollte der hl. Nikolaus sich allerdings mit dem Füllen der bereitgestellten Stiefel begnügen – eine über Jahre anhaltende Angst kann andernfalls die Folge sein, besonders wenn der Knecht Ruprecht ein gar wild anzuschauender, furchterregend mit Ketten rasselnder Geselle ist. Kleine Geschenke wird der Nikolaus natürlich bringen – das Christkind vorwegnehmen sollte er allerdings nicht!

Notar
→Anrede, Liste.

Nuntius
ist die Bezeichnung für den Vertreter des Papstes bei einer Regierung, er wird mit Exzellenz tituliert und gehört dem diplomatischen Korps an (→Anrede, Liste).

Obst müßte korrekterweise mit Messer und Gabel verzehrt werden. Die Banane (1) wird mit dem Messer geschält und nun erst mit Hilfe des Obstbesteckes (2) verspeist. Beim Apfel (3) ist das Verfahren ebenso.

O

Obst
Der herzhafte Biß in den Apfel ist uns zu Hause natürlich erlaubt, in Gesellschaft hingegen nie und nimmer gestattet. Nichts ist so kompliziert zu essen wie Obst bei einem gesellschaftlichen Diner.
Sicherlich mit einer der Gründe, warum der Obstkorb schon seit einigen Jahren immer mehr dem Käsebrett weichen mußte, denn auf dem finden sich höchstens Weintrauben.

Strenggenommen gehört in jeden Obstkorb auch die Greifzange für Äpfel, Birnen, Pfirsiche usw. Doch darauf verzichtet man eigentlich allenthalben. Allerdings: Das Stück, das wir einmal angefaßt haben, müssen wir auch auf unseren Teller legen. Ein Abtasten, Befühlen, Beschauen und Entscheiden »auf den zweiten Blick« lassen wir also tunlichst bleiben.

Das *Obstbesteck* wird entweder zusammen mit dem Obstteller aufgedeckt, oder aber es liegt bereits quer oberhalb des Satztellers (s. Fotos unten).
Birnen oder Äpfel werden zuerst mit dem Messer geviertelt und dann mit oder ohne Schale verzehrt, indem man das Viertel zumeist nochmals halbiert, mit der Gabel aufnimmt, mit dem Messer nun eventuell die Schale abschält und das Kerngehäuse herausschneidet.

Orangen werden vier- bis fünfmal von Pol zu Pol eingeschnitten, so läßt sich nun auch die dickste Schale leicht mit der Hand abziehen. Dann trennt man die einzelnen Orangenspalten voneinander (mit der Hand) und schneidet mit dem Messer die Kerne heraus. Gegessen werden die Spalten jedoch wiederum mit der Gabel. Das Ganze ist mindestens so kompliziert, wie es sich anhört, und man sollte es einmal zu Hause üben, damit es im Falle eines Falles auch wirklich reibungslos klappt.

Pfirsiche, Nektarinen, Pflaumen werden wie Äpfel oder Birnen gegessen. Erdbeeren und Kirschen – faßt man an den Stielen, um sie zu essen; sind diese jedoch bereits entfernt, wird man zum Löffel bzw. bei sehr großen Erdbeeren auch zur Gabel greifen. Die Grapefruit kommt bereits halbiert und mit von der Schale gelösten Halbspalten auf den Tisch. Man bestreut die halbierte Frucht mit Zucker und löffelt die Frucht nun aus. Es gibt hierzu spezielle Löffel, die eine scharfe Kante besitzen, allerdings kann auch der normale Dessertlöffel dazu verwandt werden.

Die Banane wird mit dem Messer geschält: Dazu schneidet man die Spitze ab, hält mit der linken Hand das untere Bananenende und zieht mit dem Messer in der rechten Hand die Schale ab. Bitte ebenfalls mal probieren, es ist nämlich gar nicht so einfach. Vor allem in den letzten Jahren hat es sich durchaus eingebürgert, die so beliebte Tropenfrucht »normal«, also mit der Hand zu schälen. Trotzdem sollte die Banane dann mit Messer und Gabel gegessen werden.

Steinobst (→Kompott) wird mit der Hand von den noch vorhandenen Stielen befreit und einzeln mit den Fingern in den Mund gesteckt. Kerne kommen von den Lippen auf den Löffel und von diesem auf den *Unterteller* des *Obstschälchens*. Gespuckt wird bitte keinesfalls, auch wenn es so manchen großen Jungen noch so reizen würde.

Schon seit einigen Jahren bietet der Obstmarkt alle erdenklichen Arten exotischer Früchte. Wird eine solche in der Obstschale angeboten, so darf man in diesem Fall ruhig die Gastgeberin fragen, wie sie korrekt verspeist wird (in vielen Fällen wird es auch sie nicht hundertprozentig wissen, aber vielleicht hat einer der Gäste die Frucht bereits in ihrem Ursprungsland gekostet und weiß, wie sie dort verzehrt wird). Also, ehe man eine Frucht mit einer ungenießbaren Schale ißt, ist Fragen nicht nur sinnvoll, sondern auch unter Wahrung strengster gesellschaftlicher Normen erlaubt.

Offene Worte
sind, sofern man den richtigen Ton dabei nicht außer acht läßt, allemal besser als fromme Lügen, die bekanntlich oft kurze Beine haben. Angebracht sind sie allerdings bei Gott nicht immer. Würde bei jedem gesellschaftlichen Ereignis nur noch der Wahrheit die Ehre gegeben, gäbe es bestimmt lange, lange Zeit kein solches mehr, denn fast alle Gäste wären untereinander spinnefeind.

Es gibt Menschen, die verstehen es nahezu perfekt, Grobheiten derart liebenswürdig zu verpakken, daß man diese eigentlich erst dann richtig mitbekommt, wenn man sich das Gesagte zu späterer Stunde nochmals durch den Kopf gehen läßt. Wer sie jedoch sofort richtig auffaßt, darf sich natürlich auch im gleichen liebenswürdigen Ton revanchieren – er darf sich allerdings nicht wundern, wenn der Austeiler es lange nicht so gut aufnimmt wie er selbst. Bekanntlich vertragen gerade jene Charaktere, die selbst gerne austeilen, am wenigsten Kritik an ihrer eigenen Person, auch wenn sie noch so gerechtfertigt sein mag.

Während die Jugend dazu neigt, alle Fehler schrankenlos ehrlich aufzudecken und uns sozusagen den Spiegel unserer eigenen Unzulänglichkeiten vorhält, bevorzugen es die etwas gesetzteren Jahrgänge, die Probleme einfach unter den Tisch zu kehren. Richtig ist wohl weder das eine noch das andere – ideal wäre, wie so oft im Leben, der goldene Mittelweg, und gerade er ist doch so schwer zu finden.

Öffentlichkeit
Der kinderwagenschiebende Mann ist ja längst in unserem Straßenbild nichts Außergewöhnliches mehr, der zigarettenrauchenden Frau gilt zwar ab und an noch ein scheeler Blick, aber auch daran haben wir uns mittlerweile gewöhnt. Lockenwickler sind, sofern sie sich unter einem hübschen Turban verbergen, erlaubt, solange sie jedoch sichtbar sind, sollten wir die Öffentlichkeit meiden. Verliebte Pärchen, die im Über-

schwang ihrer Gefühle alle Mitmenschen daran teilhaben lassen, rufen nur noch bei regelrechten Griesgramen ein Kopfschütteln hervor. Solche schnappen dann auch ohne mit der Wimper zu zucken einer einkaufbeladenen Mutter mit zwei Kindern den Sitzplatz im öffentlichen Verkehrsmittel weg – schließlich sind sie ja schneller! Mit hochgezogenen Augenbrauen mokiert sich diese Spezies Mensch höchstens noch über die Quengelei der lieben Kleinen!

Selbstverständlich erheben sich diese Herrschaften auch dann nicht, wenn eine hochschwangere junge Frau einsteigt, soll doch die Jugend aufstehen. Richtig, und in diesem Fall darf die Jugend auch durchaus an diese »Ehrenpflicht« erinnert werden, aber bitte wirklich freundlich! Schulkinder sind mittags mindestens genauso müde, wie wir nach einem ausgedehnten Stadtbummel, während eine rüstige Pensionistin, die den halben Tag bereits im Café verbracht hat, vielleicht ohne größere Probleme mal ein Viertelstündchen stehen kann. Ich weiß, jetzt habe ich wahrscheinlich einen mittleren Volksaufstand angezettelt, aber es will mir eben so gar nicht in den Kopf, warum eigentlich immer unsere Jugend für alles herhalten soll ... Gutes Benehmen hat nämlich nichts mit dem Alter zu tun, auch wenn wir dieses ehren sollten (→Alter).

Oper und Operette

Der Besuch in der Oper oder der musikalisch meist leichteren Operette gehört auch heute noch zu den gesellschaftlichen Höhepunkten in unserem Leben. Opernfestspiele wie z. B. in Salzburg und Bayreuth ziehen ein internationales Publikum an, und wer hier dabeisein möchte, muß für die Karten eine ganz nette Summe auf den Tisch legen, zumal ja für die meisten Besucher auch noch die Hotelkosten anfallen.

Selbstverständlich werden wir die Karten für so ein Ereignis rechtzeitig besorgen; zwei Tage vorher hat dies kaum noch Sinn, außer man ist Gast eines Luxushotels, dessen Portiers meist einige Karten im voraus besorgen, um auch kurzentschlossene Gäste noch befriedigen zu können, was diese natürlich in Form eines angemessenen Trinkgeldes honorieren werden.

Unpünktlichkeit beim Opernbesuch kann unerfreuliche Folgen haben. Es gibt Opernhäuser, die verspätete Gäste erst nach Ende des ersten Aktes einlassen!

Wir erscheinen also so rechtzeitig, daß wir ohne Hast und Eile die Garderobe noch abgeben und unsere Plätze so einnehmen können, daß nicht die gesamte Reihe dadurch gestört wird. Was im Kino noch angehen mag, bei Oper, Operette oder Theater ist es unmöglich: das Rascheln mit Bonbonpapier. Auch ein Hustenreiz wird, so lange es nur irgend geht, unterdrückt werden; bei einem Niesanfall wird man möglichst unauffällig seinen Platz verlassen und sich draußen im Foyer ausniesen. Das Programmheft liest man nicht über die Schulter beim Nachbarn mit, sondern kauft es sich selbst. Eine andere Möglichkeit ist der Opernführer, der zum besseren Textverständnis mitgebracht werden kann. Allerdings sind diese Bücher meist so voluminös, daß sie bestimmt nicht in eine kleine Damenhandtasche passen; besser, man informiert sich also bereits zu Hause.

Manche Männer neigen dazu, den Opernbesuch buchstäblich zu verschlafen. Die begleitende Dame wird ihn also ein bißchen im Auge behalten müssen und notfalls durch einen sanften Ellbogenpuffer wieder aus dem Reich der Träume in die Wirklichkeit zurückbefördern. Schnarchende Opernbesucher, und auch die gibt es, man muß nur einmal die Besucherreihen unauffällig mustern, werden vom Nachbarn sanft oder unsanft daran erinnert, daß dies sicherlich nicht der richtige Platz für ihre »Sägearbeiten« ist.

Wer nach der Vorstellung ein Lokal besuchen möchte, sollte die benötigten Plätze rechtzeitig reservieren lassen; vor allem Restaurants in Theaternähe sind nach der Vorstellung häufig überfüllt. Während der Frack in der Oper durchaus angebracht ist, dürfte er bei einem Operettenbesuch wahrscheinlich deplaziert wirken. Die

Damen erscheinen im großen oder kleinen Abendkleid und, sofern vorhanden, mit echtem Schmuck. Der Smoking im Kleiderschrank des Herrn beseitigt alle Probleme, auch wenn es hier notfalls der dunkle Anzug noch tut, aber wirklich nur notfalls!

Orchideen

Die Königin der Blumen wird – schon wegen des Preises – meist einzeln verschenkt und kann mit einer Ansteckvorrichtung versehen werden. Orchideen galten früher als *die* Blumen des Brautstraußes, für den man allerdings dann schon sehr tief in die Tasche greifen mußte und muß.

Orden und Auszeichnungen

Während manche Menschen es sich eine Menge Geld kosten lassen (würden), sich mit einem Orden zu schmücken, ist er anderen hingegen völlig egal, und ganz Couragierte besitzen sogar den Mut, einen Orden abzulehnen, was normalerweise ohne Aufsehen vonstatten geht, da man ja vor der Verleihung befragt wird, ob man will oder nicht.

Ursprünglich wurde der Orden nur zu Frack oder Uniform bzw. zum großen Abendkleid getragen. Durch das hinlänglich bekannte Frackproblem kamen die zuständigen Stellen jedoch 1972 (der Verdienstorden wurde 1951 gestiftet) überein, daß der Orden auch auf dezenter Kleidung getragen werden dürfe, allerdings sollte in diesem Falle die Krawatte stets einer Schleife weichen. Dies gilt natürlich nur für den Fall, daß es sich bei dem zu verleihenden Orden um ein Halskreuz handelt, welches unter dem Kragen des Oberhemdes befestigt wird. Weniger auffällige Auszeichnungen hingegen werden an der linken oberen Brustseite befestigt, bei den Damen empfiehlt man eine Handbreit unter der linken Schulter. Neben dem Originalorden erhält der Ausgezeichnete eine sogenannte Ansteckminiatur, eine Minischleife oder eine Art Knopf, stets in der Farbe des Ordensbandes, welche im Knopfloch des Anzugrevers, ebenfalls auf der linken Seite, befestigt wird.

Neben dem Verdienstorden der Bundesrepublik Deutschland, der in acht verschiedene Ordensstufen gegliedert ist, verleihen einige Bundesländer Orden für besonders verdiente Bürger ihres Landes. Diese Auszeichnungen werden ebenso getragen wie der Verdienstorden.

Auszeichnungen aus dem Zweiten Weltkrieg dürfen, sofern die NS-Embleme entfernt wurden, heute ebenfalls wieder öffentlich getragen werden.

Ein originell gedeckter Frühstückstisch für **Ostern**. *Wer hätte da nicht Lust, zuzugreifen?*

Vereinsauszeichnungen können am Anzugrevers angesteckt werden und verraten dem geschulten Betrachter mitunter einiges Wissenswerte (so z.B., ob der Träger »Schlaraffe«, »Rotarier« oder Mitglied des »Lions-Clubs« ist, um hier nur einige der bekanntesten zu nennen).

Karnevalsorden wird man – außer in der Faschings- oder Karnevalszeit – nur dann tragen, wenn man sich unbedingt in aller Öffentlichkeit lächerlich machen möchte.

Das unerlaubte Tragen von Orden und Ehrenzeichen kann übrigens mit Strafe belegt werden.

Besitzer mehrerer in- und ausländischer Orden werden diese bei offiziellen Anlässen in Form der sogenannten Kleinen Ordensschnalle tragen, in Originalgröße wird lediglich der höchste Orden des Gastlandes angelegt. Die Ordenskanzlei in Bonn oder die Protokollabteilung des Auswärtigen Amtes, ebenfalls in Bonn, erteilen im Zweifelsfalle gerne Auskunft.

Ostern

Die mit dem Palmsonntag beginnende Karwoche wird in vielen Landesteilen unterschiedlich begangen, und es gibt unzählige schöne Bräuche, die auch heute noch in ihrer ursprünglichen Form ausgeübt werden. Im Mittelpunkt der österlichen Liturgie der katholischen Kirche steht die Feier der Osternacht am Karsamstag abend oder am frühen Morgen des Ostersonntag. Eingeleitet wird das Osterfest durch die Karwoche, beginnend mit dem Palmsonntag. Die Palmweihe am Palmsonntag wird vor allem in katholischen Ländern durchgeführt, wohingegen der Karfreitag den höchsten Feiertag der evangelischen Kirche darstellt. An diesem Tag schweigen alle Glocken, an ihrer Stelle treten die sogenannten »Karfreitagsratschn« in Aktion. In Bayern und Österreich sagte man: »Am Karfreitag fliegen alle Glocken nach Rom.«

Tags zuvor, am Gründonnerstag, findet in den katholischen Kirchen die traditionelle Fußwaschung statt. An diesem Tag sollten auch die Ostereier gefärbt werden, und die brauchtumserfahrene Hausfrau wird ihren Lieben entweder die berühmte Kräutersuppe, die grüne Soße oder sonst eines der typischen Gründonnerstagsgerichte vorsetzen.

Daß am Karfreitag wirklich kein Fleisch auf dem Tisch des Hauses stehen sollte, ist für gläubige Christen selbstverständlich, und ich meine, wenn wir uns das ganze Jahr über auch längst nicht mehr an den Freitag als Fastentag halten, einmal im Jahr, am Karfreitag, sollten wir uns danach richten.

Während der Karsamstag mit den letzten Vorbereitungen und der Suche nach dem richtigen Platz für das Osternest vergeht, wird der Ostersonntag im Kreise der ganzen Familie bereits mit einem opulenten Frühstück begonnen. Nach diesem werden die Kinder – sofern sie überhaupt so lange durchhalten – auf Nest- bzw. Eiersuche gehen. Und da das reichhaltige Frühstück nur in den seltensten Fällen bereits mittags wieder ein Hungergefühl aufkommen läßt, begibt sich die Familie nach einem kleinen Lunch auf den Osterspaziergang (Faust's »Osterspaziergang« darf hier, sofern man ihn noch beherrscht, ruhig deklamiert werden). Am Abend darf's dann ein wohlschmeckender Lammbraten sein, aber natürlich auch ein Osterschinken in Brotteig gebakken – ganz wie unser verwöhnter Gaumen es gern hätte. Der Ostermontag beschert uns einen zusätzlichen freien Tag, der vielfältig genutzt werden kann.

Ostergeschenke fallen niemals so üppig wie Weihnachtsgeschenke aus, und primär sind es hier die Kinder, die nicht um den Reiz des Eiersuchens gebracht werden sollen. Gefärbte Eier, einige Süßigkeiten und eine winzige Kleinigkeit (z. B. ein Spielzeugauto, ein Kartenspiel usw.) werden im gutversteckten Nest zu finden sein.

So vorbereitet auf all die Tage zwischen Palmsonntag und Ostermontag bleibt mir nur noch der Wunsch: Fröhliche Ostern allerseits!

$\mathscr{P}$

Päckchen und Pakete

Anlässe bestehen das Jahr über meist genug, um mit einem Päckchen oder Paket Freude zu bereiten. Es gibt wahre Künstler im Verpacken eines Paketes, andere wieder zeigen ihren ganzen Einfallsreichtum bei der Auswahl des Geschenkes und greifen beim Verpacken desselben auf nüchternes Packpapier zurück. Jeder, wie er will und wie er kann. Buntes Geschenkpapier gibt es ja in unzähligen Variationen, desgleichen die dazu passenden Schleifen und Bänder. Bei einer Übersendung auf postalischem Weg sollte man stets bemüht sein, die Pakete oder Päckchen so zu verpacken, daß Hohlräume ausgefüllt sind und nichts kaputtgehen kann. Eine gut lesbare Anschrift des Empfängers bzw. Absenders ist für die rasche Beförderung notwendig. Päckchen haben einen Einheitspreis, Pakete (Paketkarte bitte nicht vergessen und, falls es ins Ausland geht, die Zollerklärung; beides erhält man beim Postamt) müssen ohnehin am Schalter aufgegeben werden, so daß eine ungenügende Frankierung gar nicht erst möglich ist. Praktische Dienste – bei entsprechendem Inhalt – leisten die Aufkleber

»Vorsicht Glas« oder »Zerbrechlich« oder »Bitte nicht werfen«, die gut sichtbar auf das Paket geklebt werden und in Schreibwarengeschäften erhältlich sind. Bei Paketen erhebt die Post eine Zustellgebühr, die jedoch auch vom Versender bereits bezahlt werden kann. Zerbrechliche Gegenstände, die eventuell mit auslaufbaren Lebensmitteln gefüllt sind (z. B. ein Honigglas, Marmelade oder selbsteingemachtes Kompott), sollten, wenn man sie schon unbedingt per Post versenden muß, von Fachkräften verpackt werden; eventuell läßt man sich in einem großen Lebensmittelgeschäft beraten – sonst ist die Katastrophe schon vorprogrammiert, und niemand hat mehr viel Freude an diesem »Geschenk«.

Papst
→Anrede, Liste, →Kirchen.

Parfüm
wurde einst von den Franzosen erfunden, um den nicht gerade idealen Hygienezuständen am Königshof entgegenzuwirken. Und wenn Versailles auch bestimmt zu den prachtvollsten Schlössern der Welt zählt, man aber weiß, daß Toiletten dort – zumindest bis zum Einzug Napoleons – reine Mangelware waren und man statt dessen charmant hinter den Vorhängen verschwand, wird man verstehen, warum ausgerechnet die Franzosen das Parfüm erfanden. Nun, heute sind diese Verhältnisse natürlich längst nicht mehr der Rede wert, geblieben ist das Parfüm als betörender Duft allemal. Ob schwer, duftig oder sportlich, ist wohl stets eine Frage der eigenen Person. Selbstverständlich kann man sich in einer guten Parfümerie individuell beraten lassen, und dafür sollte man sich Zeit nehmen. Denn längstens nach drei verschiedenen Düften am Handgelenk werden wir vorerst einmal gar nichts mehr riechen. Ob der ausgewählte Duft dann unser Erkennungszeichen wird, hängt allerdings nicht nur vom Parfüm selbst, sondern auch von unserer Hautbeschaffenheit ab. Es gibt Frauen, die mit einem einzigen Tropfen den ganzen Tag über »duften«, und andere, die eine ganze Flasche bräuchten, und dennoch würde man nach ein, zwei Stunden nur noch einen ganz schwachen Wohlgeruch wahrnehmen. Der Duft hält nicht an ihnen, doch dagegen hilft ein einfacher Trick: Statt auf die Haut gibt man ein paar Tropfen auf die Kleidung, aber bitte an Stellen, wo Flecken eventuell nicht störend wirken.
Parfüm ersetzt aber niemals die tägliche Pflege – sonst würden wir ja wieder in die Zustände des alten Frankreich zurückfallen!

Parkett
»Das spiegelnde Parkett, auf dem man sich sicher bewegt«, bedeutet die unzähligen gesellschaftlichen Anlässe im Jahreslauf, die man ohne »Benimm-dich-Pannen« besuchen möchte. Schließlich sind auch die Spitzen der Gesellschaft nur Menschen wie wir, es gibt also keinen Grund zur Angst, denn perfekt sind auch sie nur fast. Also, wenn es das erste Mal ist: Kopf hoch, es wird schon schiefgehen, und nur immer daran glauben, daß man alles beherrscht. Wer Unsicherheit erst aufkommen läßt, dem unterlaufen auch diese peinlichen Fehler, über die man sich hinterher selbst am meisten ärgert. Die anderen haben sie vielleicht gar nicht bemerkt!

Parlament
Die vom Volk gewählten Vertreter aller Bundesländer vereinigen sich im Deutschen Bundestag oder dem Parlament, dem der Präsident des Deutschen Bundestages vorsteht. Die Mitglieder des Parlaments werden mit »Herr Abgeordneter« (bzw. »Frau Abgeordnete«) angesprochen (→Anrede, Liste).

Partner
Die erste Liebe ist wohl nur in den seltensten Fällen auch der richtige Partner fürs Leben. Wie, wann, wo und ob man ihn überhaupt findet, ist eine Frage, die hier wohl kaum beantwortet werden kann. Die alte Weisheit »Wer sucht, der findet«, gilt in diesem Fall wohl eher nicht. Men-

schen, die stets auf der Jagd nach dem idealen Partner, nach ihrem Traumbild sozusagen sind, finden zwar meist sehr viel, doch kaum jemals den Richtigen. Der kommt fast immer dann, wenn man nicht daran denkt und in Situationen, wo man den Kopf mit anderen Dingen voll hat. Wenn's dann tatsächlich beim ersten Blick auch noch funkt – muß es zwar auch nicht unbedingt der Partner fürs Leben sein, der Beginn einer romantischen Beziehung ist es meist.

Es gibt natürlich auch Menschen, die sich als Partner einen ganz bestimmten Typus vorstellen und diesen gezielt suchen. Ob diese Suche von Erfolg gekrönt und vom Glück beschienen werden wird, ist fraglich (→Heiratsvermittlung).

Party

Es gibt immer einen Anlaß, eine Party zu feiern, meint zumindest unsere Jugend, und Partys unterscheiden sich von den abendlichen Einladungen nicht mehr ganz taufrischer Semester vor allem dadurch, daß auf ihnen getanzt wird, auch wenn das Wohnzimmer dazu eigentlich gar keinen Platz mehr hergibt – Ausweichmöglichkeiten in den Flur usw. gibt es praktisch immer. Die Musik und deren Lautstärke sind allerdings nicht selten auch ein Streitpunkt. Natürlich geht es bei einer Party nicht gerade mit Zimmerlautstärke ab; man wird also den Nachbarn Bescheid geben müssen, aber die Nachbarschaft im Umkreis mehrerer hundert Meter soll auch nicht unbedingt mitunterhalten werden. Ein bißchen Einsicht und Rücksicht von beiden Seiten, und dieser Punkt kann als erledigt betrachtet werden.

Getränke und *Speisen* werden zentral auf einem großen Tisch bereitgestellt, Pappteller und -becher sowie Plastikbesteck ersparen uns nicht nur eventuelle Scherben, sondern auch stundenlanges Abwaschen. Aschenbecher werden reichlich über die ganze Wohnung bzw. den Partyraum verteilt – einige Gäste betrachten sonst allzugern den Fußboden als Ascher. Zigaretten und Zigarren sollte man zumindest in kleinen Mengen bereithalten, sonst verläuft sich die Party womöglich auf der Suche nach dem nächsten Zigarettenautomaten. Ob man nun den ganzen Nachmittag mit dem Herrichten belegter Brote verbringt, ob man ein →kaltes Buffet bestellt oder einen großen Topf Gulasch kocht, ist eine Frage, die jeder Gastgeber selbst entscheiden muß. Bier, Rot- oder Weißwein, Mineralwasser und Fruchtsaft und, falls sich ein berufener Barmixer findet, natürlich Cocktails sind die klassischen Partygetränke. Ich persönlich neige dazu, Schnaps nur auf ausdrückliche Aufforderung zu vergeben – unkontrollierter Schnapsgenuß, vor allem zu fortgeschrittener Stunde, hat schon allzu viele unschöne Erlebnisse nach sich gezogen. Ich meine, wer nur mit hochprozentigen Alkoholika lustig sein kann, der sollte keine Gesellschaften besuchen, denn die Gefahr, daß er aus dem Rahmen fällt, ist wohl zu groß! Und nichts ist schrecklicher für die Gastgeber und auch die übrigen Gäste, als ein grölender und randalierender Gast!

Pastor

Priester der evangelischen Kirche werden entweder als »Herr Pfarrer« oder »Herr Pastor« angesprochen. Im Gegensatz zu ihren Kollegen von der katholischen Kirche dürfen sie heiraten, und evangelische Pfarrer oder Pastoren können auch weiblichen Geschlechtes sein (Frau Pfarrerin, Frau Pastorin; →Anrede, Liste).

Pelze

Traum wohl jeder Frau – der wertvolle Pelz und heute durchaus auch für viele Evas erschwinglich. Der Pelz ist wohl das Urkleidungsstück des Menschen, und vielleicht hängt er deshalb so sehr an ihm. Kaiser und Könige schmückten sich mit Hermelin, dem im Winter weißgefärbten russischen Wiesel, der Zobel gilt immer noch als

Platz nehmen *will gelernt sein. Der Tischherr (1) zieht seiner Tischdame den Stuhl zurück, neigt ihn während des Platznehmens (2) leicht nach vorn und schiebt ihn der Dame vorsichtig nach.*

der teuerste Pelz, und Preise von 150 000 DM sind dafür absolut keine Seltenheit. Nerz in allen Farbschattierungen ist heute wohl der begehrteste Pelz, er hat, dank riesiger Zuchtfarmen, erfolgreich den einst so beliebten Persianer verdrängt. Fuchs, Luchs, Wolf sind je nach Fellbeschaffenheit mal weniger teuer, mal fast unerschwinglich. Völlig aus der Mode gekommen, und das wohl aus zwingenden Gründen, sind die vor und nach dem Kriege so beliebten Katzen wie Tiger, Leopard, Gepard usw. Sie alle unterliegen heute dem Gesetz zum Schutz bedrohter Tierarten. Und selbst wenn im Kleiderschrank Großmutters Leopard vor sich hinmodert, tragen wird ihn freiwillig kaum jemand mehr (höchstens noch verschämt als Innenfutter), denn man muß in der Öffentlichkeit heute damit rechnen, von an und für sich harmlosen Mitbürgern provokant darauf angesprochen zu werden (was ja dem getöteten Tier leider auch nicht mehr hilft). Dies gilt übrigens auch für die Felle der Seehundbabys, über deren brutale Abschlachtung ja in der Presse vorbehaltlos berichtet wurde.

Klassisches Innenfutter ist der Hamster, ein schön gefütterter Kamelhaarmantel liegt preislich, je nach Qualität der Felle, durchaus so hoch, daß man dafür schon einen sogenannten Kaufhausnerz erstehen kann.

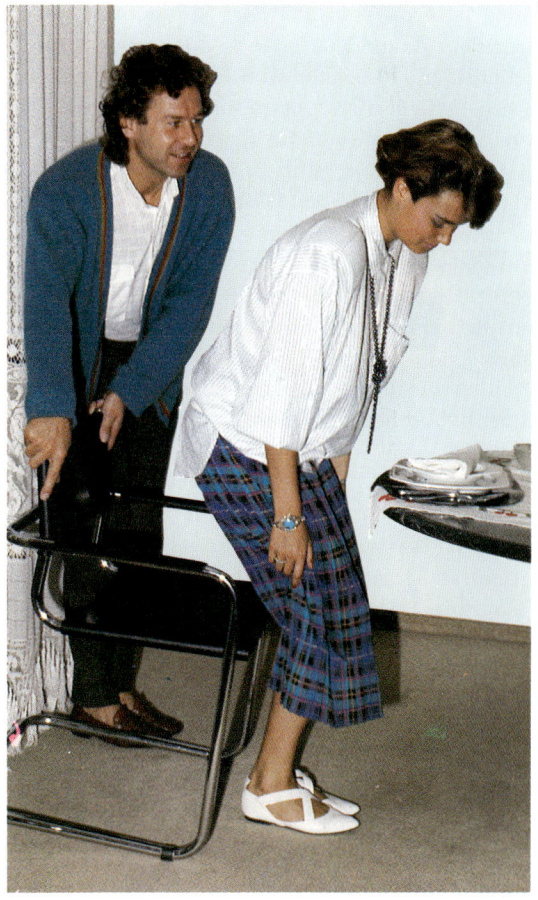

Der Pelz verlangt, will man lange Freude an ihm haben, vor allem im Sommer richtige Aufbewahrung und Pflege, die jede Kürschnerei entweder selbst übernimmt oder zumindest vermittelt. In Lokalen wird man Pelzmäntel niemals an der unbewachten Garderobe (für deren Haftung ja niemand aufkommt) abhängen, sondern gegebenenfalls mit an den Tisch nehmen.

Personal
Ob Hausangestellte, Putzfrau oder Sekretärin, im weitesten Sinne gehören sie alle zum Personal, über das man heute jedoch wohl nur mehr in den seltensten Fällen verfügt. Das Personal wird zwar von uns bezahlt, was uns aber noch lange nicht berechtigt, es als unser »Eigentum« zu betrachten. Zuallererst sind es Menschen wie du und ich, und als solche wollen sie auch behandelt werden. Sicherlich gibt es auch mit Angestellten mal weniger erfreuliche Tage, trotzdem werden wir uns in keiner Situation zu unkontrollierten Wutanfällen hinreißen lassen, denn diese demaskieren höchstens uns selbst. Ein ruhiges, aber durchaus bestimmtes Wort sollte genügen; wird gerechtfertigte Kritik nicht beachtet, so bleibt uns immer noch der Schritt zur Kündigung. Aber auch wenn diese einmal ausgesprochen wurde, werden wir den Angestellten bis zum letzten Tag korrekt und höflich behandeln!

Pfarrer
Katholische Priester, gemeinhin fälschlicherweise meist als »Herr Pfarrer« bezeichnet, sollte man grundsätzlich mit »Hochwürden« titulieren (→Anrede, Liste).

Pfingsten
wird exakt fünfzig Tage nach Ostern gefeiert und ist vor allem in süddeutschen Landesteilen wegen seiner vierzehn Tage dauernden Ferien als Frühurlaubszeit sehr beliebt.

Pflichttanz
ist eigentlich ein schreckliches Wort für etwas, was wir doch gerne absolvieren sollten: den Tanz mit der Hausfrau, dem Ehrengast oder unserer Tischdame. Wer zu einer Abendgesellschaft mit Tanz geladen ist, sollte als Herr – vorausgesetzt, die Zahl der Gäste ist überschaubar – mit jeder der anwesenden Damen einmal tanzen. Dies gilt natürlich auch dann, wenn z.B. vier Paare gemeinsam einen Ball besuchen und höchstwahrscheinlich an einem gemeinsamen Tisch Platz nehmen: Alle vier Herren werden alle vier Damen zum Tanz auffordern. Der erste Tanz gebührt in diesem Fall immer jener Dame, die uns auf diesen Ball begleitet hat – und in den meisten Fällen wird dies die eigene Ehefrau sein. Aber nicht nur die Herren haben hier Pflichten, auch wir Damen werden gut beraten sein, wenn wir beim Tanzvergnügen im kleinen Kreis keinem der anwesenden Herrn einen Korb geben, es sei denn, es gibt dafür triftige Gründe. Zeigt einer der Herren seine Sympathie für eine bestimmte Dame ganz speziell beim engen Tanzen, kann sie höflich, aber bestimmt einen zweiten Tanz mit diesem Herrn ablehnen – aber bitte, meine Damen jeglichen Alters, bloßstellen werden wir den etwas zu feurigen Partner deswegen nicht. Er wird uns auch so verstehen und für unser Schweigen höchstwahrscheinlich dankbar sein!

Platz nehmen
Gleichgültig, ob wir uns im privaten Kreis, im Lokal oder auf einer großen gesellschaftlichen Veranstaltung befinden, das korrekte Platznehmen sollte stets folgendermaßen vor sich gehen. Unser Tischherr wird hinter unseren Stuhl treten, diesen mit beiden Händen an der Oberkante anfassen und ihn so weit zurückziehen, daß wir bequem zwischen Tisch und Stuhl stehen können. Während wir Platz nehmen, neigt der Herr den Stuhl etwas nach vorne, so daß eine leicht schräge Sitzfläche entsteht, und nun wird der Stuhl, ohne daß unsere Kniekehlen berührt werden, nachgeschoben. Die Dame wird ihren Rock glattstreichen und sich mit einem »Danke« oder einem freundlichen Nicken setzen (→Fotos).

Platzteller
sind – mit Ausnahme von wirklich großen Häusern und natürlich von Restaurants – ein bißchen aus der Mode gekommen. Das mag zum einen daran liegen, daß der Preis für silberne Platzteller doch ziemlich hoch ist (und sechs sollte man ja wenigstens besitzen), zum anderen versilberte oder imitierte Teller nicht jedermanns Sache sind, und für die dritte Möglichkeit, die ja den Platzteller aus dem jeweiligen Tafelporzellan vorsieht, nicht jeder das Geld und den Platz hat, einen kompletten Tellersatz sozusagen nur als Unterteller zu erwerben. Platzteller, sie werden teilweise auch als Satzteller bezeichnet, bleiben während des gesamten Essens an ihrem Platz und sind bei den großen Silbermanufakturen in allen gängigen Formen, passend zum jeweiligen Besteck, erhältlich.

Platzwahl
Im Restaurant wird der Herr den Tisch auswählen, sich aber natürlich rückversichern, ob man mit seiner Wahl einverstanden ist. Wurde ein Tisch bestellt, so wird uns der Chefkellner selbst oder ein von ihm befohlener dienstbarer Geist an den Tisch führen. Selbstverständlich kann man gegebenenfalls darauf hinweisen, daß der Tisch nicht so ganz unseren Vorstellungen entspricht. Sind noch andere Tische frei, wird man uns einen unserer Wahl zuweisen, ansonsten müssen wir eben mit dem vorliebnehmen, der für uns reserviert wurde. Und hier soll eine große Bitte an alle Lokale ausgesprochen werden, die noch immer der Meinung zu sein scheinen, man könnte einer Dame, wenn sie allein oder »nur« in Begleitung einer zweiten Dame ist, grundsätzlich den Katzentisch neben der Küchentüre zumuten. Liebe Chefkellner, wir Damen pflegen normalerweise unsere Zeche genauso zu bezahlen wie die zahlreichen Herren in Damenbegleitung, welche Ihr Lokal besuchen. Nur weil uns heute vielleicht der Kavalier fehlt, müssen Sie uns deswegen noch lange nicht wie Aussätzige behandeln, die man möglichst unauffällig in den abgeschiedensten, zugigsten Winkel Ihres sicherlich sehr berühmten Spezialitätenlokals verfrachtet. Auch dann nicht, wenn wir weder eine stadtbekannte Persönlichkeit noch eine strahlende Schönheit sind! Ich kenne Damen, die in diesem Falle lieber auf das noch so gute Essen verzichten, und ich meine, sie haben wirklich recht damit. Vielleicht findet sich ja in der Nähe auch noch ein etwas weniger damenfeindlicher Feinschmeckertempel.

Polterabend
»Scherben bringen Glück«, besagt ein altes Sprichwort, und darauf bezieht sich wohl auch der noch heute am Polterabend übliche Brauch, das Brautpaar traditionell zum Ende des Junggesellenabschiedes reichlich mit Scherben vor der eigenen Haustüre zu versorgen, die sie dann gemeinsam zusammenräumen dürfen. Wer das Glück hat, in der Nähe einer Porzellanmanufaktur zu wohnen, kann sich mit sogenanntem Bruchporzellan versorgen, mitunter halten auch die Porzellanabteilungen großer Kaufhäuser solche »Polterabendpakete« bereit, ansonsten muß man eben sammeln, möglichst das ganze Jahr über. Aber wohlgemerkt, für das Porzellan und die Scherben sorgen die Gäste, nicht das Brautpaar!
Der Polterabend muß heute nicht mehr unbedingt am Abend vor der Trauung stattfinden, er kann z. B. auch am Wochenende vorher gefeiert werden. In großen Wohnanlagen wird man die unmittelbaren Nachbarn entweder einladen oder zumindest vorwarnen.

Prälat
→Anrede, Liste.

Pünktlichkeit
ist, um mit Lessing zu sprechen, der beste Beweis einer guten Erziehung, und in der Tat, es gibt nichts Unhöflicheres als einen ewig unpünktlichen Menschen. Nicht zu wundern braucht sich so ein Ewig-zu-spät-Kommender allerdings,

Platzteller, *hier vier besonders schöne Variationen, erfreuen sich zunehmend größerer Beliebtheit (1–4).*

183

wenn sein Freundeskreis über kurz oder lang immer mehr dahinschmilzt. So manche große Liebe zerbrach letztlich an der Unpünktlichkeit des Partners, und der kann selbstverständlich auch weiblichen Geschlechts sein. Unpünktlichkeit beschränkt sich nicht allein auf die Herren der Schöpfung, kann aber für Damen weitaus unangenehmer werden als für Herren, z. B. wenn die arme Seele eine halbe Stunde in einem gut besuchten Restaurant auf ihre Begleitung wartet und das Muster des Tischtuches bereits auswendig kann, der Ober mehrmals fragenden Blickes an ihrem Tisch, auf den doch so viele warten würden, vorbeistreicht, und der ersehnte Herr sich endlich mit der Frage niederläßt: »Wartest du schon lange?«

Gäste, die grundsätzlich zu spät kommen, werden nach den ersten beiden Malen nur noch auf ein Glas Wein eingeladen, eine nette Bemerkung als höflichen Hinweis dürfen sich die Gastgeber in diesem Fall ruhig erlauben. Eine Einladung zum Essen setzt Pünktlichkeit voraus – sollte wirklich etwas Unvorhergesehenes dazwischenkommen, so kann man sicher anrufen und darum bitten, doch anzufangen und nicht zu warten.

Länger als fünfzehn Minuten, das berühmte akademische Viertelstündchen, wird auf den verspäteten Gast nicht gewartet. Erscheint er irgendwann trotzdem noch, so wird er sich selbstverständlich entschuldigen und den jeweiligen Gang des Menüs mitessen. Vielleicht findet er bis zum Ende des Essens eine glaubhafte Erklärung für sein Zuspätkommen, sofern dies wirklich nur auf Trödelei beruht.

𝒬

Querulant

Der gefürchtetste Gast ist wohl derjenige, der ein noch so harmloses Thema zum Streitgespräch aufzubauschen vermag. Er legt es bewußt darauf an, zu provozieren, und er wird es so lange versuchen, bis sein Vorhaben von Erfolg gekrönt wird. Die Frage, was wir als Gastgeber mit einem solchen Exemplar von Gast, den wir ja in Unkenntnis seiner Eigenschaften eingeladen haben, anfangen, ist berechtigt und gar nicht so einfach zu beantworten. Wenn gar nichts anderes mehr hilft, wird man ihn höflich, aber bestimmt bitten, die Gesellschaft zu verlassen. Bei den übrigen Gästen kann man sich nur entschuldigen.

ℛ

Rangfolge
→Tischordnung.

Rangordnung
→Tischordnung.

Rauchen

Über kein Thema wurde in der letzten Zeit wohl so viel diskutiert wie über das Rauchen. Nichtraucher contra Raucher, heißt in den meisten Fällen die Devise, denn allmählich hat sich die Erkenntnis, daß Rauchen gesundheitsschädigend ist, durchgesetzt. Aber: Raucher sind erwachsene Menschen, die wissen, was sie tun, und bevormunden lassen sie sich bestimmt nicht. Wer als Gastgeber nicht wünscht, daß seine Gäste rauchen, der sollte dies laut und deutlich bei der Einladung sagen, Gästen die Zigarette sozusagen verbieten wird er niemals! Es sei denn, er legt es darauf an, ein für alle Male als ungehobelter Klotz zu gelten. Ich kenne übrigens Gäste, die in solchen – sehr seltenen – Fällen das Fest demonstrativ mit dem Hinweis verließen, jeder wisse, daß sie Raucher seien, und man hätte ihnen das vorher sagen müssen! Nun, dies ist natürlich auch nicht die feine Art, und der wirklich gebildete Gast wird dieses Verbot schweigend akzeptieren, ob es dann je zu einer Gegeneinladung an den Gastgeber kommt, ist natürlich eine andere

Frage. Und dann gibt es noch jene Gastgeber, die es nicht im mindesten stört, wenn sie selbst zu Gast in einem anderen Haus sozusagen direkt von Rauchschwaden umnebelt werden, die aber in ihrem eigenen Heim wahre »Zustände« bekommen, wenn es einer wagen sollte, ihre Vorhänge zu verräuchern! So geht es natürlich auch nicht. Wennschon-dennschon konsequent. Rauchen ist heute schon beinahe zu einer Weltanschauung geworden. Nun, ich glaube, hier muß wohl jeder nach seiner Fasson selig werden. Gute Gastgeber werden den eingefleischten Nichtraucher ohnehin niemals neben einen genüßlichen Kettenraucher setzen. Sind Gäste anwesend, die z. B. bei starkem Rauch Atembeschwerden, tränende Augen oder Niesreiz bekommen, so wird man unter Hinweis auf diese das Rauchen auf ein Minimum beschränken. Möglicherweise ist ein Raucherzimmer vorhanden, oder das Wetter läßt den Weg in den Garten, auf die Terrasse oder auf den Balkon zu, wo man dann ohne schlechtes Gewissen seiner geliebten Zigarette frönen kann. Pfeife und Zigarre sind den absoluten Genießern unter den Rauchern vorbehalten, und diese sind es in der Regel gewohnt, daß man sie bittet, aus bestimmten Gründen nicht oder zumindest nicht pausenlos zu rauchen. Über das →Feuer geben haben wir bereits im gleichnamigen Kapitel gehört, so daß das Thema Rauchen mit einigen abschließenden Bemerkungen beendet werden kann. Selbstverständlich wird ein höflicher Gastgeber seine Gäste niemals mit der brennenden Zigarette, Zigarre oder Pfeife begrüßen, was übrigens auch für den Gast gilt. Rauchende Damen brauchen in Gesellschaft nicht mehr zu warten, bis einer der anwesenden Herren vielleicht auch raucht, sie dürfen selbstverständlich ihre eigenen Zigaretten auspacken. Konsequenterweise werden sie aber dann auch nicht auffordernd nach Feuer in die Herrenrunde blicken, sondern sich dieses selber geben. Ob während eines mehrgängigen Menüs geraucht werden darf – in Frankreich, Spanien und allen südlichen Ländern großteils üblich –, bleibt dem Gastgeber überlassen. Normalerweise wird man erst rauchen, wenn die Tafel offiziell aufgehoben wurde. Erfolgt keine direkte Aufforderung von seiten der Gastgeber, sich die Wartezeiten während der verschiedenen Gänge durch eine Zigarette zu verkürzen, so wird man dieses Verlangen in jedem Falle unterdrücken. Selbstverständlich bläst man seinem Gegenüber den Rauch nicht direkt ins Gesicht, sondern stößt ihn nach oben oder unten aus, und ebenso selbstverständlich wird man auf sehr vollen Stehpartys seinen Vordermann

Rauchen kommt immer mehr aus der Mode – auch diese junge Dame scheint schon zu überlegen.

nicht mit einem angesengten Anzugjackett stehenlassen. Passiert dies tatsächlich einmal (und es geschieht öfter, als man glauben möchte), so wird man eben zu dem Malheur stehen und seine Visitenkarte mit der Bitte um Übersendung der Rechnung überreichen. Vielleicht lernt man auf diese Art und Weise, wie zweckmäßig es sein kann, wenn man sein Laster ab und an zu unterdrücken versteht (und ich weiß, wovon ich rede, ich bin noch gar nicht so lange »entwöhnt«).

Rechtsanwalt
→Anrede, Liste.

Reden
können sowohl ein Vergnügen als auch ein wahrer Alptraum sein. Nun ist ja nicht jeder der geborene Rhetoriker, manche Menschen sprechen zwar sehr flüssig, dafür aber endlos lange, andere wieder stottern an einem Manuskript von wenigen Seiten so erbärmlich herum, daß keiner der Zuhörer zum Schluß eigentlich wirklich weiß, »wovon die Rede war«. Reden ist eine Kunst, und wer aus beruflichen Gründen öfter Reden halten muß, damit aber so seine Schwierigkeiten hat, sollte lieber einen »Redekurs« absolvieren. Wie so vieles im Leben kann man nämlich auch das lernen. Gratulations- oder Jubiläumsansprachen sollten kurz und launig sein; die Zuhörer werden es dankbar registrieren, wenn man ohne lange Umschweife zum Kern des Themas kommt und die Rede längstens nach einer Viertelstunde beendet (→Diskussionen, →Tischrede). Speziell begrüßen wird man selbstverständlich den Ehrengast und kollektiv alle anwesenden Damen und Herren. Das ellenlange Aufzählen von Persönlichkeiten, die selbstverständlich in der richtigen Rangfolge genannt werden wollen, ist ganz überflüssig und bewirkt höchstens, daß die Zuhörer bereits am Ende der Begrüßung gelangweilt zur Decke starren oder verstohlen gähnen!

Reisen im In- und Ausland
»Reisen bildet«, besagt ein altes Sprichwort, und wenn es auch nur ein Körnchen Wahrheit enthält, müßten wir längst ein sehr gebildetes Volk sein.
Selbstverständlich wird Reisen für einen Vertreter, der ständig auf Achse ist, weniger Anreiz haben als für denjenigen, der ein-, höchstens aber zweimal im Jahr sein Heim verläßt, um in Urlaub zu fahren. Über das Verhalten in →Hotels wurde bereits gesprochen, so daß wir uns nun den Fahrzeugen, die uns das Reisen ja erst ermöglichen, zuwenden wollen:
Am allereinfachsten ist es natürlich, wenn man mit dem eigenen Auto verreist. Hier ist man sozusagen Herr im eigenen Haus und kann es sich so bequem wie nur möglich machen. Natürlich wird man dafür sorgen, daß das Auto für längere Fahrten in optimalen Zustand gebracht wurde (Inspektion, Ölwechsel, eventuell Überprüfung des Reifenprofils usw.; Broschüren mit unzähligen brauchbaren Tips gibt es von den Automobilclubs). Eventuelle Beifahrer (→Auto fahren) werden sich unseren Wünschen anpassen, was natürlich nicht heißen soll, daß wir ihre Vorschläge völlig ignorieren.
Reisen in heute teilweise sehr komfortabel ausgestatteten Autobussen geht ebenfalls ohne größere Probleme vonstatten, wenn wir wissen, daß

- die hinteren Plätze keinesfalls für Leute geeignet sind, die unter Reisekrankheit leiden;
- die Toilettenpausen auch wirklich zum Besuch der Toilette genutzt werden sollten. Der Fahrer kommt nämlich niemals ans Ziel, wenn er hier allen Sonderwünschen der Passagiere nachkommt;
- Rauchen nur noch in einem bestimmten Teil des Busses gestattet ist (notfalls muß man sich erkundigen);
- manche Mitfahrer lieber schlafen, als sich unsere Reisebeschreibungen anzuhören;
- bei sehr langen Fahrten stets größere Pausen eingelegt werden sollten und man auf diesen ggf. auch besteht (Reiseleitung!);
- der Fensterplatz zwar die schönere Aussicht, aber weniger Beinfreiheit mit sich bringt. Wer

Reisen *in ferne Länder gehören immer mehr zur Lieblingsbeschäftigung unserer Wohlstandsgesellschaft.*

am Gang sitzt, kann mit den Beinen nämlich auf diesen ausweichen, was natürlich nicht heißen soll, daß sie zur Stolperfalle für alle anderen Mitreisenden werden.

Die Eisenbahn wird von vielen immer noch als das ideale Reisemittel angesehen, da man unbehelligt von Staus und Wetter und meistens ja auch pünktlich ans Ziel kommt. Bei längeren Eisenbahnfahrten, vor allem zur Hauptreisezeit, wird man sich eine Platzkarte besorgen, da vor allem die sogenannten Gastarbeiterrouten stark besetzt sind und eine »Steh«-Reise nach Athen nicht unbedingt zu den angenehmsten Vergnügungen zählt. Ebenso wie beim Autobus sollte man auch im Eisenbahnabteil beachten, daß

- man rechtzeitig am Bahnhof ist und so in aller Ruhe sein Coupé aufsuchen, sein Gepäck verstauen und seinen Platz einnehmen kann;
- die Koffer nicht so schlampig im Gepäcknetz verstaut werden, daß sie sich bei Anfahrt des Zuges als »Schlaggeschosse« erweisen;
- Lektüre und Proviant nicht zuunterst im Hauptreisekoffer verstaut werden, sondern leicht erreichbar in einer Reisetasche;
- man bei längeren Bahnfahrten eventuell auch mal andere Mitreisende an seinen Fensterplatz läßt (vor allem wenn Kinder mit im Abteil sind);
- man das Fenster nur dann öffnet, wenn man sich vorher mit allen Insassen des Abteils darüber geeinigt hat, daß kurz gelüftet werden sollte;
- man selbstverständlich älteren oder nicht so kräftig gebauten Mitreisenden beim Verstauen ihres Gepäcks behilflich ist;
- man sich in Gespräche nur dann einmischt, wenn man dazu aufgefordert wird;
- im Liege- oder Schlafwagen selbstverständlich die Fragen bezüglich Licht und Waschraum geklärt werden;
- in einem Nichtraucherabteil auch wirklich nicht geraucht werden darf, notfalls muß man eben auf den Gang ausweichen;
- man selbstverständlich das Gepäck der Mitreisenden im Auge behält, während diese z. B. den Speisewagen aufsuchen oder ein Nickerchen machen.

Flugreisen in ferne Kontinente sind längst zur Selbstverständlichkeit geworden, und die achtzigjährige Uroma besteigt heute das Flugzeug genauso unbekümmert wie der zweijährige Urenkel. Über Flugreisen gibt es ein eigenes Kapitel in diesem Buch, so daß hier nur noch ergänzend bemerkt werden sollte, daß das Flugbegleitpersonal zwar alles tun wird, um auch unsere ausgefal-

lensten Wünsche zu erfüllen. Wunder können aber auch sie nicht bewirken. Die Stewards und Stewardessen üben einen ziemlich harten Job aus, auch wenn er ihnen durch permanentes Reisen vielleicht ein bißchen versüßt wird!
Die Kreuzfahrt auf dem Traumschiff hat ihre eigenen Regeln, einige davon sollen hier festgehalten werden, damit Sie eine wirklich schöne Reise auf See erleben können.
So gehört es zu den Gepflogenheiten einer Seereise, daß

- Damen sich mehrmals täglich umziehen, wohingegen die Herren im allgemeinen mit etwas weniger Garderobe auch ganz gut auskommen;
- das Durchschnittsalter der Reisenden keinesfalls unter 45 Jahren liegt;
- der Kabinensteward der Herr ist, mit dem man sich ab Betreten des Schiffes gut stellen sollte;
- Trinkgelder bei Reiseantritt meist eine weit bessere Wirkung haben, als wenn man sie am letzten Tag verteilt;
- der Kapitän nicht nur ein vollendeter Gentleman sein wird, sondern er auch, während das Schiff sich auf See befindet, sozusagen die Funktion eines Oberbürgermeisters ausübt (er kann z.B. eine Trauung vollziehen);
- man, falls man seine Kabine mit einem fremden Mitreisenden teilt, sich mit diesem arrangiert und alle möglichen Fragen rechtzeitig durch ein Gespräch klärt,
- sie die Tücke besitzen, unser Gewicht langsam, aber stetig nach oben zu treiben. Etwa drei, vier Kilo werden wir am Ende sicherlich mehr auf die Waage bringen, es sei denn, wir haben das absolute Pech und werden seekrank. Dann hilft ohnehin nur noch der Hinweis, daß zwar fast alle Passagiere (und auch Teile der Mannschaft) an der Seekrankheit leiden, daß aber bisher noch niemand wirklich ausschließlich an ihr gestorben ist. Auch wenn man sich dies in diesem Zustand manchmal sehnlichst wünscht. Und wer schon einmal wirklich seekrank war, wird wissen, daß ich bei Gott nicht übertreibe.

(→Camping, →Auto fahren, →Flugreisen, →Hotel)

Reisevorbereitungen

sollte man rechtzeitig treffen, denn wer bei Reiseantritt völlig entnervt ist, wird zumindest von den ersten Tagen nicht sehr viel haben.
Paß, Visa, Geld, Geschenke, Garderobe müssen vorher eventuell verlängert, beantragt, besorgt etc. werden. Die Wohnung wird zwecks Pflege der Blumen, Leerung des Briefkastens und gelegentlicher Lüftung zuverlässigen Freunden anvertraut. Wer ein Tier besitzt, wird sich um einen Pflegeplatz während seiner Abwesenheit kümmern müssen. Fällige Rechnungen sollten noch rechtzeitig bezahlt, bzw. angewiesen werden, eventuell bittet man den Bankbeamten, einen Überweisungsauftrag einige Zeit liegenzulassen, um ihn am Fälligkeitsdatum abzubuchen. Die Reiseapotheke und der auch im Ausland gültige Krankenschein, möglicherweise eine Reisehaftpflichtversicherung, werden auch nicht erst einige Stunden vor der Abreise besorgt. Telegrammadresse oder Telefonnummer von Verwandten, Bekannten, Freunden, die ggf. wissen, wo wir uns gerade aufhalten, wird man denjenigen hinterlassen, die sich auch um unsere Wohnung kümmern; es könnte ja sein, daß während unserer Abwesenheit etwas passiert, auch wenn wir das bestimmt nicht hoffen wollen.
Und wenn alle diese Dinge rechtzeitig erledigt wurden, kann man die letzten beiden Tage getrost mit mehrmaligem Ein- und Auspacken der Koffer vertrödeln.

Reklamationen

wird man, sofern sie gerechtfertigt sind, ruhig, aber bestimmt dem Geschäftsführer eines Restaurants, Geschäfts usw. vortragen. Wer hier aus der Rolle fällt, sei es durch lautes Gestikulieren, Schreien oder sonstiges auffallendes Verhalten, zeigt nur, daß er zwar möglicherweise im Recht ist, nicht unbedingt aber eine gute Kinderstube vorweisen kann. Wird man mit einer berechtigten Reklamation abgewiesen, so bleibt uns immer noch der Weg über Verbraucherschutz, Innung, Standesvertretung u.ä.

Restaurant und Restaurantbesuche

Für die einen alltäglich, für die anderen immer noch etwas Besonderes: der Besuch eines Restaurants, vom Gourmettempel bis zum einfachen Ausflugslokal heute in vielfältiger Auswahl und in allen Regionen vertreten. Egal, ob man nun sündteuer speisen oder billig essen wird, einige Regeln sollten dabei stets beachtet werden: Grundsätzlich sollte man im Restaurant seiner Wahl einen Tisch reservieren lassen, da eine zusammengehörende, über mehrere Tische verteilte Gesellschaft jede Freude über das Wiedersehen zerstören kann. Spätestens einige Stunden vor dem geplanten Besuch wird man telefonisch um Reservierung eines gemütlichen Tisches bitten. Es schadet nie, wenn man sich den Namen des die Reservierung aufnehmenden Obers merkt – so gibt es später nicht die Ausrede, daß es niemand war.

Das Bedienungspersonal wird entweder mit »Herr Ober« oder »Fräulein« angesprochen und dies bitte in freundlichem Ton, barsche Befehlstöne sind hier völlig fehl am Platze. Die Hierarchie des Personals in einem Restaurant sieht folgendermaßen aus: Chef de Service (schwarzes Jackett und schwarze Schleife), Chef de Rang (weißes Jackett, schwarze Schleife), Commis (weißes Jackett, weiße Schleife). Sie alle werden darum bemüht sein, unsere Wünsche zu erfüllen; für die Qualität der Küche können wir sie allerdings nicht verantwortlich machen. Wer hier wirklich glaubt, Grund zur Beanstandung zu haben, der wird den Geschäftsführer an den Tisch bitten.

Ehe man sich jedoch über Kleinigkeiten beschwert, sollte man einmal ernsthaft darüber nachdenken, ob man selbst alle Regeln des guten Benehmens im Kopf hat, denn beim Besuch eines Restaurants ist immer noch unumstößliches Gesetz, daß

Restaurants *sind nicht immer so geschmackvoll eingerichtet wie dieses. Ihr Besuch kann für den einen eine Alltäglichkeit, für den anderen etwas Besonderes sein.*

- der Herr vor der Dame das Lokal betritt und nach einem freien Tisch Ausschau hält, es sei denn,
- der Oberkellner die Gäste in Empfang nimmt und ihnen einen Tisch anweist; dann wird die Dame von den beiden Herren sozusagen in die Mitte genommen;
- der Herr seiner Begleiterin die Garderobe abnimmt und diese nach Beendigung des Restaurantbesuchs wieder an den Tisch holt;
- die Dame selbstverständlich ihren Hut aufbehält;
- der Herr seiner Begleiterin den Stuhl zurückschiebt und selbst erst dann Platz nimmt, wenn sie bequem sitzt;
- bereitliegende Speisekarten zuerst der Dame gereicht werden, die Weinkarte aber auch heute noch nur dem Mann vorgelegt wird;
- die gemeinsame Bestellung nur der Mann aufgeben sollte, bei einer größeren Gesellschaft aber jeder für sich bestellt;
- wir mit dem Essen warten, bis auch unserem Visà-vis serviert wurde, es sei denn, wir haben z.B. eine Vorspeise oder Suppe, unsere Begleitung hingegen nur ein Hauptgericht bestellt;
- Brot, Toast oder Semmeln (Brötchen) in mundgerechte Stücke gebrochen, und erst diese eventuell mit Butter bestrichen werden;
- der Herr den Probeschluck des bestellten Weines nehmen wird;
- ein gekreuztes Besteck auf dem Teller besagt, daß wir noch nicht satt sind und einen »Nachschlag« wünschen;
- wir mit dem Rauchen warten, bis auch unser Begleiter zu Ende gegessen hat, es sei denn, er fordert uns unmißverständlich zum Rauchen auf;
- eine Dame sich zwar nach Beendigung des Essens schnell und möglichst unauffällig die Lippen nachziehen darf,
- alle anderen Schminkutensilien, wie Puderdose, Kamm usw. jedoch erst in den Toilettenräumen aus der Handtasche genommen werden;
- selbstverständlich der Herr der Dame Feuer geben wird.
- der Herr sich erhebt, wenn seine Begleiterin den Platz verläßt und wenn sie an diesen wieder zurückkehrt;
- der Herr sich im Restaurant niemals hinter der Zeitung »vergraben« wird und seine Begleitung sich selbst überläßt;
- man an einem bereits besetzten Tisch nur dann Platz nimmt, wenn erstens: sonst kein Tisch mehr frei ist und zweitens: man die bereits Anwesenden höflich darum gebeten hat;
- man sich über die Frage der Begleichung der Rechnung vorher einigen sollte; Damen dürfen heute durchaus für sich selbst bezahlen;
- die Dame beim Verlassen des Lokals vor dem Herrn geht.

Ein Restaurantbesuch mit Kindern ist so eine Sache für sich. Kinder können einmal ein mustergültiges Benehmen an den Tag legen und beim nächsten Mal nicht nur die eigenen Eltern nerven. Trotzdem wäre es wohl eine Bevormundung sondergleichen, wenn man Eltern mit Kindern nahelegen wollte, erst dann wieder ein Lokal aufzusuchen, wenn die Kinder sozusagen »restaurantfein« geworden sind. Nein, schließlich haben auch Eltern das Recht, ab und an einmal die eigene Küche kalt zu lassen. Ob sich superfeine Gourmetlokale in diesem Fall unbedingt als geeignetes Speiselokal empfehlen, mag eine andere Frage sein, und vielleicht kann man den Zeitpunkt des Essens so legen, daß man mit drei Kleinkindern dort nicht gerade zum »Hauptgeschäft« (mittags zwischen 12.30 und 13.30 Uhr, abends 19.30–21.00 Uhr) erscheint.

Rosen
→Blumen.

Rücksicht
→Auto fahren, →Behinderte, →Drängeln, →Einkauf, →Erziehung, →Familienleben, →Fotografieren, →Freundschaft, →Gebräuche, →Gemeinschaft, eheliche, →Gleichberechtigung, →Höflichkeit, →Kinder, →Krankenbesuch, →Krankheit, →Logiergäste, →Möbliertes Wohnen, →Nichtrau-

cher, →Offene Worte, →Party, →Parken, →Pünktlichkeit, →Rauchen, →Reisen …

𝒮

Salat
Durfte der Salat früher nur mit der Gabel in Berührung kommen, da jede Messerklinge bei der geringsten Kontaktnahme oxidierte, so ist dies seit Erfinden der rostfreien Klinge natürlich nicht mehr notwendig. Große Salatblätter werden heute selbstverständlich mit dem Messer zerkleinert. Die Soße hingegen, auch wenn sie noch so köstlich sein sollte, wird man weder auslöffeln noch auftunken.
Salatteller sollte man links oberhalb des Hauptellers plazieren. Wird der Salat jedoch als Vor- oder Zwischenspeise serviert, so darf der Salatteller auf den Platzteller bzw. in die Mitte gestellt werden.

Sandwiches
sind von der Rinde befreite kleine Weißbrotscheiben, die belegt, zusammengeklappt und eckig geschnitten werden.

Sauce (Soße)
sollte grundsätzlich nur über das Fleisch und nicht über die Beilagen gegeben werden.

Sauna
Die in den nordischen Breiten Finnlands heimische Sauna erfreut sich auch bei uns immer größerer Beliebtheit, was die zahlreichen Saunagemeinschaften und -clubs beweisen. Und hier sind selbstverständlich nicht jene Institute gemeint, die sich den Namen Sauna für ihre ganz anders gelagerten Zwecke angeeignet haben.
Grundsätzlich sollte jeder Saunabesucher vor seinem ersten Schwitzbad in der bis zu 95 °C heißen Luft seinen Arzt befragen, ob gegen einen solchen Besuch medizinische Einwände bestehen. Vor allem kreislaufschwache Menschen müssen hier sehr vorsichtig sein. Daß wir nur in »sauberem« Zustand eine öffentliche Sauna besuchen, sollte keiner besonderen Erwähnung bedürfen (Gemeinschaftssauna).

Schätzen
»Was glauben Sie denn, wie alt ich bin?«, so oder ähnlich lauten die Fragen, mit denen man gera-

Schirme sind in unserem Klima leider ein notwendiges Übel, auch wenn die zwei sich darunter ganz wohl zu fühlen scheinen.

dezu zum Schätzen verführt wird! Aber wehe, man greift dabei zu weit nach oben! Wer zum Schätzen, egal ob es nun, wie in den meisten Fällen, um das Alter, um Geld usw. geht, aufgefordert wird, sollte sich tunlichst mit einer netten Bemerkung aus der Affäre ziehen.

Schenken
ist für manche Zeitgenossen ein Bedürfnis, andere wieder »verreisen« lieber, ehe sie freiwillig etwas verschenken. Wie immer, gibt es auch hier Extreme nach beiden Seiten. Kleine Geschenke, mit Liebe und Witz ausgesucht, erhalten die Freundschaft, heißt es; große Geschenke hingegen bringen den Beschenkten nicht selten in Verlegenheit. Zum einen, weil er sich vielleicht nur mit Mühe revanchieren kann (dies kann auch ein finanzielles Problem sein), zum anderen, weil er womöglich gar nicht weiß, wie er zu diesen Ehren kommt. Schenken sollte man mit Bedacht, nur so lassen sich mit Sicherheit Enttäuschungen auf beiden Seiten vermeiden.

Schirme
Während der Herrenschirm meist nur in Schwarz oder dunkel gemustert angeboten wird, können Damen unter den tollsten Farbkombinationen wählen, und selbstverständlich gibt es auch Schirme im Trachtenlook. Der einst so beliebte Knirps ist zwar nach wie vor der praktischste aller Schirme, da er zusammengefaltet fast in jede Damenhandtasche paßt, schick kann man ihn aber wohl kaum nennen. Stockschirme hingegen pflegen stets, außer bei strömendem Regen, im Wege zu sein.
Ursprünglich trug die Dame bei einem Spaziergang im Regen ihren Schirm selbst, der Herr mußte sich wohl oder übel naß regnen lassen. Heute darf der Herr den Schirm durchaus halten, und man wird gemeinsam unter ihm Schutz vor dem Regen suchen.

Schlafzimmer
gehören zum absoluten Intimbereich einer Wohnung, und kein Gast hat ein Anrecht darauf, es sozusagen besichtigen zu dürfen.

Schlange stehen
können in Europa, nein besser, auf der ganzen Welt, nur die Engländer wirklich perfekt. Ihnen würde es nie in den Sinn kommen, zu →drängeln. Wer einmal das tägliche Chaos beim Einsteigen in U- und S-Bahnen, Autobusse, Straßenbahnen usw. miterlebt hat, wird die Disziplin der Engländer um so höher einschätzen. Bei uns herrscht hier schon beinahe Faustrecht, Rücksichtnahme auf andere ist wenig gefragt.

Schleier
werden gemeinhin nur zur Hochzeit und zur Beerdigung getragen. Ob der Brautschleier königliche Dimensionen hat oder nicht, richtet sich u.a. auch nach dem Brautkleid. Schleierartige Kopfgestecke sowie der frech verspielte Brauthut werden jedoch schon seit Jahren bevorzugt. Der sogenannte Witwenschleier oder -schal ist auch heute noch nicht völlig aus der Mode gekommen. Allerdings sollte man diese Entscheidung der betroffenen Witwe ganz allein überlassen. Nicht jede Frau fühlt sich, auch wenn die Trauer um den lieben Verstorbenen noch so groß und aufrichtig sein mag, hinter dieser schwarzen, dichten Tüllgardine wohl. Erfunden in einer Zeit, da man Gefühle nicht zeigen durfte, bestand seine Aufgabe einzig darin, das tränenüberströmte Gesicht der Hinterbliebenen zu verbergen; heute schämt man sich seiner Tränen weit weniger. Verwandte, Bekannte und Freunde erscheinen jedoch stets ohne Schleier, der hier nur Frau und Tochter vorbehalten ist.

Schmuck
Wenig kann oft mehr sein, und wer sich an diese Devise hält, kann eigentlich gar nichts falsch ma-

Schmuck gehört zu den leider oft unerfüllbaren Träumen – besonders wenn es sich um so teure kleine Kostbarkeiten wie hier handelt.

chen. Selbstverständlich dürfen sehr junge Damen auch zu gesellschaftlichen Anlässen mit Modeschmuck erscheinen, sofern er zu ihrer Garderobe paßt. Ältere Semester, die außerdem konservative Kleidung bevorzugen, werden allerdings ihre Schönheit nicht im Glanz falscher Steine spiegeln lassen, sondern lieber zur stets passenden Perlenkette greifen.

Bei Vormittags- und Nachmittagseinladungen wird man sich mit nur wenigen Schmuckstücken (kleine Ohrringe, dezente Halskette, Ring, Uhr und eventuell Armband), die vor allem farblich zur Kleidung passen sollen, begnügen. Zur sportlichen Lodenkleidung paßt also bestimmt kein voluminöses Goldarmband. Am Nachmittag kann es um einen Hauch wertvoller werden, bei großen festlichen Abendeinladungen dürfen wir dann, sofern vorhanden, im Glanze des Familienschmuckes erstrahlen.

Ringe können heute eigentlich an jedem Finger getragen werden, lediglich der Daumen bleibt nach wie vor unberingt! Bei sehr jungen Mädchen sieht es ganz witzig aus, wenn an jedem Finger ein Ring im Spiel ist, ab einem gewissen Alter wirkt es jedoch sehr leicht lächerlich – denken Sie daran, meine Damen, lieber ein kritischer Blick in den Spiegel zuviel, als einer zuwenig!

Herrenschmuck ist vor allem in den letzten Jah-

Schnecken gelten als Delikatesse (1), auch wenn diese Meinung nicht von jedermann geteilt wird.

Mit der Schneckenzange (2) wird die Schnecke aus der Schneckenpfanne geholt.

Die mit Knoblauch angereicherte Butter wird (3) in den Schneckenlöffel gegossen.

Mit Hilfe der Schneckengabel (4) wird nun die Schnecke aus dem Haus geholt.

ren groß in Mode gekommen, und die Herren haben es geradezu begeistert aufgenommen. Eine Männerbrust mit Goldketten ist heute bei Gott keine Seltenheit mehr, Uhr, Armband und Ring aus Platin, Gold oder Silber finden sich ebenfalls immer öfter in der Herrenschmuckschatulle. Allerdings, auch hier sollte man seinen Typ zuerst einer kritischen Prüfung unterziehen, ehe man in Gefahr gerät, für einen eitlen Pfau gehalten zu werden. Es gibt Männer, denen steht Schmuck einfach, während andere damit weibisch wirken.

Schnecken
Für die Liebhaber der Weinbergschnecken gelten sie als höchste Delikatesse – sie stammen übrigens fast alle aus fränkischen Zuchten, auch wenn die Verpackung ein französisches Etikett

schmückt –, für andere wiederum rückt der Verzehr von Schnecken in die Nähe der Tierquälerei. Nun, wie immer man dazu stehen mag, es könnte ja sein, daß wir einmal Schnecken vorgesetzt bekommen und nun vor der Frage stehen, wie man den kleinen Tierchen in ihren Häusern denn nun zu Leibe rückt. Eigentlich ganz einfach, wenn unser Gedeck korrekt mit einem Schneckenbesteck ausgestattet ist. Es besteht aus Schneckenzange, Schneckengabel und -löffel. Mit der Zange in der linken Hand holen wir eine Weinbergschnecke aus der Schneckenpfanne und gießen die flüssige, meist mit Knoblauch angereicherte Butter in den Schneckenlöffel. Mit der Gabel holen wir das winzige Stückchen Fleisch aus der hintersten Ekke des Schneckenhauses, um beim ersten Biß festzustellen, daß Schnecken eigentlich ähnlich wie ungewürztes Kalbfleisch schmecken. Die Butter wird entweder pur vom Löffel genossen oder mit Weißbrot aufgesaugt, ganz wie es beliebt. So, und das ist die ganze Kunst des Schneckenessens, bei dem man sich eher verbrennen, als etwas falsch machen wird. Schnecken sollten nämlich sehr heiß serviert werden.

Schuhe

werden selbstverständlich der Garderobe angepaßt, und ebenso selbstverständlich – man sollte es eigentlich gar nicht erst erwähnen müssen – gehören sie geputzt. Doch wendet man den Blick von so manch elegant gekleidetem Herrn oder dessen Begleitung abwärts zu den Schuhen, wendet man sich mit Grausen. Ich spreche hier natürlich nicht von Tagen, wo es in Strömen regnet und jedes noch so gut geputzte Paar Schuhe in Minutenschnelle ungepflegt aussieht, sondern von strahlendem Wetter – und zwar seit Tagen anhaltend! Daß ein Mann mitunter zum blauen Anzug braune Schuhe erwischt, mag entschuldbar sein, auch wenn man in diesem Fall einer möglicherweise vorhandenen Ehefrau einen rügenden Blick zuwerfen möchte, daß er aber mit dreckverkrusteten Absätzen, die noch dazu schief sind, durch die Stadt läuft, können wir ihm auch dann nicht verzeihen, wenn er tatsächlich im Streß ist. Also bitte, meine Herren, aber auch meine Damen, die umfassende Pflege des menschlichen Äußeren schließt auch unsere Schuhe ein. Prüfen Sie mal auf der Stelle den Inhalt Ihres Schuhschrankes nach. Alle Absätze in Ordnung, alles neu besohlt, was bereits dünn wurde, alles blitzblank? Wirklich? Dann nichts für ungut!

Schule

könnte man, in welcher Form auch immer, sofort abschaffen – zumindest, wenn es nach dem Willen der Schüler ginge. Dabei lernen wir in der Schule – wie heißt es doch so schön – »nicht für die Schule, sondern für das Leben«. Warum man dann ausgerechnet Dinge lernen muß, die man mit dem letzten Schultag wieder vergessen hat, weiß wohl kaum jemand. Doch zurück zum Ernst des Lebens. Natürlich werden wir als Eltern darum bemüht sein, unsere Kinder so zu erziehen, daß wir den Lehrern ihre ohnehin nicht leichte Aufgabe nicht noch erschweren. Dazu gehört zweifellos auch, daß wir die schlechten Leistungen unserer Lieblinge nicht sofort mit fehlenden pädagogischen Kenntnissen der Lehrer entschuldigen. Geht tatsächlich einmal alles daneben, dann werden wir versuchen, in einem gemeinsamen Gespräch mit den Lehrkräften eine Lösung zu finden, die für alle tragbar ist. So manch übereilter Schulabbruch hätte bei mehr Verständnis von beiden Seiten verhindert werden können – möglicherweise wäre das Leben des Betroffenen dadurch in völlig andere Bahnen gelenkt worden. Natürlich muß der gute Wille von allen Beteiligten aufgebracht werden.

Ist man nach Abwägung aller Gegebenheiten dennoch der Auffassung, eine bestimmte Lehrkraft beurteile das eigene Kind nach anderen Maßstäben als die anderen, so bleibt, wenn das persönliche Gespräch keine Klarheit bringt, immer noch der offizielle Weg über das Rektorat der Schule bzw. über das Kultusministerium. Lehrer sind keine Götter, und gute Lehrer werden sich nie als solche aufspielen!

Schwiegereltern, Schwiegermütter

Ein heikles Thema und leider gar nicht so witzig, wie es oft hingestellt wird. So manche junge Ehe ging auseinander, weil die gegenseitigen Schwiegereltern dem jungen Paar keine Chance ließen. Ein junges Ehepaar sollte die Möglichkeit haben, sein eigenes Leben nach eigenen Maßstäben und Gesichtspunkten »erleben« zu dürfen. Gute Ratschläge werden sicher gerne angenommen, Hilfe fast auch immer. Aber – die Entscheidung, wie man es tut, sollte den jungen Leuten selber überlassen werden. Schließlich müssen sie das Miteinanderleben auch erst lernen, dies können ihnen die besten und besorgtesten Schwiegereltern nicht abnehmen.

Vor allem Schwiegermütter neigen gerne unbewußt zur Einmischung, wenn sie den Sohn »hergeben« mußten. Liebe junge Ehefrau, durch ein nettes, klärendes Gespräch, aber bitte in Anwesenheit des Ehemannes, müßten die Fronten ein für alle Male geklärt werden! Hilft dies alles nicht, so wird man wohl oder übel den Kontakt auf ein Minimum beschränken. Wirklich perfekte Schwiegereltern sind immer da, wenn sie gebraucht werden, stören nie, wenn man gerne allein sein möchte, verziehen die Enkelkinder kaum, lösen selbstverständlich durch ihre Großzügigkeit alle finanziellen Probleme ihrer Kinder und das bis ins hohe Alter hinein und werden in diesem niemals ihren lieben Kindern zur Last fallen. So einfach ist das!

Servieren *will gelernt sein, und schon die Handhabung des Vorlegebesteckes verlangt eine gewisse Kunstfertigkeit. Man benötigt dazu Gabel und Löffel (3), die mittels des dazwischengeführten Zeigefingers (1, 2) nun als Vorlegebesteck gehandhabt werden. Aber bitte vorher im Trockentraining probieren!*

Sekt

Der Champagner des kleinen Mannes, sicher eine sehr ungerechte Bezeichnung für die ausgezeichneten Leistungen unserer Sektkellereien. Ich kenne jede Menge Leute, die ein Glas guten Sekts jedem noch so teuren Champagner vorziehen, einfach weil ihnen der Sekt eben besser schmeckt. Wer also nur des Namens wegen Champagner kauft, obwohl er Sekt lieber hätte, dem ist schlicht und einfach nicht zu helfen.

Sekt sollte stets gut gekühlt aus Sektschalen, -flöten oder -kelchen getrunken werden und paßt ausgezeichnet zu Hummer, Austern und Kaviar. Aber natürlich auch zur Vorspeise oder zum Dessert! (→Gläser, →Wein).

Durch die Flaschengärung enthält Sekt Kohlensäure, und schon so manche, zu warm gelagerte Flasche explodierte beim Öffnen förmlich. Womit nun natürlich nicht gesagt sein soll, daß man Sekt unbedingt »eiskalt« servieren muß. Gut gekühlt, wie auch ein edles Bier, behält der Sekt sein feines Aroma. Mit Ausnahme des Silvesterabends wird der Hausherr stets darum bemüht sein, den Korken, der nur noch sehr selten aus echtem Kork besteht, nicht knallen zu lassen, sondern ihn so geräuschlos wie möglich aus der Flasche herauszudrehen. Eine Serviette, über den Korken gelegt, liefert hier oft gute Dienste, denn mitunter geht es nicht ganz ohne Spritzer ab. Die Sektflasche wird beim Öffnen stets von den anwesenden Gästen weg gehalten, denn nur so lassen sich blaue Flecken vermeiden, wenn der Korken sich selbständig macht!

Eine nur halb geleerte Flasche kommt in den mit Eis gefüllten Sektkübel, notfalls darf man sie natürlich auch zurück in den Kühlschrank stellen.

Beim Einschenken wird man darauf achten, daß der Sekt nicht überschäumt; die Gläser werden nur zu zwei Drittel gefüllt, damit der Sekt sein volles Bouquet entfalten kann. Ob Schale, Kelch oder Flöte ist zum einen Geschmacksache, zum anderen aber auch Weltanschauung. Während die einen die mehr fassenden und leichter zu leerenden Schalen bevorzugen, schwören die anderen auf möglichst schmale Flöten, die den Genuß angeblich verlängern, weil aus ihnen die Kohlensäure nicht so schnell entweicht.

Als Champagner bezeichnet man den moussierenden Traubenwein, der in den französischen Departements Ardennes, Marne, Haut-Marne und Aube in der Champagne gewonnen wird. Nur er darf – nach einem Gerichtsurteil – die Bezeichnung Champagner führen. Alle anderen, ebenfalls in Frankreich hergestellten Schaumweine tragen die Bezeichnung: Vins mousseux. In Deutschland unterscheidet man den mindestens neun Monate gelagerten Qualitätsschaumwein oder Sekt mit der amtlichen Prüfnummer, den Prädikatssekt, der zu 60% deutschen Wein enthalten muß, den Schaumwein, der aus allen möglichen europäischen Weinen verschnitten, aber in Deutschland hergestellt wird, und den Perlwein, der mit Sekt nichts mehr zu tun hat.

Servieren sollte man grundsätzlich, sofern es möglich ist, von der linken Seite (1). Bei einem mehrgängigen Menü werden außer Vorspeise und Dessert alle Gänge zweimal angeboten (2).

Selbstbewußtsein

kann man eigentlich gar nicht genug besitzen, und man kann es sich auch aneignen. Vor allem für extrem schüchterne, introvertierte Menschen kann es beruflich wie auch privat enorm wichtig sein. Jeder Mensch hat irgendwo seinen schwachen Punkt; es gibt z.B. hervorragende, mit vielen internationalen Preisen ausgezeichnete Schauspieler, die tagelang vor dem Premierenauftritt an Lampenfieber leiden und sich in einen wahren Versagungsrausch hineinsteigern. Erst wenn sie auf der Bühne stehen, schwindet das Lampenfieber, das Selbstbewußtsein kehrt langsam zurück, und zum Schluß stehen sie als strahlende Helden vor ihrem Publikum. Wer glaubt, in gewissen Bereichen zuwenig Selbstbewußtsein zu besitzen, kann sich dieses in Einzel- oder Gruppentherapien aneignen. Merkt man allerdings sozusagen als Außenstehender, daß ein Kollege, Freund usw. Hemmungen bzw. Berührungsangst hat, so wird man versuchen, ihm zu helfen und nicht noch zusätzliche Barrieren errichten.

Servieren

will gekonnt sein, und das Jonglieren mehrerer Teller auf Unterarm und Handfläche endete schon für manche Hausfrau mit einem mittleren Drama. Wer weiß, daß er im Servieren nicht perfekt ist, sollte es lieber bleibenlassen und bei Einladungen im privaten Kreis besser einzeln servieren, ehe Geschirr und Essen »zu Boden gehen«. Ein korrekter Kellner wird mit dem Servieren stets bei einer Dame beginnen und beim Gastgeber enden, sofern erkenntlich ist, um welchen der anwesenden Herren es sich dabei handelt. Während des Servierens wird der Kellner sich mit dem Gast über die Menge der jeweils vorzulegenden Speisen verständigen. Vorgelegt wird natürlich mit der rechten Hand, die linke hält die Platte. (Wird die Platte am Tisch herumgereicht, hält sie unser linker Nachbar, während wir uns selbst bedienen.)

Von rechts werden
- frische Teller gereicht,
- die Getränke eingeschenkt,
- Teller und Gläser wieder abgeräumt,

• Suppen, Beilagenschüsseln und Speiseplatten eingesetzt.

Von der linken Seite werden
• die Platten mit den Speisen angeboten,
• links liegende Besteckteile abgeräumt,
• aber auch links neben dem Gedeckteller liegende Besteckteile eingesetzt.

Bei einem mehrgängigen Menü werden außer Vorspeise und Dessert alle Gänge zweimal gereicht und der Tisch vor dem Dessert soweit wie möglich abgeräumt.

Bei einem größeren Essen im Privathaushalt wird die Hausfrau natürlich niemanden auffordern, ihr zu helfen; ob sie angebotene Hilfe auch kategorisch ablehnt, ist wieder eine andere Frage. Allerdings sollte nur eine Person »Küchenhilfe« spielen, sonst gibt es womöglich ein heilloses Durcheinander. In diesem Falle darf man – was in allen Restaurants verpönt ist – die Teller der Hausfrau bzw. der Hilfskraft auch zureichen, vor allem, wenn man z. B. im hintersten Winkel einer Eckbank sitzt.

Serviette

Einst gut ein Meter mal ein Meter groß und selbstverständlich aus blütenweißem Damast gefertigt, mußte die Serviette in den letzten Jahrzehnten enorme »Rückschritte« hinnehmen. Heute ist sie vorzugsweise aus Papier und manchmal sogar im gleichen Muster wie das Porzellan gehalten.

Sofern sie nicht auf dem Teller liegt oder steht, wird die Serviette stets links davon plaziert. Vor dem Essen legt man sie auf die Oberschenkel, aber möglichst so, daß sie nicht bei der geringsten Bewegung zu Boden flattert und dort umständlich gesucht werden muß. Zwischen Hals und Kragen hat die Serviette allerdings nichts zu suchen (einzige Ausnahme sind hier Kleinkinder). Make-up und Lippenstift werden nicht mit der Serviette, sondern vor Beginn des Essens an einem Papiertaschentuch abgetupft. Mit der Serviette säubert man, vor allem vor dem Trinken, den Mund, um zu vermeiden, daß eventuell an

Kerze

A *Auf eine 41-cm-Serviette eine 33er legen, eventuell von verschiedener Farbe.*

B *Die beiden Servietten diagonal falten.*

C *Aufrollen wie in der Zeichnung.*

D *Die äußere Spitze umschlagen und die Serviette damit zusammenhalten.*

Mütze

A *Serviette im Kreuzbruch zum Quadrat falten.*

B *Rechte untere Ecke diagonal nach oben legen.*

C *Es entsteht ein Dreieck.*

D *Seitliche Ecke nach hinten biegen und ineinanderstecken.*

E *Evtl. mittlere Ecke der oberen Stofflage nach unten biegen.*

Knospe

A *Serviette zum Dreieck falten. Die beiden Enden auf die untere Ecke legen.*

B *Die Ecken 2 und 3 wie auf dem Bild nach oben falten.*

C *Nochmals umfalten.*

D *3 und 2 nach oben falten. Die Ecken 4 und 5 nach hinten legen und ineinanderstecken.*

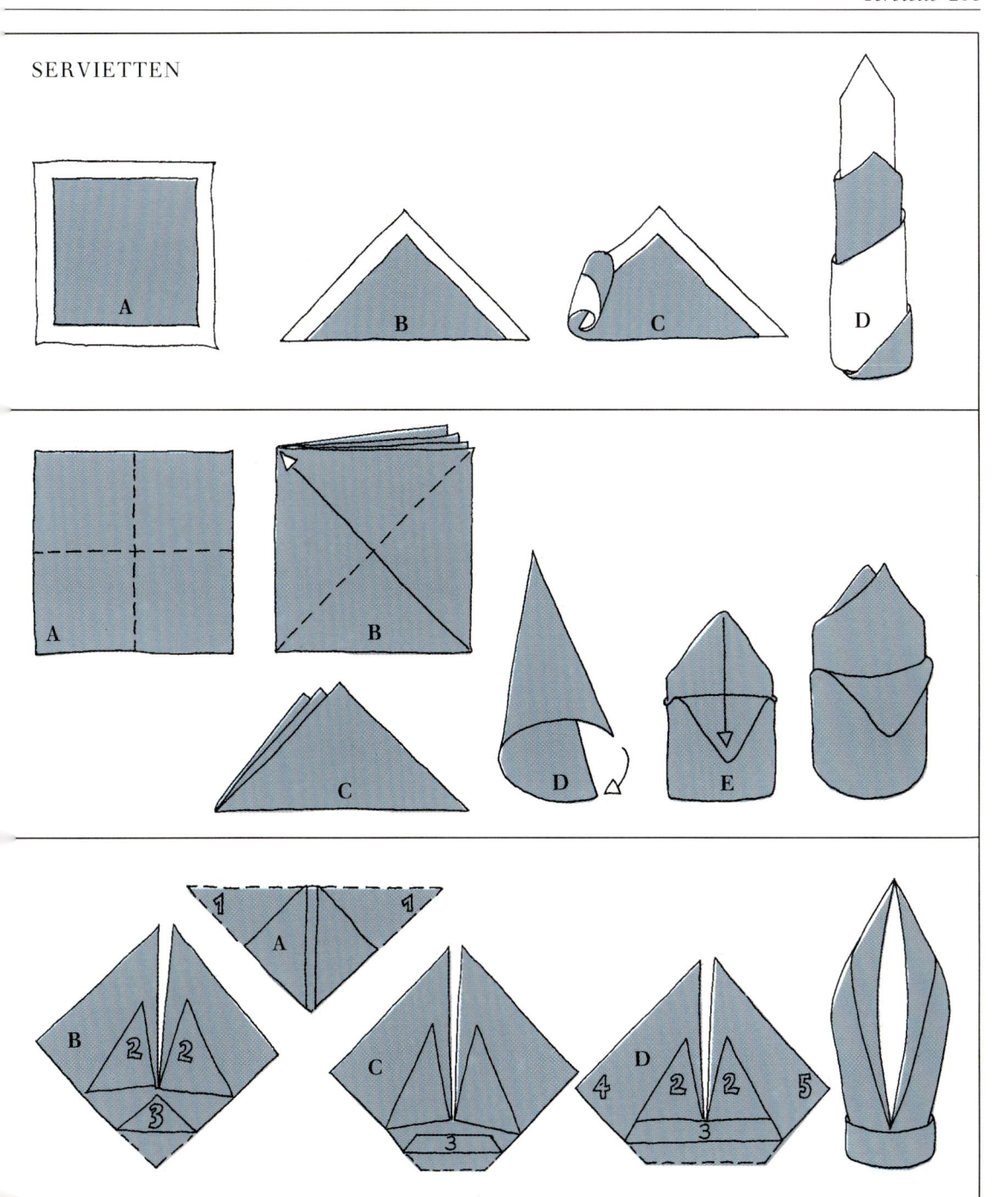

SERVIETTEN

den Lippen haftende Speisereste ins Glas gelangen. Nach Beendigung des Essens wird die Serviette locker zusammengefaltet, links abgelegt, und nur bei einem längeren Hotelaufenthalt mit Voll- oder Halbpension stecken wir die Serviette ordentlich zusammen und legen sie in die bereitliegende Serviettentasche, meist mit unserem Namen versehen, zurück. Restaurants schätzen es in der Regel nicht sehr, wenn Gäste versuchen, die Servietten wieder kunstvoll zusammenzufalten; die Gefahr, daß gebrauchte Servietten dadurch übersehen werden, ist zu groß. Papierservietten darf man zusammengeknüllt auf dem letzten Teller des Gedecks hinterlassen.

Silvester
ist der Tag, an dem alle guten Vorsätze für das neue Jahr gefaßt werden (→Neujahr). Ob man festlich zum Ball ausgeht oder gemütlich zu Hause feiert, ist letztlich eine persönliche Entscheidung. Einige Punkte sollte man aber auf jeden Fall berücksichtigen:
Wer Hunde oder Katzen als Haustiere hält, muß dafür sorgen, daß sie durch die Knallerei um Mitternacht nicht völlig verschreckt werden. Immer wieder liest man in den ersten Tagen des neuen Jahres von entlaufenen Tieren.
Kinder sollte man erst ab einem gewissen Alter an Silvester alleine lassen. Zum einen fürchten sie sich genauso wie Tiere vor dem Krach um Mitternacht, zum anderen kommen sie mitunter auf die dümmsten Ideen ...
Wer in der zweiten Jahreshälfte einen Todesfall innerhalb der Familie zu beklagen hatte, wird das darauffolgende Silvester eher ruhig und beschaulich als laut und fröhlich begehen – und sei es nur aus Rücksicht vor den nächsten Hinterbliebenen.

Klassischer **Smoking** *(1), der mit weißem oder farbigem Smokinghemd getragen wird.*

Das vor allem auf Kreuzfahrten so beliebte Dinnerjakket (2) kann mit Weste oder Kummerbund getragen werden.

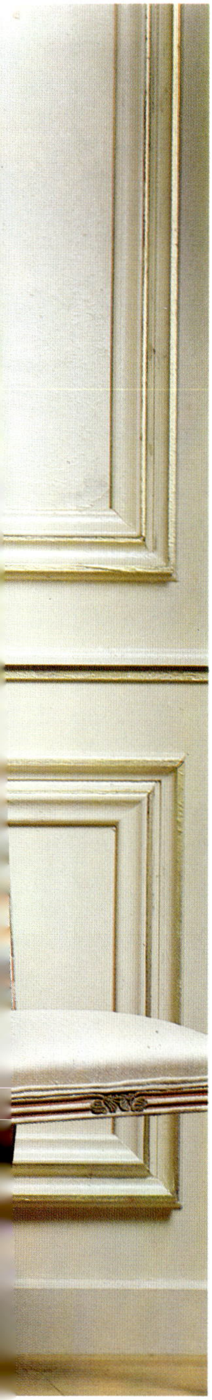

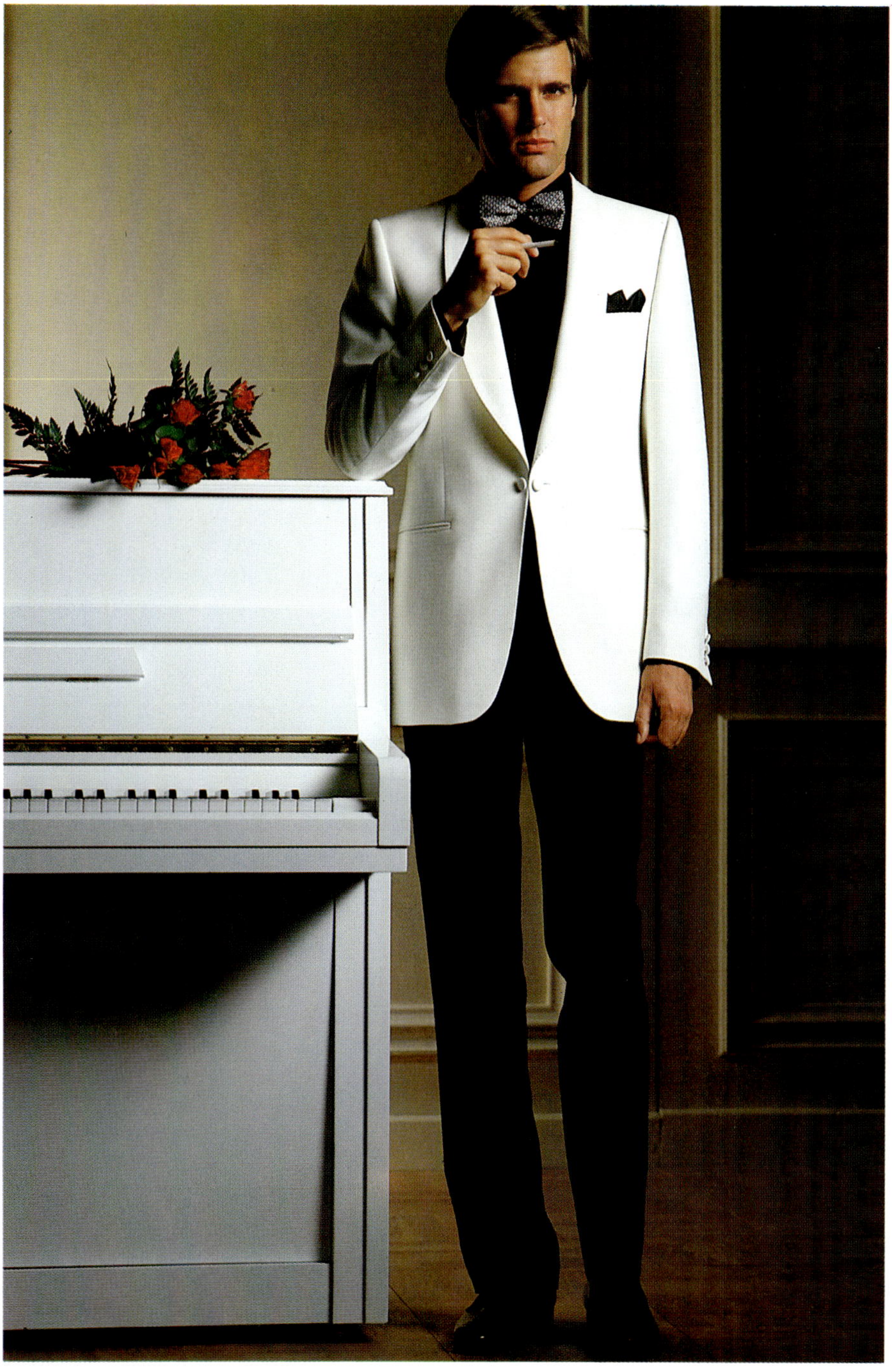

2

Kleine Balkone sind nicht unbedingt für große Feuerwerke geeignet – wer ein solches abbrennen möchte, wird sich wohl oder übel zur nächsten Grünfläche bemühen müssen.

Sitten und Gebräuche
→Gebräuche im Inland und Ausland.

Skisport
Die zweifelsohne beliebteste Wintersportart der Deutschen hat vor allem in den letzten Jahren Formen angenommen, die einem diesen so wunderschönen Sport an und für sich verleiden könnten. Rempeleien, Drängeln, böse Worte an den Liftschlangen und Rowdytum auf der Piste mit zum Teil bösen Unfällen haben dazu geführt, daß man glauben könnte, auch beim Skifahren nicht mehr ohne Verkehrszeichen auszukommen. Selbstverständlich müssen wir unser rüpelhaftes Verhalten bereits am Parkplatz demonstrieren, und beim Après-Ski setzen wir dem Ganzen die Krone auf, indem wir mit den schweren Skistiefeln, in denen man ohnehin kaum gehen kann, Lokale betreten, die so bestückten Füße dem Nachbarn ans Schienbein knallen und möglichst lautstark kundtun, wieviel »lahme Enten« man heute auf der Piste wieder umgemäht hat.
So betrachtet können wir schon sehr stolz auf uns sein, oder?

Smoking
Der aus den USA stammende Smoking gilt heute als der Abendanzug schlechthin und paßt eigentlich für jede Gelegenheit. Wir unterscheiden drei gängige Variationen:
den einreihigen Smoking mit Seidenrevers und schwarzer Weste, den zweireihigen Smoking ohne Weste, aber dafür mit sogenanntem Kummerbund, und den einreihigen Smoking mit Schalkragen. Die Smokinghosen sind mit sogenannten Galons an den äußeren Hosennähten besetzt und werden normalerweise ohne Aufschlag gearbeitet. Aber hier sollte man der launischen Dame Mode keine allzu festen Vorschriften aufsetzen.

Wer weder Weste noch Kummerbund – der leicht verrutscht – tragen möchte, wird den zweireihigen Smoking wählen, darf diesen dann jedoch nicht öffnen, was auch nicht gerade sehr bequem ist. Schon seit vielen Jahren ist auch der aus feinstem Seidenmaterial gearbeitete Rollkragenpullover zum Smoking erlaubt, und vor allem jene Herrren, die die gestärkten Pikeehemden nicht sonderlich schätzen, greifen gern zu dieser etwas legeren Möglichkeit, zumal sie ihnen auch die Wahl des Querbinders erspart. Traditionsgemäß war dieser schwarz, heute wird er auch aus grauer oder weinroter Seide toleriert.
Das schwarze Smokingjackett kann im Sommer durch ein weißes ersetzt werden, dann sollte der Querbinder allerdings wirklich schwarz sein.
Vor allem in Süddeutschland, Österreich und der Schweiz ist der sogenannte Trachtensmoking beliebt, der anstelle des üblichen Smokings zu allen festlichen Gelegenheiten getragen werden kann. Die begleitende Dame muß dann jedoch auch im Festdirndl auftreten.
Waren früher zum Smoking Lackschuhe üblich, so ist man heute etwas großzügiger und toleriert auch schwarze, elegante Halbschuhe. Wer sich mit der Farbe Schwarz durchaus nicht anfreunden kann, darf beim Smoking, aber nur bei diesem Abendanzug, ausnahmsweise auch zu Dunkelblau in allen Schattierungen greifen. Querbinder und Seidenrevers sowie die Galons bleiben in diesem Fall aber schwarz.

Snob
ist ein häufig verwendetes Wort, dessen eigentliche Herkunft fast niemand kennt. Es entstand an den englischen Universitäten aus der Abkürzung s. nob. (sine nobilitate, d.h. ohne Adel) und kennzeichnete jene Studenten, die auch im Verlaufe des späteren Lebens keinen Adelstitel erben würden (das englische Adelserbrecht ist völlig unterschiedlich zu unserem, es würde aber si-

Schönes Wetter, ein paar Freunde, bunte Lampions, – und schon ist das schönste **Sommerfest** *fertig.*

cher zu weit führen, dieses komplizierte »Titelweitergabesystem« hier genau zu erklären. Grundsätzlich kann man sagen: Der Titel vererbt sich nur vom Vater auf den ältesten Sohn, aber erst nach dem Tode des Vaters).

Sommerfeste

sind primär wetterabhängig und daher immer ein Lotteriespiel. Natürlich kann man eine Gartenparty mit zahlreichen Gästen nicht kurzfristig am Samstagnachmittag ansetzen, aber wer ein Sommerfest plant, sollte schon vorher überlegen, was er zu tun gedenkt, wenn es an diesem Tag in Strömen regnet. Hobbyräume sind nämlich nur selten so groß, daß sie eine fürs Gartenfest bemessene Gästeschar ohne Probleme aufnehmen können.

Klappt es mit dem Wetter, wird man natürlich den Garten ein bißchen dekorieren. Aschenbecher, Servietten, Gläser, Teller und Besteck (darf alles aus Plastik bzw. Papier sein) werden an mehreren Stellen aufgestellt, so daß kein Gast einen übergebührlich langen Weg in Kauf nehmen muß (falls der Garten die Ausmaße eines Parks besitzt!). Bier vom Faß, Fleisch und Fisch vom Grill und viele Salate, mehr braucht man eigentlich gar nicht zu einem lustigen Sommerfest. Bei Einbruch der Nacht kann man Lampions oder

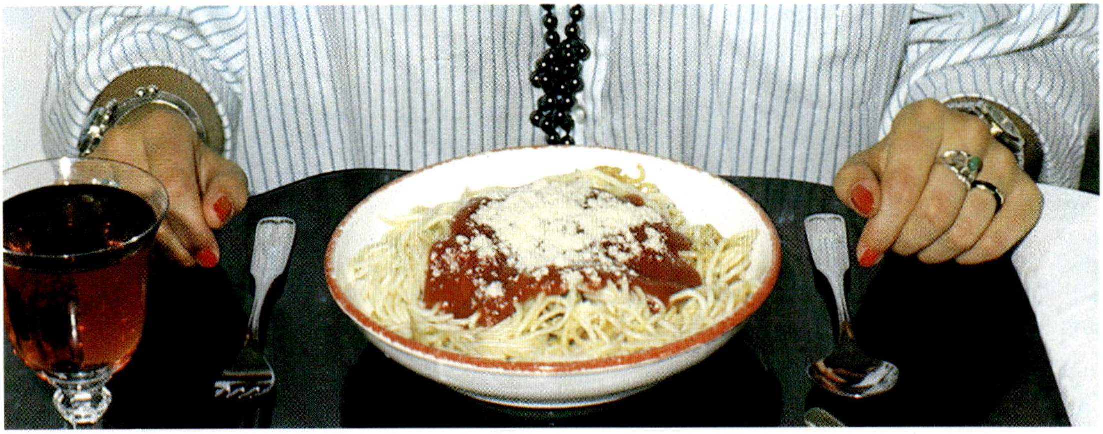
1

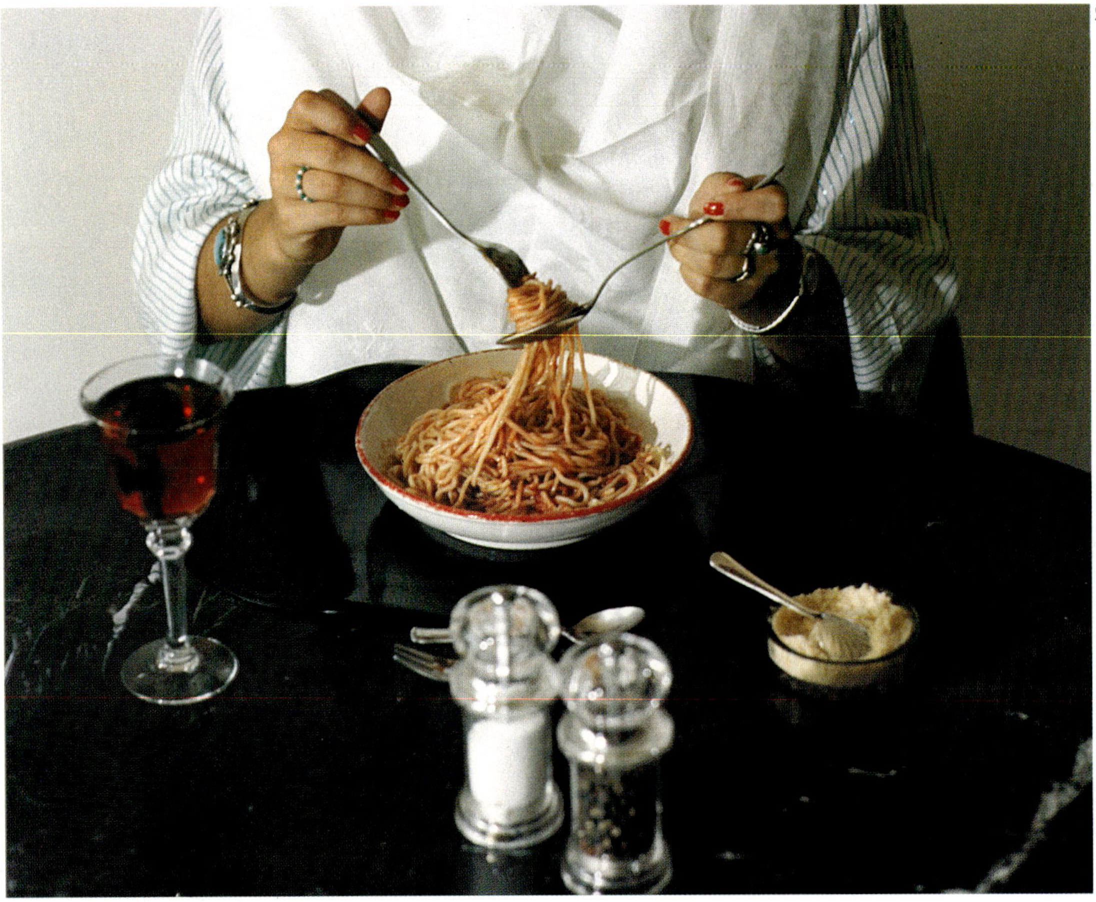
2

Spaghetti gehören zu unseren liebsten Nudelgerichten und werden angereichert durch Soße und Parmesan *(1)* serviert.

Mit Hilfe des Löffels *(2)* dreht man die Spaghetti um die Gabel.

Ausnahmsweise darf die Serviette hier um den Hals gehängt *(3)* werden.

Heraushängende Nudelenden *(4)* dürfen abgebissen werden.

Fackeln anzünden, die Musik sollte nur so laut sein, daß die Nachbarschaft noch ihr eigenes Wort versteht. Die unmittelbaren Nachbarn sollte man, schon des guten Verhältnisses wegen, besser einladen. Ab Mitternacht muß der Lärm allerdings wirklich auf ein Mindestmaß reduziert werden – denn auch die wohlwollendsten Anlieger möchten nun vielleicht endlich schlafen!

Sommerzeit

Seit 1980 in Deutschland wieder eingeführt, beginnt die Sommerzeit in der Nacht von 2 auf 3 Uhr am letzten Sonntag des Monats März. Sie endet – zur gleichen Stunde – am letzten Sonntag im September. Nun gibt es zahllose Mitbürger, die vor allem am ersten Morgen nach der Zeitverschiebung enorme Probleme haben. Den einen fehlt die gestohlene Stunde im Sommer, die anderen können mit Wiedereinsetzen der Normal- bzw. Winterzeit nichts mit der zurückgewonnenen Stunde anfangen. Einladungen sollte man an diesem Sonntag korrekterweise vorher nochmals telefonisch bestätigen, sonst erscheint man peinlicherweise eine Stunde zu früh oder zu spät. Wichtige Familienfeiern, Jubiläen, berufliche Termine, die unbedingt an einem Sonntag wahrgenommen werden müssen, würde ich persönlich an diesen beiden Sonntagen im Jahr kategorisch ablehnen. Die Gefahr, daß es schiefgeht, ist hier einfach zu groß, der Ärger damit schon vorprogrammiert!

Wer an diesen Tagen verreist, darf allerdings davon ausgehen, daß bei den Fahr- bzw. Flugplänen stets die aktuelle Sommer- bzw. Winterzeit berücksichtigt wurde.

Spaghetti

sollten zum problemlosen Verzehr stets »al dente«, d.h. mit Biß gekocht werden, denn in diesem Zustand lassen sie sich eigentlich ohne größere Mühen um die Gabel wickeln. Trotzdem sollte man Spaghetti essen einmal zu Hause üben. Kein Problem, wenn Kinder im Hause sind, sie alle lieben Spaghetti mit Ketchup.

Normalerweise werden Spaghetti mit Fleischsauce serviert, die sozusagen als Haube auf dem

Spaghettiberg thront. Zusammen mit dem Reibkäse wird die Sauce nun mit Hilfe von Gabel und Löffel mit den Spaghetti vermischt. Dann sollte der Löffel als Hilfsgerät in die linke Hand genommen, mit der Gabel einige Spaghettifäden aus dem Berg gezogen und in der Löffelmulde um die Gabelzinken geschlungen werden. Wahre Könner benötigen dazu natürlich keinen Löffel mehr, sondern schaffen dies am Tellerrand. Und dann muß die aufgewickelte Portion möglichst ganz in den Mund gebracht werden. Das geht allerdings fast nie ohne einige herabhängende Spaghettifäden ab. Man beißt sie ab und läßt sie auf die Gabel zurückgleiten. Ungeübte Spaghettiesser dürfen, zumindest im Land der Nudeln selbst, die große Serviette ausnahmsweise um den Hals nehmen, sie ist immer noch leichter zu reinigen als ein Hemd mit Krawatte.

Kindern sollte man, zumindest die ersten Male, Spaghetti vorschneiden, sonst droht die Spaghettischlacht enorme Ausmaße anzunehmen.

Spargel

durfte man früher, da die alten Legierungen der Messerklingen den Geschmack beeinträchtigten, mit der Hand essen. Heute darf Spargel selbstverständlich mit Messer und Gabel zerteilt werden. Wer es trotzdem mal mit der alten Methode versuchen möchte: Man nehme das Ende der Spargelstange in die rechte Hand und unterstütze die Stange mit der Gabel in der linken Hand; der weiche Spargelkopf wird abgebissen, der Rest der Stange, die ja gerne ein bißchen holzig ist, ausgesaugt und dann auf den Teller zurückgelegt. In einer noch älteren Variante wurde der Spargel nur mit der Hand gegessen, d. h. die Hilfe der Gabel gar nicht erst in Anspruch genommen. Beide Eßarten sieht man heute nur noch bei älteren Herrschaften, und auch diese bedienen sich teilweise längst der wesentlich appetitlicher anzusehenden Methode, den Spargel mit rostfreien Messern zu teilen.

Speisekarte

Es gibt Spezialitätenrestaurants, in denen man Damen stets Speisekarten ohne Preise vorzulegen pflegt. Ob dies richtig oder falsch ist, mag jeder für sich selbst entscheiden, wer in Lokalen allerdings die Speisekarte generell von rechts

Spargel wird, seit die Messerklingen nicht mehr oxidieren, mit Messer und Gabel (1) verzehrt.

Bei der alten Methode (2) nahm man das Spargelende in die rechte Hand und biß den Spargelkopf ab.

Wer Spargel auf diese traditionelle Weise verzehrt, benötigt hinterher eine Fingerschale (3) zum Reinigen der Hände.

nach links liest, der wäre wohl besser zu Hause geblieben. Sicher muß es nicht unbedingt das teuerste Gericht auf der Karte sein, aus lauter Bescheidenheit sollten wir unsere Gastgeber aber auch nicht damit blamieren, daß wir nach der Suppe nur ein Paar Würstchen auswählen.

Liegt in einem Lokal die Speisekarte am Tisch auf, so wird der Herr sie zuerst seiner Begleiterin überlassen und in der Zwischenzeit die vielleicht ebenfalls aufliegende Getränkekarte studieren. Speisekarten können übrigens wahre Kunstwerke sein – fast alle Restaurants bieten sie, meist nur für ein paar DM, souvenirbeflissenen Gästen zum Kauf an.

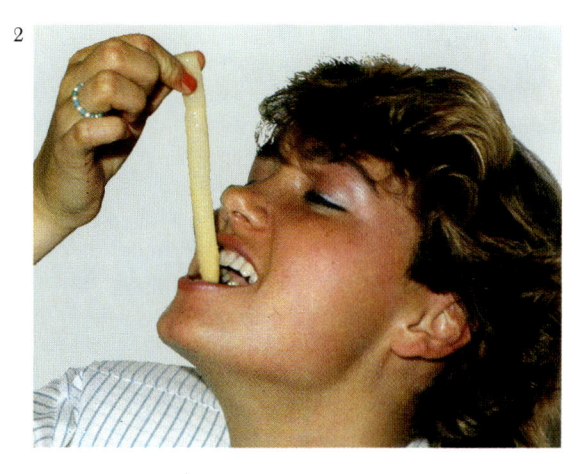

Speisenfolge

Ein mehrgängiges Menü, welches sich natürlich durch Weglassen bestimmter Gänge variieren läßt, wird folgende Speisenfolge aufweisen:

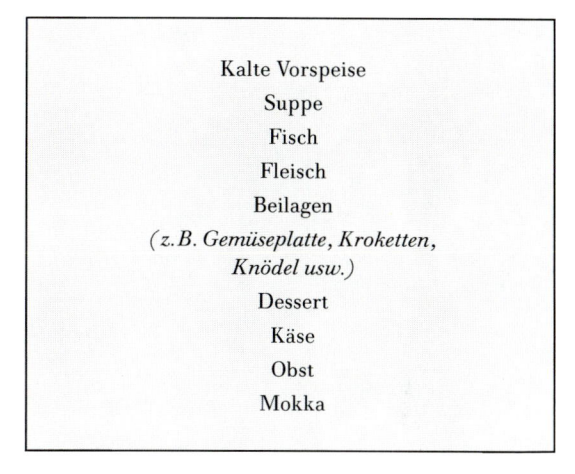

> Kalte Vorspeise
> Suppe
> Fisch
> Fleisch
> Beilagen
> (z.B. Gemüseplatte, Kroketten, Knödel usw.)
> Dessert
> Käse
> Obst
> Mokka

Spezialitäten

Restaurants, die alle möglichen ausländischen Spezialitäten anbieten, gehören heute zum Normalbild einer größeren Stadt, und längst hat der Besuch beim »Chinesen«, »Japaner« oder im polynesischen Südseerestaurant seinen exotischen Anstrich verloren – er wurde sozusagen alltäglich. Natürlich darf man beim Besuch solcher Restaurants – in der asiatischen Küche ohnedies üblich – viele kleine Einzelgerichte bestellen und durch gegenseitiges Austauschen der Speisen alle Spezialitäten des Landes kosten. Interessanter wird es natürlich, wenn wir Freunde mitnehmen, die vielleicht längere Zeit in dem betreffenden Land gelebt oder sich mit dessen Küche eingehend auseinandergesetzt haben und uns nun alle Geheimnisse eröffnen. In guten Lokalen wird auch das Personal darauf bedacht sein, uns fachmännisch zu beraten, schließlich lebt es ja auch von der Mundpropaganda, und zufriedene Kunden kommen gerne wieder.

Spielkasinos

sind die Leidenschaft so mancher Menschen, die

an einem Ort nur dann wirklich interessiert sind, wenn es dort einen Platz für das Glücksspiel gibt. Echte Spieler sind von ihrem »Laster« kaum zu kurieren, wer sich also bewußt an solch einen – fast immer sehr charmanten – Menschen bindet, muß sich vorher darüber im klaren sein, was auf ihn zukommen kann. Hinterher jammern und dem versetzten Familiensilber oder -schmuck nachtrauern, gilt nicht.

Man kann Spielkasinos natürlich auch nur so zum Spaß besuchen und sozusagen aus der zweiten Reihe, d.h. als Zuschauer spielen. Es gibt jedoch auch Besucher, die durchaus die Größe besitzen, für eine bestimmte Summe Chips oder Jetons zu erwerben und sind diese verspielt, das Kasino zu verlassen. Es ist schon faszinierend, einem guten Croupier am Roulettisch zuzusehen, die Herren sind wahre Meister ihres Fachs. Wer spielt und einen größeren Gewinn macht, sollte allerdings nicht versäumen, dem Croupier ein Trinkgeld (man schiebt ihm einige Jetons zu) zu geben. Und wenn einem auch das Glück nicht hold war – und dies ist ja meistens der Fall –, dann kann so ein Spielbankbesuch mindestens so spannend und anregend wie ein Besuch im Kino sein. Allein das unauffällige Beobachten der Besucher mag einem Krimi gleichkommen.

Sport und Spiel

setzen Fairneß voraus, vor allem dem Schwächeren gegenüber. Rowdytum beweist nicht nur Unreife, sondern auch absolute Mißachtung der Mitmenschen. Wer tagsüber bei Sport oder Spiel alle guten Manieren über Bord wirft, der wird auch bei der abendlichen Festveranstaltung, auf der man so gerne glänzen möchte, als Rüpel eingeschätzt werden.

Stresemann

ist der Name eines deutschen Außenministers der Zwischenkriegszeit, der neben seinen politischen Leistungen der Nachwelt den sogenannten kleinen Gesellschaftsanzug hinterließ. Zum ein- oder zweireihigen schwarzen Jackett trägt man die graugestreifte schwarze Hose ohne Aufschläge. Das einreihige Jackett verlangt auch hier, wie beim Smoking, die schwarze oder graue Weste. Die zum Stresemann getragene Krawatte wird korrekt grau oder schwarz und natürlich aus Seide gearbeitet sein. Weißes Hemd mit Manschetten und schwarze Schuhe sind obligat.

Suppen

Heißgeliebt oder als Dickmacher verpönt, die Suppe – einst zu jedem besseren Menü gehörend, heute von Hausfrauen oft nur mit schlechtem Gewissen angeboten. Wie auch immer man zur Suppe stehen mag, gegessen bzw. gelöffelt, mitunter auch getrunken, aber bitte nie geschlürft, wird sie stets auf die gleiche Art und Weise. Einen gravierenden Unterschied innerhalb Europas gibt es jedoch bei der Haltung des Suppenlöffels und nicht, wie so oft vermutet, in der Frage, ob Teller oder Tasse. In allen angelsächsischen Ländern wird der Löffel mit der Querseite zum Mund geführt. Die Form des Suppenlöffels ist daher auch rund und nicht wie bei uns, spitz zulaufend. Wir führen den Suppenlöffel hingegen mit der Spitze zum Mund (s. Foto), die Suppe wird mit dem Löffel vom Teller zum Körper hin aufgenommen und nicht, wie früher üblich, mit einer halbkreisförmigen Bewegung von Tellerrand zu Tellerrand. Nach wie vor gilt es jedoch als unfein, den Suppenteller anzuheben, während das Austrinken der Suppentasse durchaus korrekt ist. Und damit wäre eigentlich auch schon der Unterschied zwischen Teller und Tasse erklärt.

Die *Suppentasse*, früher nur am Mittagstisch eingesetzt, war einst nur klaren Suppen vorbehalten, wohingegen der Teller allen legierten Suppen gehörte, die man ursprünglich erst zum Abendessen servierte. Nun, so streng sieht man das heute nicht mehr, einige Suppen verlangen nach der Tasse, wie z.B. die französische Zwiebelsuppe. Die einst so beliebte Schildkrötensuppe – sie wurde aus kleinen Suppentassen mit nur einem Henkel genossen – wird heute, da auch diese Tierart als extrem bedroht gilt, praktisch nirgends mehr angeboten. Hat man aus der Suppentasse mit ihren zwei Henkeln die Einlage herausgelöffelt, so kann man die Tasse an beiden Henkeln hochnehmen und austrinken – ein Muß ist dies natürlich nicht! Einzige Ausnahme bilden hier die ab und an in Hotels gereichten versilberten Suppentassen – sie werden nicht ausgetrunken!

Suppen werden in den angelsächsischen Ländern mit der Breitseite (1) des Löffels gegessen, bei uns hingegen mit dessen Spitze (2). Bei den Suppentassen (3, 4) ist der Phantasie des Designers keine Grenze gesetzt.

T

Takt

Es gibt Menschen mit angeborenem Taktgefühl, aber natürlich auch andere, die mit absoluter Sicherheit in bestimmten Situationen das Verkehrte machen, ohne daß man ihnen deswegen Bösartigkeit unterstellen könnte. Sie haben es halt einfach nicht, das angeborene Taktgefühl, mit dem man im Leben um so vieles leichter durchkommt. Doch man kann es sich für ganz bestimmte Situationen anerziehen. Man braucht sich dazu eigentlich nur die Spontaneität, das vorschnelle Urteilen, das unüberlegte Handeln abzugewöhnen. Wenn wir uns nur ein paar Sekunden zum Überlegen zwingen, ehe wir handeln, dann wird uns mit Sicherheit so manche Taktlosigkeit nicht mehr passieren.

Tanz

Die einen können nicht genug davon bekommen, die anderen hingegen scheinen den ganzen Abend wie angewachsen auf ihren Sesseln zu kleben. Ein Wiener Walzer kann ein Hochgenuß sein mit einem Tänzer, der ihn links und rechts herum gleich gut beherrscht, er kann aber auch zur Tortur ausarten. Dann nämlich, wenn unser Tanzpartner des Tanzens allem Anschein nach unkundig ist und sich lediglich auf die Tanzfläche wagte, weil er glaubte, ein rhythmisches Auf- und Abwiegen würde genügen. Die Tanzschule sollte daher für Menschen, die im späteren Leben eine gewisse gesellschaftliche Stellung anstreben, ein Muß sein – und auch allen anderen würde dieses Muß nicht schaden. Es ist zwar nach wie vor gültig, daß die Tanzstunde normalerweise im Alter zwischen fünfzehn und siebzehn Jahren besucht wird, aber ein Nachholen in reiferen Jahren ist durchaus gestattet; es gibt unzählige Kurse für nicht mehr ganz Jugendliche, und die können recht amüsant sein.
Tanzschulen sind für junge Menschen übrigens auch jene Stätten, wo es neben dem Tanzunterricht noch Benimm-dich-Unterricht gibt, und der Fachausschuß für Umgangsformen setzt sich u.a. aus Tanzlehrern zusammen.

Neben den klassischen Tänzen wie Wiener Walzer und English-Waltz, Foxtrott, Tango usw. lehrt man in der Tanzschule natürlich alle lateinamerikanischen Tänze und selbstverständlich die gerade gängigen Modetänze.

Die Aufforderung zum Tanz, früher mit Ausnahme der Damenwahl allein Sache der Herren, darf heute unter Umständen auch von der Dame ausgehen. Allerdings nur dann, wenn sie sich im Freundeskreis befindet. Das Auffordern fremder Herren in ausgesprochenen Tanzlokalen muß der Damenwahl (die in reinen Tanzlokalen allerdings recht oft angekündigt wird) vorbehalten bleiben. Dabei wird die Aufforderung übrigens in der gleichen Weise ausgesprochen, wie der gute Ton dies auch dem Herrn gebietet: »Gestatten Sie?«, oder »Darf ich bitten?« Die Verbeugung des Herrn wird natürlich etwas tiefer ausfallen als die der auffordernden Dame, Herren sollten in diesem Falle übrigens auch das Jackett geschlossen haben.

Ebenso wie der Herr muß aber auch die auffordernde Dame einen Korb akzeptieren, und sie wird sich ihre Enttäuschung darüber niemals anmerken lassen!

Befindet sich eine Dame, die man auffordern möchte, in Begleitung eines Herren, so wird der wohlerzogene Herr zuerst den Begleiter der Dame fragen: »Gestatten Sie bitte, daß ich mit der Dame tanze?« Und dieser wird nun seine Begleitung fragen: »Möchtest du (Sie) tanzen?« Ein Muß ist dieses »Um-die-Ecke-Auffordern« heute allerdings nicht mehr, bei sehr jungen Damen, die in Begleitung ihrer Eltern vielleicht die erste Ballsaison erleben, macht es sich aber nach wie vor gut!

Der →Pflichttanz wurde bereits in einem eigenen Kapitel behandelt, so daß wir uns nun dem Tanz an und für sich widmen könnten, wäre da nicht noch der Korb, den manche Damen so gerne verteilen. Selbstverständlich kann man niemanden zum Tanzen zwingen, und eine junge Dame, die die Sympathien eines jungen Mannes eben ganz und gar nicht teilt, wird ihm öfter, als ihm lieb sein kann, einen Korb geben. Allerdings kommt es auch hier, wie ja so oft im Leben, auf das Wie an. Ein nettes »Danke schön, nein ich möchte jetzt nicht«, klingt eben viel angenehmer als das unpersönliche »Nein, ich tanze nicht«, welches ja bereits Minuten später Lügen gestraft werden kann, wenn die junge Dame einem ihr genehmen Kavalier begeistert auf die Tanzfläche folgt. Aber – diese Ablehnung gibt es ja bekanntlich auf beiden Seiten, sonst bräuchte sich wohl keine Gastgeberin mit dem Problem der Mauerblümchen herumzuschlagen. Jenen jungen Damen, die, obwohl weder besonders häßlich noch sonst unangenehm auffallend, grundsätzlich bei der Aufforderung zum Tanz übersehen werden und dies permanent, bis der Hausherr sich ihrer erbarmt. Bitte, liebe Kavaliere jeglichen Alters, habt Erbarmen mit den Armen, möchte man hier ausrufen! Wenn jeder der anwesenden Herren einmal mit einem Mauerblümchen tanzt, gibt es erstens kein Mauerblümchen und zweitens keine sich den Kopf zerbrechende Hausfrau. So viel Überwindung wird es doch bei Gott nicht kosten! Und Gleichberechtigung hin oder her, die sitzengebliebene junge Dame wird sich wesentlich schlechter fühlen als der junge Mann, der keine Tanzpartnerin mehr ergattert hat.

Ist man nun endlich auf der Tanzfläche gelandet, wird sich bald erweisen, wie gut oder schlecht unser Partner seine Lektionen einst gelernt hat. Aber auch wenn er das Tanzen nur von den Turnierkämpfen im Fernsehen her beherrscht: führen wird doch stets der Herr, meine Damen. Er sollte zwar darum bemüht sein, unseren Wünschen gerecht zu werden, wenn er's halt aber schlicht und einfach nicht kann, dann nützt alles nichts – auch der längste Tanz hat irgendwann einmal ein Ende. Selbstverständlich darf man aber auch einen allzu stürmischen Partner darum bitten, etwas langsamer zu tanzen oder, falls er Schrittkombinationen ausführt, die uns absolut nicht vertraut sind, ihn darauf aufmerksam machen, daß wir diesen bestimmten Tanz eben nicht beherrschen. Der Herr führt stets – nach dem Wunsch der Dame. Das unter Freunden so beliebte Abklatschen sollte übrigens stets mit einer Verbeugung vor sich gehen, und die Damen müssen es, auch wenn es mit einem weinenden Auge geschieht, akzeptieren.

Taschentücher

hat man dann nie, wenn man sie braucht. Darum sollte man es sich zur eisernen Pflicht machen, in der Handtasche bzw. im Anzug nachzusehen, ob genügend Taschentücher eingesteckt sind.
Herren tragen stets eines in der linken Hosentasche und eines bitte rechts in der Anzuginnentasche.
Der Grund dafür erscheint recht plausibel: Aus der rechten Jackettasche wird man es normalerweise mit der linken Hand nehmen, aus der linken Hosentasche geht es ohnehin nicht anders – die Grußhand bleibt also frei, d.h., sie kommt erst gar nicht mit den im Taschentuch abgelagerten Bazillen in Berührung. Also, meine Herren, eine sofortige Nachprüfung schadet bestimmt nicht. Papiertaschentücher haben ohnehin längst die blütenweißen, gestärkten Stofftaschentücher verdrängt. Diese waren zwar zweifelsohne attraktiver, wenn es galt, Tränen aus schönen Frauenaugen zu trocknen, aber, von der Hygiene mal ganz abgesehen, man mußte sie waschen, stärken und bügeln – viel Arbeit, um sie nur ein einziges Mal zu benutzen.

Taufe

ist, wie Geistliche aller großen Konfessionen bestätigen, heute nicht mehr nur im Säuglingsalter üblich. Es gibt sehr viele junge Eltern, die es ihren Kindern selbst überlassen wollen, welcher Konfession sie später angehören möchten. Und um diese Entscheidung treffen zu können, müssen die lieben Kleinen ja erst einmal groß werden.

Wer aber, nach guter alter und in diesem Sinne altmodischer Sitte, sein Kind unmittelbar nach der Geburt taufen lassen möchte, wird den Tauftermin mit dem zuständigen Pfarrer vereinbaren. Üblicherweise wird der Taufakt in der Kirche vollzogen, er kann jedoch, auf besonderen Wunsch, auch im Hause des Täuflings stattfinden. Dies ist allerdings rechtzeitig mit dem Geistlichen abzuklären.

Der oder die *Taufpate(n)*, es gibt hier keine beschränkende Vorschrift, wird fast immer aus dem engsten Verwandten- bzw. Bekanntenkreis der Eltern kommen, und wer die Patenschaft wirklich ernst nimmt, der muß wissen, daß er seinem Patenkind das ganze Leben lang Freund und Ratgeber sein sollte (die Kirchen gehen hier bei den »Aufgaben« der Paten noch viel weiter). Demzufolge wird das Taufgeschenk auch etwas sein, was primär für das spätere Leben gedacht ist (was soll ein Säugling auch groß mit einem Geschenk anfangen?). Es kann der Grundstock zur Aussteuer, ein Sparbuch etc. sein – der Möglichkeiten sind hier ja keine Grenzen gesetzt. Und selbstverständlich wird der Taufpate sein Patenkind weder an Weihnachten noch am Geburtstag vergessen – auch wenn es dafür absolut keine Vorschrift gibt.

Die *Tauffeier*, zu der Verwandte, Bekannte und einige sehr gute Freunde geladen werden können, wird fast immer in den eigenen vier Wänden stattfinden, da man einem Säugling den Aufenthalt in einem verrauchten Restaurant kaum zumuten möchte. Ein →kaltes Buffet ist in diesem Fall ideal; die Gäste bringen der jungen Mutter Blumen und dem Täufling ein kleines Andenken an diesen Tag mit. Der Ehrenplatz neben der jungen Mutter steht an diesem Tag entweder dem Geistlichen oder dem Taufpaten zu.

Taxi

Galt früher der Grundsatz: »Wer im Taxi vorne sitzt, der bezahlt«, so hat sich diese Unsitte im Laufe der letzten Jahre sozusagen selbst überlebt. Heute darf durchaus der im Fond des Wagens Sitzende das Taxi bezahlen, und natürlich darf es auch die Dame sein. Darüber einigen sollte man sich allerdings bevor es ans Bezahlen geht.

Zweckmäßigerweise wird der Herr so sitzen, daß er zuerst aussteigen kann, um so dann seiner Begleiterin aus dem Wagen zu helfen. Bezahlt der Herr, bleibt die Dame solange sitzen.

Taxichauffeure der alten Schule, die ausstiegen und dem Fahrgast aus dem Wagen halfen, sieht man heute nur noch selten. Taxichauffeure, die allerdings auch dann sitzen bleiben, wenn sie sehen, daß der Fahrgast Gepäck und vielleicht noch Kleinkinder dabei hat, sollte man unverrichteter Dinge wieder abfahren lassen – ihnen fehlt auch das geringste gute Benehmen bzw. Taktgefühl. Leider ist aber die Zeit meist zu knapp, um in solchen Fällen tatsächlich konsequent zu handeln. Beschwerden haben nur in den allerseltensten Fällen Erfolg. Über gravierende Situationen kann man natürlich auch die örtliche Lokalpresse aufmerksam machen. Dies hilft erfahrungsgemäß noch am ehesten! Taxifahrer, die aufgrund ihres Fahrstils besser Rallyefahrer geworden wären, darf man übrigens ruhig bitten, die Straßenverkehrsordnung zu beachten. Ansonsten hilft eben nur aussteigen!

Teestunde

Die Einladung zum Fünf-Uhr-Tee ist ja leider völlig aus der Mode gekommen, und höchstens in England wird man noch eine solche Teezeremonie erleben können (→Einladung). Bei uns hingegen gibt es wohl eher die Einladung zum Kaffee. Doch egal, ob Kaffee oder Tee, beide Getränke werden weder kaltgeblasen noch geschlürft. Notfalls muß man halt ein bißchen warten, bis sie von selbst abgekühlt sind. Der Henkel der Tee- oder Kaffeetasse wird übrigens weder von Daumen noch von Zeigefinger durchfaßt (s. Foto).

Zur **Teestunde** *lädt dieser besonders liebevoll gedeckte Tisch ein. Zitrone, Milch oder Rum sollten jedoch auf dem Teetisch nicht fehlen.*

Teestunde 215

Telefon

Das Kommunikationsmittel schlechthin – das über alles geliebte Telefon. Allerdings auch das am meisten mißbrauchte! Nirgends läßt sich so leicht lügen wie per Telefon, nirgends fallen uns so gute Ausreden ein wie am Telefon, und nirgends läßt sich so bequem ein Meinungs- oder Erfahrungsaustausch (und dies ist selbstverständlich die vornehme Umschreibung für einen gepflegten Klatsch) vornehmen wie am Telefon. Einige Regeln zum Thema Telefon sollten wir uns trotzdem merken: Ein wohlerzogener Mensch wird

- stets daran denken, daß es Mithöranlagen gibt und sich daher überlegen, was er sagt;
- niemals am Wochenende vor 10.30 Uhr zum Hörer greifen, denn seine Freunde könnten unter Umständen noch schlafen, frühstücken oder sonst beschäftigt sein (Ausnahme: man hat einen früheren Termin vereinbart);
- zur Zeit der Abendnachrichten im Fernsehen nur dann anrufen, wenn er weiß, daß sein Telefonpartner diese nicht ansieht, oder er wird sich erkundigen, ob sein Gesprächspartner das »Heute-Journal«, die »Tagesschau« usw. zu einer bestimmten Zeit bevorzugt;
- bei Fußballspielen oder Fortsetzungskrimis bzw. bei bestimmten Serien nur dann anrufen, wenn er sicher ist, nicht zu stören;
- im Falle eines Hinweises, daß man gerade eine bestimmte Sache im Fernsehen ansieht, das Gespräch *umgehend* beenden;
- ein Gespräch kurz halten, wenn er bemerkt, daß sein Gesprächspartner Gäste hat oder z. B. zum Essen gerufen wurde, d. h.
- zu den normalen Essenszeiten (mittags 12.30 bis 13.30, abends zwischen 18.00 und 20.00 Uhr) wird er gar nicht erst anrufen; läßt sich der Anruf trotzdem nicht vermeiden: Fasse Dich kurz!;
- keine Dauergespräche führen, denn es könnte ja sein, daß ein Dritter verzweifelt versucht, eine der beiden belegten Nummern zu erreichen;
- das Gespräch beenden, wenn er bemerkt, daß er eigentlich einen Monolog führt.

Die sogenannten privaten Telefonierzeiten liegen werktags zwischen 9.00 und 12.30 Uhr bzw. 15.00 bis 18.00 Uhr, sonntags, wie schon gesagt, keinesfalls vor 10.30 Uhr. Gäste, die darum bitten, ein Gespräch führen zu dürfen, werden unaufgefordert die Gebühren für dieses Gespräch entrichten, um so mehr natürlich, als es sich möglicherweise um ein Ferngespräch handelt. Bei Auslandsgesprächen kann man sich die Gebühren übrigens von der Fernvermittlung durchgeben lassen. Selbstverständlich werden wir als Gast das Telefon nur im absoluten Notfall und wenn, dann nur ganz kurz benützen.

Telegramme

werden heute vielfach bereits telefonisch durchgegeben, erwecken aber, sofern sie tatsächlich noch der Telegrammbote bringt und nicht gerade eine bestimmte Feier ansteht, primär ein ungutes Gefühl beim Empfänger, vor allem bei älteren Leuten. Es ist daher vielleicht ratsam, das Telegramm durch einen Telefonanruf und eine zusätzlich abgesandte Glückwunschkarte zu ersetzen.

Testament

Es soll ja immer noch Mitmenschen geben, die der Meinung zu sein scheinen, das Testament wäre eine völlig überflüssige Sache – vor allem, weil sie selbst ja praktisch nichts besitzen, was sie vererben könnten. Nun, auch um das wenige solcher Mitbürger haben sich die lieben Verwandten schon gestritten; meist geht es dann wirklich nicht um die Erbschaft, sondern lediglich darum, den anderen zu zeigen, daß man eben doch etwas mehr im Recht ist. Auch Geschwister untereinander könnten aufgrund einer Testamentsstreitigkeit zu Feinden werden (und gar nicht so selten stecken dann die jeweils angeheirateten Ehepartner dahinter). Je größer die Erbschaft, desto wichtiger das Testament. Wer ein hieb- und stichfestes Testament verfassen möchte, sollte zweckmäßigerweise einen Notar aufsuchen, der ihm alle notwendigen Formalitäten genau erklären, das Testament als Zeuge unterschreiben und es in seiner Kanzlei auch aufbewahren wird. Nach dem Tode des Testamentsverfassers wird er einen Tag zur Testamentseröffnung ansetzen, und hierzu werden alle im Testament genannten Personen geladen.

Theaterbesuch
Während die festliche Theaterpremiere eigentlich auch heute noch den Smoking und das lange Abendkleid verlangt, genügen für den normalen Theaterabend der gedeckte Anzug und das elegante Cocktailkleid. Boulevardkomödien dürfen auch in leichter Sommerkleidung bzw. schicker Nachmittagskleidung besucht werden, zu ländlichen Bauernstücken wird man vielleicht Dirndl und Trachtenanzug wählen – das lange Abendkleid wäre hier wirklich deplaziert.

Tisch
Tischaufhebung
Korrekterweise müßte man ja vom Aufheben der Tafel sprechen, aber da wir alles, was mit dem Tisch zu tun hat, unter dem Stichwort »Tisch« behandeln wollen, beginnen wir also mit dem Ende der Tischgesellschaft.
Sobald die Hausfrau sich mit einem prüfenden Blick davon überzeugt hat, daß alle ihre Gäste mit dem Essen fertig sind, wird sie die Tafel aufheben und zusammen mit ihrem Tischherrn die Gäste aus dem Eß- in das Wohnzimmer, möglicherweise in den Rauchsalon bitten. Da unsere Wohnungen ja nur selten mit einer solchen Vielzahl an Räumen ausgestattet sind, in vielen Fällen Wohn- und Eßbereich in einem Zimmer untergebracht wurden, kann sie die Gäste ermuntern, vom etwas unbequemen Eßtisch zur einladenderen Couchgarnitur zu wechseln; in vielen Fällen wird eine angeregt plaudernde Runde aber auch am Eßtisch sitzen bleiben, was der Hausfrau natürlich das Abräumen erschwert.

Tischdame, Tischherr
Bei großen Einladungen werden sich die Gastgeber natürlich den Kopf darüber zerbrechen, welcher Herr welche Dame zu Tisch führt. Zu diesem Zweck wird beim Eingang, gut sichtbar für alle Geladenen, das sogenannte Placement aufgelegt. Darauf steht genau verzeichnet, wer wo sitzt. Tischdame wird stets die Dame rechts vom Herrn sein. Während man Ehepaare stets trennt, sollte man unverheiratete junge Paare nebeneinander sitzen lassen.

Tischdekoration
Die riesigen Tafelaufsätze aus Silber, die früher königliche Tafeln zu schmücken pflegten, können wir heute allenfalls noch in Museen besichtigen.

Trotzdem wird jede Gastgeberin bemüht sein, ihre Tafel zu schmücken. Wie groß dieser Schmuck ausfällt, ist wohl primär eine Frage der Tischgröße. Das Blumengesteck in der Mitte sieht zwar bestimmt sehr dekorativ aus, aber es nimmt leider auch eine Menge Platz weg, und zudem besteht dabei die Gefahr, daß unser Gegenüber zwischen den Blumen buchstäblich verschwindet. Tischdekoration ja, aber bitte nur in einer Größe, die nicht störend wirkt.

Tischgebet
Heute fast ausgestorben, und wenn überhaupt, so vielleicht noch am ehesten auf dem Lande üblich

– das Tischgebet. Sind wir eingeladen, und der Hausherr spricht ein Tischgebet, werden wir es mit gesenktem Kopf anhören. Dies gebietet nicht nur die gute Erziehung, sondern auch das hoffentlich angeborene Taktgefühl. Wer hier lächelt oder gar dumme Witze reißt, gehört nicht als Gast an eine Tafel. Niemand wird von uns verlangen, daß wir mitbeten, aber schweigend zuhören und eventuell ein Falten der Hände sind das mindeste, was uns der Anstand gelehrt haben sollte.

Tischgespräche
sind eigentlich die Voraussetzung für das Gelingen eines Abends. Wer sich bereits bei Tisch langweilt, der wird auch im weiteren Verlauf des Abends kaum mehr recht in Stimmung kommen. Selbstverständlich wird bei Tisch nie und nimmer mit vollem Mund gesprochen, in völligem Schweigen sollte man allerdings während eines z.B. vielgängigen Menüs auch nicht verharren. Es bedarf einer gewissen Geschicklichkeit, den guten Manieren, aber auch seinem Tischnachbarn gerecht zu werden, doch mit ein bißchen Übung funktioniert dies ohne Probleme. Tischgespräche werden nur unter (zwei) Fachleuten so geartet sein, daß kein anderer etwas davon versteht – eine vielverbreitete Unsitte, die unsere Herren der Schöpfung vor allem in Anwesenheit von Damen, die ja ohnehin von dieser Materie nichts verstehen, praktizieren. Wie erstaunt reagieren sie aber, wenn eine Frau eine fachlich fundierte Antwort – parat hat – sie können es schlicht und einfach nicht fassen! Also bitte, liebe geladene Gäste: Tischgespräche sollten grundsätzliche Dinge behandeln, von denen jeder der Anwesenden etwas versteht und daher auch mitreden kann. Sonst droht das ganze in einen Monolog auszuarten, dem alle anderen nur noch schweigend zuhören können.

Tischkarten
sind vor allem bei großen Festlichkeiten obligatorisch, sonst droht ein absolutes Chaos, sobald der Hausherr seine Tischdame in Richtung Tafel dirigiert. Früher einheitlich weiß gehalten, werden Tischkarten heute in allen Farben und mit allen möglichen Dekorationen angeboten. Bei einer sehr zahlreichen Gästeschar wird der Name aufgedruckt, bei einer überschaubaren Zahl von Geladenen eventuell von der Hausfrau oder dem Hausherrn, je nachdem, wer die schönere Schrift besitzt, mit der Hand eingetragen. Die Karten der Gastgeber werden im eigenen Haus mit »Hausherr« bzw. »Hausfrau« beschriftet, im Lokal hingegen läßt man die Plätze der Gastgeber entweder ohne Tischkarten, oder man versieht sie mit ihrem Familiennamen. Tischkarten werden nur mit dem Familiennamen, dem der Adelstitel bzw. der akademische Rang vorgestellt werden wird, versehen. Alle anderen Titel sind hier unangebracht.

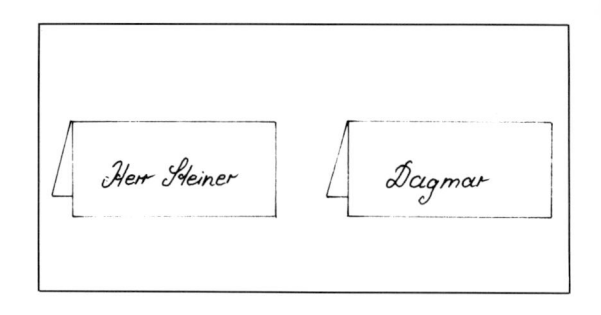

Etwas altmodisch und heute eigentlich nur noch sehr selten zu sehen, sind die sogenannten Tischführkarten. Sie enthalten außen den Namen des Herrn und innen den der Dame, die der Herr dann zu Tisch führen darf. Stellt er nun fest, daß ihm die Dame unbekannt ist, so wird er den Gastgeber schleunigst darum bitten, ihr vorgestellt zu werden. Ganz sorgfältige Gastgeber haben die Tischführkarten außer mit dem Namen der Tischdame noch mit einer Skizze des Tisches versehen. Der eigene Platz ist mit einem Punkt oder Pfeil gekennzeichnet. Und wenn trotz aller Vorsichtsmaßnahmen etwas schiefgeht, wird der perfekte Hausherr die Rolle des Zeremonienmeisters übernehmen und seinen Gästen die Plätze anweisen. Er sollte allerdings schon wissen, wer wo sitzt!

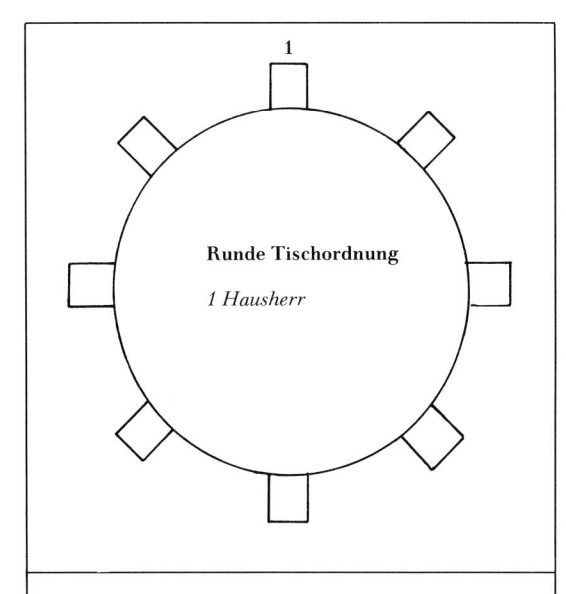

Tischordnung

Mit ihr steht und fällt eine Einladung. Gastgeber, die das Geschick besitzen, die richtigen Leute zueinander zu setzen, brauchen sich den Rest des Abends keine Sorgen mehr zu machen. Aber wehe, man hat hier eine falsche Wahl getroffen! Und darum, liebe Gastgeber, die ihr zum ersten Mal eine größere Gesellschaft veranstalten wollt: Über die Tischordnung muß *vorher* gründlich nachgedacht werden – ein betrübliches Jammern hilft später nämlich auch nicht über den mißlungenen Abend hinweg.

Grundsätzlich unterscheidet man die deutsche und die internationale Tischordnung. Der einzige Unterschied zwischen beiden liegt in der Vergabe des Ehrenplatzes bzw. in der Plazierung der männlichen Gäste. Die deutsche Tischordnung

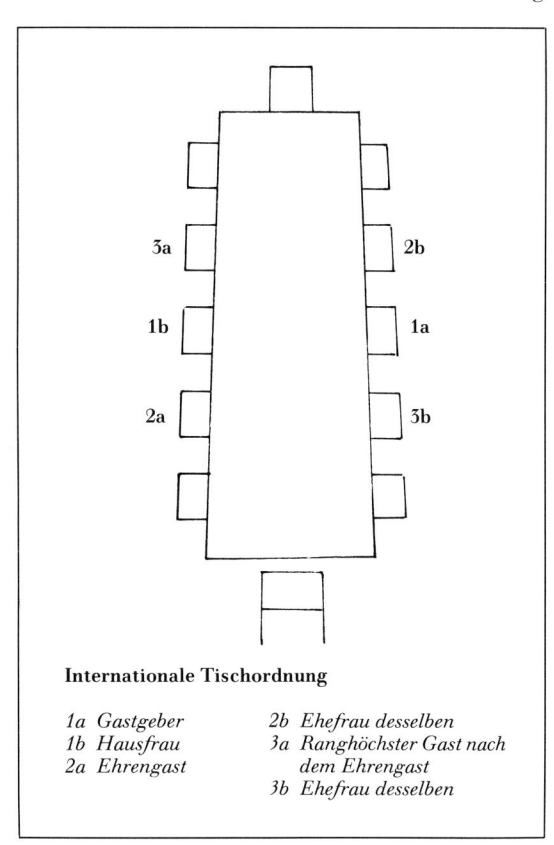

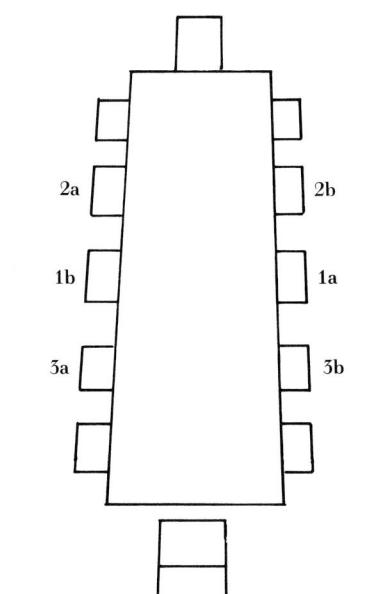

Runde Tischordnung

1 Hausherr

Deutsche Tischordnung

1a Hausherr	2b Ehefrau desselben
1b Hausfrau	3a Ranghöchster Gast nach
2a Ehrengast	dem Ehrengast
	3b Ehefrau desselben

Internationale Tischordnung

1a Gastgeber	2b Ehefrau desselben
1b Hausfrau	3a Ranghöchster Gast nach
2a Ehrengast	dem Ehrengast
	3b Ehefrau desselben

sieht den Tischherrn oder den Ehrengast links neben der Tischdame bzw. der Hausfrau, international wird der Herr stets rechts neben der Dame, der Ehrengast also auch rechts neben der Hausfrau Platz nehmen. Der Hausfrau bzw. der Gastgeberin gegenüber nimmt natürlich ihr Ehemann Platz, und seine Tischdame ist selbstverständlich, sofern vorhanden, die Ehefrau des Ehrengastes!

An seinen **Tischsitten** erkennt man den Gast. Hinter vorgehaltener Hand (1) darf der Zahnstocher verwendet werden.

Die korrekte Handhabung (2) des Bestecks sollte wirklich jeder beherrschen.

Dennoch kann man immer wieder sehen, daß der Zeigefinger (3) auf dem Gabelrücken ruht.

Mindestens genauso schlimm ist der Zeigefinger der rechten Hand (4) auf der Messerklinge.

Während man früher sehr darauf bedacht war, eine bestimmte Rangfolge, entweder nach Titeln oder nach Alter, einzuhalten – je weiter von den Gastgebern entfernt, desto rangniedriger sozusagen –, ist man heute primär darum bemüht, die richtigen Interessen zusammenzuführen. Einfacher läßt sich die Rangordnung natürlich an einem runden Tisch überspielen, hier kommt man

erst gar nicht auf die Idee, niedriger als ein anderer Gast bewertet worden zu sein. Und diese Rangordnung hat schon oft zu Mißverständnissen geführt.
Gibt es keinen direkten Ehrengast, so wird stets der älteste geladene Herr den Platz neben der Hausfrau für sich beanspruchen können. Ehepaare kann man gegenüber setzen, keinesfalls aber nebeneinander plazieren, und Gäste, von denen man weiß, daß sie einander nicht ganz grün sind, wird man möglichst weit auseinander setzen. Für ausländische Freunde, die möglicherweise nur gebrochen Deutsch können, sollte man zweckmäßigerweise einen Tischnachbarn wählen, der ihrer Muttersprache mächtig ist – notfalls wird man solch einen Gast extra dazu einladen.
Die Zeichnungen zeigen, besser als alle Worte es zu erklären vermögen,
die Sitzordnung am runden Tisch,
an der Hufeisentafel,
an der rechteckigen Tafel
sowie an der Hochzeitstafel.

Tischrede
So manche Hausfrau wurde durch die langatmige Tischrede eines sich dazu berufen fühlenden Gastes schon zur Verzweiflung getrieben, denn

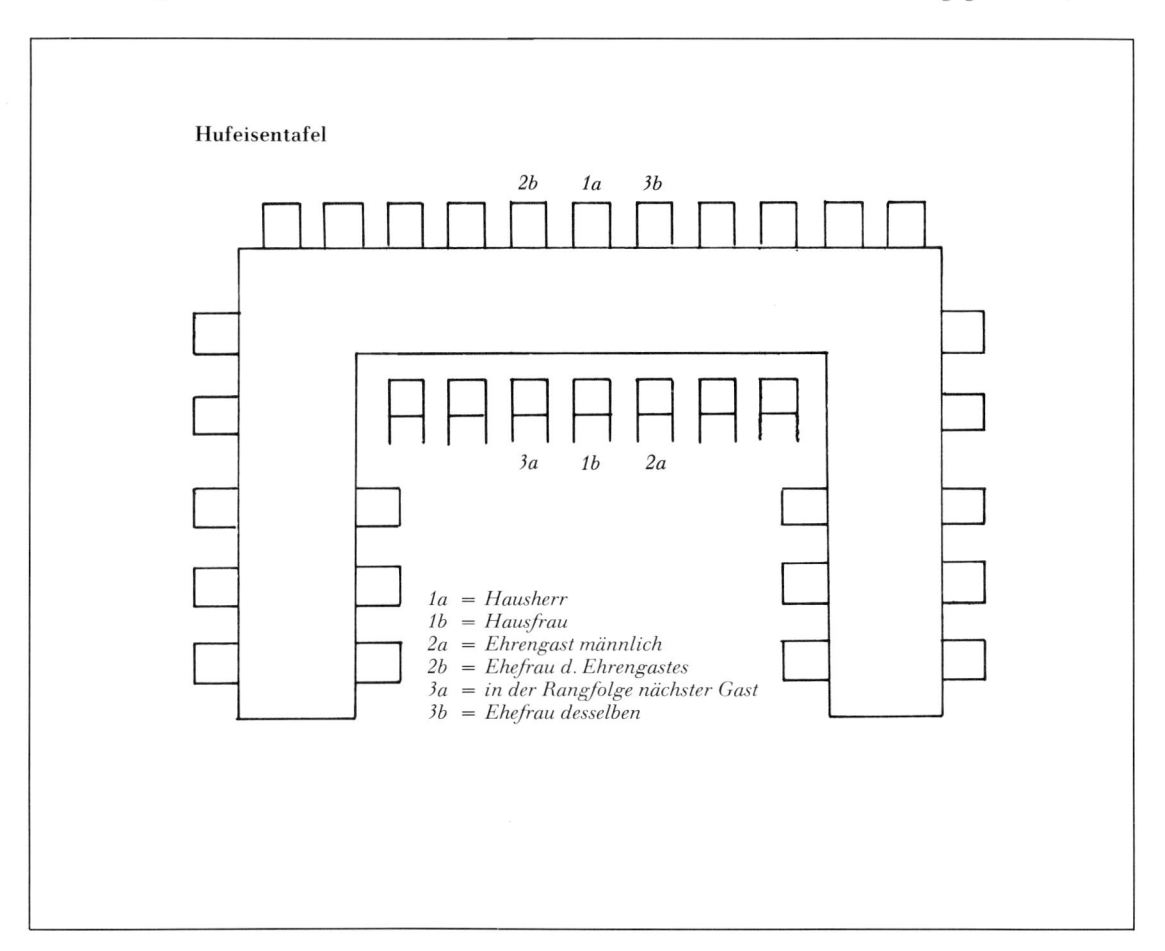

Hufeisentafel

1a = Hausherr
1b = Hausfrau
2a = Ehrengast männlich
2b = Ehefrau d. Ehrengastes
3a = in der Rangfolge nächster Gast
3b = Ehefrau desselben

sie sah all ihre Müh und Plage buchstäblich in der Bratpfanne verbrutzeln. Und dies war wohl mit der ausschlaggebendste Grund, warum die Tischrede heute nicht mehr, wie früher üblich, nach der Suppe bzw. vor dem Fleischgericht gehalten wird. Wer eine Tischrede halten möchte, wird dies nach dem Hauptgericht, also vor dem

Beinstellung und Körperhaltung (1) völlig falsch.
Korrekte Sitzhaltung bei Tisch (2).
Ellbogen gehören nicht auf den Tisch, Beine nicht (3) übereinandergeschlagen.
Aufgedecktes Messerbänkchen für den mehrmaligen Gebrauch des Messers (4).

Dessert, oder, wenn dieses warm serviert werden sollte, nach dem Dessert tun. Und bitte, liebe Redner, noch immer gilt: »In der Kürze liegt die Würze.« Ein halbstündiges Referat, auch wenn es noch so viel Lob enthält, ist einfach zuviel des Guten (→Toast ausbringen).

Tischsitten und -unsitten
Wie man was ißt, kann man unter dem jeweiligen Stichwort nachlesen, der Umgang mit dem Besteck wurde bereits ausführlich beschrieben, was wo am Tisch seinen Platz hat, wurde unter →Gedeck abgehandelt, so können wir uns hier zum einen ganz darauf konzentrieren, welche

Haltung bei Tisch eingenommen werden sollte, und zum anderen werden hier noch jene Gerichte erwähnt, denen kein eigenes Stichwort gewidmet ist.

Über das Platznehmen bei Tisch haben wir ja bereits gelesen, und auch hieraus resultieren einige Unsitten. So wird ein korrekter Gast

- niemals den Ellbogen auf der Tischplatte aufstützen;
- niemals mit aufgestütztem Unterarm zu essen beginnen;
- niemals am Eßtisch die Beine übereinanderschlagen oder diese um die Stuhlbeine schlingen;
- niemals mit dem Stuhl schaukeln;
- niemals den Mund zum Besteck, sondern stets umgekehrt, das Besteck zum Mund führen;
- niemals den Oberkörper zu einem Buckel runden, sondern den Stuhl so plazieren, daß er aufrecht sitzend das Essen genießen kann.

Empfänge, Cocktailpartys oder Sommerfeste, kurz, alle Einladungen, bei denen auf wenig Raum sehr viele Leute mit einem kalten Buffet verköstigt werden, erfordern natürlich auch etwas andere Tischsitten, da ein direkter Sitzplatz ja nicht vorgesehen ist. Man wird sich also mit seinem Teller voller Köstlichkeiten, die man hoffentlich ohne Schlacht am kalten Buffet ergattert hat (übrigens: nur unerfahrene Gäste laden den

Teller bis zum Rand voll, normalerweise ist mehr als genug vorhanden), einer Serviette und Besteck bewaffnet in eine ruhige Ecke bzw. auf einen jener zierlichen Stühle zurückziehen, die beim Ansehen bereits den Anschein erwecken, als würden sie im nächsten Augenblick auseinanderfallen. Bietet sich absolut keine Sitzgelegenheit, sucht man sich eine Fensternische, einen Mauervorsprung etc., irgendwo muß man den Teller ja schließlich hinstellen. Getränke werden bei solchen Veranstaltungen normalerweise von dienstbaren Geistern angeboten – wie bitte sollte man auch das Glas noch halten können? Hat man nun endlich eine stille Ecke ergattert, erweist sich erst der wahre Fachmann: Auf den Knien den Teller balancierend und stets darum bemüht, diesen ja nicht zu verlieren, wird man sich mit Hilfe des Bestecks an all die Köstlichkeiten heranwagen. Zweckmäßigerweise hat man mehrere Servietten mitgenommen, so daß man eine nun sozusagen als Tischtuch über Rock oder Hose breiten kann. Eine zweite braucht man ganz bestimmt! Suppentassen werden in diesem Falle natürlich in Brusthöhe hochgenommen (die linke Hand hält den Unterteller, mit der rechten löffeln wir die hoffentlich nicht allzu heiße Suppe aus).

Ja, es ist schon ein bißchen schwierig, so ein Essen zu genießen, aber Übung macht auch hier den Meister!

Von den guten Manieren nun zu all jenen Gerichten, denen mangels Platz kein eigenes Stichwort gewidmet werden konnte.

Belegte Brote werden selbstverständlich mit Messer und Gabel verzehrt, Brot wird grundsätzlich in mundgerechte Stücke gebrochen. Der sogenannte Gabelbissen, ein kleines abgebrochenes Stückchen Brot oder Toast, dient dazu, die Vorspeise auf die Gabel zu schieben. Die Butter wird mit dem Buttermesser genommen, auf den Teller gelegt und mit dem auf dem Brotteller liegenden Messer aufgestrichen.

Bowlen- oder Rumtopffrüchte sollte man stets mit einem kleinen Löffel aus dem Glas holen.

Kanapees sind runde, entrindete Weißbrotscheiben, die mit allerlei Köstlichkeiten belegt so klein sind, daß man normalerweise ein Stück in den Mund stecken kann. Gemüse wird natürlich nur mit der Gabel zerteilt, →Kartoffeln hingegen dürfen mit dem Messer geschnitten werden, eine Erleichterung (vor allem wenn sie sehr groß sind), die man den Knödeln oder Klößen noch immer vorenthält. Sie werden sozusagen mit der Gabel zerrissen, allerdings darf hier das Messer Hilfsdienste leisten.

Marmelade, aber auch Senf wird stets mit einem eigens dafür vorgesehenen Löffel aus dem Glas genommen. Wer mit dem Buttermesser in das Marmeladentöpfchen oder Senfglas fährt, ist und bleibt ein Barbar!

Mehlspeisen können nur mit der Gabel oder aber mit dem Dessertbesteck verzehrt werden.

Fingerschalen gehören immer dann auf den Tisch, wenn es Speisen gibt, zu deren Verzehr man die Finger benötigt.

Pasteten sollte man nur mit der Gabel, allenfalls noch unter Zuhilfenahme eines Löffels genießen, das gleiche gilt übrigens für Reis- und Grießgerichte.

Der Umgang mit Stäbchen will geübt sein, schließlich will man ja nicht vor der vollen Reisschüssel verhungern – nur weil eben Stäbchen als Besteck aufgelegt waren. Die Asiaten benützen übrigens sehr häufig auch die Finger zum Reisessen, in unseren Breiten wird man aber bei jedem asiatischen Koch auf Verständnis stoßen, wenn man um Gabel und Löffel bittet.

Wurst wird nur mit der Wurstgabel von der Platte genommen; sofern sie noch nicht gehäutet ist, versucht man dies mit Messer und Gabel. Abgesehen von den bayerischen Weißwürsten, die man auch »auslutschen« darf, sollte man warme Würste scheibenweise von der Haut befreien und verzehren. Ein Wiener oder Frankfurter Würstchen kann notfalls sogar in die Hand genommen werden.

Zum guten Schluß noch ein paar Unsitten, die man immer wieder beobachten kann:

- Mit Besteck in den Händen wird nicht hin- und hergefuchtelt, der Zeigefinger hat nichts auf der Messerklinge und schon gar nichts auf den Gabelzinken zu suchen;
- weder Suppen- noch Kaffee- oder Teelöffel haben ihren Platz in der Tasse. Nach Gebrauch gehören sie auf den Unterteller;
- einmal in Gebrauch, hat das Besteck nichts mehr auf dem Tischtuch zu suchen (außer es wurden sogenannte Besteckbänkchen aufgedeckt [s. Foto]). Während man Brot ißt oder aus dem Glas trinkt, ist der Platz des Bestecks auf dem Teller (s. Fotos);
- hastiges Essen oder gar Schlingen ist ebenso unhöflich wie das Nachschminken der Lippen während des Essens.

Titel
→Anrede, Liste.

Toast ausbringen
Der gute alte Trinkspruch, der auf eine bestimmte Person oder auf eine bestimmte Sache ausgebracht wird, sollte keinesfalls mit einer →Tischrede verwechselt werden. Der Toast ist wirklich nur ganz kurz. Wird er z.B. auf ein Brautpaar oder einen Jubilar ausgebracht, so erheben sich alle anderen Geladenen, gilt er generell allen anwesenden Damen, so wird natürlich keiner der Herren sitzen bleiben. In kleiner Runde darf angestoßen werden, bei einem größeren Festmahl unterbleibt dies natürlich. Angestoßen wird normalerweise übrigens nur mit Sekt oder Wein (→Trinken, →Trinksitten).

Tonband
Der Knopf im Ohr hat in diesem Fall ausnahmsweise nichts mit einer beliebten Plüschtiermarke zu tun, sondern kennzeichnet den vor allem bei der Jugend so beliebten Walkman. Ob beim Sport, beim Hausaufgabenmachen, in den öffentlichen Verkehrsmitteln, allenthalben kann man junge und mitunter auch nicht mehr ganz so junge Mitmenschen beobachten, die sich rhythmisch hin und her wiegen und verzückt einer bestimmten Melodie zu lauschen scheinen. Gut, dagegen ist absolut nichts einzuwenden, zumal diese Art der Musikübermittlung auf jeden Fall angenehmer ist als laut dröhnende Kassettenrecorder, Radios oder Schallplatten. Aber – beim Radfahren, beim Autofahren und mitunter auch beim Spazierengehen lenken sie ganz gewaltig vom Verkehrsgeschehen ab, und dies ist, wie leider unzählige Male bewiesen, nicht ganz ungefährlich. Also bitte, liebe Walkman-Fans, laßt euch nur so laut berieseln, daß ihr notfalls ein Hupen hinter bzw. neben euch auch wirklich noch hört – sonst hört ihr vielleicht nicht einmal mehr den für euch ausrückenden Notarztwagen!

Manche Mitmenschen pflegen wichtige Telefonate auf Band aufzuzeichnen. Nun, sofern sie den Gesprächsteilnehmer darauf aufmerksam machen, ist dagegen nichts einzuwenden, weil das Tonband in diesem Fall sozusagen als Notizbuch benützt wird. Wer jedoch ohne Wissen des Teilnehmers Gespräche mitschneidet, um später daraus einen Nutzen, z.B. vor Gericht, zu ziehen, wird möglicherweise arg enttäuscht werden. Diese Gesprächsbeweise werden zwar gehört, aber nicht gewertet, d.h. sie helfen unter Umständen gar nichts!

Zu guter Letzt kann man das Tonband bzw. Kassetten auch zum gesprochenen Brief umfunktionieren, und so manch schreibfauler Zeitgenosse hat auf diese Weise schon sein Briefproblem gelöst. Allerdings sollte man sicher sein, daß der Empfänger auch über einen Kassettenrecorder bzw. ein adäquates Tonbandgerät verfügt. Sonst nützt der gute Wille nämlich nichts!

Topfpflanzen
→Blumen, →Krankenbesuch.

Torten
werden mit der Torten- bzw. Kuchengabel gegessen, Gebäck, welches ja vor allem zu Weihnach-

ten gerne angeboten wird, sollte je nach Größe als Ganzes oder in mundgerechten Stücken verzehrt werden.

Tranchieren

ist eine Kunst, die leider nicht jeder Hausherr beherrscht; er tut daher gut daran, diese traditionell ihm zustehende Aufgabe seiner Frau zu überlassen oder möglicherweise einem Gast, der sich anbietet. Wer sehr oft Gäste empfängt und daher öfter in diese Verlegenheit kommen kann, sollte sich diesen gar nicht so leichten Vorgang einmal von einem guten Koch oder Ober in einem Restaurant zeigen lassen. Eventuell bieten auch Hotelfachschulen Tranchierlehrgänge an.

Am allerwichtigsten dabei sind natürlich wirklich gut schneidende Messer sowie ein Holzbrett, das mit einer Randrille versehen ist, in der sich der Saft sammeln kann. Bei Geflügel sollte natürlich die Geflügelschere keinesfalls fehlen.

Fleisch schneidet man grundsätzlich stets gegen die Fleischfaser, bei Geflügel aller Art wird man zuerst die Schenkel und Flügel und dann erst den Körper tranchieren (s. Fotos). Wer allerdings kein wahrer Meister im Tranchieren ist, darf das Fleisch bzw. Geflügel selbstverständlich auch zurückgezogen und dafür vielleicht etwas weniger fachkundig in der Küche zerlegen.

Trauerfall

Er gehört zu jenen Dingen im Leben, die man am liebsten weit von sich schiebt, und tritt er dann tatsächlich unvermutet ein, ist man nicht selten schlicht und einfach überfordert. Hatte der Ver-

So wird's gemacht:

1 Die Ente längs mit einem großen Messer halbieren;

2 die Keulen mit dem Messer abschneiden;

3 die Ente entweder mit einer Geflügelschere in Portionen teilen

4 oder mit dem Messer.

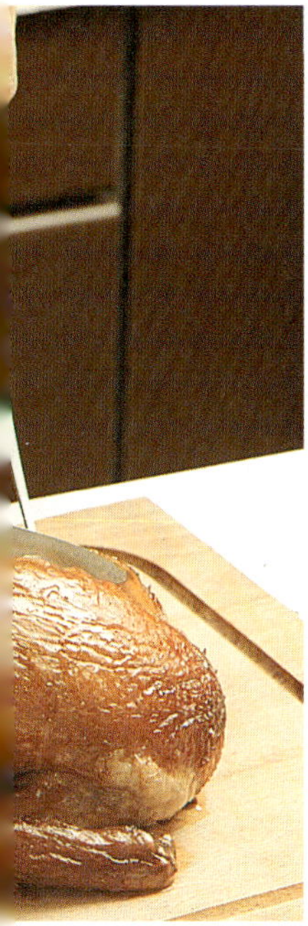

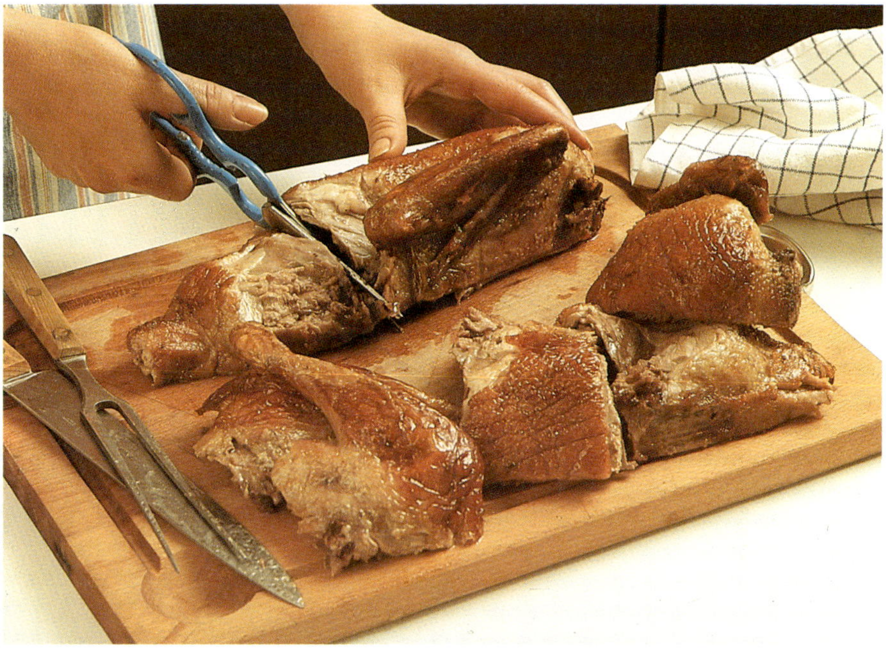

3

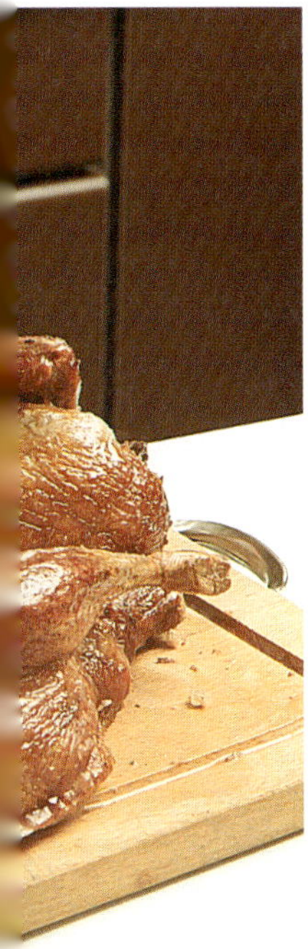

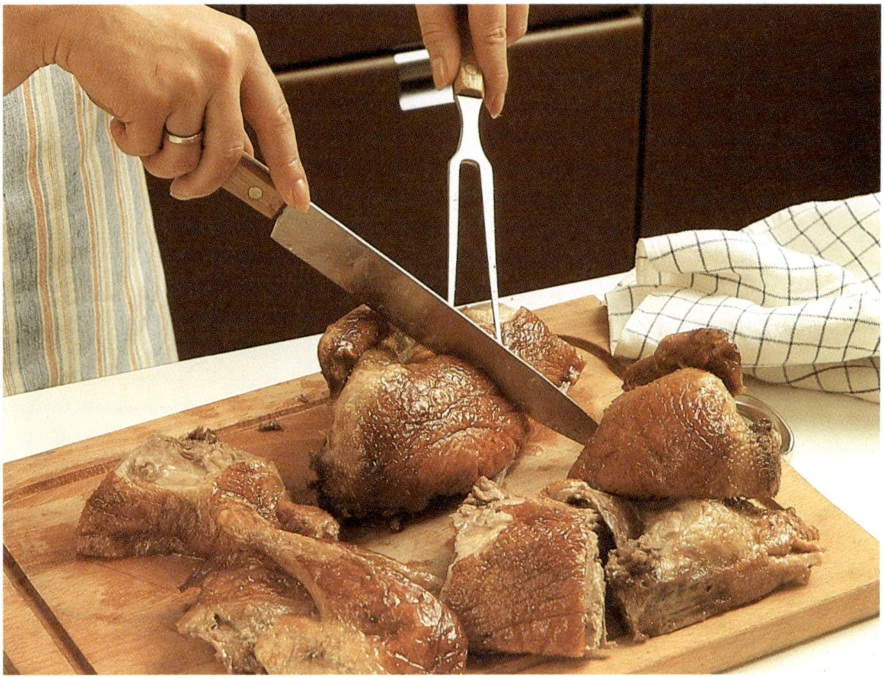

4

schiedene für den Fall seines Ablebens eine Versicherung abgeschlossen – alle großen Bestattungsinstitute bieten diese an –, wird dieses Institut alle notwendigen Schritte für die Hinterbliebenen regeln. An ein solches Institut kann man sich natürlich auch wenden, wenn keine Versicherung besteht, denn ohne Beerdigungsunternehmen ist eine Bestattung ja praktisch nicht möglich. Trotzdem einige Ratschläge für einen eventuellen Trauerfall:

- Totenschein und Sterbeurkunde sind die wichtigsten Papiere im Trauerfall; ersterer wird vom Arzt bzw. Krankenhaus – letztere vom zuständigen Standesamt ausgestellt (nach Vorlage des Totenscheines);
- Friedhof und Grabplatz müssen, sofern nicht ohnehin vorhanden, ausgesucht werden;
- ein Bestattungsinstitut wird mit der Überführung des Verstorbenen zum Friedhof beauftragt;
- wird ein Geistlicher am Grab gewünscht bzw. eine Totenmesse gehalten, sollte man sich rechtzeitig mit dem Pfarrer in Verbindung setzen, der für die Grabrede übrigens einen kurzgefaßten Lebenslauf des Verstorbenen mit den herausragendsten Ereignissen erbitten wird (auch ein weltlicher Grabredner wird darum ersuchen);
- Kränze und Blumenschmuck müssen in Auftrag gegeben, der Sarg und die Totenwäsche ausgesucht werden;
- die Todesanzeigen müssen aufgesetzt und aufgegeben, und die Trauerkleidung will besorgt werden;
- auch alle Angehörigen und – sofern der Verstorbene noch im Berufsleben stand – die Dienststelle sollten informiert werden.

Trauerkleidung

Zumindest die nächsten Angehörigen sollten zur Beerdigung in Schwarz erscheinen, ob die Witwe den sogenannten Witwenschleier (→Schleier) anlegt, bleibt ihr jedoch selbst überlassen. Während es in ländlichen Gegenden auch heute noch üblich ist, zumindest ein halbes bis ganzes Jahr

Beispiel 1:

Vorname Name
*10.10.1919 †18.4.1986

Beerdigung: Dienstag, 22. April 1986, 12.00 Uhr
Waldfriedhof
Seelenmesse: Dienstag, 22. April 1986, 10.00 Uhr
St. Peter

Beispiel 2:

Ich sterbe,
aber meine Liebe für Euch stirbt nicht.
Ich werde Euch vom Himmel aus lieben,
wie ich es auf Erden getan.
(hl. Augustinus)

Vorname Name
*10.10.1919 †18.4.1986

München   In stiller Trauer:
Augsburg   Vorname Name
Melbourne   im Namen aller Angehörigen

Seelenmesse: Dienstag, 22.4.1986, 10 Uhr
St. Peter
Beerdigung: Dienstag, 22.4.1986, 12 Uhr
Waldfriedhof

Beispiel 3:

Vorname Name
*10.10.1919 †18.4.1986
Wir nehmen in tiefer Trauer Abschied

8 München 23   Vorname Name
Tulpenstraße 124   und alle seine (ihre) Freunde

Trauerfeier: Dienstag, 22. April 1986, 12 Uhr
Waldfriedhof
Von Beileidsbezeigungen bitten wir Abstand zu nehmen.

schwarz gekleidet zu gehen, hat sich diese – ohnehin nur für die hinterbliebenen Ehefrauen geltende – Sitte heute in größeren Ortschaften und Städten fast völlig verloren. Und man möchte fast sagen: Gott sei Dank, denn der Tote wird dadurch bestimmt nicht mehr lebendig, und primär kommt es doch darauf an, wie man ihn in Erinnerung behält und nicht, wie man die Trauer nach außen hin dokumentiert! In allen asiatischen Ländern ist die Trauerfarbe übrigens weiß!

Trauerfeier
Sie findet heute normalerweise in der Aussegnungshalle des Friedhofes statt, die kirchliche Totenmesse wird meist vorher abgehalten. Wer an einer Trauerfeier aus gegebenen Gründen nicht teilnehmen kann, wird den Hinterbliebenen ein paar handschriftliche Zeilen übersenden und eventuell einen Kranz in Auftrag geben (→Beileidsbesuch, -schreiben). Nach der Zeremonie in der Aussegnungshalle bewegt sich der Trauerzug zum Grab, wird der Verstorbene hingegen eingeäschert, so ist die Feier mit dem »Einfahren des Sarges« beendet. Hinter dem Sarg schreitet der Geistliche (mitunter geht er auch diesem voraus), ihm folgen die nächsten Angehörigen sowie die übrigen Trauergäste.

Der vor allem auf dem Land noch übliche Leichenschmaus, der die Beerdigung abschließt, ist nicht selten eine sehr fröhliche, vor allem aber eine sehr feuchte Angelegenheit. Daß über den Verstorbenen dabei natürlich nicht negativ gesprochen wird, ist wohl selbstverständlich. In der Stadt werden sich die nächsten Verwandten meist auch zum Leichenschmaus in einem Lokal zusammensetzen. Teilnehmen wird man daran allerdings nur nach ausdrücklicher Aufforderung.

Beispiel 4:

Nach kurzer schwerer Krankheit verstarb völlig unerwartet mein geliebter Mann, unser Vater, Bruder und Onkel

Vorname Name
Dr. phil.
*10.10.1919   †18.4.1986
Hamburg   München

München 47,   In tiefer Trauer:
Am Einlaß 89   Ehefrau
Hamburg 83,   Kinder
Sonnenstr. 15   Geschwister
                   Neffen, Nichten, sonstige

Das Requiem findet am 22. April 1986 in St. Peter, München, statt,
Beerdigung, Dienstag, 22. April 1986, 12 Uhr, Waldfriedhof
Statt Kranzspenden erbitten wir im Namen des Verstorbenen
eine Spende an .... Kto.-Nr. .... bei Bank ....
Von Beileidsbekundungen am Grab bitten wir Abstand zu nehmen.

Trauerzeit
Wie schon erwähnt, betrug diese früher für die Witwe ein, für den Witwer hingegen nur ein halbes Jahr. Während dieser Zeit war es üblich, Schwarz bzw. nach einem halben Jahr Halbschwarz (d.h., es durfte zur Auffrischung ein weißer Kragen usw. angelegt werden) zu tragen. Diesen Brauch hat man allerdings vor allem in der Stadt längst aufgegeben, was natürlich aber niemanden hindern sollte ...

Die übliche Trauerzeit für Eltern, Geschwister oder Ehepartner beträgt ein Jahr – in dieser Zeit sollte man alle gesellschaftlichen Verpflichtungen absagen bzw. an andere Familienmitglieder weitergeben.

Trauzeugen
Sowohl bei der standesamtlichen als auch bei der kirchlichen Trauung werden zwei Trauzeugen benötigt, die üblicherweise aus dem Verwandten- bzw. Bekanntenkreis gewählt werden.

Trinken und Trinksitten

Niemals wird ein höflicher Gastgeber einen Gast zum Trinken zwingen. Wer keinen Alkohol möchte, kann sicher bei jeder Einladung auf Mineralwasser oder Saft ausweichen können, notfalls wird er aber auch Leitungswasser akzeptieren. Dank der Biowelle, die ja von manchen Mitmenschen geradezu fanatisch betrieben wird, finden sich in einem biologisch geführten Haushalt natürlich auch selbstgepreßte Natursäfte sowie alle möglichen Kräutertees. Wer Autofahrer unter seinen Gästen hat – und wer hat das bitte nicht? –, wird darauf achten, daß sich der Alkoholkonsum in Grenzen hält (→Auto fahren, →Alkohol). Übrigens: Der Mensch, so sagen die Mediziner, braucht täglich mindestens zwei Liter Flüssigkeit zur richtigen Spülung seiner Nieren – daß dies unbedingt Alkohol sein muß, davon steht allerdings nirgends etwas zu lesen (und vor allem die Leber würde dies über kurz oder lang übelnehmen).

Die gängigen Trinksitten sind heute nicht mehr ganz so streng wie dereinst. Selbstverständlich wird man
- ein volles Weinglas niemals am Kelch, sondern stets nur am Stiel anfassen (sonst klingt es übrigens auch nicht);
- ein Bierglas am Henkel oder, wenn dieser nicht vorhanden ist, im unteren Drittel fassen;
- mit dem ersten Schluck so lange warten, bis auch der Gastgeber das Glas erhebt und damit das Zeichen zur »Auflassung« gibt;
- die Schnapsrunde vom Tablett anbieten, das Nachschenken darf aus der Flasche geschehen;
- niemanden zum Ex-Trinken auffordern;
- nur mit Wein- oder Sektgläsern anstoßen (in Bayern darf man das auch mit dem Bierkrug);
- sich an der →Serviette die Lippen abtupfen, denn Fettränder machen sich auf keinem Glas besonders gut (Lippenstift wird vorher mit einem Papiertaschentuch abgetupft).

Nachdem wir nun wissen, was wir dürfen und was nicht, wollen wir uns noch mit der deutschen Sitte des Zutrinkens beschäftigen. Denn hier gibt es einige Spielregeln, die man vielleicht doch kennen sollte.

Daß der Gast zu warten hat, bis der Gastgeber das Glas erhebt, wurde bereits gesagt, allerdings muß hier ein mahnendes Wort an alle Gastgeber gerichtet werden: Auch wenn man selbst gewohnt ist, mit dem Trinken bis nach dem Essen zu warten, als Gastgeber einer Gesellschaft sollte man, sobald alle Geladenen am Tisch sitzen, sein

Nicht am Kelch, sondern am Stiel wird man nach den gültigen **Trinksitten** *(1) das Weinglas anfassen. Rotwein (2) darf mit der hohlen Hand erwärmt werden, hochnehmen sollte man das Glas dabei allerdings nicht.*

Glas erheben und damit das Zeichen der »Auflassung« erteilen. Denn erst jetzt darf jeder trinken, wann er will. Es gibt Gastgeber, die schaffen es tatsächlich, mit der »Auflassung« bis nach dem Hauptgang zu warten (sie haben ja vielleicht keinen Durst) und übersehen dabei vollkommen, daß einigen ihrer Gäste buchstäblich schon die Zunge am Gaumen klebt. Den Damen wird der Gastgeber zunicken, die Herren werden mit einem Lächeln bedacht, ein in die Runde gesprochenes »Zum Wohl«, »Prost« oder »Prosit«, und nun dürfen alle Gäste, gleichfalls dem Hausherrn zunickend, den ersten Schluck genießen. Während die Damen nun das Glas wieder an seinen Platz zurückstellen, grüßen sich gleichgestellte bzw. ranghöhere Herren nach dem Zutrunk nochmals mit dem Glas. Aber bitte, unterlassen Sie dieses Grüßen, wenn Sie jünger oder rangniedriger sind als die anderen anwesenden männlichen Gäste. Man würde Sie sonst für absolut ungehobelt halten. Zeichnet man einen jungen, rangniedrigen männlichen Gast jedoch mit solch einem Zutrunk aus, dann muß dieser natürlich im Laufe des Abends erwidert werden. Also – ich meine, das ist schon recht kompliziert und verleitet ja direkt zum Fehlermachen! Und darum sollten wir dieses Relikt aus alten Zeiten endgültig ad acta legen. Nicht zu den Akten legen sollten wir allerdings den Brauch, unserer Tischdame, der Gastgeberin sowie der Dame zu unserer Linken (Rechten) zuzuprosten. Dies zeigt doch nur unsere Aufmerksamkeit.

Angestoßen wird heute praktisch nur noch im Familien- bzw. engeren Freundeskreis, in kleiner Runde also – und selbstverständlich natürlich zum Jahreswechsel! Beim →Toast wird der den Toast Ausbringende mit dem so Geehrten anstoßen, der nun auch mit allen anderen Anwesenden sein Glas zum Klingen bringt.

Die Weinflasche wird vom Hausherrn entkorkt, der allerdings darauf achten sollte, den Korkenzieher nicht zu weit hineinzudrehen, sonst rutscht dieser nämlich unter Umständen nach unten durch. Der erste Schluck des richtig temperierten Weines wird, wie auch im Restaurant üblich, ins Glas des Gastgebers gegossen (um eventuell die Korkenreste »aufzufangen«), und nun wird zuerst dem Ehrengast, nach ihm allen anwesenden Damen und zum Schluß erst den Herren eingeschenkt. Danach sollte das Zeichen zur Auflassung folgen, das natürlich auch, sofern der Hausherr verhindert ist bzw. fehlt, von der Hausfrau erteilt werden kann.

Werden zu einem Essen verschiedene Weine angeboten, sollte man das vorhergehende Getränk in dem Augenblick stehenlassen, in dem das neue eingeschenkt wurde. Selbstverständlich darf man darum bitten, nur noch halbvoll bzw. nur noch ei-

nen Anstoßschluck einzuschenken. Es gibt zahlreiche Menschen, die Weiß- und Rotwein nicht zusammen vertragen, in diesem Fall wird der geschickte Gastgeber versuchen, dem Wunsch der Gäste Rechnung zu tragen.
Ist die Temperatur des Rotweins oder des Cognacs zu niedrig, so darf das Glas zum Wärmen mit der Hand am Kelch umfaßt werden (s. Foto).

Trinkgeld im In- und Ausland
ist vor allem in Hotel- und allen Restaurationsbetrieben üblich und sollte der jeweiligen Dienstleistung angemessen sein. Allerdings tröstet das beste Trinkgeld nur bedingt über eine schlechte Behandlung während des Aufenthaltes hinweg. Im Restaurant wird man normalerweise aufrunden (wenn man allein oder zu zweit ein »normales« Essen eingenommen hat); waren wir mit Freunden in einem Spezialitätenlokal oder gar in einem Schlemmertempel, dann wird man, je nach Service, ab 20,– DM aufwärts hinzulegen. Der Oberkellner wird diese Summe übrigens gerecht zwischen allen Bedienenden aufteilen.
Im Ausland sind die Trinkgelder häufig nicht, wie bei uns, in den Preisen eingerechnet. Man sollte sich daher vor Antritt der Reise über die jeweiligen Trinkgeldsitten des Gastlandes unterrichten – schließlich wollen wir das Bild des »unhöflichen Deutschen« ja nicht noch unterstreichen.

U

Umarmung
→Küsse.

Umweltschutz
ist ein Thema, das man heute nicht mehr umgehen kann, nicht einmal, oder besser, schon gar nicht in einem Benimm-dich-Ratgeber. Jahrzehntelang haben wir bewußt Mißbrauch mit unserer Umwelt getrieben, aber erst seit wenigen Jahren werden wir, bedingt durch die entstandenen Schäden, auch darauf aufmerksam gemacht.
Der Umweltschutz beginnt im kleinen, im eigenen Haushalt, auch wenn dieser nur eine Person umfaßt. Sicher ist es ein bißchen umständlicher, Zeitungen, Flaschen und sonst wiederverwertbaren Müll nicht einfach in den Mülleimer bzw. in die Tonnen zu werfen, sondern ihn an den zahlreichen dafür eingerichteten Sammelplätzen abzuliefern. Natürlich ist es lästig, gebrauchte Batterien wieder in den Supermarkt zurückzutragen, wo praktisch an allen Batterieregalen eine Schachtel für gebrauchte Batterien hängt. Selbstverständlich wird unser zuviel benütztes Waschmittel allein den Wasserhaushalt nicht gerade zum Umkippen bringen – aber wenn alle so denken, dann ist es nur noch ein kleiner Schritt bis zur Verschmutzung der Gewässer in solch hohem Grade, daß darin kein Lebewesen – von Fischen wollen wir schon gar nicht mehr reden – mehr existieren kann. *Ein* weggeworfenes Plastiktütchen macht natürlich keinen Müllberg, aber unzählige verschmutzen die Umwelt ... Diese Liste ließe sich wohl endlos fortsetzen, und hier sollten nur die allerwichtigsten Sünden aufgezählt werden, wobei die Reihenfolge keinerlei Anspruch auf Richtigkeit stellt! Solange unser Leben währt, wird die Umwelt noch am Leben bleiben, auch wenn die Schäden teilweise katastrophal sind. Können wir uns daher wirklich auf den Standpunkt: »Nach uns die Sintflut« stellen? Was wird denn aus unseren Kindern und deren Nachkommen? Haben sie kein Anrecht auf Natur und Umwelt? Ich meine doch – und daher müßte wohl jeder vernünftig denkende Mensch sofort und für sich im kleinen damit anfangen, die Umwelt zu schützen – dann würde sich so manches Problem von selbst lösen.

Umzug
»Dreimal umgezogen ist einmal abgebrannt«, lautet eine alte Volksweisheit, und so mancher umzugsgeplagte Mitmensch wird den Spruch im

stillen bejahen. Umzüge kann man natürlich, sofern das Geld dabei keine Rolle spielt, erledigen lassen. Es gibt genügend Firmen, die darauf spezialisiert sind, einem wirklich jeden Handgriff abzunehmen. Man braucht den Packern eigentlich nur noch zu sagen, was später wo hin kommt und kann gelassen in einem übriggebliebenen Sessel abwarten, bis alles wieder an Ort und Stelle ist.

Aber Otto Normalverbraucher wird dafür nur selten so viel Geld investieren und plagt sich daher mit seinem Umzug meist bis zum Bandscheibenschaden selbst ab. Natürlich, die großen Möbelstücke besorgt eine Spedition – man hat ja auch beim besten Willen keine Ahnung, wie man das Klavier in den sechsten Stock der neuen Wohnung bekommen soll (wo der Lift doch nur vier Personen faßt), aber die vielen kleinen Teile, die sich im Laufe der Jahre angesammelt haben, die muß man wohl oder übel selbst verpacken. Selbstverständlich werden einige gute Freunde für eine anständige Brotzeit dabei helfen, man sollte ihnen allerdings vorher sagen, daß der Kronleuchter nicht in die Diele, sondern ins Wohnzimmer gehört ... Es soll ja wahre Umzugsgenies geben, die mittels eines genauen Planes und Wochen vorher geführter Listen alles bis ins kleinste Detail planen – und diese Listen dann am Umzugstag verzweifelt suchen!

Adressenänderung und neue Telefonnummer werden mittels Karten allen Verwandten und Bekannten, Ämtern, Versicherungen, Banken etc. mitgeteilt. Ist dann wieder alles halbwegs an seinem Platz, kann die Einweihungsparty, die gerne improvisiert werden darf, steigen. Jeder bringt dazu etwas mit (Salat, Würstchen, Brot, Getränke, Geschirr bzw. Plastikteller und -besteck) – auch ein lustiges Einweihungsgeschenk, z.B. eine Rheumasalbe für die geplagten Bandscheiben usw. (→Nachbarschaft).

Unfall
Sind wir an einem Unfall beteiligt und selbst unverletzt, sollte unsere erste Sorge nicht dem lädierten Auto, sondern den eventuell verletzten Personen gelten. Erste-Hilfe-Kurse (die man ja eigentlich in der Fahrschule absolviert hat) bieten übrigens alle Automobilclubs, Volkshochschulen sowie zahlreiche gemeinnützige Einrichtungen an, und es schadet niemandem, im Abstand von einigen Jahren einmal einen Auffrischungskurs zu besuchen. Denn wenn es wirklich darauf ankommt, weiß man doch nicht mehr so genau, was nun zu tun ist. Und zum Nachlesen ist es dann möglicherweise schon zu spät. Ruhe bewahren ist in dieser Situation das oberste Gebot. Personen, die kurz vor einer Panik stehen, müssen unter allen Umständen beruhigt werden, auch wenn keine Verletzungen sichtbar sind, ein Schock ist weit gefährlicher als eine leicht blutende Wunde.

Wenn wir unmittelbar nach einem Unfall an die Unfallstelle kommen, werden wir selbstverständlich anhalten und nicht, wie so viele unserer Zeitgenossen, nur neugierig gaffend im Schneckentempo vorbeifahren (dies gilt natürlich nur dann, wenn sonst noch niemand angehalten hat). Eventuell werden wir Polizei, Rettungsdienst usw. benachrichtigen, Leichtverletzte kann man unter Umständen in das nächste Krankenhaus bringen (→Hilfsbereitschaft).

Universität
Sie gilt sozusagen als die Stätte zukünftiger Geistesgrößen und wurde einst romantisch verklärt, in zahlreichen Liedern besungen. Studienzeit – die goldene Zeit der Jugend, in der sie ungescholten über die Stränge schlagen darf, ehe dann endgültig der Ernst des Lebens beginnt. Doch so sieht es heute nur noch in ganz wenigen Fällen aus, das schöne Studentenleben, finanziert durch Papas Monatswechsel oder BAFÖG. Unsere Universitäten sind hoffnungslos überfüllt, der Kampf mit dem Numerus clausus beginnt schon lange vor dem Abitur, setzt sich fort im Kampf um die Studienplatzvergabe, um Laborplätze und sogar um die Sitzplätze in den Hörsälen. Das Fachgespräch zwischen Professor und Student,

heute so wichtig und fruchtbar wie einst, findet höchstens noch im Stehen und im Dauerstreß der beiden Beteiligten statt. Man studiert ja schließlich längst nicht mehr seinen Neigungen, sondern seinen Noten entsprechend. Und was hilft es, daß man die Fähigkeiten zu einem hervorragenden Mediziner hätte, wenn der Notendurchschnitt dieses Studium utopisch erscheinen läßt. Schließlich hat nicht jeder das Geld, im Ausland zu studieren – abgesehen von den Schwierigkeiten der Studienanerkennung bei der Rückkehr. Wen wundert es da noch, wenn die Studenten ab und zu revoltieren? Aber muß es denn immer gleich so ausarten, wie es so oft in jüngster Zeit geschieht? Muß man seine Wut, sein Ohnmachtsgefühl der Obrigkeit gegenüber unbedingt an den Professoren auslassen, die zum Teil ebenso unglücklich über die heutigen Zustände sind wie die Studenten selbst? Auch an überfüllten Universitäten sollten immer noch die bescheidensten Grundregeln guten Benehmens gelten – dann

Urlaubsbekanntschaften *sollte man zumindest im Foto festhalten. Man trifft sie nur selten wieder.*

Winterurlaub und **Skisport** *sind heute fast untrennbar. Aber nicht jeder beherrscht die Skier so meisterhaft ...*

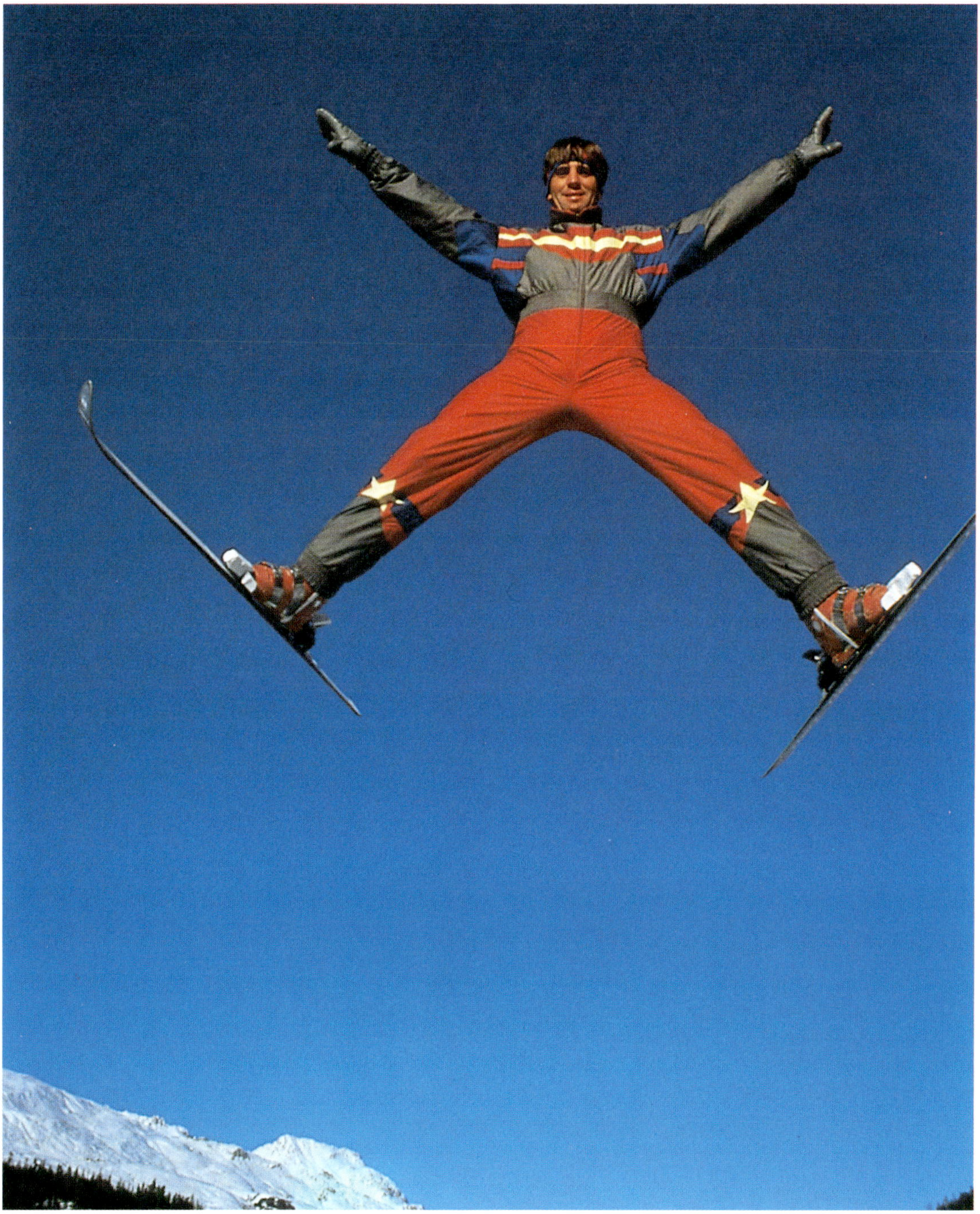

wird vielleicht manches Problem erst gar nicht zum Problem. Man müßte es vielleicht nur mal versuchen.

Unordnung
Es gibt Pedanten, und es gibt schlampige bzw. unordentliche Menschen – ob man aus beiden ein Paar machen sollte, käme auf den Versuch an. Mag man einem unverheirateten oder allein lebenden Mann eine gewisse Unordnung noch verzeihen, einer Frau, egal welchen Alters, wird man sie stets ankreiden. Und in der Tat, die beste Aufmachung nützt nichts, wenn der Rocksaum herunterhängt und die Strümpfe Laufmaschen haben. Schiefe Absätze, fehlende Knöpfe, Flekken jeglicher Art vervollständigen nur noch das Bild der schlampigen Madame. Nun gut, soweit die Unordnung wirklich nur äußerlich ist, mag man sie, wenn auch kopfschüttelnd, noch tolerieren, schließlich sind das alles Dinge, die eben mal passieren können. Aber wenn sich diese Unordnung im täglichen Leben und der Einstellung dazu fortsetzt, dann wird man, zumindest wenn einem an der Freundschaft mit diesem menschlichen Wesen gelegen ist, irgendwann einmal etwas sagen müssen. Eingetrocknetes Frühstücksgeschirr, das am Abend noch den Tisch belagert, ranzige Butter im Kühlschrank, verschimmeltes Obst in der Obstschale, Berge ungewaschener Wäsche im Bad, eine ungeputzte Toilette, eine Badewanne mit Schmutzrändern, Handtücher, die vor Wochen zum letzten Mal gewechselt wurden – um nur einige Beispiele zu nennen –, dies alles fällt unter den Begriff Unordentlichkeit gröbsten Ausmaßes – und hierfür gibt es keine Entschuldigung. Niemand wird uns etwas nachsagen, wenn an einem Samstagvormittag unerwartet Besuch aufkreuzt und wir z. B. die Betten noch nicht gemacht oder das Bad noch nicht geputzt haben. Wenn sich dies allerdings zum Dauerzustand entwickelt, wird man über kurz oder lang seinen Freundeskreis, ohne eigentlich zu wissen warum, verloren haben, oder eine mildtätige Seele (der wir dann natürlich ewig gram sind) wird uns einmal die Wahrheit über uns selbst sagen müssen.

Unterhaltung
→Diskussionen, →Gesprächsthema

Urlaub
Die schönste Zeit im Jahr, mit solchen und ähnlichen Superlativen wird der Urlaub umschrieben, hauptsächlich natürlich von denen, die an ihm verdienen, von der Tourismusbranche also. Bereits zu Beginn des Jahres sollte man, zumindest wenn man in einer großen Firma tätig ist, seine Urlaubsplanung bekanntgeben, sonst gibt es mitunter böse Überraschungen, weil eben nicht alle zwischen Juli und August in Urlaub gehen können. Eltern schulpflichtiger Kinder sind ohnedies an die Ferienzeit gebunden, kinderlose bzw. unverheiratete Berufstätige werden in diesem Fall darauf Rücksicht nehmen müssen, auch wenn man natürlich nicht verlangen kann, daß ein Junggeselle grundsätzlich nur im November in Urlaub fährt.
Hat man die Terminplanung und vor allem die Frage nach dem Wohin erst einmal gelöst, die Buchungsklippen im Reisebüro erfolgreich umschifft, dann steht ihm eigentlich nichts mehr im Wege – dem Urlaub. Natürlich wird man allen Eventualitäten Rechnung tragen: Die Frage der Krankenversicherung im Ausland muß vorher geklärt bzw. eine solche abgeschlossen werden, Nachbarn oder Verwandte sollten wissen, wie lange wir verreist sind und wo man uns im Notfall erreichen kann. Einige Reiseunternehmen verteilen kostenlose Checklisten, die bei der Urlaubsvorbereitung äußerst nützlich sein können, denn sie enthalten sozusagen auf einen Blick alles, was man sonst leicht vergessen könnte.
Ist das Reiseziel erreicht, ja dann sollten wir halt nicht vergessen, daß wir Gäste in unserem Urlaubsland sind. Und als wohlerzogene Gäste werden wir uns selbstverständlich den Sitten des Gastlandes anpassen (→Gebräuche im In- und Ausland). Natürlich bezahlen wir für unseren Ur-

laub, aber Geld ist nun mal nicht alles, und unsere – vor allem in südlichen Ländern mitunter auf Unverständnis stoßende – deutsche Gründlichkeit hätten wir wohl schon oft besser zu Hause gelassen. Wenn wir im Urlaub auch noch alles besser wissen, im eigenen Land alles schöner ist und man dort selbstverständlich für sein Geld wesentlich mehr bekommt (nur die Sonne, die können wir in unseren teilweise mehr als verregneten Breitengraden noch nicht käuflich erwerben), ja dann haben wir im Ausland eigentlich nichts zu suchen.
Diese kleine Moralpredigt soll jedoch nicht besagen, daß wir über Mängel, die unseren Urlaub wirklich beeinträchtigen, einfach hinwegsehen müssen. Selbstverständlich ist in diesem Falle eine höfliche Beschwerde bei der Reiseleitung angebracht – aber bitte höflich. Die Damen und Herren der Reiseleitung können nämlich nur in den seltensten Fällen zaubern. Wenn gar nichts hilft, so kann man, wieder zu Hause, immer noch überlegen, ob man rechtliche Schritte einleiten will, die Gerichte haben ja vor allem in den letzten Jahren fast immer zugunsten der geschädigten Urlauber entschieden.

Wer sich also über jede Kleinigkeit aufregen möchte, wer in allen Miturlaubern Schmarotzer und Nichtstuer sieht, der sollte doch bitte zu Hause bleiben – dort muß sich wenigstens kein anderer tagtäglich sein griesgrämiges Gesicht im Speisesaal, am Strand oder an der Bar anschauen.

V

Vatertag

Was der Mutter recht, kann dem Vater nur billig sein – und es war ja wohl nur eine Frage der Zeit, wann nach dem Muttertag auch der Vatertag eingeführt werden würde. Er wird am Himmelfahrtstag gefeiert, und die Herren der Schöpfung dürfen an diesem Tag sozusagen ganz legal einmal kräftig über die Stränge schlagen. Es sollte allerdings nicht so weit gehen, daß sich am nächsten Tag erhebliche Erinnerungslücken bemerkbar machen.

Verabredung

Das erste Rendezvous, wer könnte sich nicht mehr daran erinnern? Schon Stunden vorher hatte man Herzklopfen, kommt er oder kommt er nicht? Jungen Männern soll es übrigens ganz genauso ergehen... Mindestens eine Stunde vorher ist man fix und fertig angezogen, und nur der Blick auf die Uhr hält uns davon ab, jetzt bereits aus dem Haus zu stürmen. Natürlich sind wir beim ersten Mal viel zu früh an Ort und Stelle, und ich kenne junge Damen, denen vor lauter Angst, der Angebetete könnte möglicherweise nicht erscheinen, tatsächlich schlecht geworden ist. Normalerweise wird ja alles gutgehen, man wird sich mehr oder weniger verlegen an der ausgemachten Stelle treffen und die kommenden Stunden gemeinsam verbringen. Was aber, wenn man tatsächlich versetzt wird? Ein Viertelstündchen muß man natürlich schon warten können, es könnte ja wirklich einmal etwas dazwischengekommen sein, länger aber brauchen wir uns dann wirklich nicht die Beine in den Bauch zu stehen. Ist tatsächlich ein Unfall der Grund für die Verspätung, dann wird er oder sie nach einer Viertelstunde auch noch nicht da sein, aber wir werden später diese Erklärung selbstverständlich erleichtert als Entschuldigung akzeptieren. Hat er oder sie die Verabredung einfach vergessen, dann, ja dann sollten wir ihn oder sie als Partner wohl auch ganz schnell vergessen.
Geschäftliche Verabredungen und der damit verbundene Erfolg oder Mißerfolg sind auch eine Frage der Pünktlichkeit. Wer also einen Termin akzeptiert, der wird ihn auch einhalten, auch wenn es mitunter schwerfällt, weil man z.B. ein Morgenmuffel ist. Auch hier gilt die Viertelstunde »Zugabe« als absolutes Limit, jede Minute darüber hinaus ist unhöflich. Einige Geschäftsleute

haben es sich, wohl aus Mangel an guter Erziehung, zur Angewohnheit gemacht, Gesprächspartner grundsätzlich warten zu lassen, auch wenn sie währenddessen hinter ihrem Schreibtisch gelangweilt die Zeitung lesen. Damit soll wohl die Wichtigkeit der eigenen Person demonstriert werden. Nun gut, wenn man unbedingt etwas von diesen Leuten braucht, wird man wohl oder übel warten müssen, wenn nicht, dann werden wir uns exakt nach einer Viertelstunde bei der Sekretärin höflich verabschieden. Sollte der Herr (oder auch die Dame) irgendwann mit uns sprechen wollen, unsere Telefonnummer ist ja schließlich bekannt.

Ohne **Vereine** *wären sie fast ausgestorben, die farbenprächtigen Trachten.*

Verabschiedung

Auch der schönste Abend geht irgendwann einmal zu Ende. Bei Abendeinladungen mit zahlreichen Gästen brauchen wir uns, ausgenommen bei den Gastgebern, nicht einzeln zu verabschieden. Bei Einladungen im kleinen Kreis verabschiedet man sich z.B. im Wohnzimmer von der Hausfrau, der Hausherr wird seine Gäste zur Garderobe und eventuell zum Auto begleiten. Einem Ehrengast gebührt diese Ehre übrigens immer, und in diesem Fall wird, sofern er mit seiner Ehefrau anwesend war, auch die Gastgeberin bis zur Garderobe mitgehen, dann aber zu den übrigen Gästen zurückkehren. Ob alle Gäste gleichzeitig aufbrechen sollen, ist hingegen wieder eine andere Frage. Ich meine, die alte Sitte, daß zuerst die ranghöchsten bzw. ältesten Gäste mit dem Aufbruch beginnen, hat hier nach wie vor ihre Berechtigung. Schließlich handelt es sich fast immer um ältere Herrschaften, die meist gerne noch vor Mitternacht im eigenen Bett liegen. Warum müssen dann aber lustige junge Menschen ebenfalls abrupt den Abend beenden? Allerdings, wer daraus das Recht ableitet, den Abend endlos auszudehnen, der wird bei den Gastgebern bestimmt einen bleibenden schlechten Eindruck hinterlassen. Schließlich zwingt man sie, falls sie nicht bereits couragiert genug sind, ein Ende anzudeuten, so lange aufzubleiben, bis diesen ewigen »Hockern« endlich von selbst einfällt, daß es genug sein könnte. Aber darüber haben wir bereits im Kapitel →Besuche gesprochen.

Muß ein Gast, aus welchen Gründen auch immer, vorzeitig eine Gesellschaft verlassen, wird er dies der Gastgeberin bereits bei der Begrüßung mitteilen und sich später unauffällig von der Gesellschaft entfernen.

Vereine

Wir Deutschen werden ja nur zu gerne als »Vereinsmeier« bezeichnet, ein etwas despektierlicher Ausdruck für unsere Liebe zu organisierten Gesellschaften. Jedem Tierchen sein Pläsierchen, jedem Menschen seinen Verein. Es gibt Mitbürger, die in so vielen Vereinen engagiert sind, daß sie nur noch am Sonntagvormittag für die eigene Familie Zeit finden. Vereine haben ihre eigenen Gesetzmäßigkeiten, und sie können nur funktionieren, wenn ihre Mitglieder mehr oder weniger diszipliniert an den vorgesehenen Treffen teilnehmen. Dies sollte man wissen, ehe man einem Verein vorschnell beitritt. Mitglieder, die nur ab und zu einmal kommen bzw. immer nur dann da sind, wenn es etwas zu feiern gibt,

Verlobungsringe, *die später meist zu Eheringen werden, gibt es in den verschiedensten Formen und Goldlegierungen. Besonders beliebt ist seit einigen Jahren der Ring mit Diamant.*

werden in keinem Verein gerne gesehen, aber mitunter schon um des Mitgliedsbeitrages willen akzeptiert – es sind dies die sogenannten Karteileichen. Wer einem Verein beitritt, muß sich nicht nur mit dessen Zielen identifizieren, sondern auch mit dessen Gepflogenheiten. Ein Wochentag bzw. ein Abend gehört in diesem Fall dem Verein, wer Ambitionen zur Vorstandsbank hegt, wird aber weit mehr Zeit dafür opfern müssen. Wobei das Wort Opfer natürlich nicht im strengen Sinn ausgelegt werden darf. Ich kenne Menschen, die leben sozusagen für ihren Verein.

Verlobung
gilt heute fast als altmodisch, denn das Zusammenleben ohne Trauschein ist mittlerweile nicht nur möglich, sondern beinahe alltäglich. Im BGB heißt es zum Thema Verlobung u.a.: »Aus einem Verlöbnisse kann nicht auf Eingehung der Ehe geklagt werden.« Da das Verlöbnis zumindest rechtlich gesehen ein Vertrag ist, müssen beide Vertragspartner bei Abschluß dieses Vertrages volljährig sein oder, wenn dies nicht der Fall ist, muß die Genehmigung der gesetzlichen Vertreter vorliegen. Soweit die etwas trocken klingende Rechtslage. Normalerweise verloben sich zwei Menschen dann, wenn sie beschlossen haben, den Rest des Lebens in ehelicher Gemeinschaft zu verbringen. Wer die freie Ehe vorzieht, wird sich ja wohl kaum verloben.

Verlobungsanzeigen werden wie →Hochzeitsanzeigen abgefaßt, müssen aber keineswegs sein. Üblich ist dies vor allem auf dem Lande, um kursierenden Gerüchten Einhalt zu gebieten.

Verlobungsfeier oder *Verlobungsempfang* finden heute nur noch im allerengsten Familienkreise statt und dienen hauptsächlich dazu, daß sich die gegenseitigen Eltern kennenlernen. Üblicherweise sollten die Eltern der Braut die Eltern des Bräutigams zuerst einladen, aber auch diese Regel ist nicht mehr obligatorisch. Ob der Bräutigam bei den Eltern seiner Auserwählten noch um deren Hand anhalten soll, bleibt ihm selbst überlassen. Ist seine Braut volljährig, so ist es zwar eine nette Geste, verbieten können die Eltern die Verlobung jedoch in diesem Falle nicht mehr. Selbstverständlich wird er zu diesem Anlaß nicht nur seiner Angebeteten, sondern auch der Brautmutter einen Blumenstrauß verehren.

Die *Verlobungsringe* werden in den meisten Fällen ja die späteren Eheringe sein, und traditionsgemäß erwirbt sie der Bräutigam. Natürlich darf sie das Brautpaar auch zusammen aussuchen, mit dem Gravieren sollte man allerdings bis zum festgelegten Hochzeitsdatum warten. Beliebt ist heute das sogenannte Triset, das neben dem schlichten Verlobungs- oder Ehereif einen Vorsteckdiamanten beinhaltet. Wieviel Karat dieser hat, richtet sich natürlich primär nach dem Geldbeutel des Verlobten. Einige Juweliergeschäfte bieten hier den sogenannten wachsenden Diamanten an, d.h., der Stein kann jedes Jahr (oder wann immer man es wünscht) gegen Aufpreis in einen größeren umgetauscht werden. Eine nette Lösung, zumal ja nicht jeder gleich mit einem Halbkaräter anfangen kann.

Als *Verlobungsgeschenk* gilt jede nützliche Kleinigkeit, die Freunde, Verwandte usw. zur kleinen Familienfeier mitbringen. Es können aber auch nur Blumen sein.

Über die Dauer der offiziellen *Verlobungszeit* gibt es die unterschiedlichsten Ansichten. Zumindest drei Monate, nicht unter einem halben Jahr, keinesfalls länger als ein Jahr – drei gängige Meinungen, die Ideallösung wird sich irgendwo zwischen diesen drei Zeiten finden. Verlobungen, die bereits seit Jahren bestehen und immer noch nicht zur Ehe geführt haben, darf man getrost als gescheitert betrachten, auch wenn die beiden Hauptpersonen es vielleicht noch gar nicht wissen. Ich kenne Verlobungszeiten von zwölf Jahren – der Verlobte entschied sich letztlich dann für eine um viele Jahre jüngere Frau, die treue Verlobte hatte das Nachsehen und wie so oft auch noch den Spott. Ich meine, nach längstens zwei Jahren sollte die Verlobung in der Ehe enden oder gelöst werden.

Verwandte

können reizende Menschen sein, aber ebensooft wird wohl auch das Gegenteil der Fall sein. Ob man mit seinen nächsten Verwandten engen oder nur gelegentlichen Kontakt hat, ist wohl primär eine Frage des Verstehens. Menschen, mit denen man sich einer Meinung weiß, sieht man eben lieber als Menschen, die prinzipiell gegenteiliger Ansicht sind. Verwandte neigen aus unerklärlichen Gründen dazu, alles besser zu wissen, auch wenn sie im eigenen Leben vieles falsch gemacht haben, und vor allem junge Ehefrauen erfreuen sich ihrer weise Ratschläge erteilenden Gunst. Und wehe, man ignoriert diese feinsinnigen Belehrungen, die doch alle so lieb mit kleinen Nadelstichen versehen sind. Darüber ließe sich wohl endlos schreiben ... Solch lieben Mitmenschen, ob sie nun mit uns verwandt sind oder nicht, begegnen wir mit ausgesuchter Höflichkeit, und wenn die Ratschläge zu weit gehen, werden wir freundlich, aber bestimmt darauf hinweisen, daß man schon selbst wüßte, was zu tun wäre.

Visitenkarten

Zumindest im Berufsleben ist man ohne Visitenkarte nur ein halber Mensch. Allenthalben wird man um seine Karte gebeten, und mindestens ebensooft erhalten wir die Karte eines Geschäftsfreundes. Ordentliche Menschen geben diese dann sofort an ihre Sekretärin weiter mit der Bitte um Aufnahme in die Kartei, weniger ordentlichen kann es passieren, daß sie nach einigen Wochen das halbe Büro nach eben dieser Karte absuchen. Ein einheitliches Maß hinsichtlich der Größe von Visitenkarten gibt es nicht, doch hat sich als Maximalmaß $10,5 \times 7,0$ cm eingebürgert. Kleiner ist sie in zahlreichen Varianten erlaubt, wesentlich größer sollte sie nicht sein, da sie sonst in Dokumentenmappen, Geldtaschen usw. kaum mehr Platz findet.

Vorschläge zur Geschäftskarte:

Beispiel 1:

Federhalter Konzern Verlagsgesellschaft AG

Dr. Hubert Schreibgern
- Direktor -

Tintenstraße 4, 8000 München 93, Tel.: (089) ....

Geschäftskarten werden meist in gut leserlicher, klarer Schrift gedruckt, Schreibschrift findet man nur in Ausnahmefällen. Die private Visitenkarte hingegen darf jedes gefällige Schriftbild aufweisen, unter Umständen sogar eine nette Symbolzeichnung (bei sehr jungen Leuten beliebt) und ebenso wie auch die Geschäftskarte ggf. einen Prägestempel (mit Familienwappen usw.) enthalten.

Beispiel 2:

Dr. Hubert Schreibgern
Direktor

Federhalter Konzern
Verlagsgesellschaft AG
Tintenstraße 4
8 München 93
Tel.: (089) . . . .

Privat:

Kulistraße 42
8 München 85
Tel.: (089) . . . .

Beispiel 3:

Friederike Federkiel
Schriftstellerin

Druckereistraße 45, 8 München 64, Tel. (089) . . . .

Beispiel 4:

DR. MED. HEINZ VON SPRITZE
A.O. PROFESSOR

TABLETTENWEG 9
8 MÜNCHEN 67   TEL.: (089) . . . .

Beispiel 5:

Fast völlig aus der Mode gekommen ist die sogenannte Privatkarte der Dame.

Renate Heinrich
geb. Bergmann

Tulpenweg 3
4 Düsseldorf 89
Tel.: (. . . .) . . . .

Beispiel 6:

Frau
Renate Heinrich

Tulpenweg 3, 4000 Düsseldorf 89, Tel.: (. . . .) . . . .

Beispiel 7:

Frau Otto Heinrich

Tulpenweg 3
4 Düsseldorf 89
Tel.: (. . . .) . . . .

Selbstverständlich können Ehepaare auch eine gemeinsame Karte wählen.

Beispiel 8:

```
┌─────────────────────────────────────────────┐
│                                             │
│          Herr und Frau Otto Heinrich        │
│                                             │
│   Tulpenstr. 3                              │
│   4 Düsseldorf 89                  Tel.:... │
│                                             │
└─────────────────────────────────────────────┘
```

Bei gemeinsamer Visitenkarte entfällt jedoch jeder Titel.

Wer sich sehr häufig auf gesellschaftlichem bzw. diplomatischem Parkett bewegen muß, wird zur Visitenkarte unter Umständen auch das passende Kuvert benötigen, da auf diplomatischer Ebene die sogenannte Visitenkartensprache durchaus noch angewandt wird. Und es sieht einfach lächerlich aus, wenn sich eine kleine Karte in einem viel zu großen Kuvert verliert.

Doch zurück zu den nach wie vor bestehenden Regeln, wenn uns bei einem Besuch ein Angestellter öffnet, oder wenn wir die Karte im Kuvert dem Briefkasten anvertrauen müssen, weil niemand zu Hause ist. In diesem Fall, aber auch, wenn wir z. B. ungelegen kommen, gilt der Besuch als abgestattet, d. h., man wird uns weder der Vergeßlichkeit noch der Ungeschliffenheit zeihen.

Besucht also ein unverheirateter Herr ebenfalls nicht im Ehestand lebende Damen oder Herren, so wird er eine Karte abgeben; ist der zu besuchende Herr hingegen verheiratet, so gibt er zwei Karten ab;

der verheiratete Herr überreicht dem unverheirateten Herrn natürlich nur seine (eine) Karte, und dies gilt auch bei einer unverheirateten Dame.

Keine Sorge, es wird noch wesentlich komplizierter:

Besucht nun ein Ehepaar eine unverheiratete Dame, so bekommt diese zwei (eine) Karten, nämlich eine vom Herrn und eine von der Dame oder, sofern das Ehepaar über eine gemeinsame Karte verfügt, natürlich diese. Doch das Spiel geht noch weiter: Wird ein Ehepaar von einem verheirateten Herrn aufgesucht, so erhält es zwei Karten von ihm; befindet er sich in Begleitung seiner Frau, so wird deren Karte ebenfalls noch abgegeben oder aber: er überreicht seine eigene sowie die gemeinsame Karte. Besucht übrigens eine alleinstehende Dame ein Ehepaar, so wird sie immer nur eine Karte (für die Dame) abgeben, lediglich anläßlich eines Geschäftsbesuches erhält der Herr in diesem Fall auch eine Karte.

Ganz schön kompliziert, aber immer noch üblich, und ein Ende dieses Unfugs ist leider immer noch nicht abzusehen. Einziger Trost ist wohl, daß dieses Spiel primär nur noch in diplomatischen Kreisen gespielt wird. Ich habe jedenfalls bei zahlreichen Telefonaten mit durchaus gesellschaftsfähigen Kreisen niemanden gefunden, der mir auf Anhieb erklären konnte, wie es funktioniert. Und weil wir gerade dabei sind: Selbstverständlich gibt es, streng nach den Regeln der Etikette, auch für die Kinder Visitenkarten. Die der Tochter enthält nur Vor- und Zunamen, und das liebe Töchterlein wird sie nur dann abgeben, wenn sie gemeinsam mit den Eltern einen Besuch macht oder aber, wenn sie das Elternhaus ihrer diversen Freundinnen besucht. Der noch immer im Elternhaus lebende, unverheiratete Sohn besitzt natürlich auch seine eigene Karte, sie ist lediglich im Format kleiner als z. B. die seines Herrn Papa. Und noch ein Wort zu den Formaten: Vorgeschrieben waren einst für den Herrn exakt 9×5 cm, für die Dame durfte es etwas kleiner, nämlich $7,5 \times 4,5$ cm sein. Heute, wie bereits erwähnt, denkt man wenigstens in diesem Punkt großzügiger.

Vor allem in den romanischen Ländern ist die aus französischen Abkürzungen bestehende *Visitenkartensprache* noch weit verbreitet, und wer sattelfest in allen Fragen der Etikette sein wollte, mußte sie einst auch bei uns beherrschen. Der allgemeingültige Platz für die nachstehenden Abkürzungen befindet sich übrigens links unten auf der Visitenkarte; ist dieser Platz jedoch z.B. durch die Adresse belegt, so wird man seine »Nachricht« an einer anderen, aber sichtbaren Stelle anbringen. Beim eigenen Antrittsbesuch bleibt die Karte übrigens frei von einer Nachricht, aber darauf kommen wir bei den Abkürzungen noch zurück.

International gültige Abkürzungen auf Visitenkarten:

p.p.   = pour présenter = um eine Begleitperson vorzustellen (diese Abkürzung wird niemals verwandt, wenn es sich um den *eigenen* Antrittsbesuch handelt, sondern immer nur, wenn wir *eine andere Person* einführen bzw. vorstellen wollen);

p.f.   = pour féliciter = um Glück zu wünschen;

p.f.n.a. = pour féliciter nouvel an = Glückwünsche zum neuen Jahr;

p.c.   = pour condoler
       oder   } = um Beileid auszusprechen;
p.p.p. = pour prendre part

p.p.c. = pour prendre congé = um Abschied zu nehmen;

p.r.   = pour remercier = um zu danken

Haben wir nun eine solchermaßen mit der entsprechenden Abkürzung versehene Visitenkarte vorgefunden, so werden wir unsere Karte mit dem Vermerk:
»p.r.« versehen und der Post anvertrauen (wenn wir eine Karte mit der Abkürzung »p.c.«, »p.p.p.« oder »p.f.« erhielten). Karten mit der Nachricht »p.f.n.a.« werden mit derselben Abkürzung erwidert oder, wenn seit Erhalt einige Tage vergangen sind, mit »p.r.p.f.« (Dank und Glückwunsch) versandt. Karten mit den Abkürzungen »p.p.«, »p.p.c.« oder »p.r.« werden nicht beantwortet. Anrede oder Unterschrift sind bei der sogenannten Visitenkartenkorrespondenz übrigens nicht üblich, auch die in Briefen gern verwandte Abkürzung »D.U.« (der Umseitige) wird heute nicht mehr gebraucht.

Mit diesem Wissen ausgestattet, das so schwer eigentlich gar nicht ist – sofern man sich die vielen Abkürzungen leicht merkt –, können wir sicher in der ganzen Welt als wohlerzogener Mensch durchkommen – lediglich die richtigen Kreise müssen wir uns hierzu natürlich sehr sorgfältig aussuchen. Und diese etwas ironische Abschlußbemerkung konnte ich mir bei so viel diplomatischer Etikette einfach nicht verkneifen!

Vorbestellung
Vielbesuchte Restaurants, Kinos, in denen ein gängiger Film gezeigt wird, Hotelaufenthalte, kurz alle beruflichen oder privaten Unternehmungen, für die wir einen Platz benötigen, bedürfen, wollen wir nicht unnötige Wartezeiten in Kauf nehmen, der Vorbestellung. Sie sollte mindestens einige Stunden (nur Hotelzimmer wird man langfristig vorbestellen) vor der gewünschten Zeit getätigt werden, und zweckmäßigerweise sollte man sich den Namen desjenigen, der die Bestellung aufgenommen hat, notieren. Hotelzimmerreservierungen kann man sich, sofern die Zeit noch ausreicht, schriftlich rückbestätigen lassen, vor allem in Messezeiten, oder in der absoluten Hauptreisesaison lassen sich dadurch mögliche Fehlerquellen bzw. Doppelbelegungen ausschließen.

Vorlegebesteck
→Besteck. (s. Foto S.196, 197)

Vorspeisen
Sogenannte Hors d'œvres werden lediglich mit der ganz rechts außen aufgedeckten Gabel verspeist, bei den meisten anderen Vorspeisen, die zwar eigentlich auch nur eine Gabel verlangen würden, legt man jedoch das Vorspeisenbesteck komplett auf.

Vortritt lassen
Öffentliche Verkehrsmittel, Lifte, Schwing- und

Drehtüren, Paternoster verläßt man so, wie sich die Reihenfolge gerade ergibt. Wer hier aus Höflichkeit wartet, kann ungewollte Zusammenstöße oder Lacherfolge verursachen. Grundsätzlich läßt der höfliche Herr ja stets der Dame den Vortritt, aber was wären alle Regeln ohne Ausnahme. So wird er im Restaurant, im Theater, im Kino stets vorangehen und nach freien Plätzen Ausschau halten, denn schließlich muß das männliche Beschützergefühl ja ab und an mal ein bißchen gefordert werden. Auf der Treppe sollte beim Hinaufgehen die Dame vor dem Herrn, beim Heruntergehen der Herr jedoch vor der Dame gehen. Damit im Falle eines Falles sozusagen die Dame weich an seinem Rücken landet. Sehr breite Treppen erlauben natürlich ein Nebeneinander, aber nur beim Hinaufgehen. Treppab wird stets der Herr voranschreiten, und vor dem Ersten Weltkrieg mußte er dies auch beim Hinaufgehen. Um die Jahrhundertwende galt nämlich bereits der Anblick von Frauenknöcheln als Sünde.

Vortritt läßt der Herr der Dame beim Hinaufgehen der Treppe (1), beim Hinabsteigen (2) wird er jedoch schützend vor ihr gehen. So kann sie sich notfalls auf seiner Schulter abstützen, falls sie stolpert. Eine Sitte, die immer mehr aus der Mode kommt ...

W

Wartezimmer
strahlen mitunter eine recht bedrückende Atmosphäre aus, und manchmal habe ich so das Gefühl, man befinde sich in Erwartung seiner eigenen Exekution. Das mag wohl auch daran liegen, daß jeder Eintretende, der übrigens grüßen sollte, neugierig, aber verstohlen aus den Augenwinkeln gemustert wird und sich sämtliche Wartezimmerinsassen nur im Flüsterton unterhalten. Warum, das weiß wohl mit Bestimmtheit kein Mensch zu sagen. Wartezimmer gibt es natürlich nicht nur in allen medizinischen Praxen, sondern auch bei Anwälten oder Behörden (die sind ganz schlimm, weil man hier ohne jeden Anlaß auch noch ein schlechtes Gewissen bekommt, und je länger hier die Wartezeit dauert, desto schlechter pflegt es zu werden). Häufigste Anlaufstelle wird wohl das Wartezimmer beim Arzt sein, und speziell dort trifft man auch eine ganz bestimmte Sorte von Menschen. Nämlich all die lieben Mitbürger, die ja ach so krank sind und selbstver-

Weihnachten ist die Zeit der stillen Beschaulichkeit, im Advent genießt man die Kaffeestunde besonders.

ständlich das gesamte Wartezimmer mit ihren schrecklichen Leidensgeschichten unterhalten müssen. Und bitte im Flüsterton, mit rollenden Augen, ständig in spannender Erwartung, daß seine Hoheit Gott Arzt hereinrauscht und sich donnernd der infamen Verleumdungen erwehrt ... Erfahrungsgemäß hilft ignorieren hier nur teilweise, weil jene Mitmenschen gar nicht erst zur Kenntnis nehmen, daß wir an ihren Schauergeschichten nicht interessiert sind; der Griff zur Zeitschrift kann ein neuerliches Gesprächsthema beim lieben Nachbarn provozieren, diesmal geht es dann eben um Prinzessin XY und nicht mehr um den seit Monaten vereiterten Finger.

Meine Bitte an alle Wartezimmerinsassen: Wenn jemand nicht reden möchte, sollte man ihn auch nicht dazu zwingen, und die eigene Krankengeschichte interessiert außer uns (und vielleicht unsere nächsten Angehörigen) auch niemanden. Schweigen ist in diesem Falle wirklich Gold! Hilft alles nichts, und eine Quasseltante oder ein gesprächiger Herr (so was gibt es selbstverständlich auch) ist überhaupt nicht zu stoppen, dann wird man ihn höflich aber bestimmt darauf aufmerksam machen, daß man seine Ruhe haben möchte. Er oder sie wird zwar nun beleidigt den Kopf schütteln, aber zumindest wird Ruhe einkehren.

Weihnachten

Das Fest der Familie, vor allem aber der Kinder; für alle Hausfrauen und Mütter jedoch auch eine Zeit der Hektik. Schließlich muß für mehrere Feiertage eingekauft, die Geschenke besorgt, der Baum ausgesucht und geschmückt werden. Erfahrungsgemäß ist die Vorweihnachtszeit wohl die schönste Zeit, wenn es in Mutters Küche aromatisch nach Selbstgebackenem duftet, wenn geheimnisvoll Schrankschlüssel verschwinden, man stets hinter verschlossenen Türen ein Rascheln vernimmt und endlich, endlich der langersehnte Tag am Kalenderblatt steht. Weihnachten sollte das Fest der Besinnung sein und nicht unbedingt der Festtag, an dem das Geld regiert. Kinder, die vor lauter Geschenken nicht mehr wissen, wohin, verlieren relativ schnell die Lust an allem, kramen die alte Puppe hervor und können nicht verstehen, warum die Erwachsenen enttäuscht darauf reagieren. Lieber kleine Geschenke, diese aber mit Liebe und Verstand ausgesucht, als solche, die man nur der Kaufsumme wegen erworben hat.

Wein

Daß im Wein die Wahrheit liegt, hinterließen uns bereits die Römer, was in jüngster Zeit sonst noch alles darin enthalten ist, erfuhren und erfahren wir in täglich neuen Schreckensmeldungen aus den Medien. Ein Weinskandal jagt den anderen. Versetzen die Österreicher ihren Wein mit Diäthylenglykol, so gingen die Italiener einen drastischen Schritt weiter und vergifteten uns mit Methylalkohol – der Genuß eines mit diesem Gift versetzten Weines kann unter Umständen sogar zum Tode führen (und Italien beklagt gerade das 22. Todesopfer!). Kein Wunder also, wenn immer mehr Leute bei Wein dankend den Kopf schütteln. Nein, man hat einfach kein Vertrauen mehr, auch wenn es bislang immer nur sogenannte Billigweine betraf. Wer garantiert uns denn, daß nicht auch in sogenannten Edelflaschen giftige chemische Substanzen enthalten sind? Hat man einmal nachgelesen, was offiziell im Wein alles enthalten sein darf, außer Wein natürlich, dann wundert uns der oft schwere Kopf – auch nach einem geringen Quantum – am nächsten Tag keineswegs mehr.

Natürlich wird dieser Skandal, wie ja alle anderen auch, eines Tages wieder vergessen sein, der Wein wieder zu den beliebtesten Getränken zählen, und die Regierungen aller weinproduzierenden Länder Europas dank der von ihnen erlassenen strengen und strengsten Vorschriften und Auflagen wieder aufatmen können. Man wird Wein wieder ohne Angst trinken können!

Wer regelmäßig einen edlen Tropfen genießen

möchte, sollte sich, durchaus klein, aber fein, einen eigenen Weinkeller bzw. ein gut gefülltes Weinregal im Keller zulegen. Die richtige Lagertemperatur von Weißwein liegt bei 10 bis 12 °C, und daß Wein liegend gelagert wird, ist auch kein Geheimnis. Der Grund hierfür ist simpel: Der Korken sollte stets feucht gehalten werden, sonst wird er porös und luftdurchlässig. Außerdem sollte Wein dunkel eingekellert sein, und ein weiteres Gebot besagt, daß man den Wein erst anrührt, wenn man ihn braucht. Umdrehen, schütteln oder gar ein Auf-den-Kopf-Stellen der Flaschen verursacht höchstens eine Trübung des Weines, bringt aber keinesfalls eine Geschmacksverbesserung.

Die richtige Trinktemperatur von
- Weißwein liegt zwischen 10 und 12 °C;
- Rotwein liegt bei 16 bis 18 °C.

Rotwein sollte, um sein volles Bouquet entfalten zu können, schon Stunden vor dem Verzehr geöffnet und unter Umständen in eine Karaffe gegeben (= dekantiert) werden.

Spitzenweine werden mit den Jahren der Lagerung immer köstlicher, leichte Trinkweine hingegen sind zum schnellen Verbrauch bestimmt und kippen nach ein, höchstens zwei Jahren um. In den letzten Jahren hat sich der Geschmack der Deutschen hinsichtlich des Weines ja stark verändert. Liebte man vor gar nicht langer Zeit noch möglichst süße, schwere Weine, so bevorzugt man nun den herben, trockenen Wein.

Entkorken sollte man die Weinflasche – es sei denn, es handelt sich um eine wirkliche »Uraltflasche«, möglichst dekorativ von Staub und Spinnweben umhüllt – in der Küche, und dank zahlreicher moderner Korkenzieherautomaten geht dies so leicht, daß es auch eine schwächliche Eva schaffen könnte – natürlich nur, wenn Adam gerade anderweitig beschäftigt ist. Die weiße Stoffserviette (und in diesem Fall sollte sie bitte wirklich aus Stoff sein) dient einerseits zum Auswischen der Flaschenöffnung, zum anderen fängt sie eventuelle Tropfen auf. Weinflaschen werden übrigens stets in Höhe des Etiketts angefaßt und nicht, wie immer wieder zu sehen, am Hals. Die Reihenfolge des Einschenkens wurde bereits im Kapitel →Trinken und Trinksitten behandelt.

Welcher Wein zu welchem Essen getrunken wurde, war früher streng geregelt. Rotwein wurde zu allen dunklen Fleischarten (Rind, Schwein, Wild, Lamm) gereicht, Weißwein hingegen blieb den hellen Fleischsorten (Kalb, Geflügel) und natürlich dem Fisch vorbehalten. Aber so streng sieht man das heute längst nicht mehr, zumal diese »Weinbestimmungsart« wirklich nur in Deutschland verbreitet war. Italien, Frankreich, Spanien sowie alle anderen klassischen Weinländer konnten darüber nur lächelnd den Kopf schütteln, denn dort hieß und heißt die Devise nach wie vor: Je kräftiger das Essen, desto würziger der Wein, egal ob dieser nun rot oder weiß ist. Wenn Sie also mitleidig belächelt werden, weil Sie zum Lammbraten einen spritzigen Weißwein servieren, so lächeln Sie liebenswürdig zurück und klären Sie auf!

Nicht alle Weinliebhaber sind auch Weinkenner, und niemand wird dies wohl verlangen können. Wirkliche Fachleute brauchen neben jahrelanger Erfahrung auch eine untrügliche Nase, eine unbestechliche Zunge und Augen, die nicht den äußeren Zustand der Flasche, sondern lediglich deren Inhalt zu beurteilen vermögen. Ich möchte wetten, daß unter hundert Weinkennern in einem Restaurant, die genußvoll den Wein »kauen« und »verkosten«, nur höchstens fünfzig wirklich etwas vom Wein verstehen. Der Rest imitiert ein gut eingespieltes Ritual, ohne daß ihm die Geheimnisse des Weines deswegen sonderlich offenbar würden. Versteht z.B. bei einem Essen zu zweit, in einem guten Restaurant, der Herr absolut nichts, die Dame dafür aber um so mehr vom Wein, so darf durchaus auch sie die Weinkarte studieren und die Bestellung an den Herrn Ober weitergeben. Ein netter Hinweis, der dem Kellner Aufklärung gibt, ist aber nicht unbedingt falsch. Falsch wäre es hingegen, ohne jede Kenntnis über seine Beschaffenheit einen Wein zu bestellen, der von beiden Beteiligten dann nur mit

Widerwillen getrunken wird – und dies alles nur, damit die Etikette gewahrt bleibt, die einst besagte, nur der Herr dürfe den Wein auswählen! Zum Schluß noch einige Fachausdrücke, auf jeder Flasche zu finden und dennoch von vielen oft nicht verstanden:

Eiswein
Die Lese der Weintrauben erfolgt erst in gefrorenem Zustand.
Beerenauslese
Edelfaule und überreife Beeren werden ausgesondert und gekeltert, die Farbe des Weines erinnert an Bernstein.

Auslese
Lese spät im Herbst, alle nicht einwandfreien Beeren wurden ausgesondert.
Gewürztraminer
Kräftig, würzig schmeckender Weißwein, Hauptanbaugebiete Baden, Elsaß, Südtirol.
Kabinett
Der früher »naturreine« Wein ist heute die Grundstufe des Qualitätsweines mit Prädikat.
Spätlese
Die Weinlese findet erst im November, zum Abschluß der Normallese statt.
Trockenbeerenauslese
Edelfaule, eingeschrumpfte und daher rosinenartig wirkende Beeren finden hier Verwendung.
Weißherbst
Angegorener, gepreßter, hellroter Wein.
A.C. bzw. D.O.C.
Appellation Contrôlée bzw. Denominazione di Origine Controllata, d.h., der Wein stammt aus staatlich kontrollierten Anbaugebieten.

Wer sich wirklich umfassend mit dem Wein auseinandersetzen möchte, sollte eines der zahlreichen Weinlexika erwerben. Es gäbe nämlich noch viel Interessantes über den Wein zu sagen.

Weintrauben

werden einzeln mit der Hand von der Traube abgezupft und als Ganzes verzehrt. Wer möchte, kann die Kerne auf die Gabel bzw. den Dessertlöffel und von dort auf den Teller geben. Aber bitte keinesfalls ausspucken!

Widmungen

Die persönliche Widmung in einem Buch, auf ei-

Weintrauben, ob blau oder weiß (3), sollten zusammen mit dem Käsetablett ein gutes Essen abrunden. Man zupft die einzelnen Beeren von der Traube (2), nimmt sie zwischen Daumen und Zeigefinger und steckt sie als Ganzes in den Mund. Wer will, kann die Kerne der Beeren (1) auf die Gabel bzw. den Dessertlöffel geben.

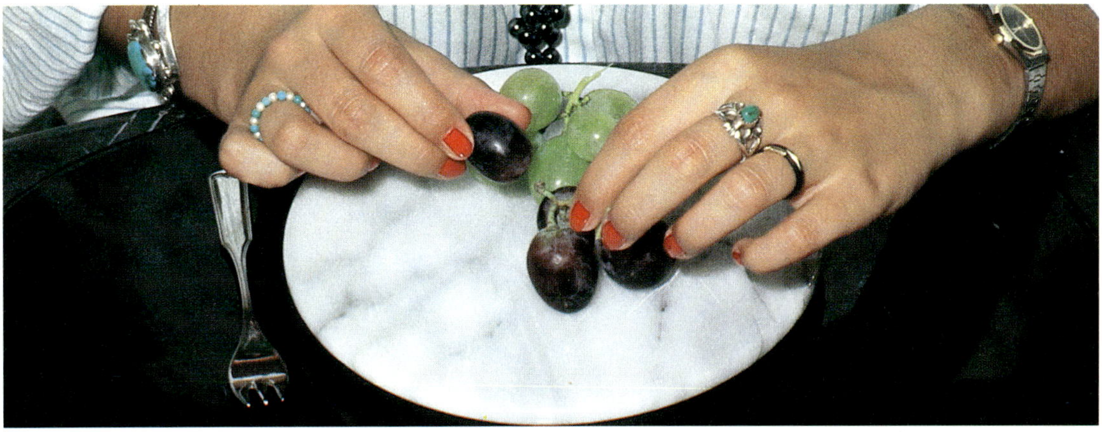

2

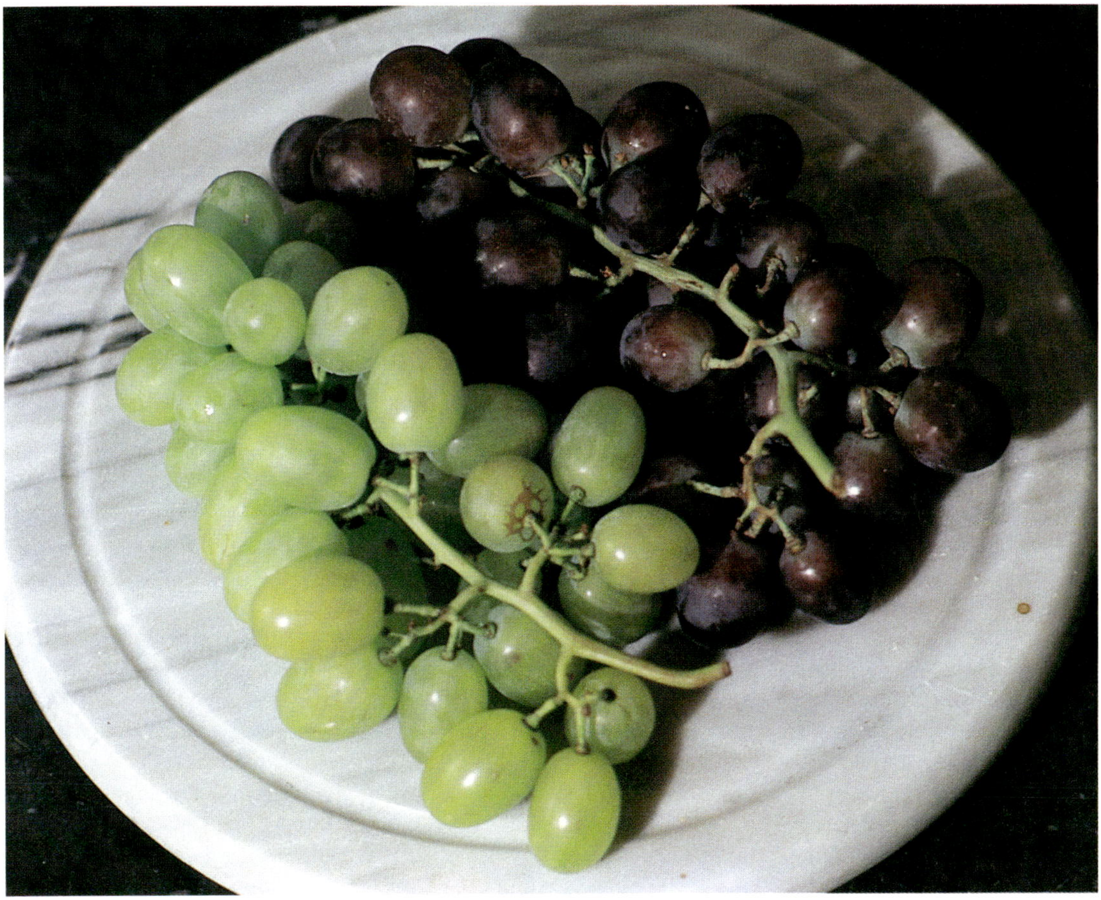

3

nem Bild, auf der Schallplatte oder auf einem Kunstwerk ist für viele das Nonplusultra. Andere hingegen machen sich wieder gar nichts daraus. Widmungen sollten möglichst kurz und natürlich immer höflich sein. Es gibt aber auch Schriftsteller, die eine Widmung als halben Roman abfassen. Nun, hier gilt: Des Künstlers Wille geschehe!

Wohnen und Wohnung
Das eigene Reich, für viele junge Menschen der Traum schlechthin. Einmal ungestört sein, einmal tun und lassen können, was man will, ohne das wachsame Auge der Mutter oder des Vaters. Die erste eigene Wohnung, auch wenn sie nur aus einem Zimmer mit »Naßzelle« besteht, ist immer der erste Schritt zur Selbständigkeit. Und wir sollten dies respektieren, auch wenn es uns als Eltern vielleicht schwerfällt. War zu Hause die Mutter ständig damit beschäftigt, herumliegende Habseligkeiten wegzuräumen, in den eigenen vier Wänden muß man dafür nun selbst Sorge tragen, und dies ist die weniger angenehme Seite der Abnabelung. Natürlich brauchen wir deswegen nicht gleich ein kleiner Putzteufel zu werden, aber so jedes halbe Jahr einmal die Fenster zu putzen, den Staub von den Regalen und Lampen zu wischen und eventuell die Vorhänge in die Reinigung zu bringen, das sollte schon sein, wenn wir nicht eines Tages hören wollen, bei uns würde das Aufräumen auch mal nicht schaden. Peinlich, wenn es ein junger Herr oder eine junge Dame feststellt, auf deren Urteil wir eigentlich viel Wert legen.
Wie und mit welchen Möbeln die eigene Wohnung eingerichtet wird, ist primär die Frage unseres persönlichen Geschmacks. Wer sich hier überreden läßt, braucht sich nicht zu wundern, wenn er sich in den eigenen vier Wänden dann nicht wohl fühlt. Kritik an der Wohnungseinrichtung eines anderen steht niemandem an und ist, wie immer man sie formuliert, schlicht und einfach unhöflich.
Und noch eine kleine Schlußbemerkung: Die Neugierde beschränkt sich in fremden Wohnungen auf all jene Sachen, die wir mit dem Auge zu sehen vermögen. Die Hände haben damit nichts zu tun, und Räume, die man uns nicht unaufgefordert zeigt, gehen uns nichts an.

Z

Zeichensprache
wird ja gerne von wütenden Autofahrern praktiziert und kann, falls der Betroffene genügend Zeugen bzw. einen Mitfahrer hat, ganz schön teuer werden. – Die Römer hoben oder senkten den Daumen bei den Kämpfen der Gladiatoren als Zeichen dafür, ob sie zufrieden oder unzufrieden waren. Mit der Zeichensprache – und hier ist natürlich nicht die Rede von jener, welche die Gehörlosen zur Verständigung gebrauchen – sollte man grundsätzlich sehr vorsichtig sein. Oft haben bestimmte Handzeichen im Ausland eine ganz andere Bedeutung als bei uns – und dies kann zu sehr unangenehmen Mißverständnissen führen.

Zeuge
→Gericht.

Zuhören können
ist eine Kunst, die manche Menschen perfekt, andere hingegen überhaupt nicht beherrschen (→Diskussionen, →Gesprächsthema).

Zusage
Einladungen, aber auch berufliche wie private Termine bedürfen der Zusage. Sie kann telefonisch oder schriftlich gegeben werden, sollte aber stets so rechtzeitig gegeben werden, daß die Einladenden nicht erst eine Stunde vor Beginn wissen, daß wir auch kommen wollen. Zusagen, die nicht rechtzeitig eintreffen, können unter Umständen eine Absage zur Folge haben (→Einladung, →Abendgesellschaft).

Zuschauer
können motivieren, aber auch lähmen. Gerade beim Fußball, wie eigentlich bei allen Sportarten, hängt so viel von den Zuschauern ab, die ihren Verein, ihren Favoriten anfeuern, seine letzten Reserven mobilisieren und ihn, obwohl er sich bereits am Ende seiner Kräfte fühlt, nochmals anspornen. Zuschauer können aber auch durch Ausbuhen oder durch eisiges Schweigen demonstrieren, daß sie mit einer Leistung, die in diesem Fall nur selten den einzelnen meint, nicht zufrieden waren. Schauspieler, Sänger, Artisten fürchten nichts so sehr wie den Zuschauer, denn er entscheidet ja letztlich, ob man Erfolg haben wird oder nicht.

Zylinder
→Hüte.

Bildnachweis

Die Autorin dankt folgenden Firmen sehr herzlich für die Überlassung von Bildmaterial und Zeichnungen:
H. H. Ayer, S. 166
Bayer. Hof, München, S. 63, 135, 139, 189
Bichel, Dagmar, Hamburg, S. 124, 137, 218, 219, 221
Bogner, Willi, S. 235
Brand, Bärbel, Brautmoden, S. 126
Breiter-Hüte, München, S. 154, 155
Escada, S. 11, 154, 167
Estee Lauder, S. 158, 159, 166
Fachvereinigung Krawatten- u. Schalindustrie, S. 96, 97, 124
FIMA Bremerhaven, S. 88/89, 141, 160, 161
Fotostudio Teubner, S. 226/227
Fotostudio Unterhaching, S. 79
Heis, Dr. Markus, S. 102, 127, 128, 129, 134

Hutschenreuther AG, S. 107, 115, 215
Königsbauer, Toni, S. 103
Kraft, Eschborn, S. 70
Langnese-Iglo, S. 91
Pfanni Werke München, S. 205
Robbe & Berking, S. 46, 47, 106, 107, 182, 183, 211
Sopexa, S. 34
Villeroy & Boch, S. 38, 106, 146, 211
Weidner, Trauringe, S. 239
Wilfart, Hans-Chr., S. 193
Wilkens, S. 48/49, 147
Wilvorst, S. 10, 65, 98, 202, 203
WMF, S. 6, 7, 58, 59, 63, 94, 95, 103, 112, 113, 118, 119, 151, 174, 175, 200, 201, 221, 247

Alle anderen Aufnahmen stammen von Dr. Heinz von Lichem, München.

Stichwortverzeichnis

A
Abend 212
Abend, Herren- 140
Abend, Hobby- 76
Abend, Polter- 181
Aberglaube 11–12, 57, 60
Absage 7, 9, 12, 32, 75, 121, 122, 252
Absage, mündlich 12
Absage, schriftlich 12, 13
Abschied 104
Abschiedsbesuch 13
Abschiedsparty 13
Adel 13, 14, 116, 156, 204
Adressenänderung 233
Alkohol 14, 15, 16, 40, 81, 90, 112
Alkoholiker 112
Alter 16, 55, 69, 103, 157, 168, 173, 193, 197, 202, 212, 220, 236
Angewohnheiten 16, 17
Anklopfen 17
Anrede 14, 17–27, 61
Anrede, briefliche 18–27
Anrede, mündliche 18–27
Anschrift 61, 176
Anstoßen 231
Anwalt 247
Anwalt, Rechts- 21, 186
Anzeige 133
Anzeigen, Verlobungs- 240
Anzug 65, 66, 74, 77, 128, 155, 168, 174, 195, 217
Anzug, Abend- 10, 204
Anzug, Trachten- 217
Arbeitsplatz 17, 28, 29, 53, 54, 169
Artischocken 29
Aufgebot 32
Ausflüge mit Kindern 32
Ausland 28, 176, 188, 252, 254, 312
Ausland, Reisen ins 37, 100
Aussteigen 33, 35, 36, 214
Auster 32, 33, 34, 35, 51, 198
Auszeichnungen 174
Auto 16, 74, 98, 166, 167, 186, 233, 238
Auto fahren 33, 34, 35, 36, 37, 77, 225
Autofahrer 82, 97, 164, 230, 252
Autostopp 166

B
Badekleidung 37
Baden und Badezimmer 37, 58, 39
Ball 39, 40, 180, 202
Ball, Haus- 39
Ball, Kostüm 30, 39, 40
Ball, Schwarzweiß-, 30, 59
Ball, Wohltätigkeits- 39
Bankett 40
Beamte 40
Beerdigung 66, 156, 192, 228, 229
Begrüßung 40, 41, 42, 44, 72, 74, 119, 160, 186, 238
Behinderte 42, 97, 98
Behörde 40, 67
Beilage 73, 191, 209
Beileid 42, 43, 44
Beileidsbezeigung 42

Beileidschreiben 42
Bekannt machen 44, 45, 46
Beleidigen 78
Beleidigung 46, 47, 68
Beleuchtung 47, 48
Besteck 46, 48, 49, 50, 51, 52, 105, 108, 157, 165, 181, 190, 200, 205, 220, 222, 223, 224, 225, 233
Besteck, Austern- 147
Besteck, Dessert- 67, 70, 105, 224
Besteck, Fisch- 86, 87, 106, 140
Besteck, Hummer- 147
Besteck, Kaviar- 147
Besteck, Krebs- 159
Besteck, Obst- 165, 170, 171
Besteck, Schnecken- 195
Besteck, Vorlege- 51, 245
Besteck, Vorspeisen- 245
Besuch 52, 78, 85, 100, 103, 116, 138, 147, 153, 158, 169, 173, 236, 244
Besuch, Antritts- 27, 28, 52, 53
Besuch, Freundschafts- 97
Besuch, Geschäfts- 52, 244
Besuch, Kondolenz- 42, 43, 52
Besuch, Konzert- 156
Besuch, Kranken- 158
Besuch, Opern- 156, 173
Besuch, Privat- 52
Besuch, Restaurant- 189, 190
Besuch, Theater- 217
Besuchstag 53
Besuchszeiten 28, 53, 158
Betriebsfeiern 29
Bewerbung 54, 162
Bewerbungsunterlagen 161
Bewirtung 54
Bezahlung 54, 55
Bezeichnung 14, 18
BGB 16, 109, 240
Bier 112, 114, 178, 198, 205
Blumen 52, 57, 58, 59, 60, 61, 69, 82, 101, 103, 117, 136, 158, 174, 214, 217, 240
Blumen, Toten- 136
Blumengruß 66
Blumenschmuck 136, 228
Blumenstrauß 169
Bowler 143
Brauch 175, 181, 231
Braut 32, 60, 126, 128, 133, 134, 136, 137, 240
Brauteltern 137
Brautführer 60
Bräutigam 32, 60, 128, 133, 134, 136, 137, 240
Brautjungfer 60, 129, 136
Brautpaar 60, 75, 126, 128, 129, 133, 134, 135, 136, 137, 181, 225, 240
Brautstrauß 136, 174
Briefe 18, 60, 66, 163, 225, 245
Brief, Entschuldigungs- 12
Brief, Geschäfts- 60, 61
Brief, Glückwunsch 116
Brief, Privat- 61
Briefadresse 18
Briefanschrift 14, 18–27
Briefkopf, gedruckter 61

Brot 61, 86, 190, 224, 225, 233
Brote, Belegte 224
Brot, Weiß- 95, 195
Bruderkuß 71, 161
Brunch 40, 59, 61, 75, 163
Bücher 61, 62, 80, 82, 100, 101, 110, 162, 163, 167, 173
Buffet 59, 62, 75, 80, 178, 214, 223
Butter 224

C
Camber 128, 143
Camping 64
Champagner 148, 198
Charme 64
Chauvinismus 64
Cocktail 62, 65, 112, 114, 178
Cut 65, 66, 128, 129, 143

D
Damengesellschaft 66
Dank 8, 101
Danksagung 66
Dessert 67, 81, 105, 165, 198, 200, 209, 224
Diener 153
Dirndl 129, 217
Dirndl, Abend- 74
Dirndl, Fest- 204
Disco 30
Diskussionen 67
Drängeln 68, 192, 204
Drink 69, 81
Duzen 69

E
Ehe 71, 72, 78, 115, 137, 148, 196, 240, 241
Ehepaar 71, 102, 217, 221, 244
Ehepartner 18, 216, 229
Ei 72, 73, 176
Ei, Oster- 176
Einkauf 73, 74, 108, 152
Einladung 9, 12, 54, 66, 74, 75, 76, 80, 87, 100, 101, 108, 116, 127, 130, 133, 145, 147, 166, 169, 178, 184, 199, 207, 214, 217, 219, 223, 230, 252
Einladung, Abend- 7, 66, 144, 153, 193, 238
Einladung, Gegen- 108, 185
Einladung, Kaffee- 147
Einladung, Nachmittags- 169, 193
Einladung, Vormittags- 193
Einladung, offizielle 74
Einladung, private 75
Einladung, schriftliche 8, 75
Einrichtung 76, 101
Einrichtung, Wohnungs- 252
Einschenken 249
Einsteigen 33
Einzelgänger 76, 84
Eisenbahn 187
Eleganz 76, 77
Eltern 32, 77, 78, 84, 85, 90, 102, 109, 117, 118, 126, 127, 136, 138, 148, 149, 167, 170, 190, 196, 212, 213, 214, 229, 236, 240, 244, 252
Eltern, Schwieger- 126, 196, 197
Empfang 75, 77
Entkorken 249
Entlobung 77, 78
Entschuldigung 78
Erste-Hilfe-Kurs 233
Erstkommunion 78
Erziehung 80, 153, 181, 218, 238
Erziehung, Kinder- 149
Essen 40, 50, 51, 52, 63, 67, 80, 81, 90, 104, 138, 157, 160, 167, 181, 184, 190, 199, 200, 202, 216, 217, 223, 224, 225, 230, 231, 232, 249, 250
Essen, Abend- 7, 40, 54, 75, 113, 125, 134, 147, 210
Essen, Fondue 80
Essen, Herren- 40, 123, 124, 125
Essen, Hochzeits- 134
Essen, Mittag- 50, 53, 75, 78, 163, 167
Etikette 66, 81, 82, 117, 128, 129, 137, 244, 250
Examensfeier 82

F
Fahrrad 82
Fahrstuhl 83
Familie 84, 86, 102, 104, 121, 176, 258, 248
Familienleben 84
Fasching 30, 39, 40, 83, 84, 175
Feier 76
Feier, Familien- 207
Feier, Tauf- 214
Feier, Trauer- 229
Feier, Verlobungs- 240
Fernsehen 84, 85, 149, 213, 216
Fest 29, 84, 110, 248
Fest, Familien- 78, 83, 84
Fest, Garten- 120
Fest, Kostüm- 158
Fest, Sommer- 204, 205, 206, 207, 223
Fest, religiös 96
Feuer geben 85, 86, 101, 185, 190
Fingerschale 50, 67, 81, 91, 141, 168, 208, 224
Firmung 86, 156
Fisch 50, 81, 86, 87, 88, 89, 106, 205, 209
FKK 37, 68, 69, 87, 90
Flambieren 90
Flegeljahre 90
Fleisch 81, 90, 94, 95, 106, 176, 191, 205, 209, 226
Fleischarten, dunkle 249
Fleischarten, helle 249
Fleischgericht 105, 154, 222
Flohmarkt 91
Flug 102
Flugzeug 41, 92, 93, 153, 187
Folklore 93, 94
Fondue 94, 95
Fotografieren 95, 96

Stichwortverzeichnis

Frau 17
Fräulein 17
Frack 10–11, 40, 74, 96, 128, 143, 152, 173, 174
Fremdwörter 96, 97
Freundschaft 69, 70, 78, 97, 192, 236
Friedhof 97, 163, 229
Frühschoppen 75, 97
Frühstück 75, 163, 176
Frühstück, Kater- 59, 76
Frühstück, Sekt- 75
Fünfuhrtee 97, 214
Fußgänger 97, 98, 99

G
Gabel 48, 49, 50, 51, 67, 86, 87, 88, 90, 91, 92, 94, 104, 105, 108, 147, 164, 168, 170, 171, 191, 207, 208, 224, 245, 250
Gabel, Hummer- 159
Garderobe 11, 40, 69, 73, 74, 77, 78, 99, 162, 168, 173, 180, 188, 190, 195, 195, 258
Garderobe, Urlaubs- 153
Garderobe, Herren- 143
Garderobengebühr 99
Garderobenvorschrift 74, 75
Gast 16, 44, 50, 52, 53, 72, 74, 75, 76, 80, 85, 95, 99, 100, 101, 111, 113, 123, 128, 134, 136, 137, 138, 140, 163, 165, 166, 170, 172, 173, 178, 180, 181, 184, 185, 190, 192, 198, 199, 205, 214, 216, 217, 218, 220, 221, 223, 226, 230, 231, 232, 236, 238
Gast, Ehren- 72, 123, 124, 136, 180, 186, 220, 221, 238
Gast, Logier- 163
Gästebuch 100
Gästeliste 9, 99, 128, 136
Gastfreundschaft 100
Gastgeber 12, 16, 40, 41, 44, 49, 52, 55, 60, 62, 63, 65, 68, 72, 74, 75, 76, 80, 100, 101, 108, 110, 111, 112, 113, 123, 160, 166, 170, 172, 178, 184, 185, 199, 209, 213, 217, 218, 219, 220, 230, 231, 232, 238
Gebräuche im In- und Ausland 101, 102
Gebrauch 137, 204, 224
Geburt 102, 103, 116, 214
Geburtsanzeige 102, 103
Geburtstag 45, 60, 74, 83, 103, 116, 117, 169, 214
Gedeck 104, 105, 106, 195, 202
Gefälligkeiten 105
Geflügel 94, 108, 226
Geld 77, 82, 104, 108, 109, 127, 158, 166, 174, 181, 188, 233, 234, 237, 248
Geld, Trink- 93, 140, 173, 188, 210, 232
Gemeinschaft, eheliche 109
Gemüse 94, 224
Gepflogenheit 28, 152
Gericht 110
Geschenk 7, 52, 57, 61, 66, 69, 78, 82, 103, 104, 117, 125, 133, 155, 145, 156, 158, 168, 169, 170, 176, 177, 188, 192, 248
Geschenk, Einweihungs- 233
Geschenk, Firmungs- 86
Geschenk, Gast- 101, 102
Geschenk, Geld- 109, 135

Geschenk, Taufe- 214
Geschenk, Verlobungs- 240
Geschenkeliste 128, 134, 135
Geschirr 63, 80, 199, 233
Geselligkeit 110
Gesellschaft 110, 116, 120, 139, 169, 170, 177, 178, 184, 185, 190, 219, 230, 258
Gesellschaft, Abend- 9, 60, 67, 110, 180
Gesellschaft, Herren- 123
Gespräch 45, 46, 83, 97, 152, 187, 188, 196, 197, 216, 218, 225
Gesprächsthema 110, 248
Getränk 75, 92, 105, 111, 112, 113, 125, 127, 178, 199, 214, 224, 231, 233, 248
Gläser 63, 104, 105, 113, 166, 198, 199, 202, 205, 224, 225, 230, 231
Gleichberechtigung 55, 115, 116, 119, 120, 122, 123, 148, 213
Glückwunsch 82, 103, 116, 117, 133, 169
Gotha 14, 116
Graphologie 116
Gräte 81, 86, 87, 88, 89, 108
Gratulationscour 117
Grillen 117, 118
Großeltern 103, 118, 119, 136, 149
Großmutter 153
Gruß 119, 120
Grüßen 119, 142, 153, 161

H
Händeschütteln 44, 160
Handgriffe 120
Handkuß 120, 122
Handschrift 116, 117, 120
Hauptgericht 222
Hausangestellte 120, 121, 180
Hausarbeit 121
Haustiere 121, 122, 202
Heiratsannonce 121, 122
Heiratsvermittlung 122
Herrenbegleitung 122
Hilfsbereitschaft 125
Hobby 125
Hochzeit 60, 66, 116, 125, 126, 127, 128, 129, 130, 131, 132, 133, 134, 135, 136, 137, 138, 192
Hochzeitsansprache 137
Hochzeitsanzeige 128
Hochzeitstafel 134, 221
Hochzeitstag 32, 83
Hochzeitstorte 134
Höflichkeit 77, 84, 138, 139, 148, 241, 246
Homburg 143
Honoratioren 139, 140
Hors d'œuvres 81, 245
Hotel 41, 100, 140, 211, 232
Hummer 51, 106, 140, 141, 142, 198
Hund 121, 142, 202
Hut 41, 83, 97, 142, 143, 144, 150, 156, 165, 190
Hut, Braut- 192
Hygiene 144

J
Jackett 144, 145, 153, 210, 212
Jeans 144, 145
Jubiläum 74, 83, 117, 145, 207
Jubiläum, Hochzeits- 138, 139
Jugend 16, 29, 41, 69, 77, 119, 129,

137, 145, 163, 168, 172, 173, 178, 225, 233
Jugendliche 12, 37, 77, 109, 145, 156, 166, 212

K
Kaffee 16, 67, 75, 81, 106, 125, 134, 146, 169, 214
Kaffeestunde 147, 247
Karneval 30, 59, 40, 83, 175
Karte 66, 233
Karte, Antwort- 9, 75
Karte, Getränke- 209
Karte, Glückwunsch- 116, 133, 216
Karte, Post- 61
Karten, Rückantwort- 74
Karte, Speise- 142, 190, 208, 209
Karte, Tisch- 218
Karte, Tischführ- 218
Karte, Visiten- 241, 242, 243, 244, 245
Karte, Visiten-, Abkürzungen auf 245
Karten, Vorstellungs- 74
Karte, Wein- 190, 249
Karte, Witz- 116
Kartoffel 147, 224
Käse 67, 94, 209
Kater 65, 113
Katze 121, 147, 202
Kavalier 147, 148, 155, 163, 213
Kaviar 148, 198
Kennenlernen 148
Kinder 13, 32, 37, 73, 77, 78, 84–85, 87, 90, 97, 98, 102, 103, 104, 108, 109, 118, 119, 121, 126, 129, 137, 145, 149, 150, 151, 152, 153, 156, 157, 165, 170, 176, 187, 190, 196, 197, 202, 207, 208, 213, 214, 232, 236, 244, 248
Kino 149, 150, 151, 173, 210, 245, 246
Kirche 96, 115, 126, 136, 151, 175, 176, 178, 214
Kleid 35, 78, 128, 152, 168
Kleid, Abend- 10, 74, 129, 153, 174, 217
Kleid, Braut- 126, 127, 192
Kleid, Cocktail- 74, 153, 156, 217
Kleid, Hochzeits- 77, 129
Kleid, Nachmittags- 74, 129
Kleidervorschrift 9, 10
Kleidung 8, 78, 93, 99, 117, 127, 128, 144, 151, 152, 153, 154, 156, 165, 168, 174, 177, 193
Kleidung, Abend- 10
Kleidung, Arbeits- 121
Kleidung, Nachmittags- 217
Kleidung, Sommer- 217
Kleidung, Trauer- 228
Knicks 153
Knigge 153
Knoblauch 153, 154, 194
Koffer 155
Kollegen, Arbeits- 71
Kommunion 155, 156
Kompott 156, 177
Komtesse 156
Kondolenzmachen 44
Konfekt 61
Konfirmation 78, 156
Konzert 75, 145, 150, 165
Kopfbedeckung 154, 156
Körperhaltung 52, 156, 222

Körpersprache 157
Kosmetik 157, 158, 164
Kosmetika 109, 115
Kostümverleih 143
Krabben 51, 159
Krankheit 158
Krawatte 30, 123, 124, 174, 210
Krebse 51, 141, 159, 160
Küche 80, 115, 154, 159, 160, 189, 209, 226, 248, 249
Kummerbund 202, 204
Küsse 160, 161

L
Languste 140, 141, 161
Lebenslauf 54, 56, 116, 161, 162, 228
Leichenschmaus 229
Leihen 162
Liebe 162, 163, 177, 184
Likör 111, 112, 114
Löffel 48, 49, 50, 51, 67, 73, 104, 105, 172, 207, 208, 210, 211, 224
Löffel, Dessert- 250
Löffel, Kaviar- 148
Lunch 163

M
Make-up 158, 159, 163, 164, 166, 200
Mahnschreiben 163
Mahnung 163
Makkaroni 164
Manieren 77, 81, 82, 100, 218, 224
Manschetten 164, 210
Mantel 99, 164
Marmelade 224
Matinee 165
Melone 165
Menü 49, 50, 80, 81, 104, 105, 133, 184, 185, 198, 200, 209, 218
Menü, Hochzeits- 127
Messer 48, 49, 50, 51, 67, 73, 87, 88, 89, 90, 91, 92, 104, 105, 108, 147, 170, 171, 172, 208, 222, 224, 226
Messer, Kaviar- 148
Messer, Krebs- 159
Militär 165
Mißfallen 165
Mißgeschicke 165, 166
Mitfahrgelegenheit 166, 167
Möbliertes Wohnen 167, 168
Mode 115, 152, 153, 167, 168, 179, 194, 204
Mode, Herren- 123, 124
Mokka 16, 67, 81, 146, 167, 168, 209
Muscheln 168
Musik 138, 165, 178, 207
Mutter 102, 103, 104, 149, 152, 153, 168, 169, 173, 214, 237, 248, 252
Mutter, Braut- 240
Mutter, Schwieger- 71, 196, 197
Muttertag 168, 169, 237

N
Nachbar 28, 76, 105, 108, 117, 119, 162, 169, 173, 178, 181, 199, 204, 207, 236, 248
Nachbar, Tisch- 218, 221
Nachbarschaft 27, 28, 117, 169, 178, 207
Nachspeise 7, 67, 105, 106
Nachtisch 50
Namenstag 169
Neujahr 169

256 Stichwortverzeichnis

Nichtraucher 169, 170, 184, 185
Nikolaus 170
Notar 21, 170, 216
Nudist 87
Nuntius 21, 170

O

Obst 50, 67, 170, 171, 172, 209
Offene Worte 172
Öffentlichkeit 172, 173, 179
Oper 145, 150, 152, 165, 173
Operette 173, 174
Orchideen 174
Orden 174
Ostern 174, 175, 176, 180

P

Päckchen 176, 177
Pakete 176, 177
Papst 23, 152, 170, 177
Parfüm 158, 177
Parkett 177
Parlament 177
Partner 177, 178, 184, 237
Party 12, 75, 76, 113, 178
Party, Cocktail- 59, 65, 75, 223
Party, Einweihungs- 233
Party, Garten- 205
Partyservice 8, 62, 63
Pastor 23, 178
Pelz 178, 179, 180
Personal 9, 10, 14, 81, 180, 189, 209
Personal, Bedienungs- 189
Personal, Flug- 93
Pfarrer 23, 180, 214, 228
Pfingsten 180
Platte 199
Platz, Ehren- 219
Platz nehmen 178, 180, 190
Platzteller 181, 182
Platzwahl 181
Politiker 68
Prälat 23, 181
Professor 25, 234
Pünktlichkeit 181, 237

Q

Querbinder 204
Querulant 184

R

Radfahren 225
Radfahrer 33, 82
Radweg 33, 82
Rang, akademischer 218
Rang, militärischer 165
Rangbezeichnungen, militärische 18
Rangfolge 99, 184, 220
Rangordnung 184, 220, 221
Rauchen 83, 169, 170, 184, 185, 186, 190
Raucher 92
Rauchwaren 101, 109, 117
Rechnung 36, 54, 55, 140, 163, 186, 188, 190
Reden 186
Reihenfolge 249
Reise 93, 101, 153, 155
Reisen im In- und Ausland 186, 187, 188
Reise, Ferien- 138

Reisen, Flug- 92, 93, 187
Reisen, Gruppen- 69
Reise, Hochzeits- 126, 128, 137
Reklamationen 188
Restaurant 8, 32, 41, 54, 78, 80, 81, 83, 87, 90, 91, 123, 140, 141, 149, 152, 173, 181, 184, 188, 189, 200, 202, 209, 214, 226, 231, 232, 245, 246, 247
Ring, Ehe- 128, 135, 136, 240
Ring, Verlobungs- 60, 78, 135, 136, 239, 240
Ringjungfer 60, 136
Robe, Abend- 152
Rosen 190
Rücksicht 190, 191, 192

S

Salat 105, 191, 205, 233
Sandwiches 191
Sauberkeit 77, 121, 144
Sauce (Soße) 191, 208
Sauna 110, 191
Sauna, Gemeinschafts- 110
Scampi 159
Schätzen 191, 192
Schenken 104, 192
Schirm 99, 191, 192
Schlange 73
Schlange stehen 192
Schleier 192
Schleier, Witwen- 228
Schleife 96, 97
Schmuck 140, 162, 174, 192, 193, 194
Schnaps 111, 112, 114, 178
Schnecken 51, 194, 195
Schuh 66, 96, 121, 128, 144, 145, 152, 195, 196, 204, 210
Schule 120, 196
Schule, Tanz- 212
Schwimmen 37
Sekt 105, 114, 154, 148, 198, 225
Selbstbewußtsein 198, 199
Senf 201
Servieren 197, 198, 199
Serviette 81, 91, 104, 105, 106, 198, 200, 201, 202, 205, 207, 208, 224, 230
Sherry 105, 117
Silvester 202, 204
Silvesterabend 198
Sitte 93, 102, 115, 137, 204, 229, 230, 236, 238
Sitte, Tisch- 52, 149, 220, 222, 223, 224, 225
Sitte, Trink- 230, 231, 232
Sitzordnung 220
Smoking 39, 40, 74, 128, 129, 133, 174, 202, 204, 217
Smoking, Trachten- 74, 204
Snob 204, 205
Sommerzeit 207
Spaghetti 164, 207, 208
Spargel 208
Speise 73, 178, 199, 200, 209, 224
Speisenfolge 209
Spezialitäten 209
Spiel 210
Spielkasinos 209, 210
Sport 85, 204, 210, 225
Sport, Ski- 204, 234

Sprache, Visitenkarten- 244, 245
Sprache, Zeichen- 252
Strafe 77
Strafe, Geld- 110
Strafe, Haft- 110
Stresemann 128, 210
Student 234
Suppe 50, 51, 61, 81, 105, 106, 133, 190, 200, 209, 210, 211, 222, 224
Suppentassen 210, 211, 224

T

Takt 212
Tanz 134, 180, 212, 213
Tanz, Aufforderung zum 29, 30, 31, 212, 213
Tanz, Pflicht- 180
Tanztee 30
Taschentücher 213
Taufe 213, 214
Taufpate 214
Taxi 16, 36, 214
Tee 75, 125, 214
Teestunde 214
Telefon 85, 97, 216
Telegramme 216
Telegramme, Glückwunsch- 116
Teller 199, 200, 202, 205, 210, 223, 224, 250
Testament 216, 217
Theater 140, 145, 150, 165, 173, 246
Theateraufführung 138
Tisch 7, 49, 76, 95, 105, 108, 135, 157, 168, 178, 180, 181, 184, 189, 190, 199, 200, 214, 217, 218, 219, 220, 221, 222, 223, 224, 225
Tisch, Frühstücks- 73, 174
Tisch, Geburtstags- 151
Tisch, Kaffee- 147
Tischaufhebung 217
Tischdame 217, 218, 220, 231
Tischdekoration 136, 217
Tischgebet 217, 218
Tischherr 217, 220
Tischordnung 72, 123, 128, 136, 137, 219, 220, 221
Tischrede 221, 222
Titel 17–27, 156, 205, 218, 220, 225, 244
Titel, Adels- 14, 18, 26, 204, 218
Titulierung 14, 110
Toast 137, 231
Toast ausbringen 225
Todesanzeigen 228
Todesfall 202
Topfpflanzen 57, 158, 225
Torte 147, 225, 226
Tranchieren 87, 226
Trauer 192
Traueranzeige 43
Trauerfall 226, 228, 229
Trauerzeit 229
Trauung 134, 188
Trauung, kirchliche 126, 133, 229
Trauung, standesamtliche 126, 128, 138, 229
Trauzeugen 229
Trinken 200, 230, 231, 232

U

Umarmung 232
Umweltschutz 252

Umzug 232, 233
Unfall 37, 159, 204, 233, 237
Universität 233, 234, 236
Unordnung 236
Unsitten 16, 17, 41, 45, 68, 83, 93, 104, 115, 121, 214, 218, 223, 224
Unsitten, Tisch- 222, 223, 224, 225
Unterhaltung 236
Urlaub 64, 93, 105, 125, 186, 234, 236
Urlaub, FKK- 87, 90
Urlaub, Winter- 234

V

Vater 102, 103, 168, 205, 237, 252
Vater, Schwieger- 131
Vatertag 257
Verabredung 237, 238
Verabschieden 66
Verabschiedung 75, 160, 238
Vereine 238, 240
Verkäuferin 73, 168
Verlobte 77
Verlobung 60, 78, 240, 241
Verlobungsempfang 240
Verlobungszeit 240
Vermählungsanzeige 131
Verspätung 237
Verwandte 44, 71, 80, 93, 103, 136, 192, 214, 216, 229, 233, 236, 240, 241
Verwandtschaft 78, 136
Visitenkarte 13, 45, 52, 53, 186
Vorbestellung 245
Vorspeise 7, 105, 106, 134, 165, 190, 191, 198, 200, 245
Vorspeise, kalte 81, 209
Vorstellen 44
Vorstellung 74
Vortritt lassen 245, 246

W

Walkman 225
Weihnachten 214, 225, 247, 248
Wein 14, 64, 69, 76, 81, 101, 112, 113, 114, 190, 198, 225, 231, 248, 249, 250
Wein, Port- 105, 117
Wein, Rosé- 114
Wein, Rot- 105, 114, 178, 232, 249
Wein, Weiß- 114, 178, 232, 249, 250
Widmungen 250, 252
Winterzeit 207
Wohnen 252
Wohnung 252
Wurst 224

Z

Zahnstocher 220
Zeuge 110, 217, 252
Zeuge, Trau- 138
Zimmer, Gäste- 100
Zimmer, Herren- 125
Zimmer, Kinder- 149
Zimmer, Schlaf- 149, 192
Zimmer, Warte- 41, 247
Zuhören können 252
Zusage 9, 12, 252
Zusage, telefonische 75
Zuschauer 253
Zutrinken 230, 251
Zylinder 128, 143, 253